>> **现代商贸研究丛书**

丛书主编：郑勇军

副 主 编：肖 亮 陈宇峰 赵浩兴

教育部人文社科重点研究基地

浙江工商大学现代商贸研究中心

浙江工商大学现代商贸流通体系建设协同创新中心资助

不确定性
经济周期理论研究

章上峰　宋马林　等著

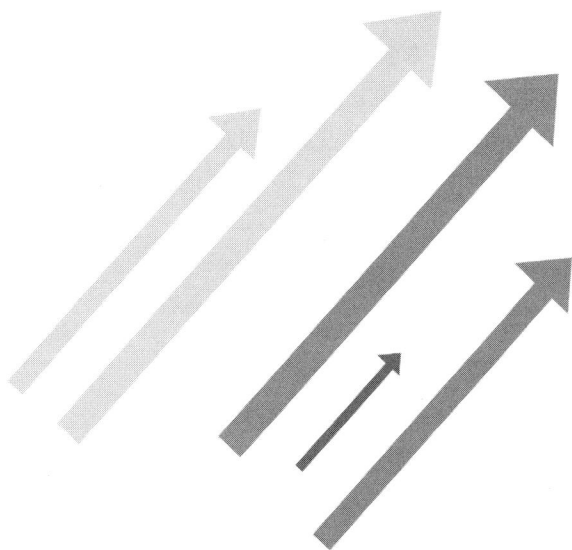

中国财经出版传媒集团

经济科学出版社

Economic Science Press

图书在版编目（CIP）数据

不确定性经济周期理论研究/章上峰等著. —北京：
经济科学出版社，2019.9
（现代商贸研究丛书）
ISBN 978 – 7 – 5218 – 0774 – 5

Ⅰ.①不… Ⅱ.①章… Ⅲ.①经济周期理论 – 研究
Ⅳ.①F014.8

中国版本图书馆 CIP 数据核字（2019）第 182136 号

责任编辑：刘战兵
责任校对：蒋子明
责任印制：李　鹏

不确定性经济周期理论研究

章上峰　宋马林　等著

经济科学出版社出版、发行　新华书店经销

社址：北京市海淀区阜成路甲 28 号　邮编：100142

总编部电话：010 – 88191217　发行部电话：010 – 88191522

网址：www. esp. com. cn

电子邮件：esp@ esp. com. cn

天猫网店：经济科学出版社旗舰店

网址：http：//jjkxcbs. tmall. com

北京季蜂印刷有限公司印装

710 × 1000　16 开　21.5 印张　360000 字

2019 年 10 月第 1 版　2019 年 10 月第 1 次印刷

ISBN 978 – 7 – 5218 – 0774 – 5　定价：86.00 元

（图书出现印装问题，本社负责调换。电话：010 – 88191510）

（版权所有　侵权必究　打击盗版　举报热线：010 – 88191661

QQ：2242791300　营销中心电话：010 – 88191537

电子邮箱：dbts@ esp. com. cn）

本书出版得到以下单位和项目资助：

教育部人文社科重点研究基地浙江工商大学现代商贸研究中心

浙江工商大学现代商贸流通体系建设协同创新中心

浙江省一流学科 A 类（浙江工商大学统计学）

国家统计局重点研究项目（2015LZ53）

国家自然科学基金项目（71403247）

浙江省杰出青年科学基金（LR20G030001）

总　序

　　随着经济全球化和信息化的快速推进，全球市场环境发生了深刻的变化。产能的全球性过剩和市场竞争日趋激烈，世界经济出现了"制造商品相对容易，销售商品相对较难"的买方市场现象。这标志着世界经济发展开始进入销售网络为王的时代，世界产业控制权从制造环境向流通环境转移，商品增加值在产业链上的分布格局正在发生重大变化，即制造环节创造的增加值持续下降，而处在制造环节两端——商品流通和研发环节所创造的增加值却不断地增加。流通业作为国民经济支柱产业和先导产业，已成为一国或一个地区产业竞争力的核心组成部分。在全球化和信息化推动下的新一轮流通革命，引领着经济社会的创新，推动着财富的增长，正在广泛而深刻地改变着世界经济的面貌。

　　世界经济如此，作为第二大经济体和全球经济增长"火车头"的中国更是如此。正处在经济发展方式转变和产业升级转型的关键时期和艰难时期的中国迫切需要一场流通革命。

　　在20世纪90年代中后期，中国已从卖方市场时代进入买方市场时代。正如一江春水向东流一样，卖方时代一去不复返。买方市场时代的到来正在重塑服务业与制造业的关系，以制造环节为核心的经济体系趋向分崩瓦解，一种以服务业为核心的新经济体系正在孕育和成长。在这一经济转型的初期，作为服务业主力军的流通产业注定被委以重任，对中国经济发展特别是经济发展方式转变、产业升级转型以及内需主导型经济增长发挥关键性的作用。

　　中国经济的国际竞争优势巩固需要一场流通革命。随着中国经济发展进入工业化中期、沿海发达地区进入工业化中后期，制造业服务化将是大势所趋，未来产业国际竞争的主战场不在制造环节，而是在流通环节和研发设计。谁占领了流通中心和研发中心的地位，谁就拥有产业控制权和产业链中的高附加值环节的地位。改革开放以来，我国制造业发展取得了举世瞩目的成就，在国际竞争中表现出拥有较强的价格竞争优势和规模优势，但流通现代化和国际化明显滞后于制造业，物流成本和商务成本过高已严重制约我国产品价格的国际竞争优势。随着我国土地、工资和环保等成本上升，制造成本呈现出刚性甚至持续上升的趋势已是大势所趋。如何通过提高流通效率和降低流通成本，继续维持我国产品国际竞争的价格优势，将会成为我国提升国家竞争优势的重大的战略选择。

中国发展方式转变和产业升级需要一场流通革命。中国经济能否冲出"拉美式的中等收入陷阱"继续高歌前行，能否走出低端制造泥潭踏上可持续发展的康庄大道，能否激活内需摆脱过度依赖投资和出口的困局，关键取决于能够通过一场流通革命建立一套高效、具有国际竞争力的现代流通体系，把品牌和销售网络紧紧地掌控在中国人手中，让中国产品在国内外市场中交易成本更低，渠道更畅，附加值更高。

中国社会和谐稳定需要一场流通革命。流通不仅能够吸纳大量的就业人口，还事关生活必需品供应稳定、质量安全等重大民生问题。目前，最令老百姓忍无可忍的莫过于食品安全问题。中国市场之所以乱象丛生，与中国流通体系的组织化程度低、业态层次低、经营管理低效和竞争秩序混乱不无关系。中国迫切需要一场流通革命重塑流通体系。

令人遗憾的是，尽管流通业作为国民经济支柱产业和先导产业的地位将会越来越突出，但中国学术界和政府界却依然以老思维看待流通，几千年来忽视流通、轻视流通的"老传统"依然弥漫在中国的各个角落。改革开放以来我国形成了重工业轻流通、重外贸轻内贸的现象没有得到明显改观。

中国需要一场流通革命，理论界需要走在这场革命的前列。这就是我们组织出版这套丛书的缘由。

浙江工商大学现代商贸研究中心（以下简称中心）正式成立于2004年9月，同年11月获准成为教育部人文社会科学重点研究基地，是我国高校中唯一的研究商贸流通的人文社科重点研究基地。中心成立7年以来，紧紧围绕将中心建设成为国内一流的现代商贸科研基地、学术交流基地、信息资料基地、人才培养基地、咨询服务基地这一总体目标，开展了一系列卓有成效的工作。目前，中心设有"五所一中心"即：流通理论与政策研究所、流通现代化研究所、电子商务与现代物流研究所、国际贸易研究所、区域金融与现代商贸业研究所和鲍莫尔创新研究中心。中心拥有校内专兼职研究员55人，其中50人具有高级技术职称。

中心成立7年以来，在流通产业运行机理与规制政策、专业市场制度与流通现代化、商贸统计与价格指数、零售企业电子商务平台建设与信息化管理等研究方向上取得了丰硕的科研成果，走在了全国前列。在最近一次教育部组织的基地评估中，中心评估成绩位列全国16个省部共建人文社会科学重点研究基地第一名。

我们衷心希望由浙江工商大学现代商贸研究中心组织出版的现代商贸研究丛书，能够起到交流流通研究信息、创新流通理论的作用，为我国流通理论发展尽一份绵薄之力。

郑勇军

浙江工商大学现代商贸研究中心主任

2011 年 12 月 6 日

前　言

　　1997 年亚洲金融风暴打破了"亚洲奇迹"的神话；2001 年"9·11"恐怖袭击事件使得美国经济遭受沉重打击；2008 年"汶川大地震"使中国经济直接损失超过 8 000 亿元；2007 年美国次贷危机引发的金融危机蔓延全球，世界经济增长率下降超过 1 个百分点；2009 年希腊率先爆发的欧洲主权债务危机愈演愈烈，给全球经济复苏增加了不确定性；2013 年开始的英国脱欧事件，深刻影响着欧洲和国际经济；2018 年中美贸易争端，增加了世界经济的不确定性。

　　不确定性对宏观经济运行产生重大影响（Bloom，2009）。然而，不论是实际经济周期理论，还是新凯恩斯主义经济周期理论，都只考虑了外生冲击的水平效应，而没有考虑不确定性冲击的波动效应。即已有研究都假定了具有相同波动率的同质性冲击，而忽略了具有时变波动率的异质性冲击。近年来，利用时变波动率模型来刻画不确定性的异质性冲击，把不确定性冲击引入 DSGE 模型进行理论和实证研究，已逐渐成为国际宏观经济学的研究前沿。

　　2009 年，尼古拉斯·布鲁姆（Nicholas Bloom）在《经济计量学》（*Econometrica*）杂志上发表了题为《不确定性冲击的影响》（*The Impact of Uncertainty Shocks*）的学术论文，通过构建动态一般均衡模型来模拟研究不确定性冲击对宏观经济的影响，为基于微观基础研究不确定性冲击对宏观经济运行的影响开创了一个新的结构性分析框架。本书参考和借鉴了国内外最新相关研究成果，将不确定性冲击和宏观经济政策纳入统一的分析框架，建立拓展的动态随机一般均衡模型，基于微观基础探索不确定性冲击对宏观经济运行的影响效应，利用数值模拟方法研究不确定性冲击下的最优财政货币政策选择，在此基础上提供对策建议。本书还进一步研究了不确定性下的总量生产函数模型选择。

本书主要篇章结构如下：第一篇"不确定性经济周期理论基础"包括第一章至第三章；第二篇"不确定性冲击与中国经济波动"包括第四章至第七章；第三篇"突发性冲击与中国经济波动"包括第八章至第十二章；第四篇"不确定性与中国总量生产函数模型"包括第十三章至第十五章。第一章对不确定性经济周期理论研究进行了系统的综述；第二章对中国宏观经济不确定性进行了统计测度研究；第三章研究了引进不确定性的DSGE模型；第四章研究了不确定性冲击的水平效应与波动效应；第五章研究了不确定性冲击下货币政策选择；第六章研究了不确定性冲击下最优财政货币政策组合；第七章研究参数不确定性的宏观经济效应；第八章、第九章和第十章分别研究了封闭经济、金融加速器和小型开放等不同假设下突发性冲击的宏观经济效应；第十一章研究了灾难冲击下财政货币政策选择；第十二章研究了灾难冲击对"3E"系统的影响；第十三章、第十四章和第十五章分别研究了不确定性下的中国总量生产函数模型选择及劳动收入份额分解。

本书由章上峰教授和宋马林教授负责全书整体框架的设计以及正文的撰写、修改和定稿。参与本书撰写的人员还有李建波、胡婷婷、胡小文、程灿、徐龙滨、李荣丽、徐飞、刘妍、孙岳、罗晓晖、方琪、竺佳妮和刘垚鑫等研究生同学。本书出版得到了教育部人文社科重点研究基地浙江工商大学现代商贸研究中心、浙江工商大学现代商贸流通体系建设协同创新中心、浙江省一流学科 A 类（浙江工商大学统计学）、国家自然科学基金项目（71403247）、国家统计局重点研究项目（2015LZ53）、浙江省杰出青年科学基金（LR20G030001）等的联合资助。

由于水平和精力有限，本书难免有错误和不足之处，恳请读者批评指正。

章上峰

于浙江工商大学

2019 年 6 月

目录

第一篇　不确定性经济周期理论基础

第二篇　不确定性冲击与中国经济波动

第三篇　突发性冲击与中国经济波动

第一篇 不确定性经济周期理论基础

第一章 不确定性经济周期理论研究综述

　　不确定性冲击会对宏观经济运行产生重要影响，是制定经济政策时需要考虑的关键因素。不确定性经济周期理论利用时变波动率模型来刻画不确定性，把不确定性冲击引入动态随机一般均衡模型进行理论和实证研究，是当前宏观经济学研究的前沿课题。本章系统梳理了不确定性的定义和测度方法、不确定性冲击 DSGE 模型的求解方法、不确定性冲击的宏观经济效应和微观机制，并对中国不确定性研究提出了可能的研究方向。

一、引言

　　探究经济波动成因是宏观经济学研究的核心内容。对经济波动来源的不同看法，产生了不同的经济周期理论。以凯恩斯主义为代表的内生经济周期理论认为，可以用储蓄、投资等内生变量间的相互作用来说明经济周期，经济周期根源于经济体系内的总需求变动引起的需求面冲击。凯恩斯主义认为，市场失灵、短期价格和工资刚性造成经济波动，因此需要运用相机抉择的宏观经济政策来稳定经济。实际经济周期理论认为，经济系统本身是稳定的，经济的周期性变化是由以外生技术冲击为代表的供给面冲击所造成的，是理性预期行为主体依据外生技术冲击所引起的变化进行帕累托最优调整的结果，因此政府不需要采取稳定经济的干预政策。新凯恩斯主义经济周期理论吸收了实际经济周期理论的分析框架，引入价格和工资黏性等信息和市场不完全因素，提出经济波动的根源既可能是需求面冲击，也可能是供给面冲击，并认为宏观经济政策能有效促进经济稳定。

由于缺乏微观基础和理性预期，凯恩斯主义经济周期理论无法解释20世纪70年代的"滞胀"，受到"卢卡斯批判"。20世纪80年代发展起来的实际经济周期理论和新凯恩斯主义经济周期理论，基于微观基础构建动态一般均衡模型，通过随机模拟来研究外生冲击的宏观经济影响，已经成为国际宏观经济学研究的主流范式。然而，不论是实际经济周期理论，还是新凯恩斯主义经济周期理论，都仅仅考虑了外生冲击的水平效应，而没有考虑外生不确定性冲击的波动效应，即已有研究都假定了具有相同波动率的同质性冲击，而忽略了具有时变波动率的异质性冲击。这个问题在2008年国际金融危机之后开始受到国际学术界重视。布鲁姆（Bloom，2009）和费尔南德兹—维拉弗德等（Fernández - Villaverde et al.，2011）的最新研究发现，金融危机等突发性事件，增加了市场不确定性，从而对宏观经济运行产生不利影响。布鲁姆等（Bloom et al.，2014）研究发现，不确定性的增加会引起就业、投资和生产的下降，造成经济整体的资源再分配效率下降，生产率降低。勒杜克和刘（Leduc and Liu，2016）认为，经济前景不确定性会对宏观经济产生类似总需求减少的负面影响，最终造成失业率上升和通货紧缩。

不确定性经济周期理论利用时变波动率模型来刻画不确定性，把不确定性冲击引入动态随机一般均衡（DSGE）模型进行理论和实证研究，近年来已逐渐成为宏观经济学研究的前沿课题。本章将从不确定性定义和测度方法、不确定性DSGE模型求解方法、不确定性宏观经济效应和微观机制等方面，对不确定性经济周期理论研究做一个系统的综述。

二、不确定性定义及测度

不确定性最早起源于古希腊哲学，代表性人物有亚里士多德、伊壁鸠鲁等。随着近代自然科学的兴起，机械决定论、概率论、量子力学等不断深化对于不确定性的科学认识。20世纪以来，不确定性的研究开始延伸至经济、社会、管理等社会科学领域。在经济学研究领域，不确定性是十分重要的概念，其对宏观经济政策的制定至关重要。同时，不确定性也是非常棘手的理论范畴。自李嘉图之后，经济学理论构建遇到了两难困境：一方面，只有排除不确定性和变动才能进行经济分析，经济理论描述的是

"完全理性"的经济人假设下的确定性经济活动；另一方面，只有考虑不确定性和变动，经济政策才有可能实现，消除不确定性的处理方法可能会得出偏离现实经济的研究结论。

奈特在 1921 年所著的《风险、不确定性与利润》一书中，以事件结果是否可预见作为判断标准对风险和不确定性进行了区分，首次将不确定性因素引入经济学分析。奈特认为，真正的不确定性是不可知其客观概率分布的不确定性，并认为不确定性提供了获利可能性。凯恩斯 1936 年出版的专著《就业、利息与货币通论》一书中，将不确定性作为其宏观经济理论的逻辑起点，预期不确定性构成消费、投资和货币需求三大心理规律的基石。凯恩斯指出，不确定性是经济波动的基本动因。他认为，经济主体未来预期的不确定性会导致预期收益的不确定性，而预期收益的不确定性又会引起资本边际效率的不确定性，进而导致经济波动。但是，凯恩斯没有论述预期形成的微观机制。以卢卡斯为代表的理性预期学派从经济学领域探讨预期形成的机制问题。理性预期理论认为，经济人会尽可能地利用可获得的关于经济运行的知识信息来形成对未来的看法。理性预期理论要求经济体主观概率分布与客观概率分布一致，即经济主体对经济变量的主观预期等于这些变量的条件期望。由于经济系统存在某些不可预测的不确定性因素，因而预期值不可能与实际值完全一致，理性预期理论提出采用"白噪声"或随机项来刻画不确定性因素。实际经济周期理论和新凯恩斯主义均采用理性预期理论假设。

不确定性对于宏观经济的重要性毋庸置疑，量化测度是关键的一步。国际学术界的通常做法是选择金融市场指数波动率作为代理指标。波动率指数（volatility index，VIX）可以反映未来 30 天内期权价格波动的市场预期，体现投资者对市场的恐慌程度，VIX 指数越高，表明不确定性越大。VIX 有效剔除了经济体可预期部分，是对宏观经济不确定性的合意代理变量。布鲁姆（Bloom，2009）、巴苏和邦迪克（Basu and Bundick，2012）等均采用 VIX 指数来度量美国宏观经济的不确定性。邦恰尼和范罗伊（Bonciani and van Roye，2016）选取基于欧元区金融市场波动的 VSTOXX 指数来作为宏观经济不确定性的代理指标，反映了欧洲 Stoxx 50 期权价格短期和长期波动的市场预期。新兴市场经济体存在着市场不完善、高频数据不可获取等情况，股票市场指数作为宏观经济不确定性代理指标的代表性也存在一定问题。卡里尔—斯沃洛和塞斯佩德斯（Carrière - Swallow and

Céspedes，2013）构造了一个波动率指数，它表示 S&P 500 未来 30 天期权日收益的折合年率的标准差，并以该指数的高波动时期来代表宏观经济不确定性。当然，也有学者提出不同意见，胡拉多等（Jurado et al.，2015）指出，尽管 VIX 等指标具有可观测优势，但它们能够用来描述不确定性的典型概念条件是非常特别的，因为杠杆、风险偏好和情绪变化都会影响市场波动率。

对于非经济不确定性的测度，国际上最新采用的是基于调查法的三种指标：（1）专业预测者之间的分歧程度，分歧越大，不确定性就越大。巴赫曼、埃尔斯特纳和西姆斯（Bachmann，Elstner and Sims，2013）基于美国和德国的部分机密的商业调查数据，用经济预期分歧和反对采用分歧测度来反映宏观不确定性。（2）主观预测不确定性，即预测者对自身预测的不确定程度。波佩斯库和斯梅茨（Popescu and Smets，2010）选取从事经济学研究的个体专家对六个实际和名义宏观经济指标（GDP、消费、投资、工业产值、通胀和短期利率）的离散测度来反映宏观不确定性，因为这一指标能够捕捉到宏观经济变量信心的离散。勒杜克和刘（Leduc and Liu，2016）利用美国密歇根大学对美国消费者的调查数据和英国工业联合会对英国公司所做的工业趋势调查数据，以消费者和企业对未来不确定性的感知程度来测度不确定性。（3）新闻媒体大数据资料构建的不确定性指数。贝克和布鲁姆（Baker and Bloom，2011）建立了一组衡量自然灾害、恐怖袭击和未预期到的政治冲击等突发事件不确定性的指标来考察不确定性和经济萧条的因果关系，并统计某灾难事件发生前后报纸中能反映一个国家受到该突发事件影响的相关词汇出现的频率涨幅，将该涨幅作为权重进行加权得到灾难不确定性的衡量指标。贝克、布鲁姆和戴维斯（Baker, Bloom and Davis，2016）构建了经济政策不确定性指数，具体操作是：首先使用调查数据方法测度经济政策不确定性新闻报道指数、CPI 预测分歧指数、到期税法政策指数和联邦/州/当地政府购买预测分歧指数，然后对各指标进行标准化，并赋予一定权重，进而计算出这四个指标的平均值。

三、包含不确定性冲击的 DSGE 模型求解方法

不论是实际经济周期理论，还是新凯恩斯主义经济周期理论，都仅仅

考虑了外生冲击的水平效应，而没有考虑外生不确定性冲击的波动效应。即已有研究都假定了具有相同波动率的同质性冲击，而忽略了具有时变波动率的异质性冲击。近年来，利用时变波动率模型来刻画不确定性的异质性冲击，把不确定性冲击引入 DSGE 模型进行理论和实证研究，已逐渐成为宏观经济学研究的前沿课题。本章下面部分将介绍不确定性冲击的时变波动率模型，以及包含不确定性冲击的 DSGE 模型求解方法。

（一）时变波动率模型

在标准 DSGE 中，一般假定外生冲击服从自回归过程，以生产率冲击为例：

$$z_t = \lambda z_{t-1} + \varepsilon_t \qquad (1-1)$$

其中，$\lambda < 1$，随机扰动项 $\varepsilon_t \sim N(0, 1)$。由于随机扰动项假定了具有相同波动率的同质性冲击，所以方程（1-1）仅仅刻画了外生冲击的水平效应，而不能刻画不确定性冲击的波动效应。为了反映不确定性冲击的波动效应，现有文献中，常用的解决办法有三种。

第一个办法是引入 GARCH 模型。例如，GARCH(1, 1) 模型假定外生冲击：

$$z_t = \lambda z_{t-1} + \sigma_t \varepsilon_t \qquad (1-2)$$

$$\sigma_t^2 = \omega + \alpha \varepsilon_{t-1}^2 + \beta \sigma_{t-1}^2 \qquad (1-3)$$

其中，σ_t^2 不是固定常数，而是假定基于前期的波动性的信息 ε_{t-1}^2 和上一期的预测方差 σ_{t-1}^2，σ_t^2 代表不确定性的二阶矩冲击，反映波动效应。

第二个办法是引入随机波动模型（Fernández – Villaverde et al.，2011；Basu and Bundick，2012；Born and Pfeifer，2014；Leduc and Liu，2016），例如，巴苏和邦迪克（Basu and Bundick，2012），假定外生冲击：

$$z_{t+1} = \rho_z z_t + \exp(\sigma_t^z) \varepsilon_{t+1} \qquad (1-4)$$

其中，σ_t 不是固定常数，假定服从：

$$\sigma_t^2 = (1 - \rho_{\sigma^z}) \sigma^2 + \rho_{\sigma^z} \sigma_{t-1}^2 + \sigma^z \varepsilon_t^2 \qquad (1-5)$$

σ_t 代表不确定性的二阶矩冲击，反映波动效应。

第三个办法是引入时变马尔科夫机制转移模型（Bloom，2009；Benjamin and Pakko，2011；Narita，2011；Bloom et al.，2012；Davig and Foerster，2013 等），例如布鲁姆的做法：

$$z_{t+1} = \rho z_t + u_{i,t+1} + \sigma_t \varepsilon_{t+1} \qquad (1-6)$$

假设存在两种状态 $\{u_H, \sigma_H\}$，$\{u_L, \sigma_L\}$，分别表示波动较大的非常规时期和波动较小的正常时期，并服从时变马尔科夫机制转移模型。

三种时变波动率模型都解决了时变波动性和非预期波动问题。但是，不同模型的设定形式不同，模型机理不同，适用性也会有所不同：（1）GARCH 模型和随机波动模型利用连续函数形式测度条件方差，但是在 GARCH 模型中，外生冲击的水平冲击和不确定性冲击是一致、同步的，无法单独识别不确定性冲击的波动效应，因此在 DSGE 模型研究框架下，国外文献都采用了随机波动模型。（2）随机波动模型和马尔科夫机制转移模型可以分离水平冲击和不确定性冲击，避免了水平效应和波动效应的识别问题。其中，马尔科夫机制转移模型是离散函数形式，更适合于对战争、自然灾害等突发不确定性进行测度研究。

（二）不确定性 DSGE 模型求解方法

包含时变波动率的不确定性 DSGE 模型结构比较复杂，因此其求解问题也是经济学家关心的热门话题。目前国内外学术界关于 DSGE 模型最常用的求解方法是线性近似化。一阶泰勒展开将复杂的非线性模型转化成相对简单的线性化模型，降低了求解难度。但是，金等（Kim et al.，2003）在一个简单的、假设只有两个代理人的经济体系中，发现线性近似求解方法会得到现实情况不可能的虚假结果，即封闭经济下的福利高于完全风险分担下的福利。这是由于线性近似化方法忽略了均衡福利函数的二阶项，导致结果不准确。施密特—格罗赫和乌里贝（Schmitt - Grohe and Uribe，2004）通过推导得出结论，一阶近似方法不适合处理随机情况或者政策环境下的福利对比问题，他们给出了完整的非线性 DSGE 模型的二阶泰勒展开数学推导过程和 Matlab 求解程序。

费尔南德兹—维拉弗德和鲁比奥—拉米雷兹（Fernández - Villaverde and Rubio - Ramírez，2010）进一步研究发现，根据模型确定性等价原则（certainty equivalent）和 DSGE 模型的一阶线性近似求解，政策响应函数只依赖于一阶矩的水平冲击，而二阶矩的波动冲击在策略函数中没有体现，或者说，这些变量的影响系数为零，因此无法捕捉到随机波动对宏观经济系统的影响。DSGE 模型的二阶近似没有将水平冲击与波动冲击单独分离开来，仅仅通过交叉乘积项间接捕捉到水平冲击和波动冲击的联合影响，当水平冲击为零时波动冲击对其他变量没有影响。为了能够独立研究随机波动冲击的宏观经济影响，费尔南德兹—维拉弗德和鲁比奥—拉米雷兹（Fernández – Villaverde and Rubio – Ramírez，2010）提出利用三阶摄动法（perturbation methods）求解包含随机波动的 DSGE 模型。DSGE 模型的三阶近似可以将随机波动冲击作为独立变量引入政策相应函数中，并且其系数不为零。许多学者均采用三阶摄动法来求解包含随机波动的 DSGE 模型（Fernández – Villaverde，2011；Anderson，2012；Basu and Bundick，2012；Born and Pfeifer，2014）。费尔南德兹—维拉弗德和鲁比奥—拉米雷兹（Fernández – Villaverde and Rubio – Ramírez，2010）采用更高阶估计发现，政策相应函数的三次项是显著的，但是四阶、五阶和六阶等更高阶数几乎没有影响。

定义 s_t^i 为 s_t 向量中的第 i 个变量，由于 s_t 除了摄动参数外有 n 个变量，因此 $i = 1, 2, \cdots, n$。这样我们可以写出内生状态向量的三阶摄动近似规则式。以内生状态变量消费为例：

$$\hat{c}_t \approx \psi_i^k s_t^i + \frac{1}{2} \psi_{i,j}^k s_t^i s_t^j + \frac{1}{6} \psi_{i,j,l}^k s_t^i s_t^j s_t^l$$

此处 $\psi_{i,\cdots}$ 是一个纯量，由下面的张量表示：

$$\psi_i^k s_t^i = \sum_{i=1}^n \psi_i^k s_t^i$$

$$\psi_{i,j}^k s_t^i s_t^j = \sum_{i=1}^n \sum_{j=1}^n \psi_{i,j}^k s_t^i s_t^j$$

$$\psi_{i,j,l}^k s_t^i s_t^j s_t^l = \sum_{i=1}^n \sum_{j=1}^n \sum_{l=1}^n \psi_{i,j,l}^k s_t^i s_t^j s_t^l$$

在不引起误解的情况下将资本表示成上式，参数 ψ_i^k、$\psi_{i,j}^k$、$\psi_{i,j,l}^k$ 表示函数 $k_{t+1} = k(s_t)$ 的一阶、二阶、三阶导数在稳态点的参数值。

四、不确定性冲击的经济影响效应

根据不确定性冲击的不同性质，可以将不确定性冲击划分为三种类型（Bloom，2014）：经济不确定性、政策不确定性和非经济变量不确定性。经济不确定性主要表现为生产率等经济变量的不确定性。政策不确定性主要体现在政策制定过程的不透明、政策执行的不一致以及未来政策的不易预测性，包括货币政策不确定性和财政政策不确定性。非经济变量不确定性则主要体现在行为人主观预测不确定性和战争、自然灾害、恐怖袭击等灾难性事件的不确定性。不确定性冲击对于宏观经济运行将产生重要影响。主要研究结果如下：

（一）经济不确定性

布鲁姆（Bloom，2009）利用时变马尔科夫机制转移模型来刻画生产率的不确定性冲击，利用 VIX 指数校准参数，然后构建动态宏观经济模型，基于微观基础来研究不确定性冲击的宏观经济影响。研究结果表明，不确定性冲击会引起随后 6 个月内就业和产出 1% 的下降，并在短暂的急速衰退以后会迅速复苏，8 个月后开始出现反弹，经过 3 年左右回到初始水平。

巴苏和邦迪克（Basu and Bundick，2012）利用随机波动模型刻画技术不确定性，基于 VIX 指数来校准参数，建立单部门动态随机一般均衡模型，得到如下结论：价格弹性下技术不确定性冲击不会造成实际经济活动下降，价格黏性条件下一个标准差的技术不确定性冲击至少会造成产出下降 0.05%，并且会引起消费、投资和劳动工时的显著下降。

塞瓦内（Seoane，2014）假定技术不确定性冲击服从随机波动过程，利用四个新兴经济体的数据，建立了一个存在企业进入—退出的垄断竞争一般均衡模型，发现技术不确定性冲击会导致消费和投资同时下降，加剧企业间的竞争程度，引起加成上涨，导致劳动供给下降，最终进一步引起产出出现更大幅度的下降。

邦恰尼和范罗伊（Bonciani and van Roye，2016）使用 VSTOXX 指数，构建了包含程式化银行部门的动态随机一般均衡模型，利用随机波动模型来刻画生产率不确定性冲击。研究结果显示，信贷摩擦下不确定性冲击会导致产出下降 2%，消费下降 1.7%，投资下降 0.4%，如果信贷摩擦不存在，不确定性冲击只造成产出下降 0.5%，消费下降 0.2%，投资下降 0.23%。

勒杜克和刘（Leduc and Liu，2016）基于密歇根大学对美国消费者的调查数据和英国工业联合会对英国公司所做的工业趋势调查数据，利用消费者和企业对未来不确定性的感知程度来度量不确定性。他们构建了一个包含失业摩擦和名义刚性的 DSGE 模型，利用随机波动过模型刻画技术不确定性冲击，通过参数校准，发现不确定性冲击表现为负向总需求冲击，会造成失业增加和通胀下降。

上述研究都假定了企业代理人是同质的，也有部分学者考虑了企业异质性。通常做法是将生产率不确定性划分为全要素生产率不确定性和企业异质生产率不确定性，前者表示总产出和投资等宏观经济不确定性，后者表示诸企业股本回报率和销售等微观经济不确定性。例如，巴赫曼和巴耶尔（Bachmann and Bayer，2011）基于德国央行和美国的企业数据，构建了包含固定资本调整成本的异质性企业的动态随机一般均衡模型，来考察企业可能的风险冲击对宏观经济波动的重要作用。实证结果显示，企业微观层面的不确定性冲击对产出、投资、消费和劳动工时的影响并不显著，这些关键变量几乎维持在稳态水平。

巴尔克等（Balke et al.，2011）假定生产率不确定性冲击服从随机波动过程，使用 1954 年 1 月到 2009 年 4 月的索洛余值来估计全要素生产率不确定性，使用 1984 年 1 月到 2011 年 2 月的企业样本数据来估计企业生产率不确定性，通过求解一个包含代理成本的标准新凯恩斯模型，发现在无信贷摩擦下全要素生产率不确定性冲击导致产出下降 0.014%，企业异质的生产率不确定性冲击导致产出上升 0.2%，而在考虑信贷摩擦的模型下全要素生产率不确定性冲击引起产出下降 0.018%，企业异质的生产率不确定性冲击导致产出下降大约 0.6%。

阿雷利亚诺、鲍伊和凯霍（Arellano，Bai and Kehoe，2011）假定生产率不确定性冲击服从离散马尔科夫链过程，他们通过求解一个包含异质型企业和金融摩擦的一般均衡模型发现，在金融市场不完全的环境下，由于产出和收益之间存在时间差，企业存在雇佣劳动风险，此时不确定性波动增加会导致企业撤回雇佣投入，导致就业和产出下降。他们利用实际数据发现，企业异质的生产率不确定性冲击能够解释美国 2007~2009 年67% 的产出下降。

布鲁姆等（Bloom et al.，2012）假定生产率不确定性冲击服从两阶段马尔科夫链过程，并使用 1972~2010 年超过 50 000 个机构的详细投入产出数据，通过求解一个包含异质型企业和调整成本的 DSGE 模型，发现被合理校准的不确定性冲击能够解释 3% 的产出急速下降、6% 的就业急速下降和反弹以及 19% 的投资急速下降和反弹，而消费在第一季度跳跃增加，并在随后的几个季度回落到低于初始水平，造成消费这一反常现象的原因是投资和雇佣的停滞减少了用于资本和劳动调整方面的资源，释放了消费。

塞萨—班奇和科鲁格多（Cesa – Bianchi and Corugedo，2015）在巴尔克等（Balke et al.，2011）的基础上，将代理成本模型替换为 BGG 模型，分别从价格黏性、偏好形式和金融摩擦三个角度考察生产率不确定性冲击和经济周期之间的关系，实证结果显示，37%的全要素生产率不确定性的增加导致产出下降 0.21%，投资下降 0.034%，消费下降 0.22%，且企业异质的生产率不确定性冲击比全要素生产率不确定性冲击似乎更具有相关性。

（二）政策不确定性

费尔南德兹—维拉弗德等（Fernández – Villaverde et al.，2011）构建了一个小型开放经济模型，使用随机波动模型来刻画实际利率不确定性冲击，并选取了四个新兴经济体的短期国债利率和国家发展数据，研究实际利率不确定性冲击对实际宏观经济变量的影响。研究发现，实际利率不确定性冲击会增加持有外国债务风险，进而导致边际效用的不利移动和实物资本收益下降，从而降低消费和投资，最终导致产出和就业的下降。

约翰森（Johannsen，2014）基于 NIPA、OECD 和 TAXSIM 的美国税率数据，设定财政政策不确定性服从马尔科夫转移模型，通过估计包含内生资本积累和允许名义利率受限的泰勒规则的新凯恩斯模型，发现财政政策不确定性冲击提高了居民贴现因子，居民的储蓄和劳动意愿增加，导致通货膨胀降低。在利率受零下限约束的条件下，实际利率上升，抑制了投资和消费，导致经济下滑，在利率非受限条件下则不然。

穆姆塔兹和扎内蒂（Mumtaz and Zanetti，2013）假定货币政策不确定性冲击服从随机波动模型，并采用 3 个月的 T – bill 利率、实际 GDP 增长和 CPI 通胀的季度数据来测度货币政策不确定性，通过求解 DSGE 模型发现，一个 100%的货币政策冲击方差的增加会引起名义利率 0.025%的持久下降，在泰勒规则下，名义利率的下降会导致产出下降或通胀下降，而菲利普斯曲线指出通胀和产出是呈同向变动，最终导致产出增长下降 0.03%，通胀下降 0.18%。

达维格和弗尔斯特（Davig and Foerster，2014）以美国财政悬崖为具体案例，构建包含税率状态转移方程的 DSGE 模型来研究到期税收条款产生的不确定性冲击对经济活动的影响效应，发现在无摩擦的投资框架下税率不确定性冲击会导致产出和就业立即下降 0.37% 和 0.35%，投资下降5.3%，而消费在前四个季度跳跃增加，随着第五季度税率不确定性被消除，投资、就业和消费逐渐回到稳态水平。

伯恩和普费弗（Born and Pfeifer，2014）将政策不确定性定义为经济冲击分布的离差，并使用经济分析局（BEA）国民收入和生产账户（national income and product accounts，NIPA）中的季度时间序列宏观数据，通过估计一个新凯恩斯模型，发现两个标准差的货币政策和财政政策联合的风险冲击仅导致产出下降 0.025%，消费下降 0.01%，投资下降 0.1%，表明政策不确定性冲击对宏观经济的影响效应很小，并不足以解释经济波动。

费尔南德兹—维拉弗德等（Fernández-Villaverde et al.，2015）基于1970 年第一季度到 2010 年第二季度的美国政府部门的平均税率和支出数据以及费城联邦储备银行的 ADS 商业条件指数，定义增加两个标准差的不同财政工具的波动变化为财政政策不确定性，并将随机波动模型引入标准的新凯恩斯主义模型中。研究结果显示，增加两个标准差的财政政策不确定性，至少会引起产出 0.15% 的下降，还会引起消费、投资和劳动工时短暂的急速衰退和随后的复苏，甚至反弹；此外，提高财政政策不确定性会引起滞胀，且大部分的财政政策不确定性冲击影响路径是通过增加未来资本收入税率不确定性。

政策不确定性研究的主要困难在于，代理变量的选取并不能准确地反映宏观经济政策不确定性，贝克等（Baker et al.，2016）基于微观数据构建的政策不确定性指数，有效解决了这一难题。贝克等（Baker et al.，2016）发现，在微观层面，政策不确定性会加剧股票价格波动，降低政策敏感部门的投资和就业；在宏观层面，政策不确定性会导致美国投资、产出和就业的下降。

（三）非经济变量不确定性

由于非经济变量没有明确的客观度量指标，其不确定性的测度主要是通过基于大数据样本的调查和统计进行。科恩和亚历克索普洛斯（Cohen and Alexopoulos，2009）采用 VIX 指数和基于《纽约时报》关于不确定性和经济运行的文章数量建立不确定性指数，通过 VAR 模型估计发现，未预期到的不确定性增加会导致产出、就业、生产率、消费和投资的同时下降，并且基于新《纽约时报》指数，不确定性冲击能够解释这些变量 10% ~ 25% 的短期波动。

贝克和布鲁姆（Baker and Bloom，2011）利用国家面板数据建立了一组衡量自然灾害、恐怖袭击和未预期到的政治冲击等灾难性事件发生的不确定性指标，来考察不确定性和经济周期的因果关系，结果发现不确定性的一阶矩冲击和二阶矩冲击都是高度显著的，并且二阶矩冲击能够解释 60% 的 GDP 增长变化，一阶矩冲击解释 40%。

巴赫曼、埃尔斯特纳和西姆斯（Bachmann，Elstner and Sims，2013）基于美国和德国的部分机密的商业调查数据，采用经济预期分歧和反对采用分歧测度来反映宏观不确定性，发现不确定性冲击对经济的高频效应很小，一旦控制它的低频效应，不确定性冲击对经济运行的影响几乎不显著，并认为不确定性上升只是经济不景气时的附带现象。

勒杜克和刘（Leduc and Liu，2016）基于密歇根大学对美国消费者的调查数据和英国工业联合会对英国公司所做的工业趋势调查数据，采用消费者和企业对未来不确定性的感知程度来度量不确定性，估计结果揭示不确定性冲击至少能解释在大萧条和复苏时期失业率 1 个百分点的增加。

（四）简要评述

尽管经济学家一致认为不确定性冲击会对宏观经济产生影响，但是对于不确定性冲击效应的方向和大小却有着不同观点。大部分学者都认为不确定性冲击会对宏观经济运行造成显著的负向影响，也有少数学者认为不确定性冲击的影响并不显著。造成这种不一致性的原因归纳起来主要有以下几种：

第一，均衡模型设定。在局部均衡框架下，研究文献均发现不确定性冲击对主要宏观经济变量产生显著的负向影响（Bloom，2009；Cohen and Alexopoulos，2009）。但是，局部均衡分析忽视了不确定性对实体经济造成的一般均衡效应，产生放大效应，因而无法对不确定性是否会引起宏观经济波动给出可靠的判断。在一般均衡模型中，工资和利率可能会进行调整，一般均衡效应由于抵消了不确定性冲击的放大效应，从而大大削减了不确定性冲击的净效应（Born and Pfeifer，2014）。

第二，金融摩擦设定。伯南克和格特勒（Bernanke and Gertler，1989）指出，现实经济表现出的微小冲击会由于金融市场的放大和加速作用而对宏观经济运行产生巨大冲击。经济学家研究发现，将金融摩擦引入不确定性经济周期研究，金融摩擦下的不确定性冲击效应要远大于非金融摩擦下的效应，而且金融摩擦程度越高，不确定性冲击效应越大（Arellano，Bai and Kehoe，2011；Balke et al.，2012；Cesa–Bianchi and Corugedo，2015；Bonciani and van Roye，2016 等）。

第三，黏性价格假定。预防性储蓄理论认为，不确定性冲击会引起居民减少消费，增加预防性劳动供给。在价格弹性假定下，由于劳动需求没有发生变化，因此劳动供给增加会提高工作时间和投资，增加总产出。但是在价格黏性假定下，预防性劳动供给增加会导致企业边际生产成本下降，产品价格加成上升，从而导致投资品需求和消费需求下降，最终引起总产出下降，这与巴苏和邦迪克（Basu and Bundick，2012）及塞萨—班奇和科鲁格多（Cesa–Bianchi and Corugedo，2015）的结论保持一致。

第四，零利率下限约束。是否受零利率下限约束，也会影响不确定性冲击的效应的显著性：当一国的名义利率受零利率下限约束时，中央银行为应对不确定性冲击实施的货币政策力度并不足以抵消不确定性冲击引起的负向效应；当利率不受约束时，中央银行的快速反应能够抵消负向冲击，降低不确定性的潜在效应（Basu and Bundick，2012；Johannsen，2014；Bonciani and van Roye，2016）。

此外，样本数据和参数校准值的不同，也会影响到不确定性冲击效应。例如，邦恰尼和范罗伊（Bonciani and van Roye，2016）指出，不确定性冲击效应较小的另一可能原因是 Frisch 劳动供给弹性参数值设定相对较低，从而居民能迅速应对冲击并调整各自的劳动供给。

五、不确定性冲击的经济协动效应

协动效应是指经济周期波动中各经济变量在特定时间内呈现出的几乎

同步上下起伏波动特征。斯托克和沃斯顿（Stock and Waston，1989）最早利用相关系数法来判断各经济变量间是否存在协动效应，但并没有给出微观机制。现代经济周期理论将产出、就业和物价等变量的波动归结于外生随机冲击。实际经济周期理论认为，在一个正向的技术冲击下，总产出、消费、投资和就业都有一个同步上升的过程，肯定了协动效应。新凯恩斯经济周期理论则指出，由于价格黏性，总需求不能及时变化，需求没有增加，厂商在生产力还处于继续提升的条件下可以通过减少雇佣的劳动数量达到该水平的总需求，导致生产力和劳动投入的反向协动，即技术冲击并不能引起经济周期的协动效应（King and Wolman，1996；Gali，1999；Francis and Ramey，2005）。与水平冲击不同，不确定性冲击是通过经济主体预期，间接影响宏观经济波动。不确定性冲击是否会引起协动效应？这是本书要探讨的。

在典型的局部均衡下，不确定性冲击使居民未来收入流的不确定性增加，风险厌恶居民出于预防性储蓄动机，将会减少当期消费，增加劳动供给。在投资部分可逆或完全不可逆条件下，不确定性冲击增加了持有观望态度的实物期权效应，企业将会减少当期投资和雇佣，导致市场投资和就业下降，消费和投资的同时下降必然导致产出的下降。因此，在局部均衡下不确定性冲击大都会产生协动效应（Bloom et al.，2009）。但是，在一般均衡下不确定性冲击是否能够引起产出、消费、投资和劳动工时等变量的协动性则存在争议，一部分观点认为不确定性冲击能够导致产出、消费、投资和劳动工时的同步下降（Fernández - Villaverde、Guerron - Quintana and Kuester，2011；Basu and Bundick，2012；Christiano et al.，2012；Johannse，2012；Mumtaz and Zanetti，2013；Cesa - Bianchi and Corugedo，2015；Bonciani and van Roye，2016），而另一部分观点认为不确定性冲击并不能产生协动效应（Bloom et al.，2010；Davig and Foerster，2013；Born and Pfeifer，2014）。造成这种分歧的可能原因主要是劳动力市场供需不平衡，而劳动力市场供需失衡又与不完全竞争、居民效用函数形式和货币政策等因素相关。

在完全竞争一般均衡下，不确定性冲击会通过预防性储蓄机制来降低消费。如果劳动供给是非弹性的，由于技术和资本存量的水平值并不因不确定性冲击影响而发生变动，因此总产出保持不变，这意味着投资必定上升。如果劳动供给是弹性的，在给定的实际工资水平下，不确定性冲击会增加劳动供给的意愿，而劳动需求并没有变化，最终导致产出、投资和劳动工时上升。在非完全竞争一般均衡下，不确定性冲击引起的居民预防性劳动供给会降低产品的边际成本，而价格或工资调整缓慢意味着企业加成的增加，加成上升又会降低消费品和投资品的需求，进而导致产出和就业下降。如果居民效用函数采用 GHH 形式，即劳动供给没有收入效应，则不确定性冲击引起的消费下降并不影响居民劳动供给的安排，从而减轻了产出变动的幅度，但 GHH 自身并不能解决协动性问题。货币政策的主要功能是通过调整货币供应量或利率来减缓经济波动，如果货币政策因受到外在的限制而导致调整力度不够，则可能不足以消除类似不确定性冲击带来的经济波动。许多学者均指出，如果遵循泰勒规则的货币政策受到名义利率零下限约束，实际利率的下降并不足以缓解需求的下降，从而进一步抑制消费和投资，协动效应更加显著（Basu and Bundcik，2012；Christiano et al.，2012；Johannsen，2012）。

六、不确定性冲击的微观机制

现有文献的研究结果表明，水平冲击的影响效应均要大于不确定性波动冲击的效应。费尔南德兹—维拉弗德等（Fernández - Villaverde et al.，2011）认为，这主要是由于水平冲击对实体经济产生直接影响，而不确定性的波动冲击是通过影响家庭和企业对未来的预期，进而影响其经济行为，最终实现对实体经济的影响，这是一种间接的影响方式，这个传播渠道相对而言比较微弱。现有关于不确定性经济效应的研究文献中，不确定性冲击主要通过五种微观传导机制影响宏观经济：Hartman - Abel 机制、实物期权机制、预防性储蓄机制、风险溢价机制和脆弱的代理机制。不同来源的不确定性可能会适用于不同的传导机制。

（一）Hartman－Abel 机制

Hartman - Abel 机制（Hartman，1972；Abel，1983）又被称为凸边际收益产品机制，它是指在包含凸性调整成本的风险中性完全竞争企业模型中，如果资本的预期边际收益产品是一个关于产出价格和全要素生产率的严格凸函数，根据杰森不等式（Jensen's inequality），这些变量的不确定性增加会增加资本需求，导致投资上升。具体而言，令 $H(\cdot)$ 是一个 n 维向量的凸函数，X 和 U 是 n 维随机向量，它们的联合分布函数为 $F_{XU}(x, u)$，则有：

$$
\begin{aligned}
E_{XU}H(X + U) &= \int H(x + u)\,dF_{XU}(x, u) \\
&= \int \left\{ \int H(x + u)\,dF_{U|X}(u) \right\} dF_X(x) \\
&\geqslant \int H[x + E(U|x)]\,dF_X(x) \\
&= E_X H(X)
\end{aligned}
$$

平迪克（Pindyck，1982）考虑了一个不完全竞争环境或生产规模回报递减情形下竞争性企业的完全不可逆投资行为，发现不确定性的增加会减少投资。不同于哈特曼（Hartman，1972）的离散时间模型，平迪克（Pindyck，1982）采用连续时间模型，且认为当且仅当边际调整成本函数是凸的，不确定性增加会导致投资增加。

（二）实物期权机制

实物期权机制是指与不可逆投资相关的期权价值，特别是，当一项投资是完全或局部不可逆的（即投资一旦形成，就需要付出较高的代价来撤销该项投资），而且投资者不能掌握关于长期项目未来回报的完全信息，期权价值的存在能够避免这样的投资。如果企业在当期决定推迟投资，放弃短期收益，在下一期，企业要么选择投资，要么选择进一步延迟支出。考虑到投资者不能完全预测未来的投资回报，等待并由此获得的新的相关信息将会使得企业更容易地做出更好的投资决策。举例而言，从专利或土地和自然资源的所有权而引致的投资机会，类似于金融看涨期权，而资本投资可能会在未来以更高的价格出售，即相当于购买看跌期权。看涨（跌）期权是一个赋予买方以预定价格购买（出售）标的资产权利的合同。如果企业实行一项不可逆投资支出，同时放弃了等待可能会出现的影响支出时间和意愿的新信息，企业将行使权利进行投资。在市场情况不利的情形下，它不能撤资。

显然，不可逆投资对关于未来现金流量、利率和资本的未来价格的风险特别敏感。不确定性对拥有看涨期权的代理人（投资机会）收益产生负向效应，而对拥有看跌期权的代理人（即已经投入资本，并以预定的更高的价格转售资本）收益产生正向效应。一般而言，投资项目的风险和不确定性程度越高，期权的价值也就越大，决策者也就越有可能推迟投资。当模型中涉及投资和资本时，实物期权机制可能会抑制经济活动，尤其是当企业还另外面临投资调整成本时。

然而，实物期权机制也可能有助于增加投资，这就是实物期权理论中的增长期权。增长期权强调在某些情况下，如果潜在的奖励规模增加，不确定性可能会刺激研究和开发，增加投资。巴—伊兰和斯特兰奇（Bar - Ilan and Strange，1996）指出，如果公司需要很长的时间才能完成某项目，不确定性会增加投资。

（三）预防性储蓄机制

现代消费理论起源于莫迪利安尼（Modigliani，1954）和弗里德曼（Friedman，1957）的 LC - PIH 模型，该理论在确定性假设下，以跨期效用最大化为原则，揭示了消费者在整个生命周期中平滑其消费的行为特征。然而，大量的实证研究表明，平滑消费的动机并不足以完整地解释居民储蓄的增长现象，不确定性同样会对消费者行为产生实质性影响。鉴于此，莱兰（Leland，1968）在消费行为分析的框架下引入了不确定性，并放松了效用函数是二次型的假设，发现当未来收入不确定性增加时，消费者会多出一部分额外储蓄，他将这种储蓄定义为预防性储蓄。面临较高的不确定性，消费者为了规避未来的负面事件，将会减少消费和增加劳动供给。然而，对于预防性储蓄的传导机制如何影响更大经济体和封闭经济体尚无定论。在封闭经济中，储蓄的增加会引起利率下降和投资增加。因此，保守而言，预防性储蓄效应可能会导致投资增加、消费下降，但对产出的总体效果并不能先验地确定。

（四）风险溢价机制

不确定性的风险溢价机制是指不确定性的增加会通过提高违约概率、扩大左端尾部违约风险来增加债务融资的成本。由于银行只关心收回贷款，当违约风险上升时，银行会提高贷款利率。这可能会导致企业因融资成本升高而破产，导致投资和就业下降，最终阻碍经济增长。许多研究金融抑制下不确定性影响的论文（Arellano，Bai and Kehoe，2011；Gilchrist，Sims and Zakrasjek，2011；Christiano et al.，2014）都支持了这一机制。

（五）脆弱的代理机制

娜瑞达（Narita，2011）指出，在信息不对称的市场环境中，委托人和代理人之间存在代理问题，不确定性会通过两种方式来降低总产出。第一，不确定性的增加会提高风险项目方差和项目收益波动，致使代理关系变得难以维持，导致合同终止增加。由于建立新的合同关系需要时间，因此不确定性会降低总产出。第二，不确定性的增加会降低风险承担的平均水平，因为有过低产出经历的合同会执行低风险项目来规避合同终止附带的高昂成本，又由于低风险项目意味着较低收益，这会进一步降低总产出。这与阿雷利亚诺、鲍伊和凯霍（Arellano，Bai and Kehoe，2011）提出的机制相一致。

七、结论与展望

不论是实际经济周期理论，还是新凯恩斯主义经济周期理论，都仅仅考虑了外生冲击的水平效应，而没有考虑外生不确定性冲击的波动效应，即已有研究都假定了具有相同波动率的同质性冲击，而忽略了具有时变波动率的异质性冲击。不确定性经济周期理论利用时变波动率模型来刻画不确定性，把不确定性冲击引入 DSGE 模型进行理论和实证研究，近年来已逐渐成为宏观经济学研究的前沿课题。

本章从不确定性定义和测度方法、不确定性 DSGE 模型求解方法、不确定性宏观经济效应和微观机制等方面，对不确定性经济周期理论研究进行了系统的综述：（1）经济不确定性是指人们无法准确观测、分析和预见的变化，通常选择 VIX 指数等包含预期股票市场波动率的指标进行测度；政策不确定性采用统计大数据调查方法；时变波动率模型包括

GARCH 模型、随机波动模型和马尔科夫机制转移模型，随机波动模型适用于连续型不确定性冲击，马尔科夫机制转移模型适用于离散型不确定性冲击。（2）可以利用三阶摄动法求解包含不确定性冲击的 DSGE 模型，分离水平冲击效应和波动冲击效应。（3）多数文献认为，不确定性冲击对宏观经济运行有显著负向影响；不确定性冲击主要是通过 Hartman - Abel 机制、实物期权机制、预防性储蓄机制、风险溢价机制和脆弱的代理机制等五个微观机制影响宏观经济运行。

不确定性经济周期理论是当前国际宏观经济学研究的理论前沿。然而，已有的实证研究主要以发达国家为主，对于发展中国家来说，不确定性冲击会有什么样的宏观经济效应？卡里尔—斯沃洛和塞斯佩德斯（Carrière - Swallow and Céspedes，2013）从经验角度发现，相对于美国等发达国家，新兴经济体受到外生突发性冲击时，投资和消费下降程度更大，需要更长的时间恢复，也不会形成随后的经济过度反弹。布鲁姆认为，发展中国家由于国际分工中发展的是容易波动的产业，以及发展和改革中的政策不稳定等因素，不确定性冲击的宏观经济影响比发达国家更大。目前，中国正处于全面深化改革的关键阶段，政策、市场、技术和制度的不确定性都会带来经济波动，加之经济运行中结构性问题突出、产能过剩矛盾不断积累、金融风险开始显性化、宏观调控政策边际效应下降、经济下行压力较大等因素都给我国经济发展增加了不确定性，市场预期不确定性增大。因此，结合中国国情的不确定性经济周期理论和实证研究，对于中国政府制定宏观经济政策具有重要参考意义。尤其是结合模型技术和经济利益关系，来研究不确定性对于增长和经济波动的影响，是非常有价值的。

对于中国不确定性研究，有以下几个值得关注的研究方向：（1）基于大数据构建中国经济政策不确定性指数。贝克、布鲁姆和戴维斯（Baker，Bloom and Davis，2016）构建了政策不确定性指数，其中也包含了中国的政策不确定性指数，但是其利用的是《南华早报》（SCMP）这一香港报纸的数据。事实上，《南华早报》的报道并不能全面反映我国经济政策的不确定性。结合中国实际，可以采用我国内地销售量排名靠前的报刊，以及人民网、新浪财经等著名网站，利用大数据技术搜集和整理有关经济、政策、不确定性的报道数量，构建中国经济政策不确定性指数。（2）是"流动性陷阱"还是"不确定性陷阱"制约了中国当前的经济发展？我国货币政策正在从数量型向价格型转型，受零利率下限约束的中央银行不能有效地抵消不确定性冲击造成的负向效应。研究金融市场化下制约当前中国经济发展的因素非常有必要。（3）基于不确定性冲击视角，研究香港地区金融危机、美国金融危机和欧债危机下我国政府应对国际金融危机的成功经验和失败教训，具有重要现实指导意义。

第二章 中国宏观经济不确定性统计测度研究

　　不确定性是指人们无法准确观测、分析和预见的变化。本章选择宏观经济景气指数作为代理变量，分别利用 GARCH 模型、随机波动模型和马尔科夫机制转移模型等剔除预期的计量经济模型，来测度中国宏观经济不确定性。研究发现，我国宏观经济不确定性较大的时期主要分布在 1993 ~ 1995 年、1997 ~ 2000 年、2008 ~ 2009 年和 2010 ~ 2011 年，分别对应我国市场经济初期、亚洲金融危机、美国金融危机和欧洲主权债务危机时期。此外，本章基于 Web 数据挖掘技术，利用《人民日报》等重要报刊数据，构建了一个测度中国货币政策不确定性的指数。

一、引言

　　宏观经济不确定性是政府制定宏观经济政策需要考虑的重要因素之一。早在大卫·李嘉图时期，经济理论构建就面临着一个不可回避的问题：只有排除不确定性才能进行经济分析，但是对于经济政策而言，只有考虑到不确定性才更有实际意义。奈特将"不确定性"和"风险"做了区分。凯恩斯认为不确定性是宏观经济的核心，将不确定性和宏观经济学紧密联系起来。在过去几十年中，不确定性对经济理论产生了重要影响，许多经济学家意识到不确定性的重要性，阿罗、德布鲁在阿罗—德布鲁范式中扩展了不确定性概念，西蒙建立了有限理性假设分析人类行为面临的不确定性。新古典经济学派用概率来描述经济不确定性，进而将不确定性问题转化为可度量形式。理性预期要求经济体的主观概率与客观概率分布一致，新凯恩斯主义则采取理性预期理论假设。

不确定性对于宏观经济政策制定的重要性毋庸置疑，量化测度是关键的一步。早期关于宏观经济不确定性的研究利用宏观经济波动作为不确定性的代理变量，常用的度量方法有标准差法、极差法、移动平均标准差等，这些方法均假定经济变量值的波动为常数波动，用经济变量的历史波动作为未来经济变量波动的无偏估计。奈特定义概率型随机事件的不确定性为风险，定义非概率型随机事件为不确定性。这一定义得到了经济学者的广泛认同，例如王健宇（2010）将居民收入不确定性定义为居民收入具有的人们无法准确观测、分析和预见的变化。本章将宏观经济不确定性定义为人们无法准确观测、分析和预见的经济变化，即经济体预期值与实际值的偏离。根据这个定义，并非所有的宏观经济波动都属于宏观不确定性范畴，只有不可预测的经济波动才是宏观经济不确定性。尽管标准差这一指标反映了不同时间、不同群体间的差异程度，但这种差异程度又是导致人们预期不确定性的重要因素，所以这一指标并不能代表真实的不确定性。现实中宏观经济波动是时变的，因此标准差也应该是时变的。

当前，国际学术界的通行做法是采用隐含波动率指数（volatility index，VIX）作为宏观经济不确定性的代理变量。VIX 由芝加哥期货交易所（CBOT）编制，是芝加哥期权期货交易所使用的市场波动性指数，由 S&P 500 成分股的期权波动性组成，可用来预期未来 30 天市场波动性。VIX 广泛用于反映投资者对后市的恐慌程度，又称"恐慌指数"。该指数越高，意味着投资者对股市状况越感到不安。VIX 有效剔除了经济体可预期部分，是对宏观经济不确定性的合意代理变量。研究表明，隐含波动率与一系列不确定性代理变量显著相关，这些代理变量包括实际收入增长率以及金融分析师对经济预测的偏离。布鲁姆（Bloom，2009）用 VIX 测度不确定性，验证了股票市场波动率 VIX 与其他代表性的宏观、微观不确定性变量高度相关，即股票市场波动率 VIX 与公司税前利润增长率、公司股票回报标准差、产业全要素生产率增长率、宏观经济预测师对 GDP 的预测偏差显著相关。

我国期货期权市场不完善，没有隐含波动率指标，因而不能用它来测度中国的宏观经济不确定性。本章提出利用剔除预期的计量经济模型来测度宏观经济不确定性，并比较不同测度模型的优缺点，为正确认识宏观经济不确定性和经济政策制定提供量化测度结果。

本章结构安排如下：第二部分介绍剔除预期的计量经济模型，第三部分是实证结果及经济解释，最后是本章的研究结论。

二、统计测度模型

不确定性是指人们无法准确观测、分析和预见的变化，宏观经济不确定性为经济体预期值与实际值的偏离，并非所有的宏观经济波动都属于宏观经济不确定性范畴。本章选择剔除可预期部分的计量经济模型，作为宏观经济不确定性的测度方法。常用计量经济模型包括 GARCH 模型、随机波动模型和马尔科夫机制转移模型等。

（一）GARCH 模型

标准的 GARCH(1, 1) 模型为：

$$y_t = x_t'\gamma + u_t, \ t = 1, \ 2, \ \cdots, \ T \qquad (2-1)$$

$$\sigma_t^2 = \omega + \alpha u_{t-1}^2 + \beta \sigma_{t-1}^2 \qquad (2-2)$$

其中，$x_t = (x_{1t}, \ x_{2t}, \ \cdots, \ x_{kt})'$ 是解释变量向量，$\gamma = (\gamma_1, \ \gamma_2, \ \cdots, \ \gamma_k)'$ 是系数向量。由于 σ_t^2 是以前面信息为基础的一期向前预测方差，式（2-2）称为条件方差方程。利用 GARCH 模型测度的不确定性 σ_t^2 是基于前期的波动性的信息 u_{t-1}^2 和上一期的预测方差 σ_{t-1}^2，即 GARCH 模型测度的不确定性剔除了经济体的预测，更真实地反映了经济体面临的宏观经济不确定性。

在测定不确定性方面，GARCH 模型既解决了波动的时变性，又解决了非预期的经济变量波动性问题。由 GARCH 模型估计得到的标准差可以反映宏观经济变量的非预期波动。GARCH 模型拟合的条件方差序列作为宏观经济不确定性的代理指标，这一指标可以剔除自变量变化趋势，反映了宏观经济变量的非预期波动。因为标准差无法解决宏观经济变量存在的序列自相关问题，GARCH 族模型能在给定经济结构下，明确估计出条件方差是事前的方差而不是像标准差的事后方差，可以更好地反映不确定性，因而 GARCH 模型比标准差更精确。GARCH 模型成为宏观经济不确定性测度的主要方法之一。

（二）随机波动模型

GARCH 模型虽然解决了经济变量不确定性的时变问题以及反映非预期的经济变量波动性问题，但该模型也存在新的问题，当存在异常观测经济变量值时，将使估计的条件方差突然变动，即估计的波动性序列不是很稳定。此外，GARCH 族模型对于长期波动性的预测能力较差。为克服这一缺陷，哈维和谢泼德（Harvey and Shephard，1994）将随机波动模型（stochastic volatility model，SV 模型）引入计量经济学。在随机波动模型中，条件方差不再是一个确定性函数，而是加入了随机项的条件方差，从而可以反映随机因素对波动性的影响。与 GARCH 模型不同，随机波动模型的波动性不仅依赖于以前的波动，还依赖于当前的信息。

令宏观经济变量序列为 $\{x_t\}$，均值修正的序列为 $\{y_t\}$，即 $y_t = \log x_t - \log x_{t-1} - \dfrac{1}{n}\sum_{i=1}^{n}(\log x_t - \log x_{t-1})$，$t = 1，\cdots，n$，$y_t = \sigma_t \varepsilon_t$，$\ln\sigma_t^2 = \mu + \phi(\ln\sigma_{t-1}^2 - \mu) + \eta_t$，取 $\theta_t = \ln\sigma_t^2$，模型表达式简化为：

$$y_t \mid \theta_t = \exp\left(\frac{1}{2}\theta_t\right)u_t，\ u_t \sim i.i.d.\ N(0，1)，\ t = 1，\cdots，n \qquad (2-3)$$

$$\theta_t \mid \theta_{t-1}，\mu，\phi，\tau^2 = \mu + \phi(\theta_{t-1} - \mu) + v_t，\ v_t \sim i.i.d.\ N(0，\tau^2)，$$
$$t = 1，\cdots，n，\ \theta_0 \sim N(\mu，\tau^2) \qquad (2-4)$$

其中，$\{u_t\}$ 和 $\{v_t\}$ 是互不相关的白噪声序列，θ_t 决定了变量 t 时刻的波动，$\phi(-1 < \phi < 1)$ 表示 y 对数平方项的自相关性，ϕ 为持续性参数，度量了波动的持续性，反映当前波动对未来波动的影响，常数项 $\beta = \exp(\mu/2)$ 表示初始波动均值，τ 表示 y 对数波动的波动。

目前估计 SV 模型的方法主要有广义矩估计法、伪极大似然方法、模拟极大似然法、蒙特卡罗极大似然法以及马尔科夫链蒙特卡罗估计法（MCMC 法）。其中，基于贝叶斯原理的估计参数后验分析的 MCMC 法用得最广，该方法利用了模型信息和样本数据信息，将马尔科夫过程引入蒙特卡罗（Monte Carlo）模拟中以实现动态模拟，其基本思路是通过构造一个平稳分布为特定密度分布函数的马尔科夫链抽样，基于这些抽样做出各种统计推断。

（三）马尔科夫机制转移模型

GARCH 模型和随机波动模型都是利用样本数据对模型参数进行估计，以估计模型为基础，计算相应时期的方差来估计宏观经济不确定性。但是，这两个模型都隐含了一个假设，即不同时期的经济结构相同，模型参数不变。尽管时变 ARCH 模型以及时变 SV 模型考虑到了结构变化，但却没考虑到未来可能区域转变对不确定性产生的影响。马尔科夫机制转移模型（Markov regime switching model，MRSM）对未来区域转变不确定性对经济变量的总不确定程度做出估计。假设某宏观经济变量 x 在两状态之间转变（状态 0 和状态 1），令 $\lambda_t = \Pr(s_{t+1} = 1 \mid \Omega_t)$ 为在给定 t 期信息 Ω_t 的情况下，$t+1$ 期为状态 1 的概率，则给定 t 期信息 Ω_t 的情况下，$t+1$ 期为状态 0 的概率为 $1 - \lambda_t = \Pr(s_{t+1} = 0 \mid \Omega_t)$。事后预测偏差可表示为：

$$x_{t+1} - E[x_{t+1} \mid \Omega_t] = (x_{t+1} - E[x_{t+1} \mid s_{t+1} = 1,\ \Omega_t])$$
$$+ (1 - \lambda_t)(E[x_{t+1} \mid s_{t+1} = 1,\ \Omega_t] - E[x_{t+1} \mid s_{t+1} = 0,\ \Omega_t])$$

定义宏观经济变量 x 的不确定性为条件方差 $Var(x_{t+1} \mid \Omega_t)$，该条件方差将受到状态概率的影响。状态转变对条件方差的影响如式（2-5）所示：

$$Var(x_{t+1} \mid \Omega_t) = E\{Var(x_{t+1} \mid \Omega_t,\ s_{t+1}) \mid \Omega_t\} + Var\{E(x_{t+1} \mid \Omega_t,\ s_{t+1}) \mid \Omega_t\}$$

$$(2-5)$$

该等式右边第一项表示方差不确定性：不同状态宏观经济变量 x 方差的期望值；第二项表示均值不确定性：宏观经济变量期望值的条件方差。其中：

$$E\{Var(x_{t+1} \mid \Omega_t,\ s_{t+1}) \mid \Omega_t\} = \sum_{i=0,1} Var(x_{i,t+1} \mid \Omega_t)\Pr(s_{t+1} = i \mid \Omega_t)$$
$$= \sigma_1^2 \Pr(s_{t+1} = 0 \mid \Omega_t) + \sigma_2^2 \Pr(s_{t+1} = 1 \mid \Omega_t)$$

$$(2-6)$$

$$Var\{E(x_{t+1} \mid \Omega_t,\ s_{t+1}) \mid \Omega_t\} = [E(x_{1,t+1} \mid \Omega_t) - E(x_{0,t+1} \mid \Omega_t)]^2$$
$$\times \Pr(s_{t+1} = 1 \mid \Omega_t)\Pr(s_{t+1} = 0 \mid \Omega_t)$$

$$(2-7)$$

其中，σ_1^2 为状态 0 自回归所得残差的方差，σ_2^2 为状态 1 自回归所得残差的方差，因此，方差不确定性主要取决于对每个时期状态 0 和状态 1 发生可能性概率的估计。

已有研究发现，马尔科夫机制转移模型能更好地描述通货膨胀的过程、测度通货膨胀的不确定性。

三、实证结果

宏观经济景气指数是综合反映各行业运行状况的定量指标，包括预警指数、一致指数、先行指数、滞后指数，本章以下采用预警指数和一致指数作为替代变量，测度中国宏观经济不确定性，数据区间为 1992 年 1 月 ~ 2014 年 5 月，数据来自国家统计局网站。GARCH 模型、随机波动模型和马尔科夫机制模型采取 AR 自回归方式来剔除经济预期，并利用估计得到的条件方差来测度宏观经济不确定性。

（一）GARCH 模型

对预警指数进行 ADF 单位根检验，在 0.1 的显著水平下，拒绝原假设，即预警指数为平稳序列。对预警指数做 ARCH 效应分析与 GARCH(1，1)，发现条件异方差检验的 F - statistic 值对应的 P 值变大。对一致指数进行 ADF 单位根检验，结果表明，在 0.05 的显著水平上，拒绝原假设，一致指数为平稳序列。基于 GARCH(1，1) 得到预警指数、一致指数的条件异方差如图 2 - 1 所示。

由图 2 - 1 可知，预警指数不确定性较大的时间点为 1993 年 2 月、1993 年 11 月、1994 年 9 月、1995 年 9 月、1999 年 11 月至 2000 年 2 月、2003 年 10 月、2004 年 6 月、2008 年 10 月至 2009 年 1 月、2010 年 10 月，其中 1993 年至 1995 年和 2008 年 10 月至 2009 年 1 月预警指数不确定性整体很大，对应的时间点，一致指数不确定性波动也很大，相对而言预警指数不确定性变动比一致指数变动更频繁，并且预警指数不确定性提前达到波峰。个别时点，例如 2003 年 10 月份，预警指数不确定性很大，一致指数不确定性也出现了小幅波动，但波幅不太剧烈。以上结果说明预警指数和一致指数不确定性的 GARCH 模型测度结果基本一致，相对而言，预警指数更加敏感和领先，一致指数更加稳健。

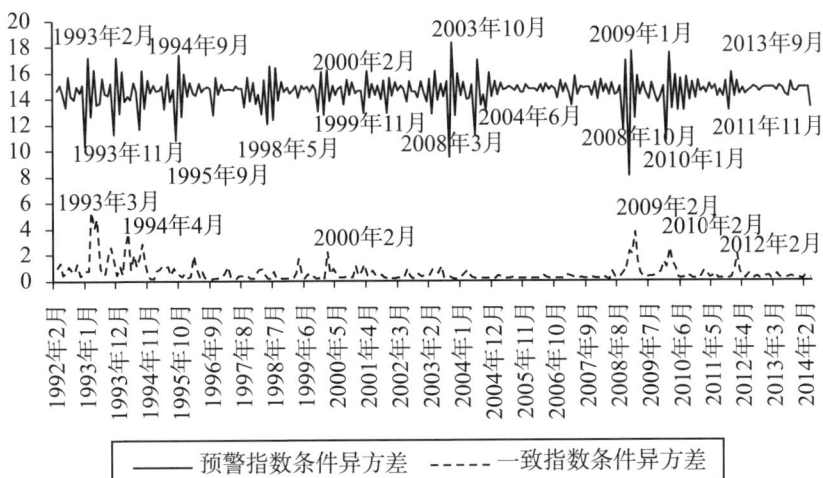

图 2-1 宏观经济不确定性 GARCH 模型测度结果

(二) 随机波动模型

本章建立 SV 模型，利用 Winbugs 14 估计模型参数。使用 MCMC 对参数估计之前，需对模型参数进行先验设置，对参数分布进行先验设置后，对需要迭代的初始值进行设置，根据金（Kim，1998），令 $\alpha = 0$，$\beta = 0.975$，$\tau^2 = 50$，迭代次数增多，改变参数的初始值，参数最终均会收敛到某一恒定值，对迭代结果没有影响。设置好参数初始值后，考虑到前面迭代的非平稳性，通过"燃烧"（burn in）先舍去前 40 000 个抽样值，取后 40 000 个抽样值，模型共运行 80 000 次。估计得到预警指数和一致指数 SV 模型的参数估计值，参数估计值趋于平稳，表示模型收敛。计算得到隐含波动序列 θ_t，根据 $\theta_t = \ln\sigma_t^2$，可知方差序列 σ_t^2（如图 2-2 所示）。

由 SV 模型测度结果可知，预警指数不确定性在 7 个时间点较高，分别是 1992 年 9 月、1995 年 9 月、1998 年 9 月、2000 年 2 月、2003 年 9 月、2009 年 4 月和 2013 年 5 月。一致指数不确定性在 6 个时间点较高，分别是 1993 年 3 月、1995 年 12 月、1998 年 3 月、1999 年 8 月、2002 年 10 月、2008 年 12 月。一致指数与预警指数不确定性基本一致，相对稳健和延后。一致指数 SV 模型对于 2008 年的美国次贷危机刻画较为敏感和突出。

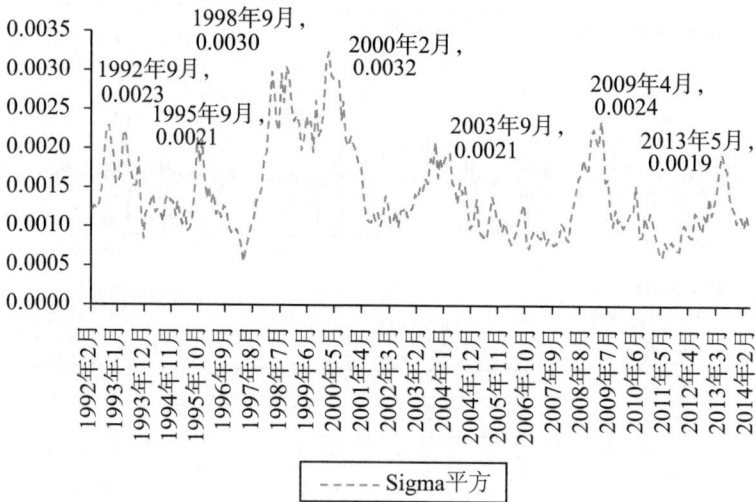

（a）预警指数

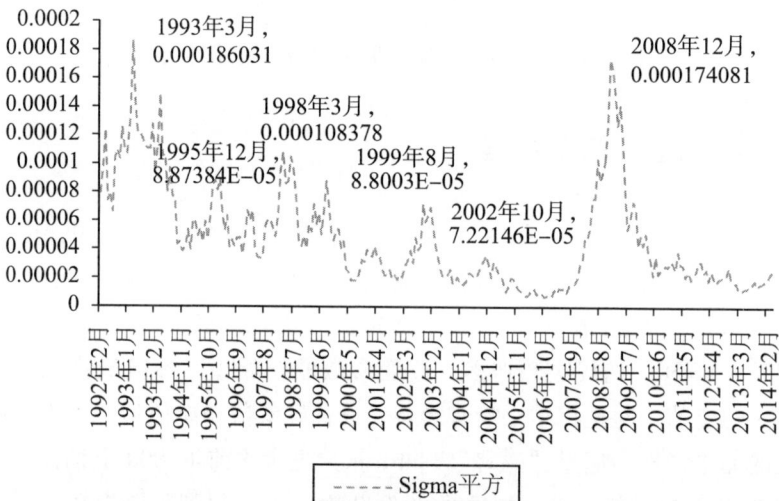

（b）一致指数

图2-2 宏观经济不确定性SV模型测度结果

（三）马尔科夫机制转换模型

对于马尔科夫自回归模型，对于每个状态下的自回归，均要求平稳序列，因此，马尔科夫自回归模型使用的序列是经检验或处理后的平稳序列。预警指数和一致指数的马尔科夫两状态方程如下（一致指数方程由括号中的系数表示）：

状态 1：ZHSH = 1.91(4.05) + 0.95(0.96) × ZHSH(-1)

状态 2：ZHSH = 2.33(-5.65) + 0.99(1.06) × ZHSH(-1)

估计得到预警指数转移概率如下：若 t 时期为第一状态，$t+1$ 期仍为第一状态的概率为 0.72，$t+1$ 期为第二状态的转移概率为 0.28；若 t 时期为第二状态，$t+1$ 期为第一状态的概率为 0.13，$t+1$ 期仍为第二状态的转移概率为 0.87。对应地，估计得到一致指数转移概率如下：若 t 时期为第一状态，$t+1$ 期仍为第一状态的概率为 0.96，$t+1$ 期为第二状态的转移概率为 0.04；若 t 时期为第二状态，$t+1$ 期为第一状态的概率为 0.19，$t+1$ 期仍为第二状态的转移概率为 0.81。

总不确定性分解结果如图 2-3 所示，结果说明，总不确定性与方差不确定性在数值上较为接近，但是总不确定性变化主要是由均值不确定性的变化引起的。根据马尔科夫机制转移模型测度结果，预警指数不确定性较大的 7 个时间点分别为 1993 年 8 月、1995 年 2 月、1999 年 11 月、2004 年 4 月、2008 年 4 月、2009 年 7 月和 2010 年 4 月，一致指数不确定性较大的 6 个时点分别为 1993 年 3 月、1999 年 4 月、2004 年 4 月、2008 年 5 月、2009 年 4 月和 2010 年 4 月，两者结果基本一致，一致指数不确定性相对稳健和延后。

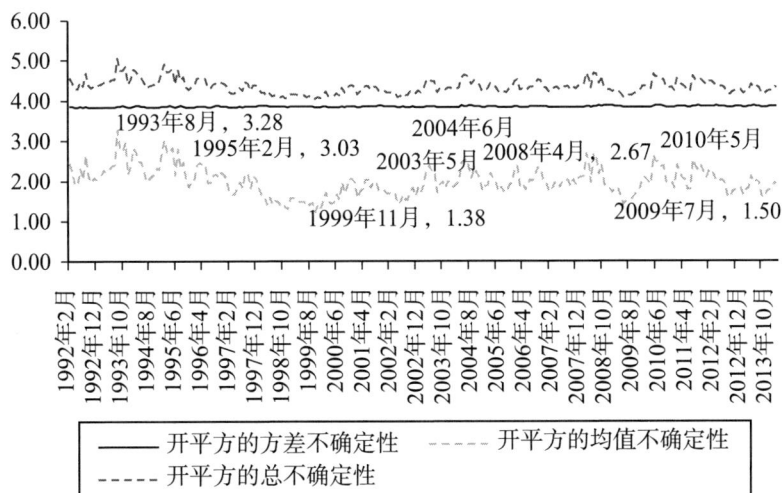

（a）预警指数

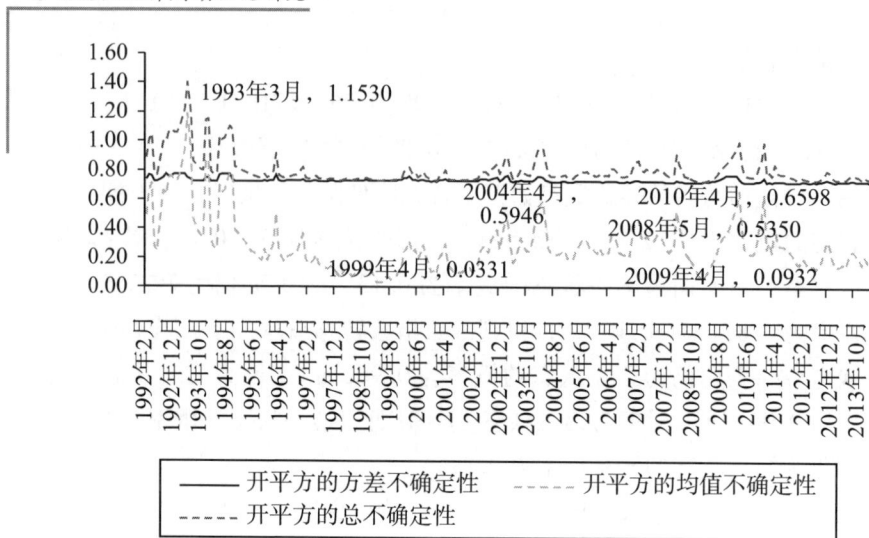

（b）一致指数

图 2 - 3　预警指数和一致指数总不确定性及其均值、方差分解

（四）经济解释

由以上统计测度结果可知，中国宏观经济不确定性较大的时期主要分布在 1993 ~ 1995 年、1997 ~ 2000 年、2008 ~ 2009 年和 2010 ~ 2011 年。可能的经济解释如下：

1988 年高通胀，我国政府采取了紧缩型政策，进行为期三年的大整顿，对经济实体造成了不利影响。1992 年邓小平南方谈话以来，我国经济高投资、高增长、价格大幅上涨，1993 年下半年开始政府采取一系列措施调控经济。因此，1993 ~ 1995 年预警指数和一致指数不确定性都很大，反映了我国市场经济体制确立后的宏观经济不确定性增加的事实。

1997 年亚洲金融危机爆发，打破了"亚洲奇迹"，我国政府承诺并奉行"人民币不贬值"的货币政策，获得了国际社会的好评，但是在 1999 年世界经济增长率高于上年、2000 年完全恢复的情况下，我国承受了 1999 年经济增长率低于上年、2000 年仍未完全恢复等困难。2008 年美国金融危机波及全球，世界经济增长率下降超过 1 个百分点，我国政府推出"4 万亿"经济刺激计划，货币政策由"稳健""从紧"改为"适度宽松"，再次获得了国际社会好评，但是，我国政府 2009 ~ 2010 年面临通货膨胀、产能过剩、银行信贷剧增以及产业结构没有优化等困难。应对最近的欧洲主权债务危机，我国政府统筹稳增长、调结构、促改革，在财政政策方面"调整支出结构，压缩行政开支，加快支出进度，对小微企业实行税收优惠"；在货币政策方面"保持定力，既不放松也不收紧银根，管理好流动性，重点通过盘活存量、用好增量，支持实体经济发展"。2010～2013年我国经济增长率缓慢下降，目前保持在7%～8%之间，没有出现通货膨胀，也未出现经济"硬着陆"。1997～2000年、2008～2009年和2010～2011年预警指数和一致指数不确定性较大，反映了我国经济面临亚洲金融危机、美国次贷危机和欧洲主权债务危机，宏观经济不确定性增加的情况。

经济领域发生重大突发事件，预警指数不确定性都会大幅波动，而一致指数不确定性只有对我国整体宏观经济产生重大影响时才会出现大幅波动。这也说明预警指数不确定性反应灵敏，适合于短期分析和一般事件应用，而一致指数不确定性反应平缓，适合于长期分析和重大事件应用。

目前国际上通常使用美国市场波动率指数来代表全球宏观经济不确定性（见图2-4）。

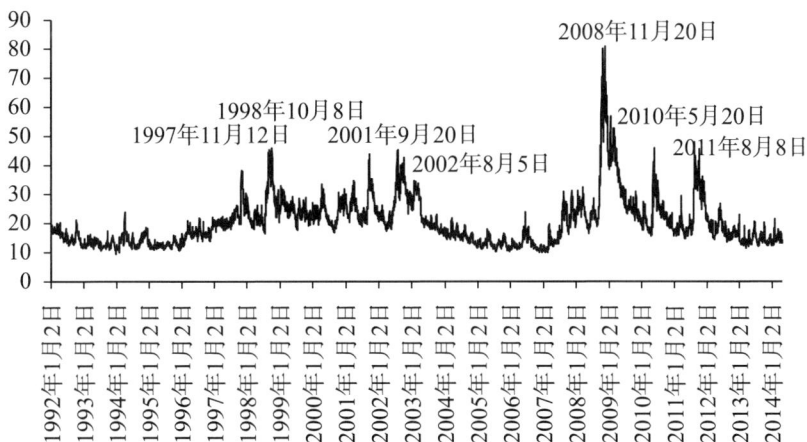

图 2 - 4　美国市场波动率指数 VIX

由图2-4可知，全球宏观经济不确定性较大的几个时间点为1997年11月12日、1998年10月8日、2001年9月20日、2002年8月5日、2008年11月20日、2010年5月20日、2011年8月8日。1997～1998年对应亚洲金融危机、2001～2002年对应美国"9·11"恐怖袭击事件、2008年对应美国金融危机，2010～2011 年对应财政悬崖和欧洲主权债务危机。VIX 指数全面反映了全世界范围的突发事件冲击导致的宏观经济不确定性。

GARCH 模型、随机波动模型和马尔科夫机制转移模型采取自回归方式来剔除经济预期，并利用条件方差来测度时变不确定性。但是，三个模型设定形式不同，模型机理不同，所得到的研究结论也会有所不同：GARCH 模型的水平冲击和方差冲击是一致的，而随机波动模型和马尔科夫机制转移模型可以分离水平冲击和方差冲击；GARCH 模型和随机波动模型测度条件方差利用的是连续函数形式，而马尔科夫机制转移模型利用的则是离散函数形式。因此，需要根据研究对象和性质的不同，选择合适的计量经济模型。本章将 GARCH 模型、随机波动模型和马尔科夫机制转移模型的测度结果与 VIX 指数进行对比发现，利用随机波动模型测度得到的宏观经济不确定性与 VIX 指数在趋势上最为一致。这说明利用随机波动模型测度宏观经济不确定性是合意的。

四、基于大数据的中国货币政策不确定性指数构建

贝克等（Baker et al.，2011）对中国月度经济政策不确定指数进行了具体测算。为了衡量中国经济政策的不确定性，他们利用《南华早报》的文章构建了一个测度经济政策不确定性的指数。与贝克、布鲁姆和戴维斯（Baker，Bloom and Davis，2011）的研究不同，本章基于中国国内的《人民日报》《光明日报》等权威报纸来构建中国的货币政策不确定性指数，体现了中国国情和中国特色。

结合贝克等人的研究，本章数量型货币政策的关键词频选择结果为：存款准备金、降准、中央银行贷款、再贴现、再贷款、常备借贷便利、中期借贷便利、抵押补充贷款、公开市场业务、国债、现券交易、逆回购、正回购、中央银行票据、短期流动性调节工具。价格型货币政策的关键词频的选择结果为：存款利率、贷款利率、降息、汇率。

本章通过"中国知网"的报纸数据库，利用网络爬虫技术，获得 2000 年 1 月 1 日至 2016 年 12 月 31 日《人民日报》《光明日报》的新闻数据，按月筛选得到相关新闻频度并统计出其占平均频度的比重，将其标准化获得平均值为 100 的不确定性指数。具体地，本章修正了贝克等

（Baker et al.，2016）的方法，设计出如下的指数计算公式：

$$\overline{X_1} = \frac{\sum\limits_{i=1}^{N} F_i}{N}，\quad X_2 = \frac{100}{\overline{X_1}}，\quad Index_i = F_i \cdot X_2$$

根据前述的指标设计和统计方法，获得月度中国货币政策不确定性指数。数量型和价格型货币政策不确定性指数分别如图 2-5 和图 2-6 所示。

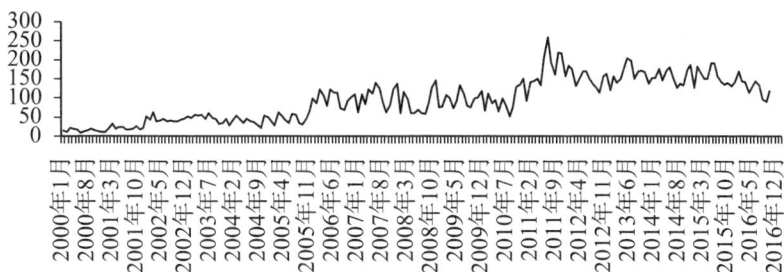

图 2-5　数量型货币政策不确定性

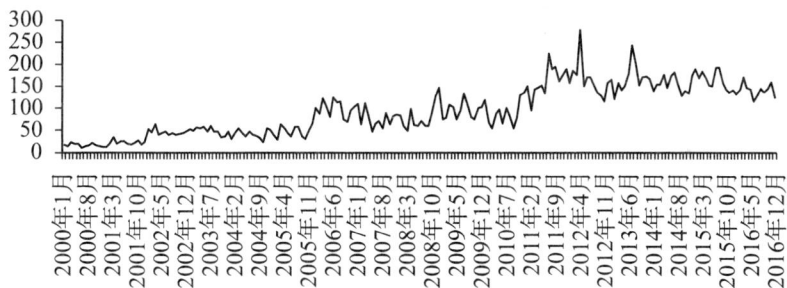

图 2-6　价格型货币政策不确定性

数量型货币政策不确定性的平均绝对偏差为 48.84，波动性为 55.64。价格型货币政策不确定性的平均绝对偏差为 54.32，波动性为 68.84。从数值上看，数量型货币政策的不确定性高于价格型货币政策的不确定性，数量型因素是中国货币政策不确定性的主要来源。

五、研究结论

本章选择宏观经济景气指数作为代理变量，分别利用 GARCH 模型、随机波动模型和马尔科夫机制转移模型等计量经济模型来测度中国宏观经济不确定性。相对于 VIX 指数，计量经济模型可以用来测度宏观经济领域各个经济指标的不确定性，因而具有更大的灵活性。

实证研究发现，我国宏观经济不确定性较大的时期主要分布在 1993～1995 年、1997～2000 年、2008～2009 年和 2010～2011 年，分别对应我国市场经济初期、亚洲金融危机、美国金融危机和欧洲主权债务危机时期。GARCH 模型、随机波动模型和马尔科夫机制转移模型对于宏观经济不确定性较大的时间点测度结果基本一致，说明了模型的适用性。但是，在具体数值和结果形式上，不同模型有着很大的差异，这可能是由于以下几个方面的原因造成的：第一是数据处理过程不同。GARCH 模型、马尔科夫模型要求平稳化数据，本章使用 HP 滤波后的平稳数据；随机波动模型使用的是对数差分去均值后的数据。第二是模型机理不同。GARCH 模型包含均值方程和条件方差方程；随机波动模型中，条件方差不再是一个确定性函数，而是加入了随机项的条件方差，从而反映出随机因素对波动性的影响；马尔科夫机制转移模型可以使我们对从现期状态向未来状态转变的不确定性进行估计，从而对经济变量总不确定程度做出估计。相对而言，随机波动模型，对宏观经济不确定性的测度结果更为平滑，结论与 VIX 指数最为一致。

经济领域发生重大突发事件，预警指数不确定性都会大幅波动，而一致指数不确定性只有对我国整体宏观经济产生重大影响时才会出现大幅波动。这也说明预警指数不确定性反应灵敏，适合于短期分析；而一致指数不确定性反应平缓，适合于长期分析。

本章提出利用剔除预期的计量经济模型来测度宏观经济不确定性，并比较不同测度模型的优缺点，从而为正确认识宏观经济不确定性和制定宏观经济政策提供量化测度结果。由于中国国民经济核算年鉴可查询的时间周期过短，选择工业生产者出厂价格指数（PPI），以及制造业采购经理人指数（PMI）、银行间同业拆借利率、M2 等重要的宏观经济指标对宏观经济不确定性进行更加全面的测度是下一步值得研究的方向。

第三章　引入不确定性的动态随机一般均衡模型

——三种不同时变波动率模型比较研究

本章分别将随机波动模型、马尔科夫机制转移模型和 GARCH 模型这三种不同时变波动率模型引入相同的动态随机一般均衡模型，研究不确定冲击的宏观经济效应。通过参数校准法和数值模拟，得到以下研究结论：第一，随机波动冲击和马尔科夫机制转移波动冲击均产生负向影响，GARCH 冲击为正向影响。第二，随机波动冲击和 GARCH 冲击可以刻画连续型冲击，冲击效应持续时间较长；马尔科夫机制转移波动冲击可以刻画离散的突发性冲击，表现为"跳跃行为"，冲击效应较短。第三，随机波动模型和马尔科夫机制转移模型可以分离出不确定性冲击的水平效应和波动效应；GARCH 模型无法单独识别不确定性冲击的水平效应和波动效应。研究认为，金融危机等连续型不确定性冲击适合采用随机波动模型；自然灾害等突发性冲击适合采用马尔科夫机制转移模型。

一、引言

研究不确定性对宏观经济的影响是当前宏观经济学研究的前沿。费尔南德兹—维拉弗德等（Fernández – Villaverde et al. , 2007）和贾斯丁尼亚诺等（Justiniano et al. , 2008）率先尝试在 DSGE 模型中分析时变波动因素，结果显示在模型中考虑不确定冲击对于经济波动的解释更加直观。亚历克索普洛斯和科恩（Alexopoulos and Cohen, 2009）通过实证探索得出，美国经济体系中的不确定性问题可以很好地解释经济的波动问题。国际上基于 DSGE 模型来探究不确定性冲击对经济的影响已比较成熟，研究表明不确定性的存在确实有助于研究宏观经济（Bloom，2009；Fernández – Villaverde et al.，2010；Fernández – Villaverde et al.，2011a；Bloom et al.，2012；Basu and Bundick，2012；Brede，2013），而不确定性的量化测度是关键的一步，随机波动模型、GARCH 模型、马尔科夫机制转移模型这三种时变波动率模型是目前国际上比较常用的测度方法。将时变波动率模型引入动态随机一般均衡模型研究不确定性冲击的宏观经济影响是近年来国际宏观经济学研究的前沿。

国外学者已经做了很多有关于在 DSGE 模型中引入随机波动模型、GARCH 模型、马尔科夫机制转移模型来刻画不确定性的研究。在用随机波动模型刻画不确定性方面，巴苏和邦迪克（Basu and Bundick，2012）利用随机波动模型刻画技术不确定性，建立了价格弹性和价格黏性不同假设下的单部门 DSGE 模型。塞瓦内（Seoane，2014）假定技术不确定性冲击服从随机波动过程，建立了一个存在企业进入—退出的垄断竞争一般均衡模型。勒杜克和刘（Leduc and Liu，2016）构建一个包含失业摩擦和名义刚性的 DSGE 模型，利用随机波动过模型刻画技术不确定性冲击。邦恰尼和范罗伊（Bonciani and van Roye，2016）构建了包含信贷摩擦和程式化银行部门的动态随机一般均衡模型，利用随机波动模型来刻画生产率不确定性冲击。巴尔克等（Balke et al.，2011）假定生产率不确定性冲击服从随机波动过程，构造了包含信贷摩擦的标准新凯恩斯 DSGE 模型。费尔南德兹—维拉弗德等（Fernández – Villaverde et al.，2011）构建了一个小型开放经济 DSGE 模型，使用随机波动模型来刻画实际利率不确定性冲击。费尔南德兹—维拉弗德（Fernández – Villaverde，2015）定义增加两个标准差的不同财政工具的波动变化为财政政策不确定性，并将随机波动模型引入标准的新凯恩斯 DSGE 模型中。

在用马尔科夫机制转移模型刻画不确定性方面，布鲁姆等（Bloom et al.，2012）构建了一个假定生产率不确定性冲击服从两阶段马尔科夫链过程的 DSGE 模型，基于微观基础来研究不确定性冲击的宏观经济影响。阿雷利亚诺、鲍伊和凯霍（Arellano，Bai and Kehoe，2011）假定生产率不确定性冲击服从离散马尔科夫链过程，构建了一个包含异质型企业和金融摩擦的 DSGE 模型。约翰森（Johannsen，2014）设定财政政策不确定性服从马尔科夫转移模型，构建了包含内生资本积累和允许名义利率受限的泰勒规则的新凯恩斯 DSGE 模型。

在用 GARCH 模型刻画不确定性方面，安德瑞森（Andreasen，2011）在包含风险溢价的 DSGE 模型下，使用随机波动模型和 GARCH 模型来刻画不确定性，解释名义和实际期限结构的变化，以及英国经济中的通货膨胀调查和四个宏观变量。艾桑等（Aysun et al.，2014）利用 GARCH - M 模型来测度风险溢价不确定性冲击，构建了发达市场经济体和新兴市场经济体下的新凯恩斯 DSGE 模型。安德瑞森（Andreasen，2012）研究表明，在 GARCH 模型中，外生冲击的水平冲击和不确定性冲击是同步的，无法单独识别不确定性冲击的波动效应，因此在 DSGE 模型研究框架下，一般不用 GARCH 方法来研究不确定性。

此外，国外学者也对三种模型进行了比较研究。费尔南德兹—维拉弗德和鲁比奥·拉米雷兹（Fernández - Villaverde and Rubio - Ramírez，2010）在不同的 DSGE 模型下，对 GARCH 模型、随机波动模型和马尔科夫机制转移模型引入不确定性进行了研究。安德瑞森（Andreasen，2012）在包含风险溢价的 DSGE 模型中研究了服从 GARCH、随机波动和马尔科夫机制转移过程的技术冲击对风险溢价的影响机制。

国内在利用这三种模型来刻画不确定性方面，章上峰、李荣丽、王玉颖（2015）只是对比分析了随机波动模型、马尔科夫机制转移模型和 GARCH 模型这三种模型测度中国宏观经济不确定性的不同，但并未研究对宏观经济的影响。刘静一（2014）构建了包含货币、财政政策等随机波动性冲击的 DSGE 模型，并引入随机波动模型来测度不确定性。袁靖、陈国进（2015）基于三阶矩近似解下非线性动态随机一般均衡（DSGE）模型的理论框架，比较分析了罕见灾难和不确定性（包括随机波动模型和 GARCH 模型的技术冲击）对中国长期国债风险溢价的影响。

与国外研究相比较，国内在不确定性 DSGE 的研究中，利用这三种模型引入不确定性的文献很少。在 DSGE 模型框架下对这三个模型引入不确定性进行比较研究的文献更少。三种时变波动率模型都解决了时变波动性和非预期波动问题，但是，不同模型的设定形式不同，模型机理不同，适用性也会有所不同（Fernández - Villaverde and Rubio - Ramírez，2010）。目前，中国正处于全面深化改革的关键阶段，政策、市场、技术和制度的不确定性都会带来经济波动，加之经济运行中结构性问题突出、产能过剩矛盾不断积累、金融风险开始显性化、宏观调控政策边际效应下降、经济下行压力较大等因素都给我国经济发展增加了不确定性，经济中面临的不确定性来自各个方面。因此，在研究不确定性冲击对中国宏观经济的影响时，需要选择合适的模型来刻画不确定性冲击。

故与国内已有研究不同，本章基于国际上关于不确定性的探究方法，首次系统地将随机波动模型、马尔科夫机制转移模型以及 GARCH 模型引入相同的 DSGE 模型的框架下来解释中国宏观经济波动，并对比分析不同测度方法下不确定性对中国宏观经济的影响，为建立 DSGE 模型时引入不确定性的方法选择提供参考。

本章以下结构安排如下：第二部分讨论三种不同时变波动率的 DSGE 模型的构建；第三部分讨论 DSGE 模型的高阶求解方法；第四部分讨论参数校准、数值模拟结果与分析；最后是本章的研究结论。

二、三种不同时变波动率的 DSGE 模型

本章首次系统地将随机波动模型、马尔科夫机制转移模型以及 GARCH 模型引入相同的 DSGE 模型的框架下来解释中国宏观经济波动，并对比分析不同测度方法下不确定性对中国宏观经济的影响。

(一) 家庭

在预算约束下，家庭要实现其效用最大化，假设家庭的即期效用函数的形式如下：

$$U = E_t \sum_{t=0}^{\infty} \beta^t (\ln c_t + \varphi \ln(1 - h_t) + \eta \ln m_t) \qquad (3-1)$$

$$y_t = c_t + i_t \qquad (3-2)$$

$$k_t = i_t + (1 - \delta) k_{t-1} \qquad (3-3)$$

其中，y_t、c_t、i_t、m_t、k_t、h_t 分别表示总产出、家庭的消费需求、投资、期末实际货币余额、期末资本存量、劳动供给，β、φ、η、δ 分别表示折现因子、效用函数中对劳动的偏好程度、效用函数中对货币的偏好程度、资本折旧率。

代表性家庭面临的预算约束为：

$$w_t l_t + r_t^k k_{t-1} + \frac{R_{t-1} b_{t-1}}{\pi_t} + \frac{m_{t-1}}{\pi_t} = c_t + i_t + b_t + m_t \tag{3-4}$$

其中，R_t 为存款利率，π_t 为通货膨胀率，r_t^k 为资本收益率，w_t 为实际工资，b_t 为期末政府实际债券余额。

关于 c_t、h_t、k_t、m_t、b_t 的一阶条件分别为：

$$\frac{c_t}{1-h_t} = \frac{w_t}{\varphi} \tag{3-5}$$

$$\beta E_t \frac{c_t}{c_{t+1}} \big[(1-\delta) + r_{t+1}^k \big] = 1 \tag{3-6}$$

$$\beta E_t \frac{c_t}{c_{t+1}} \frac{R_t}{\pi_{t+1}} = 1 \tag{3-7}$$

$$\frac{\eta c_t}{m_t} = \frac{R_t - 1}{R_t} \tag{3-8}$$

其中，式（3-5）是劳动供给方程；式（3-6）是资本供给方程，反映了资本供给的增加会抑制当期消费，增加未来消费；式（3-7）是消费需求方程；式（3-8）是货币需求方程。

（二）厂 商

生产厂商要通过雇用劳动力和租借资本才能生产其需要的商品，生产函数如下：

$$y_t = z_t k_{t-1}^{\alpha} l_t^{1-\alpha} \tag{3-9}$$

$$z_t = \rho_z z_{t-1} + \varepsilon_t^z, \quad \varepsilon_t^z \sim N(0, 1) \tag{3-10}$$

其中，z_t 为技术进步水平，α 为资本收入份额。对于代表性厂商，$\varepsilon_t^z \sim N(0, 1)$ 表示技术的一阶矩冲击，也就是技术的水平冲击。

厂商面对的优化问题是选取劳动力投入数量和资本投入数额以达成利润最大化，即：

$$\max_{\{k_{t-1}, h_t\}} \{ z_t k_{t-1}^{\alpha} h_t^{1-\alpha} - w_t h_t - r_t^k k_{t-1} \}$$

关于劳动投入 h_t 和资本投入 k_{t-1} 的一阶条件分别为：

$$w_t = (1-\alpha) \frac{y_t}{h_t} \tag{3-11}$$

$$r_t^k = \alpha \frac{y_t}{k_{t-1}} \tag{3-12}$$

（三）中央银行

中央银行此时的货币政策执行工具是名义货币增速（金中夏等，2013），方程（3－13）和方程（3－14）表示了货币政策的具体执行路径：

$$M_t = M_{t-1} + T_t \qquad\qquad (3-13)$$

$$T_t = (\Theta + e^{u_t} - 1)M_{t-1} \qquad\qquad (3-14)$$

其中，e^{u_t} 为货币增速偏差，Θ 为货币增长速度，u_t 服从 AR(1) 过程：

$$u_t = \rho_u u_{t-1} + \varepsilon_t^u, \ \varepsilon_t^u \sim N(0, \ 1) \qquad\qquad (3-15)$$

（四）不确定冲击

为了表示技术的不确定性，将技术的随机扰动项的离差 σ_t^z 的变化，即技术的二阶矩冲击作为技术的不确定性冲击。使用技术的二阶矩冲击主要是因为它捕捉到了模型中外生的随机扰动项的波动过程。在本章的模型中，比较关注的是如何捕捉技术冲击的水平和波动独立改变时对经济的影响。如何将水平冲击和波动冲击独立出来是本章的关键，由于本章是基于动态随机一般均衡模型展开的，如何使不确定性在动态随机一般均衡模型中用模型体现出来是本章首先要解决的问题。参考国内外研究不确定性的文献，有三种解决此问题的方法，分别为随机波动模型、GARCH 模型和马尔科夫机制转移模型。

1. GARCH 模型

假设技术进步水平冲击表示形式为：

$$\ln\left(\frac{z_t}{z_{ss}}\right) = \rho_z \ln\left(\frac{z_{t-1}}{z_{ss}}\right) + \sigma_t \varepsilon_t^z, \ \rho_z < 1, \ \varepsilon_t^z \sim N(0, \ 1) \qquad (3-16)$$

其中，z_t 是技术水平冲击，z_{ss} 为 z_t 稳态状态水平值，ε_t^z 是技术冲击的随机误差项，σ_t 是随机误差项 ε_t^z 的离差，即波动冲击。

假设技术冲击的不确定性 σ_t 服从 GARCH(1, 1) 过程，表达式为：

$$\sigma_t^2 = (1 - \rho_1)\sigma^2 + \rho_1 \sigma_{t-1}^2 + \rho_2 \sigma_{t-1}^2 (\varepsilon_{t-1}^z)^2 \qquad\qquad (3-17)$$

其中，σ，ρ_1，$\rho_2 \geq 0$，$\rho_1 + \rho_2 < 1$，GARCH 方法中水平冲击的随机误

差项和波动冲击的随机误差项是相同的。这意味着，当给定一个大的水平冲击的随机误差项时，将会在下一期引起大的波动，也就是说波动冲击和水平冲击是同步的。所以，我们不能将波动冲击从水平冲击中分离。

2. 随机波动模型

假设 σ_t 服从自回归过程，表达形式如下：

$$\ln\left(\frac{z_t}{z_{ss}}\right) = \rho_z \ln\left(\frac{z_{t-1}}{z_{ss}}\right) + \sigma_t \varepsilon_t^z, \ \rho_z < 1, \ \varepsilon_t^z \sim N(0, 1) \tag{3-18}$$

$$\log\sigma_t = (1 - \rho_\sigma)\log\sigma + \rho_\sigma \log\sigma_{t-1} + \eta_u u_{\sigma t}, \ u_{\sigma t} \sim N(0, 1) \tag{3-19}$$

其中，$u_{\sigma t}$ 是时变波动的随机误差项，σ_t 是随机误差项（ε_t^z）的离差，$\log\sigma_t$ 是波动冲击，对 σ_t 取对数是为了确保 σ_t 取正值，ρ_σ 是自回归系数。随机波动（stochastic volatility, SV）方法有两个显著的优点：第一，它可以捕捉到数据的重要特征（Shephard, 2008）。第二，它包含两个随机误差项：技术冲击的随机误差项（ε_t^z）和波动冲击的随机误差项（$u_{\sigma t}$），对于单独研究波动冲击本身对宏观经济波动的影响具有很大帮助。

3. 马尔科夫机制转移模型

技术进步水平 z_t 包括技术冲击 z_t' 和一个额外的相关因素突发冲击变量，其中，z_t' 服从一阶自回归过程。

$$\ln\left(\frac{z_t}{z}\right) = \ln\left(\frac{z_t'}{z'}\right) + \varsigma\ln\left(\frac{D_t}{D}\right) \tag{3-20}$$

其中，D_t 是"突发灾难冲击"变量，在本杰明和帕科（Benjamin and Pakko, 2011）中有详细介绍。

突发灾难冲击变量 D_t 服从马尔科夫机制转移过程，D_t^1 表示"无灾难"状态，D_t^2 表示"灾难"状态。这里假定两状态的概率转移矩阵为：

$$\begin{pmatrix} p_{11} & 1-p_{22} \\ 1-p_{11} & p_{22} \end{pmatrix}$$

其中，$p_{ij} = \text{prob}(D_t = D^j \mid D_{t-1} = D^j)$。对于给定的概率值，有 p_{22} 的概率灾难会发生，与灾难变量在前期所处的状态无关。我们可以对 p_{11} 和 p_{22} 值进行不同的经济解释，当 $p_{11} > p_{22}$ 可以解释为在正常境况下是低波动和在其他情况下是高波动。

三、 DSGE 模型的高阶求解方法

（一）一阶近似

模型中考虑的各个经济体，都是在自身约束条件下最优化各自的经济行为，我们可以得到包含预期的差分方程如下：

$$E_t f(Y_{t+1}, Y_t, X_{t+1}, X_t) = 0 \qquad (3-21)$$

其中，E_t 为预期，X_t 是维度 $n_x \times 1$ 的先决变量，Y_t 是维度 $n_y \times 1$ 的非先决变量，有 $n = n_x + n_y$。X_t 可以被拆分成 $X_t = [X_t^1; X_t^2]'$，向量 X_t^1 中含有内生变量，向量 X_t^2 由外生向量组成（即外生冲击）。再次，我们假设 X_t^2 服从如下过程：

$$X_{t+1}^2 = \Lambda X_t^2 + \tilde{\eta} \sigma \varepsilon_{t+1}$$

其中，X_t^2 和残差 ε_{t+1} 均为 $n_\varepsilon \times 1$ 向量，且 ε_{t+1} 服从均值是 0，方差/协方差矩阵为单位阵的分布。$\sigma \geq 0$ 和维度 $n_\varepsilon \times n_\varepsilon$ 矩阵 $\tilde{\eta}$ 是已知的参数。假设 Λ 的特征值都不大于 1。

方程的求解形式为：

$$Y_t = g(X_t, \sigma) \qquad (3-22)$$
$$X_{t+1} = h(X_t, \sigma) + \eta \sigma \varepsilon_{t+1} \qquad (3-23)$$

其中，η 是 $n_x \times n_\varepsilon$ 的矩阵，其形式为：$\eta = \begin{bmatrix} \phi \\ \tilde{\eta} \end{bmatrix}$。

在一阶泰勒展开近似的基础上，考虑函数 g 和 h 在非随机稳态 $X_t = X$ 和 $\sigma = 0$ 处的二阶泰勒近似，假定 $(\bar{Y}, \bar{X})$ 为变量的非随机稳态值，从而有 $f(\bar{Y}, \bar{Y}, \bar{X}, \bar{X}) = 0$。根据式（3-22）和式（3-23）可得知：$\bar{Y} = g(\bar{X}, 0)$，$\bar{X} = h(\bar{X}, 0)$，而如果 $\sigma = 0$，则 $E_t f = f$。

将式（3-22）和式（3-23）代入式（3-21），可得：

$$F(X, \sigma) = E_t f(g(h(X, \sigma) + \eta \sigma \varepsilon', \sigma), g(X, \sigma),$$
$$h(X, \sigma) + \eta \sigma \varepsilon', X) = 0 \qquad (3-24)$$

为了接下来在求解高阶近似时方便考虑，选择去掉时间下标，没有任何时间标志的表示第 t 期，有上撇号标志的表示 $t+1$ 期。

由方程（3-22）可以知道，无论 X 和 σ 取什么值，$F(X, \sigma)=0$ 都成立，故对方程（3-24）中的任何变量的任何阶次的导数都可得到求导后的方程等于 0，即：

$$F_{X^k, \sigma^j}(X, \sigma) = 0, \quad \forall X, \sigma, j, k \qquad (3-25)$$

其中，$F_{X^k, \sigma^j}(X, \sigma)$ 表示函数 F 对 X 求 k 阶导数、对 σ 求 j 阶导数。采用上面的办法我们可以求解方程的一阶近似：

第一步，在 $(X, \sigma)=(\overline{X}, 0)$ 附近可求得 g 和 h 一阶近似分别为：

$$g(X, \sigma) = g(\overline{X}, 0) + g_X(\overline{X}, 0)(X - \overline{X}) + g_\sigma(\overline{X}, 0)\sigma$$
$$h(X, \sigma) = h(\overline{X}, 0) + h_X(\overline{X}, 0)(X - \overline{X}) + h_\sigma(\overline{X}, 0)\sigma \qquad (3-26)$$

第二步，由式（3-23）和式（3-24）的结果看出，$g(\overline{X}, 0)=\overline{Y}$、$h(\overline{X}, 0)=\overline{X}$，对于其余的未知参数和经过一阶近似求得的方程中的系数，将式（3-24）代入式（3-23）求得：

$$F_X(\overline{X}, 0) = 0$$
$$F_\sigma(\overline{X}, 0) = 0 \qquad (3-27)$$

第三步，选取式（3-27）中的第一个方程，求解方程组（3-28）可分别得知 g_X 和 h_X 的值：

$$[F_X(\overline{X}, 0)]_j^i = [f_{y'}]_\alpha^i [g_X]_\beta^\alpha [h_X]_j^\beta + [f_Y]_\alpha^i [g_X]_j^\alpha + [f_{X'}]_\beta^i [h_X]_j^\beta + [f_X]_j^i = 0$$
$$i = 1, \cdots, n; \ j, \beta = 1, \cdots, n_x; \ \alpha = 1, \cdots, n_y \qquad (3-28)$$

其中，Y' 为 $t+1$ 期 Y 值，对 f 中的 $t+1$ 期 Y 值求偏导，此时的偏导数是 $n \times n_y$ 矩阵，而 $[f_{y'}]_\alpha^i$ 代表在这个求偏导数过程中得到的系数的矩阵中第 i 行、第 α 列的元素。例如：

$$[f_{y'}]_\alpha^i [g_X]_\beta^\alpha [h_X]_j^\beta = \sum_{\alpha=1}^{n_Y} \sum_{\beta=1}^{n_X} (\partial f^i / \partial Y'^\beta)(\partial g^\alpha / \partial X^\beta)(\partial h^\beta / \partial X^j)。$$

注意，f 的导数在稳态值处的值是已知的，即 $(Y', Y, X', X) = (\overline{Y}, \overline{Y}, \overline{X}, \overline{X})$ 的值此时已知，上面方程包含的 $n \times n_X$ 个未知参数，可以由稳态值处的 g_Y 和 h_X 得到。

同样，通过采用方程（3-27）中的第二个方程和式（3-29）可求得 g_σ、h_σ 值，

$$[F_\sigma(\overline{X}, 0)]^i = E_t \{ [f_{Y'}]_\alpha^i [g_X]_\beta^\alpha [h_\sigma]^\beta + [f_{Y'}]_\alpha^i [g_X]_\beta^\alpha [\eta]_\phi^\beta [\varepsilon']^\phi$$
$$+ [f_Y]_\alpha^i [g_\sigma]^\alpha + [f_Y]_\alpha^i [g_\sigma]^\alpha + [f_{X'}]_\beta^i [h_\sigma]^\beta$$
$$+ [f_{X'}]_\beta^i [\eta]_\phi^\beta [\varepsilon']^\phi \}$$

$$= [f_{Y'}]_\alpha^i [g_X]_\beta^\alpha [h_\sigma]^\beta + [f_{Y'}]_\alpha^i [g_\sigma]^\alpha + [f_Y]_\alpha^i [g_\sigma]^\alpha$$
$$+ [f_{X'}]_\beta^i [h_\sigma]^\beta$$
$$= 0 \qquad\qquad (3-29)$$

其中，$i = 1, \cdots, n$；$\alpha = 1, \cdots, n_Y$；$\beta = 1, \cdots, n_X$；$\phi = 1, \cdots, n_\varepsilon$。

此时，该方程中 g_σ 和 h_σ 是线性、同质的关系，而如果方程组存在唯一解，则有：

$$h_\sigma = 0; \ g_\sigma = 0 \qquad\qquad (3-30)$$

式（3-30）表明，在模型一阶近似求解的情况下，不需要为了波动冲击的大小而对政策函数近似展开后其包含的常数项进行修正（Stephanie Schmitt-Grohanie and Martin Uribe，2004）。这个结果意味着 X_t 和 Y_t 一阶近似的期望值等于它们的非随机稳态值 $\overline{X}$ 和 $\overline{Y}$。

（二）二阶近似法

由巴苏和邦迪克（Basu and Bundick，2012）研究可知，一阶近似主要探索的是水平冲击的波动作用，当想进一步研究波动冲击时，此时一阶近似不能达到要求，需要对方程进行更高阶数的泰勒展开。对于二阶展开来说，不能把波动冲击分析出来，只能考虑更高阶的近似。二阶泰勒近似展开是高阶展开的基础，故此先研究二阶近似的具体求解过程。

对 g 和 h 在点 $(X, \sigma) = (\overline{X}, 0)$ 的二阶近似，有如下表示：

$$[g(X, \sigma)]^i = [g(\overline{X}, 0)]^i + [g_X(\overline{X}, 0)]_a^i [(X-\overline{X})]_a + [g_\sigma(\overline{X}, 0)]^i [\sigma]$$
$$+ \frac{1}{2} [g_{XX}(\overline{X}, 0)]_{ab}^i [(X-\overline{X})]_a [(X-\overline{X})]_b$$
$$+ \frac{1}{2} [g_{X\sigma}(\overline{X}, 0)]_a^i [(X-\overline{X})]_a [\sigma]$$
$$+ \frac{1}{2} [g_{\sigma X}(\overline{X}, 0)]_a^i [(X-\overline{X})]_a [\sigma]$$
$$+ \frac{1}{2} [g_{\sigma\sigma}(\overline{X}, 0)]^i [\sigma][\sigma] \qquad\qquad (3-31)$$

$$[h(X, \sigma)]^j = [h(\overline{X}, 0)]^j + [h_X(\overline{X}, 0)]_a^j [(X-\overline{X})]_a + [h_\sigma(\overline{X}, 0)]^j [\sigma]$$
$$+ \frac{1}{2} [h_{XX}(\overline{X}, 0)]_{ab}^j [(X-\overline{X})]_a [(X-\overline{X})]_b$$
$$+ \frac{1}{2} [h_{X\sigma}(\overline{X}, 0)]_a^j [(X-\overline{X})]_a [\sigma]$$

$$+ \frac{1}{2} \big[h_{\sigma X}(\overline{X}, \ 0) \big]_a^j \big[(X - \overline{X}) \big]_a [\sigma]$$

$$+ \frac{1}{2} \big[h_{\sigma\sigma}(\overline{X}, \ 0) \big]^j [\sigma][\sigma]$$

其中，$i = 1, \cdots, n_Y$，$a, b = 1, \cdots, n_x$，$j = 1, \cdots, n_x$。方程（3-31）中的参数还不知道取值的有：

$$\big[g_{XX}(\overline{X}, \ 0) \big]_{ab}^i, \ \big[g_{X\sigma}(\overline{X}, \ 0) \big]_a^i, \ \big[g_{\sigma X}(\overline{X}, \ 0) \big]_a^i, \ \big[g_{\sigma\sigma}(\overline{X}, \ 0) \big]^j,$$

$$\big[h_{XX}(\overline{X}, \ 0) \big]_{ab}^j, \ \big[h_{X\sigma}(\overline{X}, \ 0) \big]_a^j, \ \big[h_{\sigma X}(\overline{X}, \ 0) \big]_a^j, \ \big[h_{\sigma\sigma}(\overline{X}, \ 0) \big]^j$$

这些参数也就是方程的系数，通过上述求解过程可知，这些偏导数方程都取相同的值零，可以通过式（3-32）来进行求解：

$$\begin{aligned}
\big[F_{XX}(\overline{X}, \ 0) \big]_{jk}^i &= \big[f_{Y'Y'} \big]_{\alpha\gamma}^i \big[g_X \big]_\sigma^\gamma \big[h_X \big]_k^\sigma + \big[f_{Y'Y} \big]_{\alpha\gamma}^i \big[g_X \big]_\sigma^\gamma + \big[f_{Y'X'} \big]_{\alpha\gamma}^i \big[h_X \big]_k^\sigma \\
&\quad + \big[f_{Y'X} \big]_{\alpha\gamma}^i \big[g_X \big]_\beta^\alpha \big[h_X \big]_j^\beta + \big[f_{Y'} \big]_\alpha^i \big[g_{XX} \big]_{\beta\sigma}^\alpha \big[h_X \big]_k^\sigma \big[h_X \big]_j^\beta \\
&\quad + \big[f_{Y'} \big]_\alpha^i \big[g_X \big]_\beta^\alpha \big[h_{XX} \big]_{jk}^\beta + \big[f_{YY'} \big]_{\alpha\gamma}^i \big[g_X \big]_\sigma^\gamma \big[h_X \big]_k^\sigma \\
&\quad + \big[f_{YY} \big]_{\alpha\gamma}^i \big[g_X \big]_k^\gamma + \big[f_{YX'} \big]_{\alpha\sigma}^i \big[h_X \big]_k^\sigma + \big[f_{YX} \big]_{\alpha\gamma}^i \big[g_X \big]_j^\alpha \\
&\quad + \big[f_Y \big]_\alpha^i \big[g_{XX} \big]_{jk}^\alpha + \big[f_{X'Y'} \big]_{\beta\gamma}^i \big[g_X \big]_\sigma^\gamma \big[h_X \big]_k^\sigma + \big[f_{X'Y} \big]_{\beta\gamma}^i \big[g_X \big]_k^\gamma \\
&\quad + \big[f_{X'X'} \big]_{\beta\sigma}^i \big[h_X \big]_k^\sigma + \big[f_{X'X} \big]_{\beta k}^i \big[h_X \big]_j^\beta + \big[f_{X'} \big]_\beta^i \big[h_{XX} \big]_{jk}^\beta \\
&\quad + \big[f_{XY'} \big]_{j\gamma}^i \big[g_X \big]_\sigma^\gamma \big[h_X \big]_k^\sigma + \big[f_{XY} \big]_{j\gamma}^i \big[g_X \big]_k^\gamma \\
&\quad + \big[f_{XX'} \big]_{j\sigma}^i \big[h_X \big]_k^\sigma + \big[f_{XX} \big]_{jk}^i \\
&= 0
\end{aligned} \tag{3-32}$$

其中，$i = 1, \cdots, n$；$j, k, \beta, \sigma = 1, \cdots, n_X$；$\alpha, \gamma = 1, \cdots, n_Y$。

根据一阶近似的求解过程，f 的导函数与 g、h 的一阶导函数在系统均衡值处的取值事先知道，且上述方程是一个 $n \times n_X \times n_Y$ 维度的线性方程组，该方程组中的 $n \times n_X \times n_Y$ 个未知参数可以通过 g_{XX} 和 h_{XX} 在稳态值处求解得到。

同理，通过求解 $F_{\sigma\sigma}(\overline{X}, \ 0) = 0$ 可得参数 $g_{\sigma\sigma}$ 和 $h_{\sigma\sigma}$ 的值，即：

$$\begin{aligned}
\big[F_{\sigma\sigma}(\overline{X}, \ 0) \big]^i &= \big[f_{Y'} \big]_\alpha^i \big[g_X \big]_\beta^\alpha \big[h_{\sigma\sigma} \big]^\beta \\
&\quad + \big[f_{Y'Y'} \big]_{\alpha\gamma}^i \big[g_X \big]_\sigma^\gamma \big[\eta \big]_\xi^\sigma \big[g_X \big]_\beta^\alpha \big[\eta \big]_\phi^\beta [I]_\xi^\phi \\
&\quad + \big[f_{Y'X'} \big]_{\alpha\sigma}^i \big[\eta \big]_\xi^\sigma \big[g_X \big]_\beta^\alpha \big[\eta \big]_\phi^\beta [I]_\xi^\phi \\
&\quad + \big[f_{Y'} \big]_\alpha^i \big[g_{XX} \big]_{\beta\sigma}^\alpha \big[\eta \big]_\xi^\sigma \big[\eta \big]_\phi^\beta [I]_\xi^\phi \\
&\quad + \big[f_{Y'} \big]_\alpha^i \big[g_{\sigma\sigma} \big]^\alpha + \big[f_Y \big]_\alpha^i \big[g_{\sigma\sigma} \big]^\alpha + \big[f_{X'} \big]_\beta^i \big[h_{\sigma\sigma} \big]^\beta \\
&\quad + \big[f_{X'Y'} \big]_{\beta\gamma}^i \big[g_X \big]_\sigma^\gamma \big[\eta \big]_\xi^\sigma \big[\eta \big]_\phi^\beta [I]_\xi^\phi
\end{aligned}$$

$$+[f_{X'X'}]^i_{\beta\sigma}[\eta]^\sigma_\xi[\eta]^\beta_\phi[I]^\phi_\xi$$

$$=0 \qquad\qquad (3-33)$$

其中，$i=1$，$\cdots$，n；α，$\gamma=1$，$\cdots$，n_Y；β，$\sigma=1$，$\cdots$，n_X；ϕ，$\xi=1$，$\cdots$，n_ε。

最后，在方程二阶近似求解的过程中，$g_{X\sigma}$ 和 $h_{X\sigma}$ 在稳态值 $(\overline{X}, 0)$ 处的取值为零，根据式（3-30），$g_\sigma=0$，$h_\sigma=0$，故方程中所有含有 g_σ 或者 h_σ 的项都为零，可得：

$$[F_{\sigma X}(\overline{X}, 0)]^i_j=[f_{Y'}]^i_\alpha[g_X]^\alpha_\beta[h_{\sigma X}]^\beta_j+[f_{Y'}]^i_\alpha[g_{\sigma X}]^\alpha_\gamma[h_X]^\beta_j$$

$$+[f_Y]^i_\alpha[g_{\sigma X}]^\alpha_j+[f_{X'}]^i_\beta[h_{\sigma X}]^\beta_j=0 \qquad (3-34)$$

其中，$i=1$，$\cdots$，n；$\alpha=1$，$\cdots$，n_Y；β，γ，$j=1$，$\cdots$，n_X。

对于这样一个包含的 $n \times n_X$ 个未知参数的线性方程组系统，可在均衡值处求得 $g_{\sigma X}$、$h_{\sigma X}$。由于参数被要求是同质的，要想存在唯一解，就必须：

$$g_{\sigma X}=0$$

$$h_{\sigma X}=0 \qquad\qquad (3-35)$$

由式（3-35）可知，在二阶近似时，政策函数中的方程系数与波动的冲击没有关系。

（三） 三阶近似法

与二阶近处理方法相似，将式（3-22）和式（3-23）代入式（3-21），得：

$$F(X, \sigma)=E_t f(g(h(X, \sigma)+\eta\sigma\varepsilon', \sigma), g(X, \sigma), h(X, \sigma)+\eta\sigma\varepsilon', X)=0$$

则方程中的 g、h 在稳态值 $(X, \sigma)=(\overline{X}, 0)$ 处的三阶近似展开为：

$$[g(X, \sigma)]^{\beta_1}=g(\overline{X}, 0)+[g_X(\overline{X}, 0)]^{\beta_1}_{\alpha_1}[(X-\overline{X})]^{\alpha_1}$$

$$+\frac{1}{2}[g_{XX}(\overline{X}, 0)]^{\beta_1}_{\alpha_1\alpha_2}[(X-\overline{X})]^{\alpha_1}[(X-\overline{X})]^{\alpha_2}$$

$$+\frac{1}{2}[g_{\sigma\sigma}(\overline{X}, 0)]^{\beta_1}[\sigma][\sigma]$$

$$+\frac{1}{6}[g_{XXX}(\overline{X}, 0)]^{\beta_1}_{\alpha_1\alpha_2\alpha_3}[(X-\overline{X})]^{\alpha_1}[(X-\overline{X})]^{\alpha_2}[(X-\overline{X})]^{\alpha_3}$$

$$+\frac{3}{6}[g_{\sigma\sigma X}(\overline{X}, 0)]^{\beta_1}_{\alpha_3}[\sigma][\sigma][(X-\overline{X})]^{\alpha_3}$$

$$+ \frac{3}{6}[g_{\sigma XX}(\overline{X}, 0)]^{\beta_1}_{\alpha_2\alpha_3}[\sigma][(X-\overline{X})]^{\alpha_2}[(X-\overline{X})]^{\alpha_3}$$

$$+ \frac{1}{6}[g_{\sigma\sigma\sigma}(\overline{X}, 0)]^{\beta_1}[\sigma][\sigma][\sigma] \tag{3-36}$$

$$[h(X, \sigma)]^{\beta_1} = h(\overline{X}, 0) + [h_X(\overline{X}, 0)]^{\gamma_1}_{\alpha_1}[(X-\overline{X})]^{\alpha_1}$$

$$+ \frac{1}{2}[h_{XX}(\overline{X}, 0)]^{\gamma_1}_{\alpha_1\alpha_2}[(X-\overline{X})]^{\alpha_1}[(X-\overline{X})]^{\alpha_2}$$

$$+ \frac{1}{2}[h_{\sigma\sigma}(\overline{X}, 0)]^{\gamma_1}[\sigma][\sigma]$$

$$+ \frac{1}{6}[h_{XXX}(\overline{X}, 0)]^{\gamma_1}_{\alpha_1\alpha_2\alpha_3}[(X-\overline{X})]^{\alpha_1}[(X-\overline{X})]^{\alpha_2}[(X-\overline{X})]^{\alpha_3}$$

$$+ \frac{3}{6}[h_{\sigma\sigma X}(\overline{X}, 0)]^{\gamma_1}_{\alpha_3}[\sigma][\sigma][(X-\overline{X})]^{\alpha_3}$$

$$+ \frac{3}{6}[h_{\sigma XX}(\overline{X}, 0)]^{\gamma_1}_{\alpha_2\alpha_3}[\sigma][(X-\overline{X})]^{\alpha_2}[(X-\overline{X})]^{\alpha_3}$$

$$+ \frac{1}{6}[h_{\sigma\sigma\sigma}(\overline{X}, 0)]^{\gamma_1}[\sigma][\sigma][\sigma] \tag{3-37}$$

其中，$\beta_1 = 1, \cdots, n_Y$；$\gamma_1 = 1, \cdots, n_X$；$\alpha_1, \alpha_2, \alpha_3 = 1, \cdots, n_X$。这里只是把函数 g、h 不取零的一、二阶导数在方程中展现出来。通过计算 $F(X, \sigma)$ 的导数且取零，可求解三阶近似泰勒展开后线性方程组所包含的未知参数值。

首先，有：

$$[F_{XXX}(\overline{X}, 0)]^i_{\alpha_1\alpha_2\alpha_3} = [f_{Y'}]^i_{\beta_1}[g_{XXX}]^{\beta_1}_{\gamma_1\gamma_2\gamma_3}[h_X]^{\gamma_3}_{\alpha_3}[h_X]^{\gamma_2}_{\alpha_2}[h_X]^{\gamma_1}_{\alpha_1}$$

$$+ [f_{Y'}]^i_{\beta_1}[g_X]^{\beta_1}_{\gamma_1}[h_{XXX}]^{\gamma_1}_{\alpha_1\alpha_2\alpha_3}$$

$$+ [f_Y]^i_{\beta_1}[g_{XXX}]^{\beta_1}_{\alpha_1\alpha_2\alpha_3} + [f_{X'}]^i_{\gamma_1}[h_{XXX}]^{\gamma_1}_{\alpha_1\alpha_2\alpha_3}$$

$$+ [b^1]^i_{\alpha_1\alpha_2\alpha_3}$$

$$= 0 \tag{3-38}$$

其中，$i = 1, \cdots, n$；$\alpha_1, \alpha_2, \alpha_3 = 1, \cdots, n_X$，而 $[b^1]^i_{\alpha_1\alpha_2\alpha_3}$ 的值取决于 f 的一阶、二阶、三阶导数中 g_X、h_X、g_{XX}、h_{XX} 的值（Andreasen，2012）。故在此中将 $[b^1]^i_{\alpha_1\alpha_2\alpha_3}$ 看作是已知数值且不等于零，即对于含有 $(n_Y + n_X) \times n_X \times n_X \times n_X$ 个未知参数的线性方程组，通过对 g_{XXX}、h_{XXX} 求解得到：

$$[F_{\sigma\sigma X}(\overline{X}, 0)]^i_{\alpha_3} = [f_{Y'}]^i_{\beta_1}[g_X]^{\beta_1}_{\gamma_1}[h_{\sigma\sigma X}]^{\gamma_3}_{\alpha_3} + [f_Y]^i_{\beta_1}[g_{\sigma\sigma X}]^{\beta_1}_{\gamma_3}[h_X]^{\gamma_3}_{\alpha_3}$$

$$+ [f_Y]^i_{\beta_1}[g_{\sigma\sigma X}]^{\beta_1}_{\alpha_3} + [f_{X'}]^i_{\gamma_1}[h_{\sigma\sigma X}]^{\gamma_1}_{\alpha_3} + [b^2]^i_{\alpha_3}$$

$$= 0 \tag{3-39}$$

其中，$i=1$，$\cdots$，n；$\alpha_3=1$，$\cdots$，n_X；在这里，$[b^2]^i_{\alpha_3}$ 同样是一个已知的非零值。

方程中 ε_{t+1} 的二阶矩非零，这样能确定 $g_{\sigma\sigma}$、$h_{\sigma\sigma}$ 也取非零值。而 $g_{\sigma XX}$、$h_{\sigma XX}$ 的值可经过下面的系统来求解：

$$
\begin{aligned}
[F_{\sigma XX}(\overline{X},\ 0)]^i_{\alpha_2\alpha_3} &= [f_{Y'}]^i_{\beta_1}[g_X]^{\beta_1}_{\gamma_1}[h_{\sigma XX}]^{\gamma_1}_{\alpha_2\alpha_3} + [f_{Y'}]^i_{\beta_1}[g_{\sigma XX}]^{\beta_1}_{\gamma_2\gamma_3}[h_X]^{\gamma_3}_{\alpha_3}[h_X]^{\gamma_2}_{\alpha_2} \\
&\quad + [f_Y]^i_{\beta_1}[g_{\sigma XX}]^{\beta_1}_{\alpha_2\alpha_3} + [f_{X'}]^i_{\gamma_1}[h_{\sigma XX}]^{\gamma_1}_{\alpha_2\alpha_3} \\
&= 0
\end{aligned}
\tag{3-40}
$$

其中，$i=1$，2，$\cdots$，n；α_2，$\alpha_3=1$，2，$\cdots$，n_X，对于式（3-40）这样的 $(n_Y+n_X)\times n_X\times n_X$ 线性方程组系统，$g_{\sigma XX}=0$、$h_{\sigma XX}=0$；对于导数 $g_{\sigma\sigma\sigma}$、$h_{\sigma\sigma\sigma}$ 的取值可通过式（3-41）求解得出。

$$
\begin{aligned}
[F_{\sigma\sigma\sigma}(\overline{X},\ 0)]^i &= ([f_{Y'}]^i_{\beta_1} + [f_Y]^i_{\beta_1})[g_{\sigma\sigma\sigma}]^{\beta_1} \\
&\quad + ([f_{Y'}]^i_{\beta_1}[g_X]^{\beta_1}_{\gamma_1} + [f_Y]^i_{\beta_1})[h_{\sigma\sigma\sigma}]^{\gamma_1} + [b^3]^i \\
&= 0
\end{aligned}
\tag{3-41}
$$

其中，$i=1$，2，$\cdots$，n。在这里，随机扰动项分布的对称性对线性系统式（3-41）起着非常重要的作用，如果所有扰动项都是对称分布的，那么有 $[b^3]^i=0$。在这种情况下，线性系统是齐次的，从而有 $g_{\sigma\sigma\sigma}=0$ 和 $h_{\sigma\sigma\sigma}=0$。如果线性系统中存在某些扰动项是非对称的，则 $[b^3]^i$ 不为零，$g_{\sigma\sigma\sigma}$ 和 $h_{\sigma\sigma\sigma}$ 也不等于零。施密特—格罗赫和乌里贝（Schmitt – Grohé and Uribe，2004）在其二阶泰勒近似展开中认为 $g_{\sigma\sigma\sigma}=0$ 和 $h_{\sigma\sigma\sigma}=0$。本章对于模型中包含的随机扰动项设定为非对称分布，故可知有 $g_{\sigma\sigma\sigma}\neq0$ 和 $h_{\sigma\sigma\sigma}\neq0$。

以上为三阶泰勒近似展开的推导求解过程，三阶泰勒近似可以将水平冲击与波动冲击分别分离出来，从而能够独自探索波动冲击对经济的影响。

四、数值模拟结果与分析

（一）参数校准

参考金中夏等（2013），对资本收入份额 α 的取值为 0.5，资本折旧

率 δ 的取值为 3.2%，稳态货币增长速度 Θ 取值为 0.0249，把居民劳动时间 l 设为 1/3。β 为贴现因子，本章参考刘斌（2010）、张卫平（2012），将其设为 0.99。参考本杰明和帕科（Benjamin and Pakko, 2011），灾难风险系数 ς 的取值为 -0.58，概率转移矩阵为 $\begin{pmatrix} p_{11} & 1-p_{22} \\ 1-p_{11} & p_{22} \end{pmatrix} = \begin{pmatrix} 0.98 & 0.98 \\ 0.02 & 0.02 \end{pmatrix}$。

参考安德瑞森（Andreasen, 2012），对 ρ_1 取值为 0.95，ρ_2 取值为 0.04，将随机波动过程系数 ρ_δ 和波动的稳态值 δ 设为 0.99 和 0.0075，而波动冲击的标准差 σ_u 设为 0.00265。参数的校准表如表 3-1 所示。

表 3-1　　　　　　　　　　参数校准表

β	α	φ	δ	l	Θ	ρ_u
0.99	0.5	1.35	0.032	1/3	0.0249	0.68
ρ_2	σ	ρ_1	ρ_2	ρ_σ	σ_u	ς
0.95	0.0075	0.95	0.04	0.99	0.00265	-0.58

（二）数值模拟结果

1. 随机波动冲击

图 3-1 反映的是随机波动冲击的宏观经济效应。从图 3-1 中可以看出，随机波动冲击表现为对宏观经济运行的负向影响：产出减少，消费减少，劳动力先减少后增加，投资减少，通货膨胀上升，技术进步水平降低。随机波动冲击下，未来不确定性的增加将影响居民和企业的未来预期，未来的经济形势难以判断，出于规避风险的考虑，人们的"预防性储蓄"（precautionary saving）增加，同时更多的企业持观望态度。"预防性储蓄"的增加，使人们当期消费减少，当期消费的减少使社会总需求减少，这导致企业会减少投资，并为了减少库存而降低产出规模，产出下降，表现为产出的负向波动，且对投资的影响更大。企业投资减少，研发经费减少，技术进步受到一定的限制，表现为技术进步水平的负向波动。在劳动力市场，企业因社会总需求减少而缩减生产规模，减少劳动力需求，而未来不确定性增加使人们的"预防性劳动供给"（precautionary labor supply）增加，在降低工资水平的情况下人们仍愿意提供同样的劳动，劳动力供给增加，从而劳动力价格下降。劳动力价格下降，使企业增加劳动力需求，表现为图3-1中劳动力需求的先减后增。此外，随机波动冲击下，本章模拟得到产出呈现下降的趋势，但其下降的幅度大于消费下降的幅度，产品价格上升，表现为通货膨胀的正向效应。同时，也可以看到，随机波动冲击对各经济变量的影响都是持续的，且冲击效应持续时间较长。

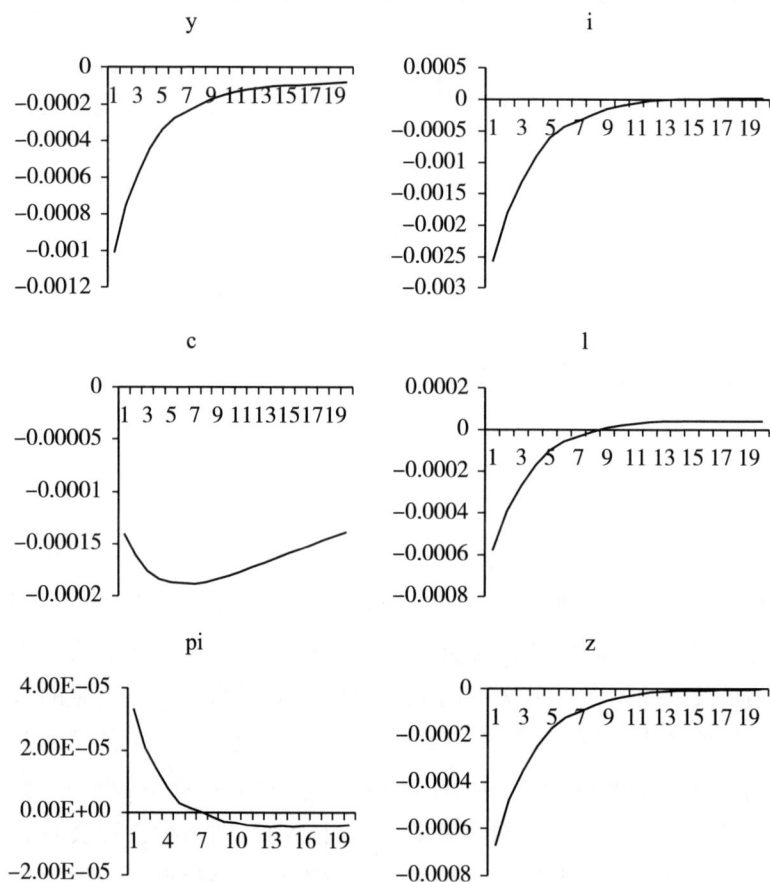

图3-1　随机波动冲击的脉冲响应图

2. 马尔科夫机制转移

图3-2反映的是马尔科夫机制转移波动冲击的宏观经济效应。从

图 3 - 2 中可以看出，马尔科夫机制转移波动冲击表现为对宏观经济运行的负向影响：产出减少，消费减少，投资减少，劳动力减少，资本存量减少，劳动力工资减少，技术进步水平降低，资本收益率降低，通货膨胀提高。马尔科夫转移机制模型可以较好地刻画外生突发性冲击。这些突发性冲击对经济产生下行压力：一方面，外生突发性冲击直接导致企业产出减少；另一方面，由于突发性冲击使得未来不确定性增加，企业减少产出，减少投资，导致资本存量减少，企业减少对劳动力的需求，表现为图 3 - 2 中产出、投资、资本存量和劳动的负向波动。同时不确定性也影响人们对未来的预期，人们愿意提供更多劳动，劳动力的市场供大于求，导致劳动力价格下降，劳动力工资减少，表现为劳动力工资的负向波动。投资减少，技术研发资金减少，表现为图 3 - 2 中技术进步水平的负向波动。产出呈现下降的趋势，但其下降的幅度大于消费下降的幅度，产品价格上升，表现为通货膨胀的正向效应。同时，也可以看到，马尔科夫机制转移冲击对各经济变量的影响是一种瞬时影响，即是一种离散"跳"行为。

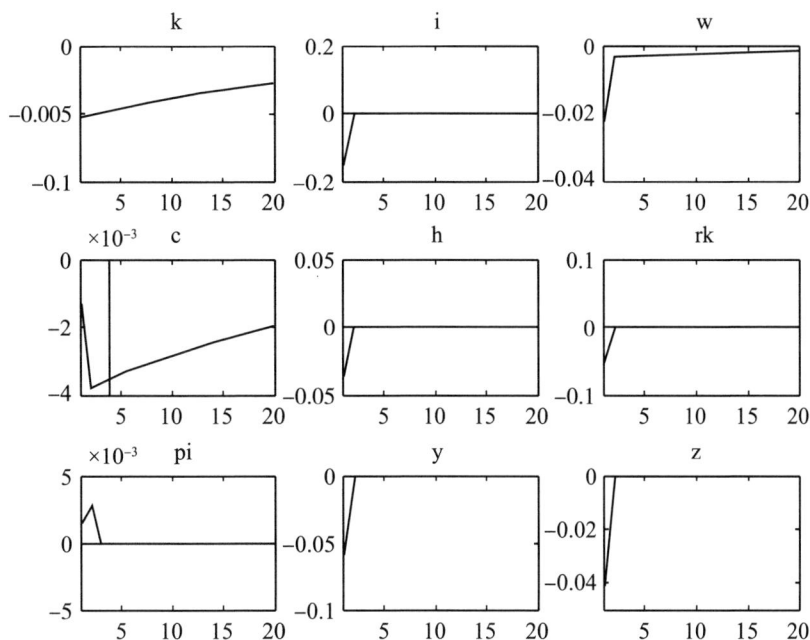

图 3 - 2 Markov 机制转移冲击的脉冲响应图

3. GARCH 冲击

图 3-3 反映的是 GARCH 冲击的宏观经济效应。从图 3-3 中可以看出，GARCH 冲击表现为对宏观经济运行的正向影响：产出增加，消费增加，投资增加，劳动力增加，资本存量增加，劳动力工资增加，技术进步水平提高，资本收益率增加，通货膨胀降低。GARCH 冲击中水平冲击的随机误差项和波动冲击的随机误差项是相同的，无法分离出模型的水平冲击与波动冲击单独对宏观经济的影响。虽然未来不确定性增加，但是由于技术水平提高，使得企业生产效率提高，降低了企业生产的实际边际成本，利润空间增加，资本收益率增加，企业扩大生产有利可图，企业增加投资扩大产出，资本存量增加，表现为资本收益率、投资、产出和资本存量的正向波动。投资的增加导致技术进步加快，表现为技术进步水平的正向波动。投资和产出的增加也进一步增加了对劳动力的需求，劳动力工资增加，表现为劳动和劳动力工资的正向波动。劳动力工资增加，导致居民收入提高，消费增加，表现为消费的正向波动。企业生产的实际边际成本

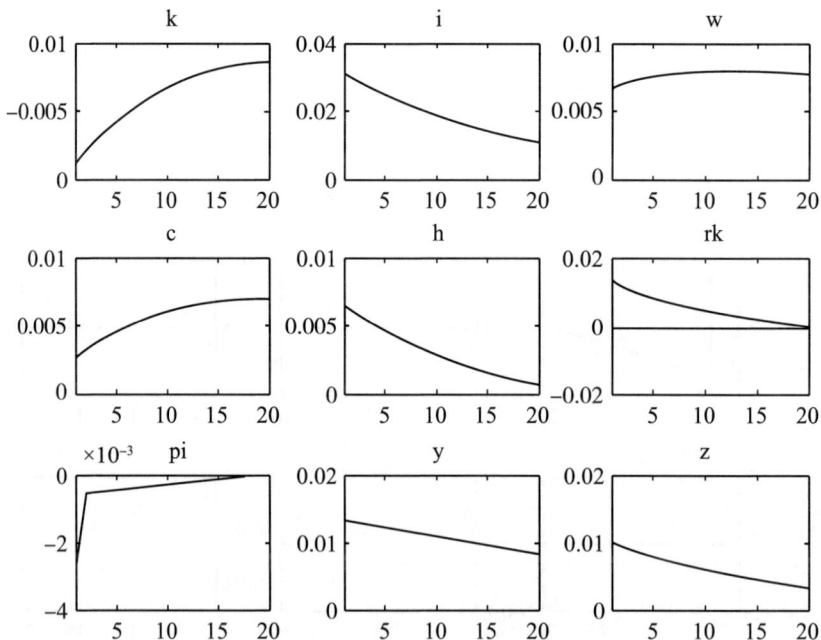

图 3-3　GARCH 冲击的脉冲响应图

降低对企业产品的价格水平形成向下的压力，且产出波动的幅度更大，市场上供过于求，商品价格下降，通货膨胀降低，表现为图3-2中通货膨胀的负向波动。

总的来说，GARCH模型、随机波动模型和马尔科夫机制转移模型三种不确定性测度方法均采用条件方差来反映时变不确定性。但是，三种方法设定形式不同，所得到的研究结论也会有所不同：随机波动冲击和马尔科夫机制转移波动冲击均对宏观经济产生紧缩性效应，这是由于未来不确定性增加影响居民和企业的未来预期，企业此时选择推迟投资，因而产出也随之减少。而GARCH冲击对宏观经济产生正向影响，是由于GARCH无法分离出模型的水平冲击与波动冲击单独对宏观经济的影响，所以一般不用GARCH法来研究不确定性。且与技术水平冲击相比，GARCH冲击对宏观经济的影响具有"放大"的作用。从不确定的设定形式可以看出，马尔科夫机制转移波动冲击刻画的是离散"跳"行为，主要针对的是突发性冲击，而GARCH冲击与随机波动冲击则可以刻画连续冲击事件。

五、 研 究 结 论

本章在标准新凯恩斯DSGE模型框架下引入不确定性因素，通过区分GARCH、随机波动和马尔科夫机制转移三种不确定性测度方法，研究了不确定性对中国宏观经济的影响效应。三种时变波动率模型都解决了时变波动性和非预期波动问题，但是，不同模型的设定形式不同，模型机理不同，适用性也有所不同（Fernández - Villaverde and Rubio - Ramírez，2010）。本章主要研究结论有：

第一，马尔科夫机制转移模型、随机波动模型可以分离出水平冲击和不确定性冲击，解决了水平效应和波动效应的识别问题。随机波动冲击和马尔科夫机制转移波动冲击均对宏观经济产生紧缩性效应。随机波动冲击对投资的影响最大，对资本影响次之，对产出影响最小。而马尔科夫机制转移波动冲击对消费影响最大，对资本影响次之。

第二，GARCH模型是利用连续函数形式测度条件方差，与技术水平冲击相比，GARCH冲击对宏观经济的影响具有"放大"的作用。但是在GARCH模型中，外生冲击的水平冲击和不确定性冲击是一致、同步的，即水平冲击的随机误差项和波动冲击的随机误差项是相同的 ε_{t-1}^z，无法单独识别不确定性冲击的波动效应，因此在 DSGE 模型研究框架下，一般不用 GARCH 法来研究不确定性。这与安德瑞森（Andreasen，2012）的研究结论一致。

第三，由于马尔科夫机制转移模型是离散函数形式，马尔科夫机制转移波动冲击可以刻画离散"跳"行为，但只能取固定的有限值。它所产生的影响是一种突发影响、离散并且"跳跃"之后很快趋于平稳，而 GARCH 与随机波动冲击可以刻画连续冲击事件，并且可以取任何值。

第二篇　不确定性冲击与
中国经济波动

第四章 不确定性冲击与宏观经济波动：水平效应与波动效应

已有研究假定外生冲击的波动率恒定不变，只能测量出不确定性冲击的水平效应。本章将时变波动率模型引入动态随机一般均衡模型，利用三阶摄动法甄别并分解出不确定性冲击的水平效应和波动效应。对中国的实证研究表明，不确定性冲击的水平效应与波动效应截然不同：水平冲击是直接影响，正向效应，力度较大；波动冲击则为间接影响，负向效应，力度较小。研究还发现，波动冲击在导致经济停滞的同时，还会引起通货膨胀，产生"滞胀"效应。本研究虽然看似只前进了一小步，但是对分析结果的准确性和科学性却是至关重要的。

一、引言

探究经济波动的成因是宏观经济学的核心内容。凯恩斯主义内生经济周期理论由于缺乏微观基础和理性预期，无法解释经济滞胀而遭到"卢卡斯批判"。实际经济周期理论和新凯恩斯主义经济周期理论基于微观基础构建动态一般均衡模型，模拟研究外生冲击的宏观经济影响，这已经成为国际宏观经济学研究的标准范式。然而，不论是实际经济周期理论还是新凯恩斯主义经济周期理论，都假定了外生冲击是具有恒定波动率的同质性冲击，忽略了时变波动率的异质性冲击，因此仅仅测度了不确定性冲击的水平效应，却无法测度不确定性冲击的波动效应（Jurado et al.，2015）。

近年来，不确定冲击的波动效应开始引起国际学术界的重视。布鲁姆（Bloom，2009）、费尔南德兹—维拉弗德等（Fernández - Villaverde et al.，

2011）研究发现，金融危机等突发性事件增加了市场的不确定性，对宏观经济运行产生了不利影响。勒杜克和刘（Leduc and Liu，2012）指出，经济前景不确定性会对宏观经济造成总需求减少、失业率上升和通货紧缩等负面影响。布鲁姆等（Bloom et al.，2012）分析表明，不确定性增加将使就业、投资和生产下降，还会导致资源再分配效率降低，生产率下降。布鲁姆（Bloom，2013）认为，由于发展中国家在国际分工中从事的更多是容易受到波动影响的产业，加上改革政策不稳定等因素，不确定性冲击的宏观经济影响比发达国家更大。卡里尔—斯沃洛和塞斯佩德斯（Carrière - Swallow and Céspedes，2013）发现，相对于欧美发达国家，新兴经济体受到外生不确定性冲击时，投资和消费下降程度更大，需要更长的时间恢复，也不会形成随后的经济过度反弹。

当前中国正处于全面深化改革的关键阶段，经济运行的结构性问题突出，产能过剩矛盾不断积累，金融风险开始显性化，宏观调控政策边际效应下降，经济下行压力较大。这些因素都极大地增加了我国经济发展以及市场预期的不确定性，引发了宏观经济波动，加大了经济运行的风险。研究不确定性冲击对我国宏观经济运行产生的影响效应，不仅具有理论价值，更具有很高的政策实践作用。

国内已有研究假定外生冲击的波动率恒定不变，只能测量出不确定性冲击的水平效应。本章借鉴布鲁姆（Bloom，2009）和费尔南德兹—维拉弗德等（Fernández - Villaverde et al.，2011）的研究思路，将时变波动率模型引入动态随机一般均衡模型，利用三阶摄动法分解不确定性冲击的水平效应和波动效应，基于中国数据来实证研究不确定性冲击对中国宏观经济波动的影响效应。

本章其余部分的结构安排如下：第二部分为相关文献综述；第三部分讨论包含时变波动率的 DSGE 模型；第四部分讨论模型求解方法；第五部分为中国的实证分析；最后是本章的研究结论。

二、文献综述

突发不确定性研究引起学术界关注是在 2003 年 SARS 疫情爆发以后。特别是 2008 年汶川大地震和美国金融危机后，突发不确定性冲击的研究更是被提上议程。中国国家自然科学基金委员会连续实施"非常规突发事件应急管理研究"重大研究计划 2009~2013 年度项目，极大地推动了中国应急管理理论体系建设和交叉学科发展。然而，国内学术界对突发不确定性冲击的研究主要集中于微观领域的应急管理（余建华，2012）。除了研究微观领域的应急管理之外，还需要从宏观角度去研究突发不确定性冲击对宏观经济运行的影响及其政策应对（唐文进、廖荣荣、刘静，2009；唐文进、谢海林、徐晓伟，2012），但目前这方面的研究较少。随着国际宏观经济理论和计量模型的发展，新近文献开始向宏观经济领域拓展。

向量自回归（vector autoregression，VAR）模型基于数据的统计性质建立模型，在参数结构上具有较强的灵活性，可以较好地拟合不确定性冲击对宏观经济运行的定量影响。VAR 模型及脉冲响应函数、方差分解广泛应用在不确定性冲击与宏观经济运行的定量研究中（陈太明，2007；马文涛，2010；苏梽芳，2010；李成、马文涛、王彬，2010；侯乃堃、齐中英，2011；刘金全、潘方卉，2012；梁洪波、刘远亮，2012；张天顶，2013；周建、龚玉婷，2012；等等）。但是，作为一种动态宏观计量方法，VAR 模型缺乏对"理性预期"的令人满意的处理，缺乏与"一般均衡分析"的有效结合，缺乏宏观经济运行的微观基础（郑妍妍，2010；沈悦、李善燊、马续涛，2012）。VAR 模型在实际操作中还存在指标外生性判断、滞后期等问题，使得研究结果具有很大的操控性。因此 VAR 模型未能有效解决突发冲击对宏观经济运行影响的微观基础及其政策应对等问题。

动态随机一般均衡（DSGE）模型在微观经济理论的基础上，基于经济主体的微观行为决策推导宏观行为方程，能够对经济长期均衡及其短期调整进行细致刻画，并对结构性参数、经济冲击的设定与识别进行详细描述，避免卢卡斯批判，已逐渐成为国际宏观经济计量分析的主流模型工具（方福前、王晴，2012）。国内学术界关于宏观经济运行和政策选择的 DSGE 模型理论与应用研究已经积累了大量的研究文献，研究方法较多，研究结论也比较丰富。然而，国内现有利用 DSGE 模型研究的文献都假定具有相同波动率的同质性冲击，忽略了具有时变波动率的异质性冲击，即已有研究仅仅假定了不确定性冲击的一阶矩形式，反映水平效应，适合于经济正常时期，但忽略了二阶矩形式，难以准确刻画突发事件时期不确定性冲击对宏观经济运行的影响。

2009 年美国斯坦福大学年轻的经济学教授尼古拉斯·布鲁姆（Nicholas Bloom）在《经济计量学》（*Econometrica*）杂志上发表了题为《不确定性冲击的影响》（*The Impact of Uncertainty Shocks*）的研究论文，首次在随机动态优化模型基础上引入时变二阶矩模型，刻画突发性冲击的不确定性特征，模拟微观企业受到"9·11"恐怖袭击后的动态行为方程，并通过微观企业变量加总来反映其对宏观经济运行的影响，发现这会导致经济短暂的急速衰退和随后的经济复苏。布鲁姆（Bloom，2009）的研究具备了"动态""随机"以及理性预期的微观基础，为基于微观基础研究不确定性冲击对宏观经济运行的影响开创了一个结构性分析框架。该文成为奠基之作，发表后迅速引起国际学术界的关注，至今已被引用了上千次。

然而，布鲁姆（Bloom，2009）仅仅利用了企业行为方程，并未考虑居民、企业和政府行为方程的一般均衡，也没有涉及应对政策方面的探讨。近年来，国际上一批学者在布鲁姆（Bloom，2009）理论基础上引入了包含居民、企业和政府的"一般均衡"，构建了动态随机一般均衡模型，研究不确定性冲击对宏观经济运行的影响（Fernández – Villaverde and Rubio – Ramírez，2010；Fernández – Villaverde et al.，2011a；Bachmann and Moscarini，2011；Bachmann and Bayer，2011；Bloom et al.，2012；Basu and Bundick，2012；Brede，2013；Segal et al.，2013；Leduc and Liu，2012）及其财政货币政策问题（Benjamin and Pakko，2011；Born and Pfeifer，2011；Fernández – Villaverde et al.，2011b；Mumtaz and Zanetti，2013；Davig and Foerster，2013）。本杰明和帕科（Benjamin and Pakko，2011）将不确定性冲击纳入动态随机一般均衡的框架中，探讨自然灾害突发性冲击下的货币应对政策选择。费尔南德兹—维拉弗德等（Fernández – Villaverde et al.，2011a）构建了一个小型开放经济模型，使用随机波动模型来刻画实际利率不确定性冲击，并选取了四个新兴经济体的短期国债利率和国家发展数据，研究实际利率不确定性冲击对实际宏观经济变量的影响。研究发现，实际利率不确定性冲击会增加持有外国债务风险，继而导致边际效用的不利移动和实物资本收益下降，从而降低消费和投资，最终导致产出和就业的下降。费尔南德兹—维拉弗德等（Fernández – Villaverde et al.，2011b）基于标准新凯恩斯动态随机一般均衡模型，研究财政政策不确定性冲击对宏观经济运行的影响，发现其负向影响相当于联邦基金利率调整 25 个基点的影响。伯恩和普费弗（Born and Pfeifer，2011）构建了一个包含政策不确定性和技术不确定性的新凯恩斯 DSGE 模型，并研究其经济影响。布鲁姆等（Bloom et al.，2012）研究了2007~2009美国金融危机的突发性冲击对宏观经济运行的影响及其政策效应。巴苏和邦迪克（Basu and Bundick，2012）基于新凯恩斯动态随机一般均衡模型，对比分析了价格弹性和价格粘性假设下不确定性冲击对宏观经济的定量影响，发现货币政策可以抵消不确定性冲击对宏观经济下行的不利影响。许多学者则考虑银行部门与信贷渠道，研究金融摩擦的放大效应（Gilchrist，Sim and Zakrajšek，2010；Arellano et al.，2012；Cesa‐Bianchi and Corugedo，2014；Christiano et al.，2014；Bonciani and van Roye et al.，2016）。

将不确定性冲击纳入动态随机一般均衡模型的研究框架，基于微观基础研究其对宏观经济运行影响及政策应对，是近年来国际学术界关注的热点问题。然而，大多数研究都是针对欧美发达国家，没有专门针对中国等发展中国家的经济特征重新进行建模。布鲁姆（Bloom，2013）认为，不确定性冲击对发展中国家的影响比发达国家更大。卡里尔—斯沃洛和塞斯佩德斯（Carrière‐Swallow and Céspedes，2013）从经验角度发现，新兴经济体受到不确定性冲击，需要更长的时间恢复，也不会形成随后的经济过度反弹。不确定性冲击对中国宏观经济运行有什么样的影响效应？水平效应和波动效应会有什么不同？这是本章要探索研究的。

三、包含时变波动率的 DSGE 模型

本章借鉴并拓展安德瑞森（Andreasen，2012）的模型框架，构建了一个标准的新凯恩斯主义动态随机一般均衡模型。假设经济体由三个部门即家庭部门、企业部门（企业部门又分为最终品生产商和中间品生产商）和中央银行组成。

家庭部门的值函数设为：

$$V_t \equiv \begin{cases} u_t + \beta(E_t[V_{t+1}^{1-\alpha}])^{\frac{1}{1-\alpha}}, & u_t \geq 0 \\ u_t - \beta(E_t[-V_{t+1}^{1-\alpha}])^{\frac{1}{1-\alpha}}, & u_t \leq 0 \end{cases} \tag{4-1}$$

其中，β 为贴现因子且 $\beta \in [0,1]$，$\alpha \in R$，但 $\alpha \neq 1$。效用函数设为：

$$u(c_t, n_t) = \frac{(c_t^v(1-n_t)^{1-v})^{1-\gamma}}{1-\gamma} \tag{4-2}$$

其中，$\gamma \in R$，但 $\gamma \neq 1$，$v \in [0, 1]$，在这里 c_t、n_t 分别表示消费和劳动供给，通过式（4-1）和式（4-2）可知，消费间的跨期替代弹性为 $1/(1-v(1-\gamma))$，参考斯旺森（Swanson，2012），相对风险规避偏好的程度为 $\gamma + \alpha(1-\gamma)$。

家庭部门的预算约束为：

$$m_t + b_t + c_t = r_t b_{t-1} - \tau_t + w_t n_t + tr_t \tag{4-3}$$

其中，c_t 是居民消费，m_t 是实际货币余额，b_t 是实际债券持有额，τ_t 是实际税收，w_t 是实际工资，π_t 是通货膨胀率，tr_t 是实际一次性转移支付。

企业部门分为最终产品生产商和中间品生产商。假设最终产品生产商处于完全竞争的市场环境中，完全竞争的最终产品生产商使用一篮子中间品 $y_t(i)$ 生产最终产品。最终产品生产商的生产函数表示为：

$$y_t = \left(\int_0^1 y_t(i)^{\frac{\eta}{\eta-1}} di \right)^{\frac{\eta}{\eta-1}} \tag{4-4}$$

其中，$\eta > 1$。根据式（4-4）我们可以得到：

$$y_t(i) = \left(\frac{p_t(i)}{p_t} \right)^{-\eta} y_t \tag{4-5}$$

其中，总的价格水平为 $p_t = \left[\int_0^1 p_t(i)^{1-\eta} di \right]^{\frac{1}{1-\eta}}$。

假设所有的中间品生产商是同质的，中间产品企业使用资本和劳动生产有差别的最终产品。其生产函数为：

$$y_t(i) = a_t k(i)_t^\theta n(i)^{1-\theta} \tag{4-6}$$

其中，k_t 和 $n_t(i)$ 分别表示第 i 个公司使用的物质资本和劳动服务。变量 a_t 表示外源性技术冲击。中间产品生产商通过优化其劳动服务 $n_t(i)$ 和物质资本 k_t 的使用量来最大化其未来利润的净现值。卡尔沃（Calvo，1983）假定单个厂商定价决策来自于具体的最优化问题，而本章采用罗滕贝格（Rotemberg，1982）中的设定，出发点是垄断竞争厂商的市场环境：在未来价格调整频率的约束下，每个厂商都是一有机会就选择其名义价格以最大化其利润。故假设企业的二次价格调整成本由 $\xi \geq 0$ 控制，第 i 个企业在资源约束条件式（4-5）和式（4-6）的约束下，通过求解式（4-7）来得到最优的劳动服务 $n_t(i)$ 和物质资本 k_t 的使用量。

$$\max_{n(i),p_t(i)} E_t \sum_{j=0}^{\infty} M_{t,t+j} y_{t+j}(i) - w_{t+j} n_{t+j}(i) - \frac{\xi}{2}\left(\frac{p_{t+j}(i)}{p_{t+j-1}(i)}\frac{1}{\pi_{ss}} - 1\right)^2 y_{t+j}$$

$$(4-7)$$

借鉴刘斌（2008，2010），张卫平（2012），袁申国、陈平、刘兰凤（2011），梅冬州、龚六堂（2011）等的研究，中央银行采用价格型货币政策规则，也称利率规则：

$$R_t = R_{ss}\left(\frac{R_{t-1}}{R_{ss}}\right)^{\rho_R}\left(\frac{\pi_t}{\pi_{ss}}\right)^{\phi_\pi}\left(\frac{y_t}{y_{ss}}\right)^{\phi_y}\exp(\varepsilon_t^R) \qquad (4-8)$$

其中，$\varepsilon_t^R \sim NID(0,\mathrm{var}(\varepsilon_t^R))$，为价格型货币政策的外生冲击。$0<\rho_m<1$，通货膨胀 $\pi_t = P_t/P_{t-1}$，R_{ss}、π_{ss}、y_{ss} 分别表示稳态时的利率水平、通货膨胀、产出水平。

要素市场和产品市场达到出清需要满足以下条件：

$$n_t = \int_0^1 n_t(i)di$$

$$k_t = \int_0^1 k_t(i)di$$

$$y_t = c_t + g_t + i_t \qquad (4-9)$$

假设技术冲击过程服从一阶自回归过程：

$$\ln(a_{t+1}/a_{ss}) = \rho_a \ln(a_t/a_{ss}) + \varepsilon_{t+1}^a \qquad (4-10)$$

其中，$\varepsilon_t^a \sim NID(0,\sigma_t^\varepsilon)$ 表示技术的一阶矩冲击，代表技术的水平冲击，σ_t^ε 是技术的随机扰动项 ε_t^a 的方差，利用二阶矩冲击代表技术的波动冲击，它捕捉到了模型中外生的随机扰动项的波动过程。在我们的模型中，我们比较关注的是如何捕捉技术冲击的水平和波动独立改变时对经济的影响。如何将水平冲击和波动冲击独立出来是一个关键的技术问题。安德瑞森（Andreasen，2012）认为的包含标准随机波动过程的 DSGE 模型并不合适，因为它只包含水平冲击而并不包含任何高阶矩的冲击（如二阶矩、三阶矩等）。本章参考安德瑞森（Andreasen，2012）的时变波动率模型，通过如下形式将波动冲击引入模型中：

$$a_{t+1} = a_{ss} + \sigma_{t+1} v_{t+1}$$

$$v_{t+1} = \rho v_t + \varepsilon_{v,t+1}$$

$$\sigma_{t+1} = (1-\rho_\sigma)\sigma_{ss} + \rho_\sigma \sigma_t + \varepsilon_{\sigma,t+1}$$

其中，a_{ss}，$\sigma_{ss} \geqslant 0$，ρ，$\rho_\sigma \in [0,1]$，$\varepsilon_{v,t} \sim IID^+(E[\varepsilon_{v,t}],Var[\varepsilon_{v,t}])$，

不确定性冲击的水平效应和波动效应可以独立区分。

四、模型求解方法

假设模型中的经济主体在自身预算约束下最优化其经济行为，定义如下形式的差分系统：

$$E_t f(Y_{t+1},\ Y_t,\ X_{t+1},\ X_t) = 0 \qquad (4-11)$$

其中，E_t 表示预期符号，向量 X_t 表示维度为 $n_x \times 1$ 的先决变量，向量 Y_t 是维度为 $n_y \times 1$ 的非先决变量，定义 $n = n_x + n_y$。状态变量 X_t 可以被拆分成 $X_t = [X_t^1;\ X_t^2]'$，向量 X_t^1 由内生先决变量组成，向量 X_t^2 由外生向量组成。定义 X_t^2 服从如下的随机过程：

$$X_{t+1}^2 = \Lambda X_t^2 + \tilde{\eta}\,\sigma\varepsilon_{t+1}$$

其中，向量 X_t^2 和残差的维度均为 $n_\varepsilon \times 1$，ε_{t+1} 服从均值为 0、方差/协方差矩阵为的独立同分布。$\sigma \geq 0$ 和维度为 $n_\varepsilon \times n_\varepsilon$ 的矩阵，$\tilde{\eta}$ 是已知的参数，矩阵 Λ 的所有特征值的模均小于 1。

(一) 一阶泰勒展开

方程的求解形式为：

$$Y_t = g(X_t,\ \sigma) \qquad (4-12)$$

$$X_{t+1} = h(X_t,\ \sigma) + \eta\sigma\varepsilon_{t+1} \qquad (4-13)$$

其中，η 是维度为 $n_x \times n_\varepsilon$ 的矩阵，其形式为：$\eta = \begin{bmatrix} \phi \\ \tilde{\eta} \end{bmatrix}$。

将式 (4-12) 和式 (4-13) 代入式 (4-11) 可得：

$$F(X,\ \sigma) = E_t f(g(h(X,\sigma) + \eta\sigma\varepsilon',\ \sigma),\ g(X,\ \sigma),\ h(X,\sigma) + \eta\sigma\varepsilon',\ X) = 0$$

$$(4-14)$$

由式 (4-14) 继而可得：

$$F_{X^k,\sigma^j}(X,\ \sigma) = 0,\ \forall X,\ \sigma,\ j,\ k \qquad (4-15)$$

其中，$F_{X^k,\sigma^j}(X,\ \sigma) = 0$ 表示函数 F 对 X 求 k 阶导数，对 σ 求 j 阶导数。

在点 $(X,\ \sigma) = (\overline{X},\ 0)$ 附近求得 g 和 h 一阶近似分别为：

$$g(X, \sigma) = g(\overline{X}, 0) + g_X(\overline{X}, 0)(X - \overline{X}) + g_\sigma(\overline{X}, 0)\sigma$$

$$h(X, \sigma) = h(\overline{X}, 0) + h_X(\overline{X}, 0)(X - \overline{X}) + h_\sigma(\overline{X}, 0)\sigma \qquad (4-16)$$

将上式代入式（4-15）可得：

$$F_X(\overline{X}, 0) = 0$$

$$F_\sigma(\overline{X}, 0) = 0 \qquad (4-17)$$

利用式（4-17）中的第一个表达式，通过求解方程组（4-18）可以得到 g_X 和 h_X 的值：

$$\left[F_X(\overline{X}, 0)\right]_j^i = \left[f_{Y'}\right]_\alpha^i \left[g_X\right]_\beta^\alpha \left[h_X\right]_j^\beta + \left[f_Y\right]_\alpha^i \left[g_X\right]_j^\alpha + \left[f_{X'}\right]_\beta^i \left[h_X\right]_j^\beta + \left[f_X\right]_j^i = 0$$

$$(4-18)$$

其中，$i = 1, \cdots, n$；$j, \beta = 1, \cdots, n_x$；$\alpha = 1, \cdots, n_y$。$Y'$ 表示 $t+1$ 期的 Y 值，对于函数 f 中的 $t+1$ 期的 Y 值（即 Y'）求偏导，得到的偏导数是一个 $n \times n_y$ 的矩阵，而 $\left[f_{Y'}\right]_\alpha^i$ 代表位于这个求偏导数得到的方程系数的矩阵中第 i 行、第 α 列的元素。

类似地，利用式（4-17）中的第二个表达式，可以通过求解式（4-19）可以得到 g_σ、h_σ 的值：

$$\begin{aligned}
\left[F_\sigma(\overline{X}, 0)\right]^i &= E_t\Big\{\left[f_{Y'}\right]_\alpha^i \left[g_X\right]_\beta^\alpha \left[h_\sigma\right]^\beta + \left[f_{Y'}\right]_\alpha^i \left[g_X\right]_\beta^\alpha \left[\eta\right]_\phi^\beta \left[\varepsilon'\right]^\phi \\
&\quad + \left[f_{Y'}\right]_\alpha^i \left[g_\sigma\right]^\alpha + \left[f_Y\right]_\alpha^i \left[g_\sigma\right]^\alpha + \left[f_{X'}\right]_\beta^i \left[h_\sigma\right]^\beta \\
&\quad + \left[f_{X'}\right]_\beta^i \left[\eta\right]_\phi^\beta \left[\varepsilon'\right]^\phi \Big\} \\
&= \left[f_{Y'}\right]_\alpha^i \left[g_X\right]_\beta^\alpha \left[h_\sigma\right]^\beta + \left[f_{Y'}\right]_\alpha^i \left[g_\sigma\right]^\alpha \\
&\quad + \left[f_Y\right]_\alpha^i \left[g_\sigma\right]^\alpha + \left[f_{X'}\right]_\beta^i \left[h_\sigma\right]^\beta \\
&= 0 \qquad (4-19)
\end{aligned}$$

其中，$i = 1, \cdots, n$；$\alpha = 1, \cdots, n_Y$；$\beta = 1, \cdots, n_X$；$\phi = 1, \cdots, n_\varepsilon$。

（二）二阶泰勒展开

包含时变波动率的不确定性 DSGE 模型结构比较复杂，因此其求解问题也是经济学家关心的热门话题。目前国内外学术界关于 DSGE 模型最常用的求解方法是线性近似化。一阶泰勒展开将复杂的非线性模型转化成相对简单的线性化模型，降低了求解难度。但是，金等（Kim et al., 2003）在一个简单的、假设只有两个代理人的经济体系中，发现线性近似求解方法会得到现实中不可能出现的虚假结果，即封闭经济下的福利高于完全风险分担下的福利。这是由于线性近似化方法忽略了均衡福利函数的二阶项，导致结果不准确。施密特—格罗赫和乌里贝（Schmitt - Grohe and Uribe，2004）通过推导得出结论，一阶近似方法不适合处理随机情况或者政策环境下的福利对比问题，他们给出了完整的非线性 DSGE 模型的二阶泰勒展开数学推导过程和 Matlab 求解程序。

在一阶近似的基础上，我们下一步是想得到函数 g 和 h 在非随机稳态 $X_t = X$ 和 $\sigma = 0$ 处的二阶近似，对函数 g 和 h 在点 $(X, \sigma) = (\overline{X}, 0)$ 处的二阶近似，可以表示为如下形式：

$$
\begin{aligned}
\left[g(X, \sigma)\right]^i = & \left[g(\overline{X}, 0)\right]^i + \left[g_X(\overline{X}, 0)\right]^i_a \left[(X-\overline{X})\right]_a + \left[g_\sigma(\overline{X}, 0)\right]^i[\sigma] \\
& + \frac{1}{2}\left[g_{XX}(\overline{X}, 0)\right]^i_{ab}\left[(X-\overline{X})\right]_a\left[(X-\overline{X})\right]_b \\
& + \frac{1}{2}\left[g_{X\sigma}(\overline{X}, 0)\right]^i_a\left[(X-\overline{X})\right]_a[\sigma] \\
& + \frac{1}{2}\left[g_{\sigma X}(\overline{X}, 0)\right]^i_a\left[(X-\overline{X})\right]_a[\sigma] \\
& + \frac{1}{2}\left[g_{\sigma\sigma}(\overline{X}, 0)\right]^i[\sigma][\sigma]
\end{aligned}
\tag{4-20}
$$

$$
\begin{aligned}
\left[h(X, \sigma)\right]^j = & \left[h(\overline{X}, 0)\right]^j + \left[h_X(\overline{X}, 0)\right]^j_a\left[(X-\overline{X})\right]_a + \left[h_\sigma(\overline{X}, 0)\right]^j[\sigma] \\
& + \frac{1}{2}\left[h_{XX}(\overline{X}, 0)\right]^j_{ab}\left[(X-\overline{X})\right]_a\left[(X-\overline{X})\right]_b \\
& + \frac{1}{2}\left[h_{X\sigma}(\overline{X}, 0)\right]^j_a\left[(X-\overline{X})\right]_a[\sigma] \\
& + \frac{1}{2}\left[h_{\sigma X}(\overline{X}, 0)\right]^j_a\left[(X-\overline{X})\right]_a[\sigma] \\
& + \frac{1}{2}\left[h_{\sigma\sigma}(\overline{X}, 0)\right]^j[\sigma][\sigma]
\end{aligned}
\tag{4-21}
$$

其中，$i = 1, \cdots, n_Y$；$a, b = 1, \cdots, n_x$；$j = 1, \cdots, n_x$。对函数 $F(X, \sigma)$ 中的 X 和 σ 分别求二阶偏导数，并将稳态点 $(X, \sigma) = (\overline{X}, 0)$ 代入所求得的偏导数来进行求解：

$$
\begin{aligned}
\left[F_{XX}(\overline{X}, 0)\right]^i_{jk} = & \left[f_{Y'Y'}\right]^i_{\alpha\gamma}\left[g_X\right]^\gamma_\sigma\left[h_X\right]^\sigma_k + \left[f_{Y'Y}\right]^i_{\alpha\gamma}\left[g_X\right]^\gamma_k \\
& + \left[f_{Y'X'}\right]^i_{\alpha\gamma}\left[h_X\right]^\sigma_k + \left[f_{Y'X}\right]^i_{\alpha\gamma}\left[g_X\right]^\alpha_\beta\left[h_X\right]^\beta_j \\
& + \left[f_{Y'}\right]^i_\alpha\left[g_{XX}\right]^\alpha_{\beta\sigma}\left[h_X\right]^\sigma_k\left[h_X\right]^\beta_j + \left[f_{Y'}\right]^i_\alpha\left[g_X\right]^\alpha_\beta\left[h_{XX}\right]^\beta_{jk} \\
& + \left[f_{YY'}\right]^i_{\alpha\gamma}\left[g_X\right]^\gamma_\sigma\left[h_X\right]^\sigma_k + \left[f_{YY}\right]^i_{\alpha\gamma}\left[g_X\right]^\gamma_k \\
& + \left[f_{YX'}\right]^i_{\alpha\sigma}\left[h_X\right]^\sigma_k + \left[f_{YX}\right]^i_{\alpha\gamma}\left[g_X\right]^\alpha_j
\end{aligned}
$$

$$+ [f_Y]_\alpha^i [g_{XX}]_{jk}^\alpha + [f_{X'Y'}]_{\beta\gamma}^i [g_X]_\sigma^\gamma [h_X]_k^\sigma$$

$$+ [f_{X'Y'}]_{\beta\gamma}^i [g_X]_k^\gamma + [f_{X'X'}]_{\beta\sigma}^i [h_X]_k^\sigma + [f_{X'X}]_{\beta k}^i [h_X]_j^\beta$$

$$+ [f_{X'}]_\beta^i [h_{XX}]_{jk}^\beta + [f_{XY'}]_{j\gamma}^i [g_X]_\sigma^\gamma [h_X]_k^\sigma$$

$$+ [f_{XY}]_{j\gamma}^i [g_X]_k^\gamma + [f_{XX'}]_{j\sigma}^i [h_X]_k^\sigma + [f_{XX}]_{jk}^i$$

$$= 0 \qquad\qquad (4-22)$$

其中，$i = 1, \cdots, n$；$j, k, \beta, \sigma = 1, \cdots, n_X$；$\alpha, \gamma = 1, \cdots, n_Y$。

类似地，通过求解线性方程系统 $F_{\sigma\sigma}(\overline{X}, 0) = 0$ 可以得到未知参数 $g_{\sigma\sigma}$ 和 $h_{\sigma\sigma}$ 的值：

$$[F_{\sigma\sigma}(\overline{X}, 0)]^i = [f_{Y'}]_\alpha^i [g_X]_\beta^\alpha [h_{\sigma\sigma}]^\beta$$

$$+ [f_{Y'Y'}]_{\alpha\gamma}^i [g_X]_\sigma^\gamma [\eta]_\xi^\sigma [g_X]_\beta^\alpha [\eta]_\phi^\beta [I]_\xi^\phi$$

$$+ [f_{Y'X'}]_{\alpha\sigma}^i [\eta]_\xi^\sigma [g_X]_\beta^\alpha [\eta]_\phi^\beta [I]_\xi^\phi$$

$$+ [f_{Y'}]_\alpha^i [g_{XX}]_{\beta\sigma}^\alpha [\eta]_\xi^\sigma [\eta]_\phi^\beta [I]_\xi^\phi$$

$$+ [f_{Y'}]_\alpha^i [g_{\sigma\sigma}]^\alpha + [f_Y]_\alpha^i [g_{\sigma\sigma}]^\alpha + [f_{X'}]_\beta^i [h_{\sigma\sigma}]^\beta$$

$$+ [f_{X'Y'}]_{\beta\gamma}^i [g_X]_\sigma^\gamma [\eta]_\xi^\sigma [\eta]_\phi^\beta [I]_\xi^\phi$$

$$+ [f_{X'X'}]_{\beta\sigma}^i [\eta]_\xi^\sigma [\eta]_\phi^\beta [I]_\xi^\phi$$

$$= 0 \qquad\qquad (4-23)$$

其中，$i = 1, \cdots, n$；$\alpha, \gamma = 1, \cdots, n_Y$；$\beta, \sigma = 1, \cdots, n_X$；$\phi, \xi = 1, \cdots, n_\varepsilon$。

由于 $g_{X\sigma}$ 和 $h_{X\sigma}$ 在稳态值 $(\overline{X}, 0)$ 处的值等于 0，$g_\sigma = 0$ 和 $h_\sigma = 0$，则方程中包含 g_σ 或者 h_σ 的所有项均为 0，从而可以将函数 $F_{\sigma X}(\overline{X}, 0) = 0$ 写成如下的形式：

$$[F_{\sigma X}(\overline{X}, 0)]_j^i = [f_{Y'}]_\alpha^i [g_X]_\beta^\alpha [h_{\sigma X}]_j^\beta + [f_{Y'}]_\alpha^i [g_{\sigma X}]_\gamma^\alpha [h_X]_j^\beta$$

$$+ [f_Y]_\alpha^i [g_{\sigma X}]_j^\alpha + [f_{X'}]_\beta^i [h_{\sigma X}]_j^\beta = 0 \qquad (4-24)$$

其中，$i = 1, \cdots, n$；$\alpha = 1, \cdots, n_Y$；$\beta, \gamma, j = 1, \cdots, n_X$。

式 (4-24) 是一个 $n \times n_X$ 维度的线性方程组系统。方程组系统中包含的 $n \times n_X$ 个未知参数可以由稳态值处的 $g_{\sigma X}$ 和 $h_{\sigma X}$ 求得。但可以清楚地知道，这个方程组系统的未知参数是同质的，因此，如果唯一解存在的话，那么会有：

$$g_{\sigma X} = 0$$

$$h_{\sigma X} = 0 \qquad\qquad (4-25)$$

式 (4-25) 说明，在二阶近似时，政策函数中状态向量的线性部分的各项系数不依赖于方差的相关冲击的大小，即政策函数中的方程的系数与波动的冲击无关。

（三）三阶摄动法

费尔南德兹—维拉弗德（Fernández – Villaverde，2011a）进一步研究发现，根据模型确定性等价原则（certainty equivalent）和 DSGE 模型的一阶线性近似结果，政策响应函数只依赖于一阶矩的水平冲击，而二阶矩的波动冲击在策略函数中没有体现，或者说，这些变量的影响系数为零，因此无法捕捉到随机波动对宏观经济系统的影响。DSGE 模型的二阶近似没有将水平冲击与波动冲击单独分离开来，仅仅通过交叉乘积项间接捕捉到水平冲击和波动冲击的联合影响，当水平冲击为零时，波动冲击对其他变量没有影响。为了能够独立研究随机波动冲击的宏观经济影响，费尔南德兹—维拉弗德（Fernández – Villaverde，2011a）提出了利用三阶摄动法（perturbation methods）求解包含随机波动的 DSGE 模型。DSGE 模型的三阶近似可以将随机波动冲击作为独立变量引入政策相应函数中，并且其系数不为零。许多学者均采用三阶摄动法来求解包含随机波动的 DSGE 模型（Fernández – Villaverde，2011b；Born and Pfeifer，2014；Anderson，2012；Basu and Bundick，2012）。费尔南德兹—维拉弗德（Fernández – Villaverde，2011a）采用更高阶估计发现，政策相应函数的三次项是显著的，但是四阶、五阶和六阶等更高阶数几乎没有影响。

对函 g、h 数在稳态值 $(X, \sigma) = (\overline{X}, 0)$ 处的三阶近似为：

$$[g(X, \sigma)]^{\beta_1} = g(\overline{X}, 0) + [g_X(\overline{X}, 0)]^{\beta_1}_{\alpha_1} [(X - \overline{X})]^{\alpha_1}$$

$$+ \frac{1}{2} [g_{XX}(\overline{X}, 0)]^{\beta_1}_{\alpha_1 \alpha_2} [(X - \overline{X})]^{\alpha_1} [(X - \overline{X})]^{\alpha_2}$$

$$+ \frac{1}{2} [g_{\sigma\sigma}(\overline{X}, 0)]^{\beta_1} [\sigma][\sigma]$$

$$+ \frac{1}{6} [g_{XXX}(\overline{X}, 0)]^{\beta_1}_{\alpha_1 \alpha_2 \alpha_3} [(X - \overline{X})]^{\alpha_1} [(X - \overline{X})]^{\alpha_2} [(X - \overline{X})]^{\alpha_3}$$

$$+ \frac{3}{6} [g_{\sigma\sigma X}(\overline{X}, 0)]^{\beta_1}_{\alpha_3} [\sigma][\sigma][(X - \overline{X})]^{\alpha_3}$$

$$+ \frac{3}{6} [g_{\sigma XX}(\overline{X}, 0)]^{\beta_1}_{\alpha_2 \alpha_3} [\sigma][(X - \overline{X})]^{\alpha_2} [(X - \overline{X})]^{\alpha_3}$$

$$+\frac{1}{6}\left[g_{\sigma\sigma\sigma}(\overline{X},\ 0)\right]^{\beta_1}[\sigma][\sigma][\sigma] \tag{4-26}$$

$$\left[h(X,\ \sigma)\right]^{\beta_1}=h(\overline{X},\ 0)+\left[h_X(\overline{X},\ 0)\right]^{\gamma_1}_{\alpha_1}\left[(X-\overline{X})\right]^{\alpha_1}$$

$$+\frac{1}{2}\left[h_{XX}(\overline{X},\ 0)\right]^{\gamma_1}_{\alpha_1\alpha_2}\left[(X-\overline{X})\right]^{\alpha_1}\left[(X-\overline{X})\right]^{\alpha_2}$$

$$+\frac{1}{2}\left[h_{\sigma\sigma}(\overline{X},\ 0)\right]^{\gamma_1}[\sigma][\sigma]$$

$$+\frac{1}{6}\left[h_{XXX}(\overline{X},\ 0)\right]^{\gamma_1}_{\alpha_1\alpha_2\alpha_3}\left[(X-\overline{X})\right]^{\alpha_1}\left[(X-\overline{X})\right]^{\alpha_2}\left[(X-\overline{X})\right]^{\alpha_3}$$

$$+\frac{3}{6}\left[h_{\sigma\sigma X}(\overline{X},\ 0)\right]^{\gamma_1}_{\alpha_3}[\sigma][\sigma]\left[(X-\overline{X})\right]^{\alpha_3}$$

$$+\frac{3}{6}\left[h_{\sigma XX}(\overline{X},\ 0)\right]^{\gamma_1}_{\alpha_2\alpha_3}[\sigma]\left[(X-\overline{X})\right]^{\alpha_2}\left[(X-\overline{X})\right]^{\alpha_3}$$

$$+\frac{1}{6}\left[h_{\sigma\sigma\sigma}(\overline{X},\ 0)\right]^{\gamma_1}[\sigma][\sigma][\sigma] \tag{4-27}$$

其中，$\beta_1=1,\ \cdots,\ n_Y$；$\gamma_1=1,\ \cdots,\ n_X$；$\alpha_1$，$\alpha_2$，$\alpha_3=1,\ \cdots,\ n_X$。通过计算函数 $F(X,\ \sigma)$ 的导数并令其值为 0，可以求解三阶近似展开后线性系统包含的未知参数的值，借鉴贾德和古乌（Judd and Guu，1997）的处理方法，求解过程实际上可以被简化为只求线性系统的解，从而简化了计算过程，降低了计算难度。

首先，我们有：

$$\left[F_{XXX}(\overline{X},\ 0)\right]^{i}_{\alpha_1\alpha_2\alpha_3}=\left[f_{Y'}\right]^{i}_{\beta_1}\left[g_{XXX}\right]^{\beta_1}_{\gamma_1\gamma_2\gamma_3}\left[h_X\right]^{\gamma_3}_{\alpha_3}\left[h_X\right]^{\gamma_2}_{\alpha_2}\left[h_X\right]^{\gamma_1}_{\alpha_1}$$

$$+\left[f_{Y'}\right]^{i}_{\beta_1}\left[g_X\right]^{\beta_1}_{\gamma_1}\left[h_{XXX}\right]^{\gamma_1}_{\alpha_1\alpha_2\alpha_3}$$

$$+\left[f_Y\right]^{i}_{\beta_1}\left[g_{XXX}\right]^{\beta_1}_{\alpha_1\alpha_2\alpha_3}+\left[f_{X'}\right]^{i}_{\gamma_1}\left[h_{XXX}\right]^{\gamma_1}_{\alpha_1\alpha_2\alpha_3}$$

$$+\left[b^1\right]^{i}_{\alpha_1\alpha_2\alpha_3}$$

$$=0 \tag{4-28}$$

其中，$i=1,\ \cdots,\ n$；α_1，α_2，$\alpha_3=1,\ \cdots,\ n_X$，而 $\left[b^1\right]^{i}_{\alpha_1\alpha_2\alpha_3}$ 的值取决函数 f 的一阶导数、二阶导数、三阶导数中 g_X、h_X、g_{XX}、h_{XX} 的值，具体的推导过程请参考（Andreasen，2012）。本章将 $\left[b^1\right]^{i}_{\alpha_1\alpha_2\alpha_3}$ 看作是已知的非零值，对非零矩阵 g_{XXX}、h_{XXX} 求解可得：

$$\left[F_{\sigma\sigma X}(\overline{X},\ 0)\right]^{i}_{\alpha_3}=\left[f_{Y'}\right]^{i}_{\beta_1}\left[g_X\right]^{\beta_1}_{\gamma_1}\left[h_{\sigma\sigma X}\right]^{\gamma_3}_{\alpha_3}+\left[f_Y\right]^{i}_{\beta_1}\left[g_{\sigma\sigma X}\right]^{\beta_1}_{\gamma_3}\left[h_X\right]^{\gamma_3}_{\alpha_3}$$

$$+\left[f_Y\right]^{i}_{\beta_1}\left[g_{\sigma\sigma X}\right]^{\beta_1}_{\alpha_3}+\left[f_{X'}\right]^{i}_{\gamma_1}\left[h_{\sigma\sigma X}\right]^{\gamma_1}_{\alpha_3}+\left[b^2\right]^{i}_{\alpha_3}$$

$$=0 \tag{4-29}$$

其中，$i=1$，$\cdots$，n；$\alpha_3=1$，$\cdots$，n_X。在这一部分 $[b^2]_{\alpha_3}^i$ 也是一个已知的非零值。$g_{\sigma XX}$、$h_{\sigma XX}$ 的值可以通过以下系统求得：

$$
\begin{aligned}
[F_{\sigma XX}(\overline{X},\,0)]_{\alpha_2\alpha_3}^i &= [f_{Y'}]_{\beta_1}^i[g_X]_{\gamma_1}^{\beta_1}[h_{\sigma XX}]_{\alpha_2\alpha_3}^{\gamma_1} + [f_{Y'}]_{\beta_1}^i[g_{\sigma XX}]_{\gamma_2\gamma_3}^{\beta_1}[h_X]_{\alpha_3}^{\gamma_3}[h_X]_{\alpha_2}^{\gamma_2} \\
&\quad + [f_Y]_{\beta_1}^i[g_{\sigma XX}]_{\alpha_2\alpha_3}^{\beta_1} + [f_{X'}]_{\gamma_1}^i[h_{\sigma XX}]_{\alpha_2\alpha_3}^{\gamma_1} \\
&= 0
\end{aligned}
\tag{4-30}
$$

其中，$i=1$，2，$\cdots$，n；α_2，$\alpha_3=1$，2，$\cdots$，n_X，且 $g_{\sigma XX}=0$、$h_{\sigma XX}=0$；对于导数 $g_{\sigma\sigma\sigma}$、$h_{\sigma\sigma\sigma}$ 的值我们可以通过式（4-31）求解得到：

$$
\begin{aligned}
[F_{\sigma\sigma\sigma}(\overline{X},\,0)]^i &= ([f_{Y'}]_{\beta_1}^i + [f_Y]_{\beta_1}^i)[g_{\sigma\sigma\sigma}]^{\beta_1} \\
&\quad + ([f_{Y'}]_{\beta_1}^i[g_X]_{\gamma_1}^{\beta_1} + [f_Y]_{\beta_1}^i)[h_{\sigma\sigma\sigma}]^{\gamma_1} + [b^3]^i \\
&= 0
\end{aligned}
\tag{4-31}
$$

其中，$i=1$，2，$\cdots$，n。值得注意的是，随机扰动项分布的对称性对线性系统式（4-31）有着重要的影响。如果所有的扰动项是对称分布的，即所有的三阶矩均为零，$[b^3]^i=0$。在这种情况下，线性系统式（4-31）是齐次的，$g_{\sigma\sigma\sigma}=0$ 和 $h_{\sigma\sigma\sigma}=0$；如果线性系统式（4-23）中存在某些扰动项是非对称分布的，那么 $[b^3]^i\neq0$，在这种情况下，$g_{\sigma\sigma\sigma}$ 和 $h_{\sigma\sigma\sigma}$ 也不等于零。本章将模型中包含的随机扰动项设为非对称分布，从而有 $g_{\sigma\sigma\sigma}\neq0$ 和 $h_{\sigma\sigma\sigma}\neq0$。

以上为三阶泰勒近似展开的推导过程，模型中方程的三阶泰勒近似使我们将水平冲击与波动冲击单独分离出来，从而能够单独研究波动冲击对经济的影响。

（四）求解结果

对函数 g 和 h 对不同的变量（X_t^1，Z_{t-1}，$\log\sigma_{t-1}$，ε_t，u_t）求二阶导数，得到表4-1。

由表4-1可知，波动冲击（$\log\sigma_{t-1}$）只有在与水平冲击的扰动项交叉相乘（$\log\sigma_{t-1}\varepsilon_t$）时系数才不为零，波动冲击的扰动项（$u_t$）只有在与水平冲击的扰动项交叉相乘（$\varepsilon_t u_t$）时系数才不为零，所以二阶近似只能够通过水平冲击和波动冲击的交叉项间接捕捉到，而不能将它们分离开。

表 4－1		二阶导数			
$X_t^1 X_t^1 \neq 0$	$X_t^1 Z_{t-1} \neq 0$	$X_t^1 \log \sigma_{t-1} = 0$	$X_t^1 \varepsilon_t \neq 0$	$X_t^1 u_t = 0$	$X_t^1 \sigma = 0$
	$Z_{t-1} Z_{t-1} \neq 0$	$Z_{t-1} \log \sigma_{t-1} = 0$	$Z_{t-1} \varepsilon_t \neq 0$	$Z_{t-1} u_t = 0$	$Z_{t-1} \sigma = 0$
		$\log \sigma_{t-1} \log \sigma_{t-1} = 0$	$\log \sigma_{t-1} \varepsilon_t \neq 0 *$	$\log \sigma_{t-1} u_t = 0$	$\log \sigma_{t-1} \sigma = 0$
			$\varepsilon_t \varepsilon_t \neq 0$	$\varepsilon_t u_t \neq 0 *$	$\varepsilon_t \sigma = 0$
				$u_t u_t = 0$	$u_t \sigma = 0$
					$\sigma \sigma \neq 0$

定义 s_t^i 为 s_t 向量中的第 i 个变量，由于 s_t 除了摄动参数外有 n 个变量，因此 $i = 1，2，\cdots，n$。这样我们可以写出内生状态向量的三阶摄动近似规则式，以消费的内生状态变量消费为例：

$$\widehat{c}_t \approx \psi_i^k s_t^i + \frac{1}{2} \psi_{i,j}^k s_t^i s_t^j + \frac{1}{6} \psi_{i,j,l}^k s_t^i s_t^j s_t^l$$

此处 $\psi_{i,\cdots}^k$ 是一个纯量，由下面的张量表示：

$$\psi_i^k s_t^i = \sum_{i=1}^{n} \psi_i^k s_t^i，\quad \psi_{i,j}^k s_t^i s_t^j = \sum_{i=1}^{n} \sum_{j=1}^{n} \psi_{i,j}^k s_t^i s_t^j，$$

$$\psi_{i,j,l}^k s_t^i s_t^j s_t^l = \sum_{i=1}^{n} \sum_{j=1}^{n} \sum_{l=1}^{n} \psi_{i,j,l}^k s_t^i s_t^j s_t^l$$

在不引起误解的情况下将资本表示成上式，参数 ψ_i^k、$\psi_{i,j}^k$、$\psi_{i,j,l}^k$ 表示函数 $k_{t+1} = k(s_t)$ 的一阶、二阶、三阶导数在稳态点的参数值。

五、 实证结果

（一） 参数校准

参数采用校准方法进行设定。参考安德瑞森（Andreasen，2012），将 γ 和 v 的值分别设为 2.5 和 0.35，这两个值使消费的跨期替代弹性为 0.66，目前大部分的参考文献都是使用这个跨期替代弹性的值，可以说是 DSGE 模型中的一个标准值。β 为贴现因子，参考刘斌（2010）、张卫平（2012）

将其设为 0.99。ξ 为投资的二次价格调整成本函数的系数，参考安德瑞森（Andreasen，2012）将其设为 260，由于目前国内使用 DSGE 模型研究经济问题的一般都是基于对数线性化后的方程组，此参数在对数线性化的方程中值为 0.75，此参数与袁申国、陈平、刘兰凤（2011）的估计值较为接近。δ 为资本折旧率，参考梅冬州、龚六堂（2011），李成、马文涛、王彬（2010）将其设为 0.1。θ 是劳动力在企业生产函数中所占的比重，参考袁申国、陈平、刘兰凤（2011）将其设为 0.387。η 是中间产品的相互替代弹性，参考安德瑞森（Andreasen，2012）将其设为 6。对于模型变量的稳态值，参考刘斌（2010），将劳动供给稳态值设为 $n = 1/3$，令通货膨胀的稳态值 $\pi = (1.04)^{1/4} \approx 1.01$，$R_{ss}$ 的稳态值 $R_{ss} = 1.028$，与金中夏等（2013）的校准值类似。对于技术进步的一阶自回归系数 ρ_a，参考刘斌（2008）、金中夏等（2013）通过贝叶斯估计得到的值将其设为 0.95。为了计算方便，对于随机波动过程的系数 $\rho_{a\delta}$ 和波动的稳态值 $\delta_{\delta_{ss}}$，参考安德瑞森（Andreasen，2012），将其设为 0.99 和 0.0075，δ_{ss} 的标准差设为 0.00265（见表 4 - 2）。

表 4 - 2 模型参数校准

γ	v	β	η	θ	ξ	δ	n	π_{ss}	ρ_a	ρ_g
2.5	0.35	0.99	6	0.387	260	0.1	1/3	1.01	0.95	0.90
$\rho_{a\delta}$	$\delta_{\delta_{ss}}$	δ_{ss}	R_{ss}	u_{ss}	a_{ss}	g_{ss}/y_{ss}	b_{ss}/y_{ss}	τ_{ss}/y_{ss}	λ_b	γ_{by}
0.99	0.0075	0.00265	1.028	1.01	1	0.17	0.13	0.175	0.22	0.16

本章货币政策参数的校准值主要来自于刘斌（2010）通过贝叶斯估计得到的值，以及马文涛等（2011）的 GMM 估计值。积极型货币政策参数校准值分别为 $\rho_r = 0.95$，$\varphi_\pi = 1.12$，$\varphi_y = 0.3$。稳健型货币政策参数校准值分别为 $\rho_r = 0.95$，$\varphi_\pi = 0.9$，$\varphi_y = 0.3$。

（二）数值模拟结果

图 4 - 1 反映了技术的水平冲击与波动冲击的对比结果。技术的水平冲击是直接效应，表现为对宏观经济运行的正向影响：产出增加，消费增

加，劳动需求量减少，通货膨胀降低，投资增加，这是因为，技术进步使企业的生产效率提高，在同样的产量下使用的劳动和资本减少，表现为图中劳动的负向波动，这导致企业的生产的实际边际成本下降，利润空间增加，企业扩大产出有利可图，企业将增加投资扩大产出规模，表现为投资和产出的正向波动。消费在短期内向下波动，之后伴随着消费的增长，表现为图中消费先向下后向上的波动，一个可能的解释是由于短期内对劳动的需求下降导致（刘斌，2010）。企业生产的实际边际成本的降低，对企业产品的价格水平形成向下的压力，产品价格下降形成通货膨胀向下的压力，表现为图中通货膨胀的向下波动。

技术的波动冲击是间接效应，通过对经济行为主体的心理预期形成影响，表现为对宏观经济运行的负向影响：产出减少，消费减少，劳动需求量增加，通货膨胀上升，投资先增后减。预防性储蓄心理（Born and Pfeifer，2014）将不确定性分为 Hartman – Abel 效应、期权效应、预防性储蓄

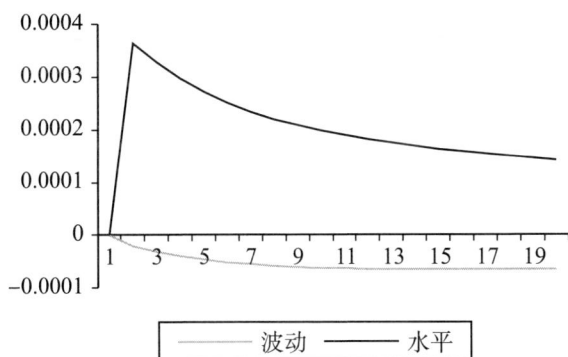

（a）产出

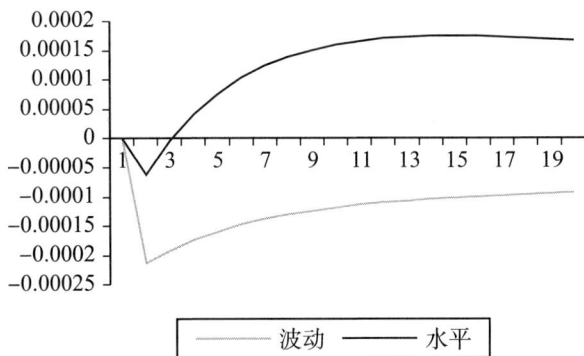

（b）消费

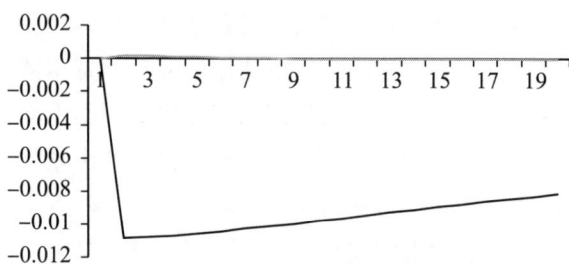

（c）劳动

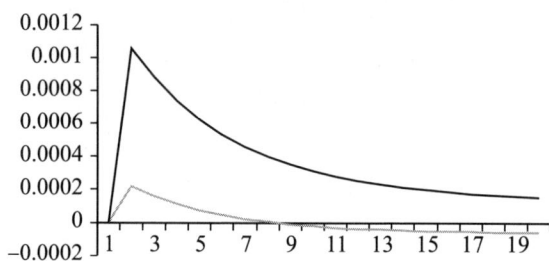

（d）投资

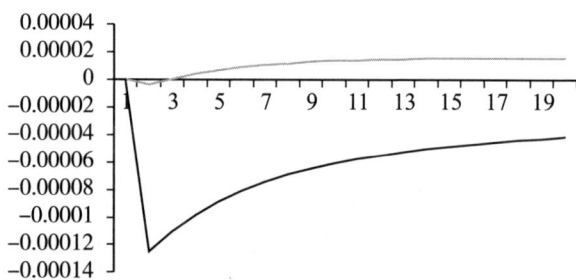

（e）通胀

图 4-1 水平冲击与波动冲击的宏观经济效应（积极型货币政策）

动机三类。巴苏和邦迪克（Basu and Bundick, 2012）认为未来不确定性的增加将导致人们的"预防性储蓄"（precautionary saving）增加，人们当期消费减少，当期消费的减少使社会总需求减少，企业为了减少库存，将降低产出规模，产出下降，表现为产出的负向波动。同时，他们还认为不确定性的增加会导致人们"预防性劳动供给"（precautionary labor supply）

的增加，在同样的工资水平下人们愿意提供更多的劳动，或者在降低工资水平的情况下人们仍愿意提供同样的劳动。波动冲击下，未来不确定性增加，本章得到相似的研究结果。

巴苏和邦迪克（Basu and Bundick，2012）的结论认为，产出不变而消费减少，投资将呈现出增加的趋势。与巴苏和邦迪克（Basu and Bundick，2012）产出不变不同，本章模拟得到产出呈现下降的趋势，但其下降的幅度小于消费下降的幅度，从而得到相似的结论，即投资增加，但不同的是本章认为投资先增加后减少。

在劳动力市场上，劳动供给增加，而企业也因社会总需求减少而缩减生产规模，从而加剧了劳动力市场的竞争，劳动供给者为了获得工作愿意降低工资要求，收入水平降低，产品相对而言变得昂贵，反映在宏观经济上表现为通货膨胀提高，表现为通货膨胀的正向效应。波动冲击在导致经济停滞的同时还会引发通货膨胀，产生"滞胀"效应。

图4-2给出了稳健型货币政策下水平冲击和波动冲击的宏观经济效应。

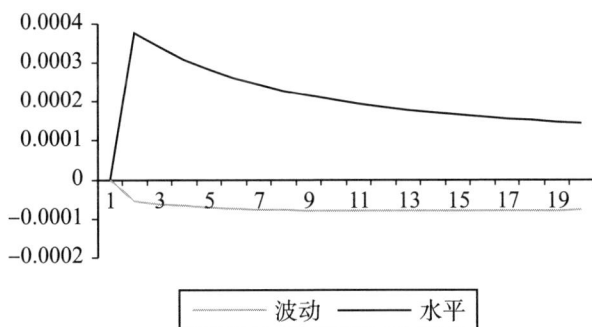

（a）产出

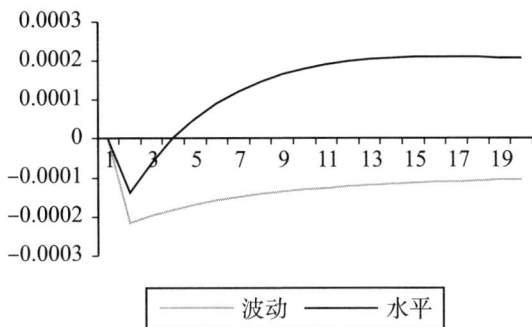

（b）消费

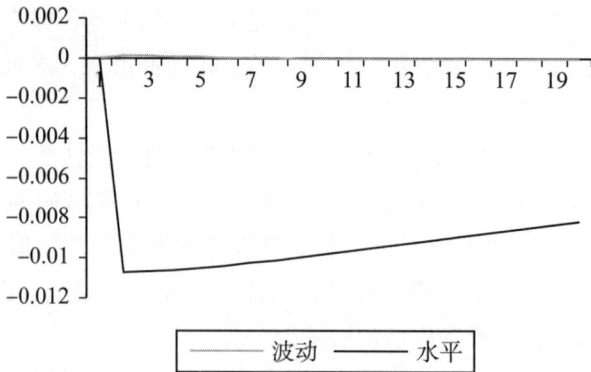

（c）劳动

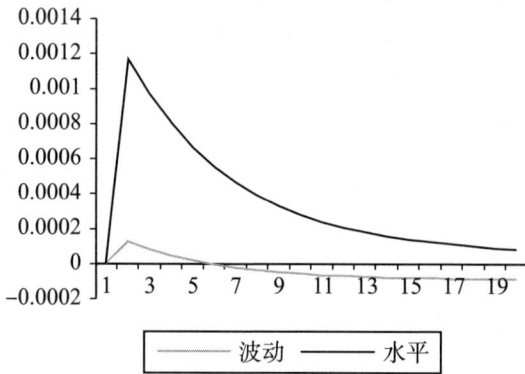

（d）投资

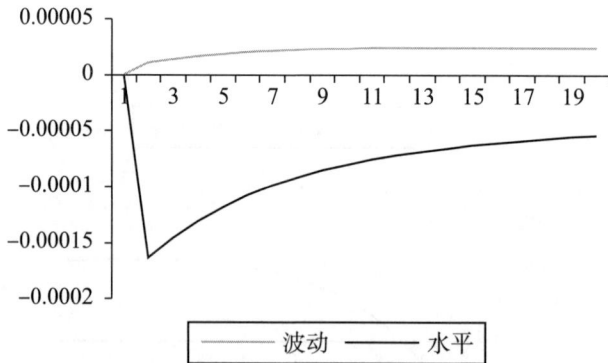

（e）通胀

图 4 - 2　水平冲击与波动冲击的宏观经济效应（稳健型货币政策）

图 4 - 2 表明，在稳健型货币政策下，水平冲击和波动冲击具有和积极型货币政策一致的结论：水平冲击为正向效应，影响较大；波动冲击为负向

效应，影响较小。从数量级上来看，稳健型货币政策下，波动冲击的经济效应要大于积极型货币政策的效应。相比积极型货币政策，在稳健型货币政策下，波动冲击造成的福利损失更大。因此面对波动冲击时积极型货币政策更为有效。

进一步地，本章以代表性家庭的终身效用来衡量福利水平，以福利损失为标准评价水平效应和波动效应。定义福利损失函数为：

$$L = E_t \sum_{i=1}^{n} \theta^i (\pi_{t+i}^2 + \lambda y_{t+i}^2)$$

其中，θ 为介于 0 和 1 之间的折现因子，λ 刻画了中央银行对产出的相对关注程度，n 为时间的范围，多数情况下假定 n 的最大值为 ∞，本章设定的最大值为 20，与前面脉冲响应图的时间范围一致。假设中央银行与家庭有相同的时间偏好，即 $\theta = \beta$，分为（0，1）、1、（1，∞）三个区间，依次选取 $\lambda = 0.5$、$\lambda = 1.0$、$\lambda = 2.0$ 进行分析。

通过表 4 - 3 的福利损失对比我们发现，无论 $\lambda = 0.5$、$\lambda = 1.0$ 还是 $\lambda = 2.0$，水平冲击引致的福利损失都是大于波动冲击的，大概相差一个数量级。这也符合费尔南德兹—维拉弗德等（Fernández - Villaverde et al.，2011a）的研究结论。

表 4 - 3　　　　　　　　　　　　福利损失对比

	积极型		稳健型	
	水平冲击	波动冲击	水平冲击	波动冲击
$\lambda = 0.5$	5.11E - 07	3.08E - 08	6.04E - 07	5.76E - 08
$\lambda = 1.0$	9.36E - 07	5.88E - 08	1.06E - 06	1.07E - 07
$\lambda = 2.0$	1.79E - 06	1.15E - 07	1.96E - 06	2.05E - 07

通过对比技术的水平冲击和波动冲击的脉冲响应可以发现，波动冲击具有和水平冲击截然不同的影响效应：水平冲击是直接影响，正向效应，影响较大；波动冲击则为间接影响，负向效应，影响较小。从数量级上来看，技术的水平冲击对实体经济的影响要大于波动冲击。费尔南德兹—维拉弗德等（Fernández - Villaverde et al.，2011a）认为这主要是由于水平冲击对实体经济产生直接影响，而不确定性冲击是通过影响家庭和企业对未来的预期进而影响其生产行为，最终实现对实体经济的影响，这是一种

间接的影响，这个传播渠道相对微弱一些。

六、研究结论

不论是实际经济周期理论，还是新凯恩斯主义经济周期理论，都假定了外生冲击是具有恒定波动率的同质性冲击，忽略了时变波动率的异质性冲击，因此仅仅测度了不确定性冲击的水平效应，却无法测度不确定性冲击的波动效应。将不确定性冲击纳入动态随机一般均衡模型的研究框架，基于微观基础研究其对宏观经济运行影响及政策应对，是近年来国际学术界关注的热点问题。但是，大多数的研究针对美国等发达国家，没有专门针对中国等发展中国家的经济特征重新进行建模。

本章借鉴布鲁姆（Bloom，2009）和费尔南德兹—维拉弗德等（Fernández – Villaverde et al.，2011a）的研究思路，将时变波动率模型引入动态随机一般均衡模型，利用三阶摄动法分解不确定性冲击的水平效应和波动效应，基于中国数据来实证研究不确定性冲击对中国宏观经济波动的影响效应。研究发现，波动冲击具有和水平冲击截然不同的影响效应：水平冲击是直接影响，正向效应，力度较大；波动冲击则为间接影响，负向效应，力度较小。波动冲击在导致经济停滞的同时，还会引起通货膨胀，产生"滞胀"效应。本章研究表明，稳健型货币政策具有和积极型货币政策一致的研究结论，但是其造成的福利损失更大，因此面对波动冲击时积极型货币政策更为有效。

本章的拓展研究虽然看似只前进了一小步，但是对分析结果的准确性和科学性却是至关重要的。进一步地，还有以下几个方面值得深入研究：第一，可以考虑财政政策、开放经济、金融摩擦等模型设定。第二，基于不确定性冲击视角，研究美国金融危机和欧债危机下，我国政府应对国际金融危机的成功经验和失败教训。第三，研究"流动性陷阱"和"不确定性陷阱"对于当前中国经济增长低迷的解释。期望本章能起到抛砖引玉的作用。

第五章　不确定性冲击下价格型与数量型货币政策选择

——基于动态随机一般均衡模型

本章立足于中国经济环境，利用随机波动模型刻画不确定性，构建包含技术不确定性冲击的动态随机一般均衡模型，研究不确定性冲击下，价格型货币政策和数量型货币政策对经济波动的调控能力。通过数值模拟发现：第一，面对不确定性冲击时，相比于稳健的价格型货币政策，积极的价格型货币政策下对产出和消费的负面影响更小，对投资和劳动需求的正向影响更大，并在短期内降低通胀。第二，面对不确定性冲击时，相比于积极的数量型货币政策，稳健的数量型货币政策在短期内对产出、劳动、投资的负向波动幅度和对消费的促进作用更大，但加剧了通货膨胀；从长期看，稳健的货币政策对产出、劳动、投资的促进更大，对消费的促进作用更小，并能够稳定通货膨胀。第三，短期内，数量型货币政策下，不确定性冲击对产出、劳动、投资造成的负向影响大于价格型货币政策的影响，同时对通胀造成更大的正向影响；而长期来看，数量型货币政策下，冲击对产出、劳动、投资有较大的促进作用，同时有利于降低通胀。第四，不确定性冲击下，积极的货币政策的社会福利损失相对较小，价格型货币政策工具更具有优势。

一、引言

不确定性是指人们无法准确观测、分析和预见的变化，例如金融危机等重大事件，包括经济不确定性、政策不确定性、非经济变量不确定性等多个方面。近年来，研究不确定性冲击对宏观经济的影响成为国际上研究宏观经济的前沿。研究表明，在动态随机一般均衡模型中引入不确定性能够更好地解释经济波动，不确定性宏观经济研究的重要性毋庸置疑（Fernández – Villaverde et al. , 2007, 2011a; Leduc and Liu, 2012; Segal et al. , 2013）。

当前，中国经济发展进入新常态，面临诸多矛盾及隐患风险，经济运行结构性问题突出，宏观调控政策边际效应下降。这些因素都极大增加了我国市场的不确定性，引发了宏观经济波动，加大了经济运行的风险。那么，面对不确定性冲击时，何时以及如何选择数量型和价格型货币政策工具才能有效减缓经济波动？这两种货币政策工具在应对不确定性冲击时的政策效应如何？两者相比较有哪些不同点？研究不确定性冲击下货币政策工具的宏观经济效应，探索不确定性冲击下货币政策选择问题，对于中国政府宏观经济管理具有重大的实践参考意义。

自布鲁姆（Bloom, 2009）首次在随机动态优化模型的基础上研究不确定性对宏观经济运行的影响之后，随着 DSGE 模型的不断发展，利用 DSGE 模型来研究宏观经济成为主流的研究框架。国际上基于 DSGE 框架研究外生不确定性冲击下货币政策对宏观经济的影响的成果较多。本杰明和帕科（Benjamin and Pakko, 2011）采用动态随机一般均衡模型，研究适用于自然灾难的货币政策，并发现灾难事件发生后，通货膨胀升高，产出降低。巴苏和邦迪克（Basu and Bundick, 2012）通过构建动态随机一般均衡模型，研究在不同的价格假设下不确定性冲击对宏观经济的影响，研究发现，货币政策对于不确定冲击造成的对宏观经济的不利影响有抵消作用。邦恰尼和范罗伊（Bonciani and van Roye, 2013）通过构建包含异质性代理商和程式化的银行部门的动态随机一般均衡模型，研究不确定性冲击对宏观经济和货币政策的影响。巴西拉尔和古普塔等（Balcilar and Gupta et al. , 2017）构建了一个非线性 DSGE 模型，研究不确定性下货币政策对南非经济的影响。有部分学者还研究了货币政策不确定性问题，主要集中于对利率不确定性的研究（Fernández – Villaverde, 2011; Mumtaz and Zanetti, 2013; Nguyen, 2015; Sinha, 2016），其中大部分研究认为货币政策不确定性冲击会对宏观经济运行造成显著的负向影响，也有少数学者认为影响并不显著（Born and Pfeifer, 2014）。

基于上述文献，国际上在研究不确定性冲击时，主要采用随机波动模型刻画不确定性。随机波动模型能够较好地刻画不确定性冲击（Basu and Bundick，2012；Seoane，2014；Bonciani and van Roye，2016）。这是因为随机波动方法有两个显著的优点：第一，它可以捕捉到数据的重要特征（Shephard，2008）；第二，它包含两个随机误差项：技术冲击的随机误差项和波动冲击的随机误差项，对于单独研究波动冲击本身对宏观经济波动的影响具有很大帮助。

以上文献均没有立足于中国经济针对中国政策的研究，更没有在不确定性环境下针对中国政策的研究。国内一些学者基于 DSGE 框架对中国货币政策问题进行了研究。耿强、章雱（2011）构建了包含金融加速器的动态随机一般均衡模型，对不同冲击下的货币政策进行了研究。夏斌、廖强（2001）研究了我国 1993～2011 年的货币供给量变化以及货币乘数的变化对宏观经济的影响。马文涛（2011）构建了包含金融加速器、工资调整黏性以及消费惯性的新凯恩斯动态随机一般均衡模型，从货币政策的冲击效应、非政策冲击下宏观经济波动幅度以及中央银行损失函数三个方面对比了不同货币工具的调控绩效。李雪松、王秀丽（2011）构建了包含价格黏性、金融加速器效应以及工资黏性的动态随机一般均衡模型，研究了价格型货币政策和数量型货币政策的宏观经济效应。王艺明、蔡昌达（2012）构建了符合中国经济特征的新凯恩斯主义 DSGE 模型，研究了紧缩性货币政策对中国宏观经济的影响。胡志鹏（2012）以动态随机一般均衡模型为框架分析了货币当局对货币政策调控模式的最优选择问题。

但是以上国内文献都只是对各种水平冲击下货币政策的研究，并未涉及在不确定性冲击环境下对中国货币政策的研究，国内在该方面的研究极少。在赵向琴、袁靖、陈国进（2017）通过引入政府生产性支出拓展了包含突发灾难冲击的新凯恩斯 DSGE 模型，分析表明，相对于不含政府生产性支出的突发灾难冲击模型，该模型能够更好地拟合中国宏观经济波动等基本特征。

基于以上分析，本章构建了包含价格型和数量型货币政策的动态随机一般均衡模型，并通过随机波动模型将不确定性冲击引入模型中，研究中国经济面临不确定性冲击时不同货币政策工具（数量型和价格型货币政策工具）的有效性问题。

本章其余部分的安排如下：第二部分讨论不确定性 DSGE 模型设定；

第三部分讨论参数校准与估计；第四部分为数值模拟结果及福利损失分析；第五部分是案例分析；最后是本章的研究结论。

二、不确定性 DSGE 模型设定

本章通过扩展爱珀斯坦—津—韦尔（Epstein – Zin – Weil，1989）和安德瑞森（Andreasen，2012）的模型，构建了一个基于新凯恩斯主义的动态随机一般均衡模型。模型假设经济体由四个部门组成，即家庭部门、企业部门（企业部门又分为最终品生产商和中间品生产商）、政府部门和中央银行。

（一）家庭部门

参考鲁德布什和斯旺森（Rudebusch and Swanson，2012）的做法，将家庭部门的值函数设为：

$$V_t \equiv \begin{cases} u_t + \beta(E_t[V_{t+1}^{1-\alpha}])^{\frac{1}{1-\alpha}}, & u_t \geq 0 \\ u_t - \beta(E_t[-V_{t+1}^{1-\alpha}])^{\frac{1}{1-\alpha}}, & u_t \leq 0 \end{cases} \tag{5-1}$$

其中，β 为贴现因子且 $\beta \in [0, 1]$，$\alpha \in R$，但 $\alpha \neq 1$。参考宾斯伯根等（Binsbergen et al.，2010），将效用函数设为：

$$u(c_t, n_t) = \frac{(c_t^v(1-n_t)^{1-v})^{1-\gamma}}{1-\gamma} \tag{5-2}$$

其中，$\gamma \in R$，但 $\gamma \neq 1$，$v \in [0, 1]$，在这里 c_t、n_t 分别表示消费和劳动供给，通过式（5-1）和式（5-2）可知，消费间的跨期替代弹性为 $1/(1-v(1-\gamma))$，参考斯旺森（Swanson，2012），相对风险规避偏好的程度为 $\gamma + \alpha(1-\gamma)$。因此，$\alpha$ 的值控制着相对风险规避程度，而 v 和 γ 决定着跨期替代弹性的大小。

家庭部门的预算约束为：

$$m_t + b_t + c_t = r_t b_{t-1} - \tau_t + w_t n_t + tr_t \tag{5-3}$$

其中，c_t 是居民消费，m_t 是实际货币余额，b_t 是实际债券持有额，τ_t 是实际税收，w_t 是实际工资，tr_t 是实际一次性转移支付。

（二）企业部门

1. 中间产品生产商

本章假设所有的中间产品生产商是同质的，中间产品生产商使用资本和劳动生产有差别的最终产品。其生产函数为：

$$y_t(i) = a_t k(i)_t^{\theta} n(i)^{1-\theta} \qquad (5-4)$$

其中，k_t 和 $n_t(i)$ 分别表示第 i 个公司使用的物质资本和劳动服务。变量 a_t 表示外源性技术冲击。中间产品生产商通过优化其劳动服务 $n_t(i)$ 和物质资本 k_t 的使用量来最大化未来利润的净现值。本章参考罗滕贝格（Rotemberg，1982），假设企业的二次价格调整成本由 $\xi \geqslant 0$ 控制，第 i 个企业在资源约束条件式（5-4）和式（5-7）的约束下，通过求解公式（5-5）来得到最优的劳动服务 $n_t(i)$ 和物质资本 k_t 的使用量。

$$\max_{n(i),p_t(i)} E_t \sum_{j=0}^{\infty} M_{t,t+j} y_{t+j}(i) - w_{t+j} n_{t+j}(i) - \frac{\xi}{2} \left(\frac{p_{t+j}(i)}{p_{t+j-1}(i)} \frac{1}{\pi_{ss}} - 1 \right)^2 y_{t+j} \qquad (5-5)$$

2. 最终产品生产商

本章假设最终产品生产商处于完全竞争的市场环境中，完全竞争的最终产品生产商使用一篮子中间品 $y_t(i)$ 生产最终产品。最终产品的生产商的生产函数为：

$$y_t = \left(\int_0^1 y_t(i)^{\frac{\eta}{\eta-1}} \mathrm{d}i \right)^{\frac{\eta}{\eta-1}} \qquad (5-6)$$

其中，$\eta > 1$，根据式（5-6）我们可以得到：

$$y_t(i) = \left(\frac{p_t(i)}{p_t} \right)^{-\eta} y_t \qquad (5-7)$$

其中，总的价格水平为 $p_t = \left[\int_0^1 p_t(i)^{1-\eta} \mathrm{d}i \right]^{\frac{1}{1-\eta}}$。

（三）中央银行

1. 数量型货币政策

中央执行货币政策调控经济。考虑到我国长期以来采用数量型的货币政策，并且货币供应在很大程度上内生决定，本章借鉴艾尔兰德（Ireland，1997）的方法，假设货币供应对通货膨胀和产出关于其稳态的偏离做出内生反应，同时央行外生地干预货币供应，从而货币供应机制设定如方程（5－8）所示。

参考刘斌（2010）、马文涛（2011）等，我们将货币供给增长定义为 $U_t = M_t/M_{t-1}$，将其转化成实际值，则有：$u_t = m_t\pi_t/m_{t-1}$，其中，U_t、M_t、u_t、m_t、π_t分别表示名义货币增长、名义货币供给量、实际货币供给增长、实际货币供给量、实际通货膨胀。参考马文涛（2011）、胡爱华（2012），我们将货币供应量规则定义为：

$$u_t = u_{ss}\left(\frac{u_{t-1}}{u_{ss}}\right)^{\rho_u}\left(\frac{\pi_t}{\pi_{ss}}\right)^{\rho_\pi}\left(\frac{y_t}{y_{ss}}\right)^{\rho_y}\exp(\varepsilon_t^m) \qquad (5-8)$$

其中，$\varepsilon_t^m \sim NID(0,\ \mathrm{var}(\varepsilon_t^m))$，本章定义为数量型货币政策的外生冲击，$0<\rho_m<1$，$u_{ss}$、$\pi_{ss}$、$y_{ss}$分别表示稳态时的货币供给增长、通货膨胀、产出水平。

2. 价格型货币政策

价格型的货币政策规则在国外被普遍应用，刘斌（2008、2010）、张卫平（2012）等在其专著中，袁申国、陈平、刘兰凤（2011），梅冬州、龚六堂（2011）等在其论文中均使用了这种规则，并将其称为利率规则，本章所说的价格型货币政策即以上作者所说的利率规则，参考以上文献，我们将利率规则定义为：

$$R_t = R_{ss}\left(\frac{R_{t-1}}{R_{ss}}\right)^{\rho_R}\left(\frac{\pi_t}{\pi_{ss}}\right)^{\phi_\pi}\left(\frac{y_t}{y_{ss}}\right)^{\phi_y}\exp(\varepsilon_t^R) \qquad (5-9)$$

其中，$\varepsilon_t^R \sim NID(0,\ \mathrm{var}(\varepsilon_t^R))$，本章定义为价格型货币政策的外生冲击。通货膨胀 $\pi_t = P_t/P_{t-1}$，R_{ss}、π_{ss}、y_{ss}分别表示稳态时的利率水平、通货膨胀、产出水平。

（四）政府部门

假设政府的收入来源为税收、发行债券、发行货币，收入的运用包括政府支出及支付到期债券，参考刘斌（2010），将政府的预算约束设为：

$$b_t + m_t = R_t b_{t-1} + g_t + tr_t - \tau_t + m_{t-1}/\pi_t$$

其中，τ_t 代表政府征收的一次性总税收，m_t 为发行的货币，b_t 为发行的债券，g_t 为公共消费，tr_t 为转移支付，π_t 为通货膨胀，以上变量均为实际变量。政府部门通过征税、发行货币和债券为自己的支出融资。

在此财政规则下，假设 g_t 的值是外生的，假设财政支出外生，并遵循一阶自回归过程 AR（1），其表达式为：

$$\ln(g_{t+1}/g_{ss}) = \rho_g \ln(g_t/g_{ss}) + \varepsilon_{t+1}^g \qquad (5-10)$$

其中，$\varepsilon_t^g \sim NID(0, \sigma^g)$ 代表政府支出的水平冲击，而 σ^g 是随机扰动项 ε_t^g 的方差。

税收 τ_t 服从如下的规则：

$$\tau_t = \tau_{ss} \left[\left(\frac{b_{t-1}}{b_{ss}} \right)^{\lambda_b} \left(\frac{y_t}{y_{ss}} \right)^{\gamma_{by}} \right] \exp(\varepsilon_t^\tau) \qquad (5-11)$$

其中，$\varepsilon_t^\tau \sim NID(0, \sigma^\tau)$ 代表政府支出的水平冲击，而 σ^τ 是随机扰动项 ε_t^τ 的方差。这个规则说明政府在制定税收额时，不仅要考虑税收的变化，而且还要考虑债务水平的变化。

（五）市场出清

要素市场和产品市场达到出清需要满足以下条件：

$$n_t = \int_0^1 n_t(i) \, di$$

$$k_t = \int_0^1 k_t(i) \, di$$

$$y_t = c_t + g_t + i_t \qquad (5-12)$$

（六）技术冲击

假设技术冲击过程服从一阶自回归过程：

$$\ln(a_{t+1}/a_{ss}) = \rho_a \ln(a_t/a_{ss}) + \varepsilon_{t+1}^a \qquad (5-13)$$

其中，$\varepsilon_t^a \sim NID(0, \sigma_t^\varepsilon)$ 表示技术的一阶矩冲击，也就是本章所说的技术的水平冲击，σ_t^ε 是技术的随机扰动项 ε_t^a 的方差。为了表示技术的不

确定性，将技术的随机扰动项的方差 σ_t^ε 的变化即技术的二阶矩冲击作为技术的不确定性冲击。使用技术的二阶矩冲击主要是因为它捕捉到了模型中外生的随机扰动项的波动过程。在本章的模型中，比较关注的是如何捕捉技术冲击的水平和波动独立改变时对经济的影响。如何将水平冲击和波动冲击独立出来是本章的关键，由于本章是基于动态随机一般均衡模型展开的，如何将不确定性在动态随机一般均衡模型中体现出来是本章首先要解决的问题，参考国外研究不确定性的文献，本章使用随机波动过程将不确定性冲击引入模型中。而安德瑞森（Andreasen，2010）认为的包含标准随机波动过程的 DSGE 模型并不合适，因为这个标准的随机波动过程只包含水平冲击而并不包含任何高阶矩的冲击（如二阶矩、三阶矩等），为此，安德瑞森（Andreasen，2010）提出了三种解决此问题的方法，分别为：

模型 1：模型包含两个方程，第一个方程为：

$$\ln(a_{t+1}/a_{ss}) = \rho_a \ln(a_t/a_{ss}) + \sigma(v_{t+1})\varepsilon_{a,t+1}$$

第二个方程反映 σ_t 的变化情况，方程为：

$$v_{t+1} = v_{ss}(1-\rho_\sigma) + \rho_\sigma v_t + \varepsilon_{\sigma,t+1}$$

其中，v_t 是条件方差 σ_t 的函数。

模型 2：该模型也由两个方程组成，第一个方程为：

$$a_{t+1} = a_{ss}(1-\rho_a) + \rho_a a_t + \sigma_{t+1}\varepsilon_{a,t+1}$$

其中，$a_{ss} \geq 0$，$\rho_a \in [0,1]$。变量 $\varepsilon_{a,t}$ 在 $\varepsilon_{a,t} \geq 0$ 时服从独立同分布。在这种概率分布下一阶矩和二阶矩存在，表示为 $\varepsilon_{a,t} \sim IID^+(E[\varepsilon_{a,t}], Var[\varepsilon_{a,t}])$。

第二个方程表示条件方差的变化规律：

$$\sigma_{t+1} = (1-\rho_\sigma)\sigma_{ss} + \rho_\sigma\sigma_t + \varepsilon_{\sigma,t+1}$$

其中，$\sigma_{ss} \geq 0$，$\rho_\sigma \in [0,1]$，$\varepsilon_{\sigma,t} \sim IID^+(E[\varepsilon_{\sigma,t}], Var[\varepsilon_{\sigma,t}])$，而且随机扰动项 $\varepsilon_{a,t}$ 和 $\varepsilon_{\sigma,t}$ 在任何时期都是相互独立的。

模型 3：模型中包含三个方程，这三个方程分别为：

$$a_{t+1} = a_{ss} + \sigma_{t+1}v_{t+1}$$

$$v_{t+1} = \rho v_t + \varepsilon_{v,t+1}$$

$$\sigma_{t+1} = (1-\rho_\sigma)\sigma_{ss} + \rho_\sigma\sigma_t + \varepsilon_{\sigma,t+1}$$

其中，a_{ss}，$\sigma_{ss} \geq 0$，ρ，$\rho_\sigma \in [0,1]$，$\varepsilon_{v,t} \sim IID^+(E[\varepsilon_{v,t}], Var[\varepsilon_{v,t}])$，$\varepsilon_{\sigma,t} \sim IID^+(E[\varepsilon_{\sigma,t}], Var[\varepsilon_{\sigma,t}])$。

由于篇幅的限制，本章不再对随机波动过程做详细的介绍，对不同的随机波动过程感兴趣的读者可以参考安德瑞森（Andreasen，2010）。

参考国外研究不确定性的文献（Fernández - Villaverde et al.，2010；Basu et al.，2012），本章使用安德瑞森（Andreasen，2010）介绍的第三种随机波动过程，通过如下的形式将波动冲击引入模型中：

$$a_{t+1} = a_{ss} + \sigma_{t+1} v_{t+1}$$

$$v_{t+1} = \rho v_t + \varepsilon_{v,t+1}$$

$$\sigma_{t+1} = (1 - \rho_\sigma) \sigma_{ss} + \rho_\sigma \sigma_t + \varepsilon_{\sigma,t+1}$$

其中，a_{ss}，$\sigma_{ss} \geq 0$，ρ，$\rho_\sigma \in [0, 1]$，$\varepsilon_{v,t} \sim IID^+(E[\varepsilon_{v,t}], Var[\varepsilon_{v,t}])$。从方程中可以看到，冲击的水平效应和波动效应被独立地区分开来，这使我们能够独立地研究不确定性冲击（即波动冲击）对其他变量（主要是宏观经济变量）的影响。

三、参数校准与估计

本章中的参数参考国内外其他相关文献进行设定。其中，货币政策参考刘斌（2010）、马文涛（2011）、张卫平（2012）的相关文献。本章参考安德瑞森（Andreasen，2012）将 γ 和 v 的值分别设为 2.5 和 0.35，这两个值使消费的跨期替代弹性为 0.66，这个跨期替代弹性的值，是目前大部分参考文献都使用的，可以说是 DSGE 模型中的一个标准值。β 为贴现因子，本章参考刘斌（2010）、张卫平（2012）将其设为 0.99。ξ 为投资的二次价格调整成本函数的系数，本章参考安德瑞森（Andreasen，2012）将其设为 260，由于目前国内使用 DSGE 模型研究经济问题的一般都是基于对数线性化后方程组，此参数在对数线性化的方程中值为 0.75，与袁申国、陈平、刘兰凤（2011）的估计值较为接近。δ 为资本折旧率，参考梅冬州、龚六堂（2011），李成、马文涛、王彬（2010）将年度折旧率设为 0.1。θ 是劳动力在企业生产函数中所占的比重，本章参考袁申国、陈平、刘兰凤（2011）将其设为 0.387。η 是中间产品的相互替代弹性，本章参考安德瑞森（Andreasen，2012）将其设为 6。对于模型中某些变量的稳态值，本章主要参考刘斌（2010），将劳动供给稳态值设为 $n = 1/3$，将政府支出占总产出的比例、政府债券余额与产出的比例、政府税收与产出的比例分别设为 $g_{ss}/y_{ss} = 0.17$、$b_{ss}/y_{ss} = 0.13$、$\tau_{ss}/y_{ss} = 0.175$，通货膨胀的稳态

值 $\pi = (1.04)^{1/4} \approx 1.01$，$R_{ss}$ 的稳态值 $R_{ss} = 1.028$，与金中夏（2013）的校准值类似。对于技术进步的一阶自回归系数 ρ_a，本章参考金中夏、洪浩、李宏瑾（2013）以及刘斌（2008）通过贝叶斯估计得到的值，将其设为 0.95。对于政府支出的一阶自回归系数 ρ_g，本章参考胡爱华（2012）将其设为 0.9。对于随机波动过程（SV 过程）的系数 $\rho_{a\delta}$ 和波动的稳态值 $\delta_{\delta_{ss}}$，本章参考安德瑞森（Andreasen，2012）将其分别设为 0.99 和 0.0075，而水平波动 δ_{ss} 的标准差设为 0.00265（见表 5 – 1）。

表 5 – 1　　　　　　　　　　模型参数校准

γ	v	β	η	θ	ξ	δ	n	π_{ss}	ρ_a	ρ_g
2.5	0.35	0.99	6	0.387	260	0.1	1/3	1.01	0.95	0.90

$\rho_{a\delta}$	$\delta_{\delta_{ss}}$	δ_{ss}	R_{ss}	u_{ss}	a_{ss}	g_{ss}/y_{ss}	b_{ss}/y_{ss}	τ_{ss}/y_{ss}	λ_b	γ_{by}
0.99	0.0075	0.00265	1.028	1.01	1	0.17	0.13	0.175	0.22	0.16

　　本章会使用到积极的价格型货币政策、稳健的价格型货币政策、积极的数量型货币政策、稳健的数量型货币政策共四种不同的货币政策。货币政策参数的校准值主要来自于刘斌（2010）通过贝叶斯估计得到的值，以及马文涛等（2011）的 GMM 估计值和安德瑞森（Andreasen，2012）文献中的校准值。对于积极的价格型货币政策，其参数的校准值分别为 $\rho_r = 0.95$、$\varphi_\pi = 1.12$、$\varphi_y = 0.3$；对于稳健的价格型货币政策，其参数的校准值分别为 $\rho_r = 0.95$、$\varphi_\pi = 0.9$、$\varphi_y = 0.3$。当使用数量型的货币政策时，中央银行为了维持经济的稳定，防止经济大起大落从而对经济参与者的交易行为进行调控，将采取逆经济周期的调控方式，即在经济发展过热时降低货币供给的增长速度，当经济萧条时提高货币供给的增长速度，促进人们的消费与投资，以此来促进经济的复苏，所以其数量型货币政策规则的系数在符号上不同于价格型，积极的数量型货币政策的参数的校准值为 $\rho_u = 0.95$、$\phi_\pi = -1.12$、$\phi_y = -0.3$，稳健的数量型货币政策的参数的校准值为 $\rho_u = 0.95$、$\phi_\pi = -0.9$、$\phi_y = -0.3$（见表 5 – 2）。

表 5 - 2   货币政策参数的校准

积极				稳健			
价格型		数量型		价格型		数量型	
ρ_r	0.95	ρ_u	0.95	ρ_r	0.95	ρ_u	0.95
φ_π	1.12	ϕ_π	- 1.12	φ_π	0.9	ϕ_π	- 0.9
φ_y	0.3	ϕ_y	- 0.3	φ_y	0.3	ϕ_y	- 0.3

四、数值模拟结果与分析

(一) 稳健型与积极型货币政策对比

1. 不确定性冲击下积极的价格型货币政策与稳健的价格型货币政策对比

图 5 - 1 反映的是在不确定性冲击下, 积极的与稳健的价格型货币政策工具的宏观经济效应。从图 5 - 1 中可以看出: 在积极的与稳健的价格型货币政策下, 不确定性都对消费、产出造成负向影响, 对投资、劳动需求和通胀造成正向影响。但相比于稳健的价格型货币政策, 积极的价格型货币政策下不确定性冲击对消费、产出的负向影响更小, 对投资和劳动需求的促进作用更大, 同时短期内会降低通货膨胀的程度。

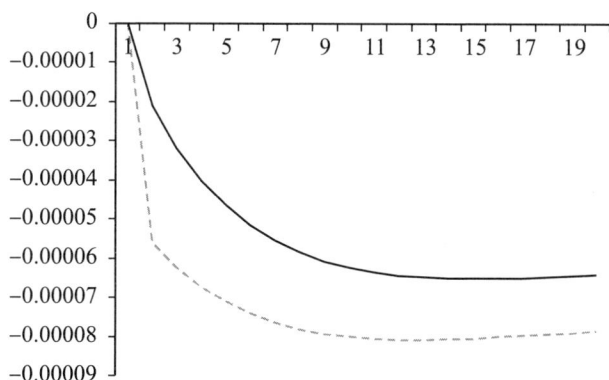

(a) 产出

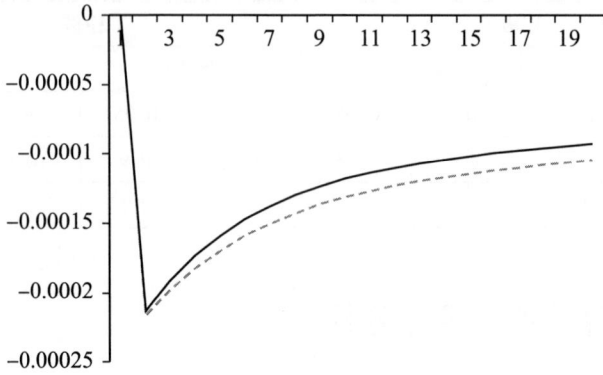

（b）消费

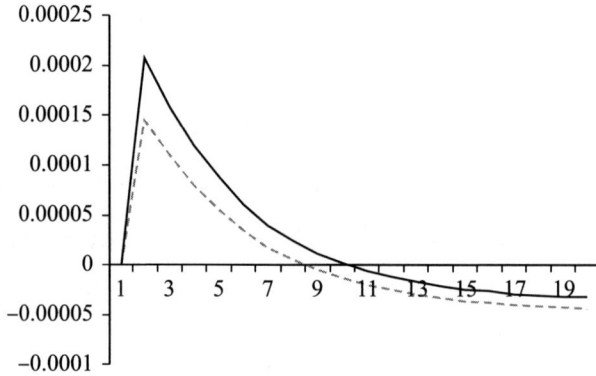

（c）劳动

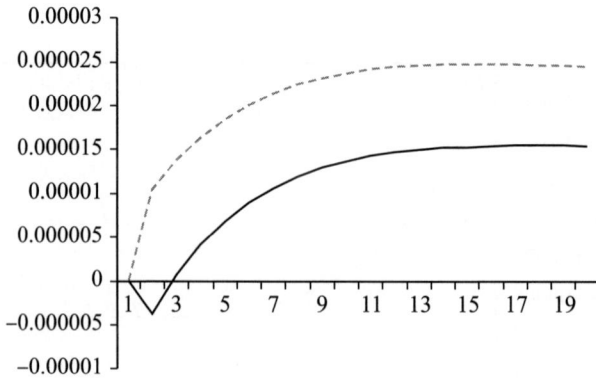

（d）通胀

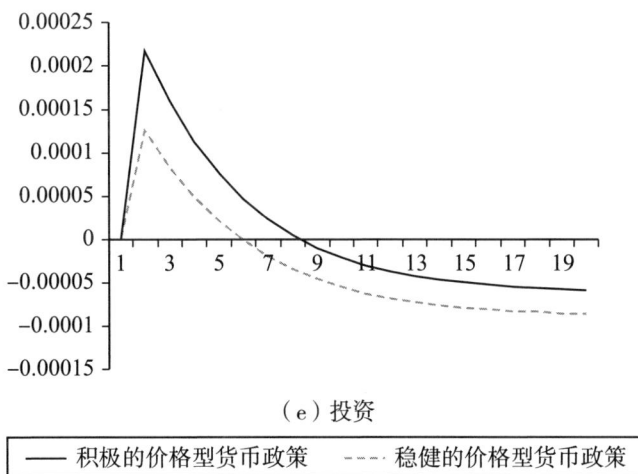

（e）投资

—— 积极的价格型货币政策　　- - - 稳健的价格型货币政策

图5－1　不确定性冲击下积极的与稳健的价格型货币政策工具有效性对比

根据巴苏等（Basu et al.，2012）的研究结果，未来不确定性的增加将导致人们的"预防性储蓄"增加，当期消费减少，同时，不确定性的增加导致人们的"预防性劳动供给"增加。因此，图5－1所示变化可能的原因是：在不确定性冲击下，居民未来的不确定性增加，导致居民"预防性储蓄"和"预防性劳动供给"增加，在图中表现为消费的负向波动和劳动的正向波动。而当期消费的减少使社会总需求减少，企业为了减少库存将降低产出规模，产出下降，表现为产出的负向波动。本章模拟得到的产出呈现下降的趋势，但其下降的幅度远远小于消费下降的幅度，根据市场出清的恒等方程，投资将增加。这与巴苏等（Basu et al.，2012）模拟的结果类似，表现为投资的正向波动。

同时，在劳动力市场上，劳动供给增加，而企业因社会总需求减少而缩减生产规模，从而加剧了劳动力市场的竞争，劳动供给者为了获得工作机会愿意降低工资要求，劳动者收入水平降低，产品相对而言变的昂贵，反映在宏观经济上表现为通货膨胀增加，表现为通货膨胀正向波动。

相比于稳健的货币政策下，在积极的货币政策下，政府在经济中扮演的角色更为重要。政府的行为能够带动整个社会的消费，从而使消费在受到不确定性冲击时下降的幅度低一些，或使消费的负向波动能够更快地衰减，从而尽快恢复到正常的消费水平，表现为脉冲图中积极的货币政策下消费收敛速度快于稳健货币政策下的收敛速度。正是由于消费的快速收敛，社会总需求减少对产出的负向影响相对也较小一些，从产出的脉冲图中我们可以看出，与稳健的价格货币政策工具相比，积极的价格货币政策工具在缓冲不确定性冲击的不利影响时更能发挥调节作用。

当经济受到不确定性冲击时，从两种货币政策工具的结果来看，积极的价格型货币政策由于在缓冲产出和消费的降低方面起到了更为积极的作用，所以其在促进企业增加劳动需求方面的作用强于稳健的货币政策，表现为积极的价格型货币政策使劳动供给增加的幅度大于稳健的货币政策。由于积极的价格型货币政策的目标之一就是控制通货膨胀，所以当受到不确定性冲击引起通货膨胀增加时，积极的货币政策相对于稳健的货币政策更能够稳住通胀，从图 5 - 1 中我们可以看到，积极的价格型货币政策下通货膨胀的增加幅度比稳健的货币政策下的增加幅度要小得多。

2. 不确定性冲击下积极的数量型货币政策与稳健的数量型货币政策对比

图 5 - 2 反映的是在不确定性冲击下积极的与稳健的数量型货币政策工具的宏观经济效应。从图 5 - 2 中可以看出：在短期内，积极的与稳健的数量型货币政策下，不确定性都对产出、劳动、投资造成负向影响，对消费、通胀造成正向影响，但稳健的数量型货币政策影响程度更大；从长期看，不同的数量型货币政策下，不确定性冲击均对产出、劳动、投资造成正向影响，对通胀造成负向影响。

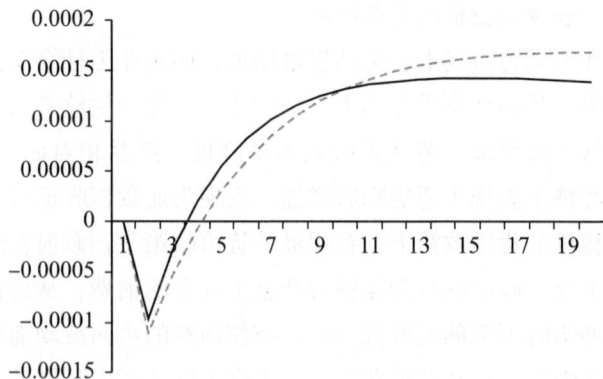

（a）产出

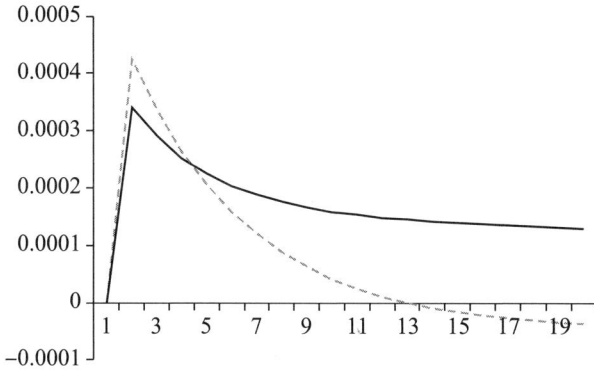

（b）消费

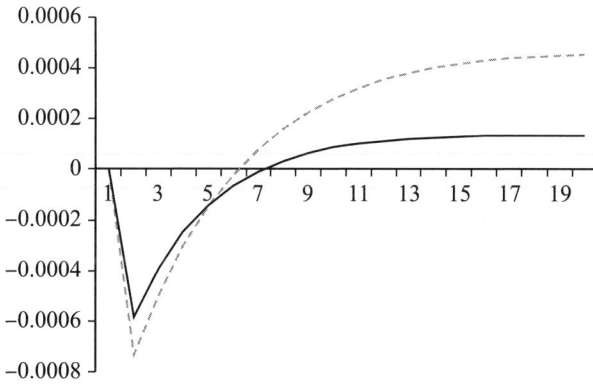

（c）劳动

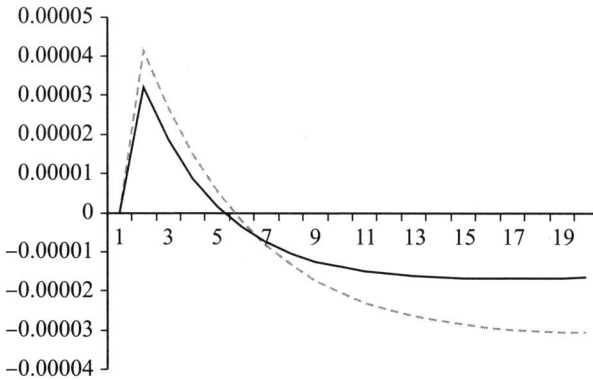

（d）通胀

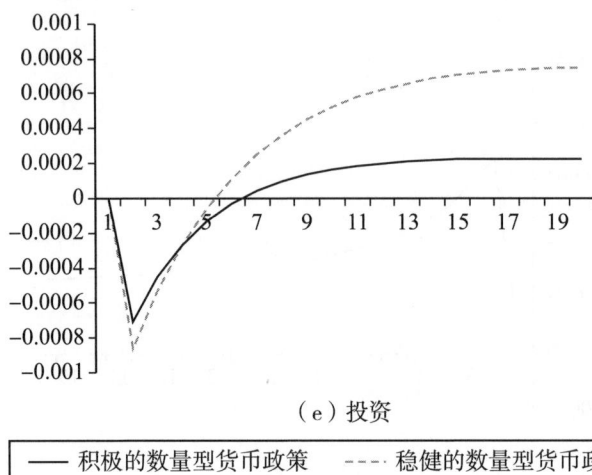

（e）投资

——— 积极的数量型货币政策　　- - - - 稳健的数量型货币政策

图 5 – 2　不确定性冲击下积极的与稳健的数量型货币政策工具有效性对比

可能的原因是，在不确定性冲击下，未来不确定性增加，企业的未来预期受到影响，其对未来的经济形势难以判断，企业出于规避风险的考虑，更多地持观望的态度（wait-and-see approach）（Benjamin et al.，2011），这使得短期内企业减少投资（包括对存货的投资），降低产出规模，表现为投资和产出的负向波动，投资和产出规模降低了企业对生产要素劳动的需求，必然对劳动需求产生向下的压力，表现为劳动的负向波动。本章与布鲁姆（Bloom，2007）的研究结果类似，布鲁姆认为，较高的不确定性的存在使企业暂时停止其投资和雇佣劳动的计划，表现为投资和劳动需求的降低。

在数量型货币政策下，货币面临的购买力下降的风险增加，而实际物资以其内在的价值能够保持购买力的稳定，居民持有货币的风险要远远高于持有实际物资的风险，将增加对实物资本的消费，表现为图中消费的正向波动。在不确定性冲击下，产出和投资减少，而社会总需求增加，表现为居民消费的增加，需求压力对产品的价格有向上的推动作用，导致社会的总体物价水平上升，需求推动型的通货膨胀产生，表现为通货膨胀的正向波动。

积极与稳健的数量型货币政策工具对各宏观经济变量的影响趋势差异不大，但仍然存在一定的差异。在短期内，由于不确定性对企业预期的影响，稳健的货币政策使产出和投资降低的幅度更大，产出、投资较大幅度的下降使企业对生产要素劳动的需求相对于积极的货币政策工具减少得更多，表现为图中劳动需求量的下降幅度大于积极的数量型货币政策工具下降低的幅度。

但长期来看，稳健的数量型货币政策工具在促进产出、投资，使劳动需求尽快恢复方面相对于积极的货币政策工具更具有优势，表现为图中后期产出、投资增加的幅度大于积极的货币政策工具下增加的幅度，而劳动在后期相较于积极的货币政策工具更加迅速地收敛到初始水平。在对消费的影响方面，稳健的数量型货币政策工具在初始阶段在促进消费方面相对于积极的货币政策工具发挥了更大的作用，但其持续性不强，在4期后积极的货币政策工具开始发挥促进消费的作用，表现为在面对不确定性冲击时，脉冲图中两种货币政策工具对消费的交替促进现象。从对通货膨胀的影响来看，在初始阶段由于积极的数量型货币政策工具主要以控制通货膨胀为主要目标，所以其稳定通货膨胀的作用强于稳健的数量型货币政策工具，但是7期后在稳健的数量型货币政策工具下通货膨胀相对于积极的货币政策工具快速降低，表现为脉冲图中两种货币政策下通货膨胀的交替变化。

（二）数量型与价格型货币政策对比

1. 不确定性冲击下稳健的价格型货币政策与稳健的数量型货币政策对比

图5-3反映的是在不确定性冲击下稳健的价格型与数量型货币政策工具的宏观经济效应对比。由图5-3可知，在不确定性冲击下，初始阶段时，稳健的价格型和数量型货币政策工具对产出、消费、劳动、通胀、投资的影响有较大差异，而在后期两种货币政策工具造成的影响与前期相反，但仍显较大差异。

第一，在初始阶段，不确定性冲击使产出水平降低，出现向下波动的趋势，且稳健的数量型货币政策工具下，产出的负向波动更大，说明在不确定性冲击到经济的初期，稳健的价格型货币政策工具在缓冲不确定性冲击对产出的不利影响方面更不具有优势，但其后期对产出的恢复所起的作用明显，在3期以后数量型的货币政策工具在恢复产出方面发力，甚至在不确定性冲击发生后的7期后开始对产出有正向的影响，促进产出的增加，而价格型货币政策的作用一直对产出产生负向影响，说明稳健的数量型货币政策工具在缓冲不确定性冲击对产出的影响方面不如价格型货币政策工具，但是在后续的产出恢复方面却能发挥稳健的价格型货币政策工具所不能及的作用。

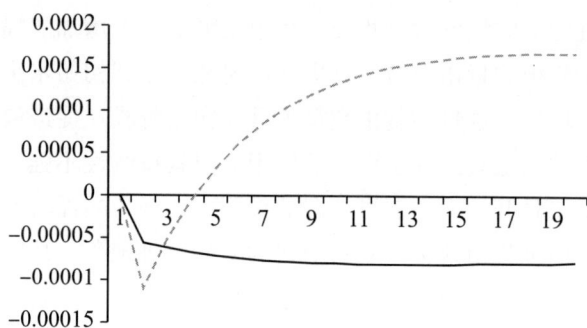

（a）产出

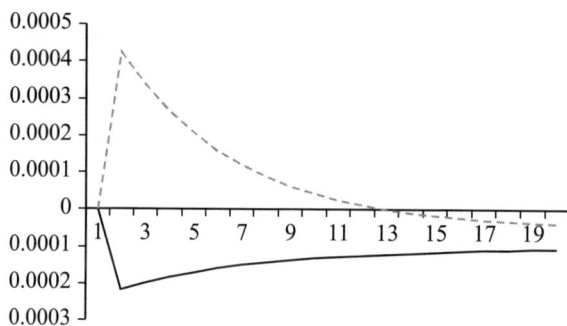

（b）消费

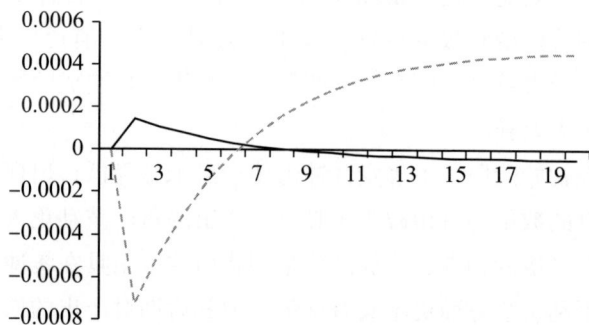

（c）劳动

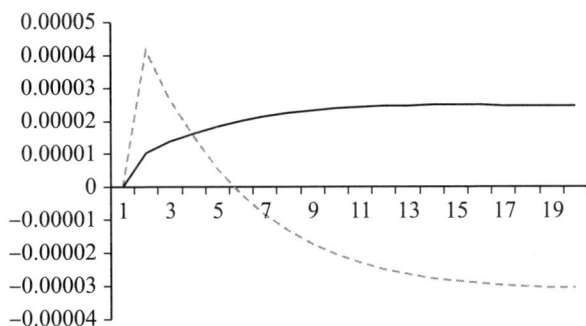

（d）通胀

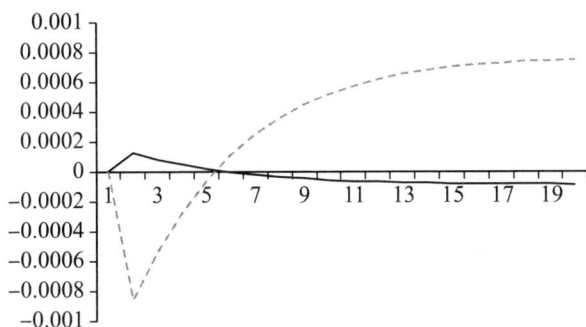

（e）投资

—— 稳健的价格型货币政策　　- - - - 稳健的数量型货币政策

图 5 - 3　不确定性冲击下稳健的价格型与数量型货币政策工具有效性对比

第二，面对不确定性冲击时，两种货币政策工具在初始阶段对消费的影响有很大的差异。价格型的货币政策工具下，消费呈现负向的波动，而稳健的数量型货币政策工具下消费呈现正向的波动，说明价格型的货币政策工具在应对不确定性冲击时没有起到缓冲不确定性对社会消费的冲击的作用，这一结论与目前国外研究不确定性对经济影响的文献得到的结论相似（Fernández - Villaverde et al.，2011；Born and Pfeifer，2014；Basu et al.，2012），然而，分析他们的货币规则我们发现，他们均使用的是利率规则，即本章所说的价格型货币政策工具。而本章却发现数量型的货币政策工具不仅缓冲掉了不确定性冲击对社会消费的影响，而且还有促进消费的作用。

第三，面对不确定性冲击时，两种货币政策工具在初始阶段对劳动的影响有很大的差异。数量型的货币政策工具下，劳动供给呈现负向的波动，而价格型的货币政策工具下劳动供给呈现正向的波动，在价格型的货币政策工具下劳动供给的波动趋势与目前国外研究不确定性对经济影响的文献得到的结论相似（Fernández – Villaverde et al.，2011；Born and Pfeifer，2014；Basu et al.，2012），然而，分析他们的货币规则我们发现，他们使用的均是利率规则，即本章所说的价格型货币政策工具。而本章在研究数量型的货币政策工具时发现，使用数量型的货币政策规则不能起到促进劳动供给的作用，本章认为，这种现象是由于数量型的货币政策工具容易使人产生"货币幻觉"，当人们手中的货币持有量增加时，人们就会觉得自己更有钱了，消费增加，在劳动供给上也不再积极，从而出现消费增加劳动供给降低的现象，但货币的实际购买力下降，最终不利于居民效用的提高。相反，价格型的货币政策更能使消费者看清形势，保持理性。

第四，在初始阶段，无论是价格型的还是数量型的货币政策工具，都不能抑制不确定性冲击引起的通货膨胀，在抑制的程度上价格型的货币政策工具作用更显著，但其持续性不强，在 4 期以后数量型的货币政策工具在抑制通胀上开始发挥更显著的作用，并最终对通胀产生负向的影响。

第五，面对不确定性冲击时，在初始阶段，稳健的数量型货币政策工具使投资呈现负向的波动，而稳健的价格型货币政策工具表现为正向波动，说明价格型的货币政策工具在缓冲来自不确定性的冲击方面优于数量型的货币政策工具，但是价格型的货币政策工具在持久性上不强，在 5 期后其对投资的促进作用开始被数量型超过，且其开始使投资出现负向的波动，而此时数量型的货币政策工具却开始对投资有正向的冲击作用，而且其影响程度有扩大的趋势，说明价格型货币政策工具在初始阶段在缓冲不确定性冲击对投资的不利影响方面有较大的优势，但在后续阶段对投资的恢复能力不足，而数量型的货币政策工具虽不能够缓冲不确定性冲击对投资的不利影响，但是其在后续阶段的投资恢复方面具有较大的优势。

2. 不确定性冲击下积极的价格型货币政策与积极的数量型货币政策对比

图 5 - 4 反映的是在不确定性冲击下积极的价格型与数量型货币政策

工具的宏观经济效应对比。由图 5 - 4 可知，不确定性冲击下，积极的价格型和数量型货币政策工具与稳健的价格型和数量型货币政策工具结果相似。

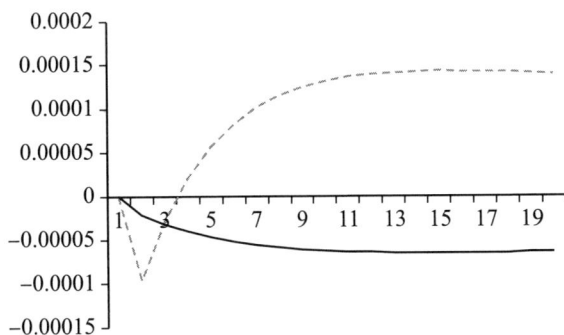

（a）产出

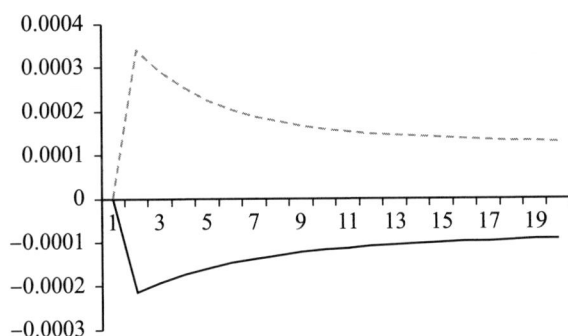

（b）消费

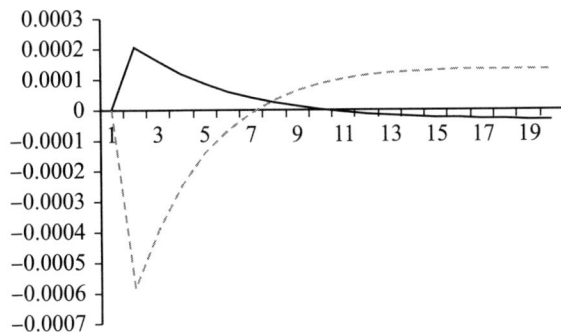

（c）劳动

（d）通胀

（e）投资

———— 积极的价格型货币政策　　　- - - - 积极的数量型货币政策

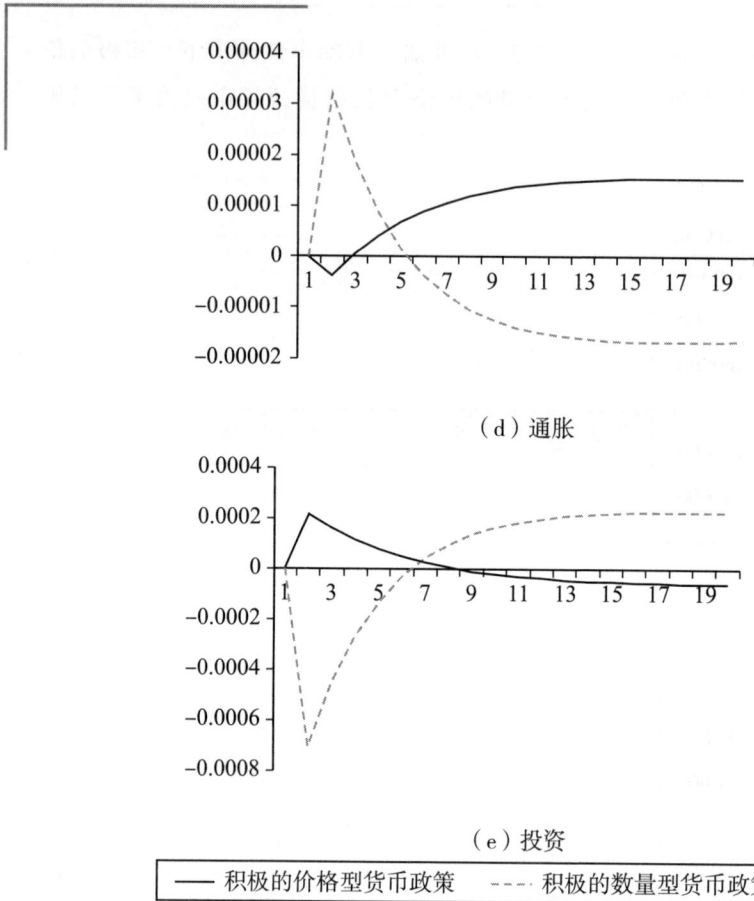

图 5 - 4　不确定性冲击下积极的价格型与数量型货币政策工具有效性对比

　　第一，在初始阶段，积极的价格型货币政策工具在缓冲不确定性冲击对产出的不利影响方面更具有优势，但其后期对产出的恢复所起的作用有限，在 3 期以后数量型货币政策工具在恢复产出方面发力，甚至在不确定性冲击发生后的 7 期后开始对产出有正向的影响，促进产出的增加，而价格型货币政策工具作用一直对产出产生负向影响。结果表明，积极的数量型货币政策工具在缓冲不确定性冲击对产出的影响方面不如价格型货币政策工具，但在后续的产出恢复方面却能发挥价格型货币政策工具不能及的作用。

　　第二，面对不确定性冲击时，两种货币政策工具在初始阶段对消费的影响有很大的差异。在价格型的货币政策工具下，消费呈现负向的波动，而在积极的数量型货币政策工具下消费呈现正向的波动，说明价格型的货币政策工具在应对不确定性冲击时没有起到缓冲不确定性对社会消费的冲击的作用，而数量型货币政策工具不仅缓冲掉了不确定性冲击对社会消费的影响，而且还能起到促进消费的作用。

第三，面对不确定性冲击时，两种货币政策工具在初始阶段对劳动的影响有很大的差异。在数量型的货币政策工具下，劳动供给呈现负向的波动，而在价格型的货币政策工具下劳动供给呈现正向的波动，说明在初始阶段数量型的货币政策规则对劳动供给产生负向影响，而价格型的货币政策促使劳动者增加劳动供给，这对经济的发展更为有利。

第四，在初始阶段，积极的价格型货币政策工具有降低不确定性增加引起的通胀的作用，但其持续性不强，在 3 期以后价格型的货币政策工具开始对通胀有正向的影响。数量型的货币政策工具在初始阶段使通胀大幅度增加，但在 5 期以后，在降低通胀上优于数量型，并在 6 期后对通胀的影响变为负向，说明价格型在短期中能够抑制不确定性引起的通胀的小幅度增长，而数量型的货币政策工具在长期中大幅度降低通胀。

第五，我们来看对投资的影响。面对不确定性冲击时，在初始阶段，积极的数量型货币政策工具使投资呈现负向的波动，而价格型的货币政策工具表现为正向波动，说明积极的价格型货币政策工具在缓冲来自不确定性的冲击方面优于数量型的货币政策工具，但是积极的价格型货币政策工具在持久性上不强，在 7 期后其对投资的促进作用开始被数量型超过，且其开始使投资出现负向的波动，而此时数量型的货币政策工具却开始对投资有正向的冲击作用，且其影响程度有扩大的趋势，说明初始阶段价格型货币政策工具在缓冲不确定性冲击对投资的不利影响方面有较大的优势，但在后续对投资的恢复能力上不足，而数量型的货币政策工具虽不能够缓冲不确定性冲击对投资的不利影响，但是其在后续的投资恢复方面具有较大的优势。

综上所述，当受到不确定性冲击时，积极的数量型货币政策工具在初始阶段的缓冲作用较弱，使产出、劳动供给、投资降低的幅度大于价格型货币政策工具，但是长期来看对产出、劳动供给、投资有较大的促进作用。而在通胀方面，积极的数量型货币政策工具在初始阶段对通胀的调控能力不如价格型货币政策工具，但长期来看其更有利于降低通胀。在消费方面，积极的数量型货币政策对消费一直是促进的，但是本章认为在劳动供给量降低的情况下增加消费对居民和经济是不利的。

（三）福利损失分析

为进一步分析不同货币政策对经济整体效应的差异性，本章以福利损失为标准进行评价，以代表性家庭的终身效用来衡量福利水平。根据马文涛（2011），福利损失函数：

$$L = E_t \sum_{i=1}^{n} \theta^i (\pi_{t+i}^2 + \lambda y_{t+i}^2)$$

其中，θ 为介于 0 和 1 之间的折现因子，λ 刻画了中央银行对产出的相对关注程度，n 为时间的范围，多数情况下假定 n 的最大值为 ∞，本章设定的最大值为 20，与前面脉冲响应图的时间范围一致。假设中央银行与家庭有相同的时间偏好，即 $\theta = \beta$，分为 (0，1)、1、(1，∞) 三个区间，本章依次选取 $\lambda = 0.5$、$\lambda = 1.0$、$\lambda = 2.0$ 进行分析。

表 5 - 3 是不同的货币政策工具下经济受到不确定性冲击后所引起的经济波动对社会造成的福利损失值。通过福利损失对比发现：在价格型货币政策工具下，无论是稳健还是积极的规则形式，受到不确定性冲击时，稳健的价格型货币政策，相比于积极的价格型货币政策，造成的福利损失更大，说明货币政策制定者在面对不确定性冲击时需要使用积极的价格型货币政策予以应对。在数量型货币政策工具下，与价格型货币政策类似，无论是稳健还是积极的规则形式，在不确定性冲击下，稳健的数量型货币政策造成的福利损失相比于积极的数量型货币政策更大，说明货币政策制定者在面对不确定性冲击时需要使用积极的数量型货币政策予以应对。以上结果说明，无论何种货币政策工具，在不确定性冲击下，积极的货币政策更能缓冲冲击带来的经济波动，使社会福利损失相对较小。

表 5 -3　　　　　　　　　　不确定性冲击下福利损失对比

	价格型货币政策		数量型货币政策	
	积极型	稳健型	积极型	稳健型
$\lambda = 0.5$	3.08E – 08	5.76E – 08	1.25E – 07	1.53E – 07
$\lambda = 1.0$	5.88E – 08	1.07E – 07	2.45E – 07	2.95E – 07
$\lambda = 2.0$	1.15E – 07	2.05E – 07	4.86E – 07	5.8E – 07

对比稳健型的价格型货币政策工具和数量型货币政策工具下的福利损失值，本章发现：在不确定性冲击下，价格型货币政策下的福利损失都小于数量型货币政策下的福利损失，并且随着对产出的关注程度提高，在价格型货币政策与数量型货币政策下，由不确定性冲击造成的福利损失由37.65%逐渐降低到36.27%、35.34%，说明稳健的价格型货币政策环境下，不确定性冲击引起的经济波动较小，社会福利损失较低。

对比积极型的价格型货币政策工具和数量型货币政策工具下的福利损失值，本章发现：价格型货币政策下，不确定性冲击造成的福利损失低于数量型货币政策下的福利损失，并且随着对产出的关注程度提高，不确定性冲击造成的福利损失由24.64%逐渐降低到24.00%、23.66%，说明积极的价格型货币政策对波动冲击缓冲作用优于数量型货币政策。

对比数量型货币政策工具下积极的与稳健的货币政策的福利损失值，本章发现：积极的数量型货币政策工具下不确定性冲击造成的福利损失是小于稳健的情况下的，对产出的不同关注程度下，前者只有后者的81.70%、83.05%、83.79%，说明积极的数量型货币政策工具，相比稳健的数量型货币政策工具，更能有效地应对不确定性冲击。

对比价格型货币政策工具下积极的与稳健的货币政策的福利损失值，本章发现：积极的数量型货币政策工具下不确定性冲击造成的福利损失远远小于稳健情况下的损失，前者只有后者的53.47%、54.95%、56.10%。说明积极的价格型货币政策工具，相比稳健的价格型货币政策工具，更能有效地应对不确定性冲击。

五、案例分析

本案例为三次金融危机中我国实施的货币政策。突然爆发的三次金融危机不仅对当事国的经济造成了极大的损失，而且经济全球化使其迅速波及世界其他国家，对世界经济造成了不可估量的损失。货币政策以其灵活性较强、操作起来更容易等特点被各国政府广泛采用。面对这三次金融危机，我国政府相继出台了相应的货币政策。

1997年的亚洲金融危机是20世纪30年代后对世界经济最具影响力的事件之一，它不仅使已经连续10年高速增长的东南亚国家的经济遭受到重创，也影响了国际金融市场的稳定。作为东南亚重要的贸易伙伴，此次金融危机对中国有深且广的影响，给当时正推进改革开放和现代化建设的中国造成了强烈的冲击。在5月份之后，出口增长出现了持续22个月的负增长。新中国成立以来，一直面临着内需不足的状况，长期以出口这驾主要马车拉动经济增长，这场突发其来的金融危机无疑造成了我国出口下降，引起了大量失业、经济萧条、金融体系紊乱等现象。面对严峻和复杂的形势，中央政府在货币政策上采取了积极的措施，包括增加货币供给和降低利率，相对而言在降低利率方面政府采取的力度更大一些。积极的货币政策在有效应对金融危机等突发事件冲击方面发挥了重要作用。

进入21世纪，世界经济再一次受到打击，随着经济全球化的程度进一步加深，2008年的金融危机迅速由美国波及全球，我国也不例外受到其较大的冲击。针对此次金融危机，中央银行采取了适度宽松的货币政策，在利率调整效应方面，中央银行从2008年至2010年10月多次下调金融机构人民币存贷款基准利率；在增加货币供给量方面，2008年9月以来，中央银行出台了利率和存款准备金率双双下调的利好政策，尤其是2009年第一季度实施了4万亿投资计划，银行放贷的积极性大大加强，货币供应量明显过度增长，四个季度分别为25.51%、28.46%、29.31%和32.4%，全年M2增长率为28.52%。这些积极的货币政策在应对此次金融危机方面发挥了重要作用，使我国经济在全球经济环境欠佳的情况下，仍然保持了较快的发展速度，但也直接导致我国产能过剩和通货膨胀的现实。另外，货币供给量的大幅增加使得社会流动性泛滥，资金更多地流向房地产市场，推高了房价，加剧了房地产市场的泡沫程度，对经济的发展产生了不小的负面影响。

2010年以来，欧债危机爆发，我国长期以出口这驾主要马车拉动经济增长，突发其来的欧债危机无疑造成了我国出口下降，经济发展速度减缓，金融体系面临新的挑战。2013年，我国政府将经济增长目标从过去的8%下调至7.5%。一系列经济数据表明，我国经济减速超出预期，为了防止国内经济增长大幅下滑，央行已经多次下调存款准备金率并多次下调利率。未来如果欧债危机不能有效缓解，外需疲弱和资本外流的情况就不能改善，这必将加大我国政策放松的压力，并将采取更加积极的货币政策刺激经济。

总结三次金融经济危机中我国的货币政策，我们发现，无论是采用数量型货币政策工具还是价格型货币政策工具，灵活使用积极的货币政策是降低突发事件冲击的有效途径之一，而货币供给量、存款准备金率等数量型的货币政策工具由于基础货币投放难以控制和货币乘数不稳定（夏斌、廖强，2011），使其调控的力度很难把握，如 2008 年货币供给量的大幅增加，虽然在应对金融危机方面发挥了重要作用，但其导致的过剩产能、高通货膨胀等对实体企业、家庭部门等造成了不利影响。相比而言，价格型货币政策调控手段是以利率为代表的，通过下调利率，一方面可有效降低企业用资成本，另一方面可以保证银行体系有充分的流动性，能够给全社会提供宽松的货币环境，鼓励企业进行生产经营，对经济的发展更有利。

六、研究结论

本章构建了包含价格型和数量型货币政策的动态随机一般均衡模型，并通过随机波动模型将不确定性冲击引入模型中，分别对比分析了积极的与稳健的价格型货币政策的有效性、积极的与稳健的数量型货币政策的有效性、稳健的数量型货币政策工具与价格型货币政策工具的有效性、积极的数量型货币政策工具与价格型货币政策工具的有效性。通过对比得到以下结论：

第一，面对不确定性冲击时，相比于稳健的价格型货币政策，积极的价格型货币政策在对抗不确定性对产出、消费的负面影响方面更具优势，且其对投资和劳动需求的促进作用更强。同时其在调控不确定性冲击引起的通胀方面也更具优势。

第二，在产出、劳动需求、投资受到不确定性冲击的初始阶段，稳健的数量型货币政策工具使产出、劳动、投资的负向波动幅度大于积极的数量型货币政策工具，但在后期，稳健的数量型货币政策工具对三者的促进也更大。在消费、通胀受到不确定性冲击的初始阶段，稳健的货币政策在促进消费方面优于积极的货币政策，但是也加剧了通货膨胀，在后期，积极的货币政策工具在促进消费方面优于稳健的货币政策，并更能够稳定通货膨胀。

第三，短期内，数量型货币政策工具在缓冲不确定性冲击对产出、劳动、投资的负向影响方面不如价格型货币政策工具，但是在后期恢复方面，却能发挥价格型货币政策工具所不能及的作用。长期来看，数量型货币政策工具不仅缓冲了不确定性冲击对消费的负向影响，而且还能促进消费。而在通胀方面，数量型货币政策工具在初始阶段对通胀的调控能力不如价格型货币政策工具，但长期来看其更有利于降低通胀。在消费方面，数量型货币政策对消费一直是促进的，但是本章认为在劳动供给量降低的情况下增加消费对居民和经济是不利的。

第四，不确定性冲击下，积极的货币政策更能缓冲冲击带来的经济波动，使社会福利损失相对较小。在应对不确定性冲击方面，价格型货币政策工具更具有优势。更进一步，在稳健的价格型货币政策工具环境下，外部冲击引起的经济波动相比于积极的价格型货币政策工具下的较小，社会福利损失较低；积极的价格型货币政策工具对波动冲击的缓冲作用优于数量型货币政策工具；相比稳健的数量型货币政策工具，积极的数量型货币政策工具更能有效地应对不确定性冲击。积极的价格型货币政策工具，相比稳健的价格型货币政策工具，更能有效地应对不确定性的冲击。

第六章　不确定性冲击下最优财政货币政策组合
——基于动态随机一般均衡模型

本章构建了新凯恩斯主义动态随机一般均衡模型，对比研究不确定性冲击下，不同货币政策和财政政策组合的宏观经济效应。通过数值模拟和福利损失分析发现：第一，对于不同目标制的数量型货币政策，其与相机抉择的财政政策组合的调控绩效优于与其他财政政策组合的绩效。对于不同目标制的价格型货币政策，其与不同财政政策组合时，无法根据对单个宏观经济变量的影响效应来判断哪一种规则组合最优。第二，对名义收入目标制和通货膨胀目标制货币政策的比较表明，通货膨胀目标制适用于稳定通胀，名义收入目标制适用于稳定产出。第三，面对不确定性冲击，从福利损失角度看，通货膨胀目标制数量型货币政策和相机抉择财政政策是最优组合；名义收入目标制价格型货币政策和相机抉择财政政策是最优组合。第四，无论是哪一种财政政策，价格型货币政策都比数量型货币政策更有效，更适合应对不确定性冲击可能带来的经济波动。

一、引言

近年来，自然灾害、恐怖袭击等灾难性事件频发，增加了市场的不确定性，不确定性冲击开始引起学术界的重视。大部分学者研究表明，不确定性冲击对宏观经济运行造成显著的负向影响（Bloom et al.，2009；Fernández - Villaverde et al.，2011a；Arellano，Bai and Kehoe，2011；Mumtaz and Zanetti，2013；Seoane，2014；Bonciani and van Roye，2016；Leduc and Liu，2016）。

当前，我国正处于转型阶段，潜在增长率下行，要素禀赋情况发生变化，经济领域呈现若干问题，宏观调控政策边际效应下降，这些因素都极大增加了我国市场的不确定性，引发宏观经济波动。为应对不确定性冲击，政府应该采取怎么样的宏观经济政策？政府应对不确定性冲击采取的宏观调控政策将会产生怎么样的宏观经济效应？这些政策是否有效？如何设计最优宏观经济政策？分析不确定性冲击环境下政府调控财政政策和货币政策组合的宏观经济效应，模拟设定最优财政政策和货币政策规则组合，对中国政府宏观经济管理具有重大的实践参考意义。

政策规则研究一直是国际前沿研究课题，富有挑战性并具有较高学术价值，国外对于政策不确定性冲击已经做了很多研究。许多国外学者在小型开放、异质性企业等不同 DSGE 模型设定下研究了财政政策不确定性（Fernández - Villaverde，Guerron - Quintana et al.，2011；Johannsen，2012；Davig and Foerster，2014）、货币政策不确定性（Fernández - Villaverde et al.，2011；Mumtaz and Zanetti，2013；Nguyen，2015）及货币财政联合不确定性或最优组合问题（Born and Pfeifer，2014；Giorgio and Nistico，2009；Carvalho and Castro，2016）。

然而，上述这些研究只是分析政策不确定性冲击或政策组合对宏观经济运行的影响，并没有考察应对不确定性冲击下宏观经济政策选择。国外学者在不确定性冲击下对宏观经济政策选择的研究较少。布鲁姆等（Bloom et al.，2012）建立了包含异质性企业的 DSGE 模型，分析了不确定性冲击下的财政政策的宏观经济效应。邦恰尼和范罗伊（Bonciani and van Roye，2013）使用包含异质性代理商和程式化的银行部门的动态随机一般均衡模型来研究不确定性冲击对宏观经济和货币政策的影响。

国内学者对财政政策和货币政策也进行了一定的研究。魏巍贤、高中元、彭翔宇（2012）在动态随机一般均衡模型的框架下，研究了在不同冲击下，价格型货币政策对减弱经济波动的效果。马文涛（2011）构建了包含金融加速器、工资黏性以及消费惯性的新凯恩斯 DSGE 模型，从不同方面，对比了价格型货币政策和数量型货币政策的调控绩效。胡志鹏（2012）以动态随机一般均衡模型为框架深入分析了货币当局对货币政策调控模式的最优选择问题。胡小文、章上峰（2015）将政府支出作为内生变量纳入新凯恩斯动态随机一般均衡模型，研究了均衡利率上升对财政政策效应的影响。郭长林（2016）构建了包含生产性政府的动态随机一般均衡模型，研究了财政政策的宏观经济效应。

以上国内学者的研究有助于我们研究财政货币政策选择的问题，但以上财政货币政策研究文献都假定具有相同波动率的同质性冲击，忽略了具有时变波动率的异质性冲击，即已有研究仅仅假定了不确定性冲击的一阶矩形式，反映水平效应，忽略了二阶矩形式，难以准确刻画不确定性冲击对宏观经济运行的影响。相较国外而言，国内在不确定性冲击下研究财政货币政策选择的问题以及考虑财政货币政策组合问题的文献非常缺乏。简志宏、朱柏松、刘静一（2012）构建了包含货币政策和财政政策组合的动态随机一般均衡模型，研究了财政和货币政策对宏观经济的影响。朱军（2014）构建了适合中国国情的 DSGE 模型，研究了不同财政政策和货币政策规则的搭配对中国宏观经济的影响。赵向琴、陈国进（2017）通过引入政府生产性支出拓展了包含不确定性冲击的新凯恩斯 DSGE 模型，比较分析不同财政货币政策组合下不确定性冲击的宏观经济效应。

基于此，本章构建了新凯恩斯主义动态随机一般均衡模型，参考安德瑞森（Andreasen，2012）的处理方法，引入技术不确定性冲击，探讨不同货币政策目标制规则与不同财政政策组合下不确定性冲击对宏观经济运行的影响，并以社会福利损失为基准，对比不同货币政策和财政政策组合下的福利损失，选择最优政策组合。

本章其余部分安排如下：第二部分讨论不确定性 DSGE 模型设定；第三部分讨论参数校准；第四部分为数值模拟结果及福利损失分析；最后是本章的研究结论。

二、不确定性 DSGE 模型设定

本章以安德瑞森（Andreasen，2012）的模型作为参考，构建了一个符合中国实际的新凯恩斯主义动态随机一般均衡模型。假设模型中存在的经济主体有家庭、生产厂商、政府和中央银行。其中，生产部门又分为中间品生产厂商和最终品生产厂商。考虑到中国的"非李嘉图式居民"占比较少，本章假设家庭都是"李嘉图式居民"，即家庭向中间品生产部门提供差异化劳动，获得工资、利息和转移支付用于向最终品生产厂商购买商品进行消费；中间品生产厂商从家庭部门雇佣劳动生产差异化的中间产品，然后以一定的价格加成比例出售给最终品生产厂商；最终品生产厂商将中间品合成同质的最终品出售给家庭部门；政府执行财政政策；中央银行实施货币政策。

（一）家庭

经济中存在无穷同质且无限存在的家庭，根据鲁德布什和斯旺森（Rudebusch and Swanson，2012），家庭的值函数为：

$$V_t \equiv \begin{cases} u_t + \beta (E_t [V_{t+1}^{1-\alpha}])^{\frac{1}{1-\alpha}}, & u_t \geq 0 \\ u_t - \beta (E_t [-V_{t+1}^{1-\alpha}])^{\frac{1}{1-\alpha}}, & u_t \leq 0 \end{cases} \quad (6-1)$$

其中，β 为贴现因子且 $\beta \in [0, 1]$，$(E_t[V_{t+1}^{1-\alpha}])^{\frac{1}{1-\alpha}}$ 为风险调整期望算子，α 反映相对风险规避程度且 $\alpha \in R$。

家庭的即期效用函数形式为：

$$u(c_t, n_t) = \frac{(c_t^v (1-n_t)^{1-v})^{1-\gamma}}{1-\gamma} \quad (6-2)$$

其中，c_t 为消费，n_t 为劳动供给。参数 v 和 γ 反映跨期替代弹性，$v \in [0, 1]$，$\gamma \in R$。

家庭所面对的跨期预算约束为：

$$m_t + b_t + c_t + \tau_t = r_t b_{t-1} + w_t n_t + tr_t \quad (6-3)$$

其中，m_t 是实际货币余额，b_t 为实际债券持有额，τ_t 是实际税收，w_t 是实际工资，r_t 是实际利率，tr_t 是实际一次性转移支付。

（二）生产厂商

经济中存在两类厂商，即最终产品生产厂商和中间产品生产厂商。一般地，最终品生产厂商处于完全竞争市场，并以规模报酬不变的生产技术生产最终品；中间品生产厂商处于垄断竞争市场，名义价格调整存在二次成本。

最终品生产厂商使用每个中间品生产厂商 $i \in [0, 1]$ 生产的 $y_t(i)$ 单位中间品生产 y_t 单位的最终品，中间品 i 的名义价格为 $p_t(i)$，其生产函数满足 CES（constant elasticity of substitution）形式：

$$y_t = \left(\int_0^1 y_t(i)^{\frac{\eta-1}{\eta}} \mathrm{d}i \right)^{\frac{\eta}{\eta-1}} \tag{6-4}$$

其中，$\eta > 1$。最终品生产厂商的目标是追求利润最大化，其函数表示为：

$$\max\, p_t y_t - \int_0^1 p_t(i) y_t(i) \mathrm{d}i$$

对 $y_t(i)$ 求导，得出最优决策的一阶条件：

$$\left(\int_0^1 y_t(i)^{\frac{\eta-1}{\eta}} \mathrm{d}i \right)^{\frac{1}{\eta-1}} = \frac{p_t(i)}{p_t} y_t(i)^{1/\eta}$$

将式（6-4）两端分别取 $\dfrac{1}{\eta}$ 次幂，代入上式，整理可得出最终品厂商对第 i 种中间品的需求函数：

$$y_t(i) = \left(\frac{p_t(i)}{p_t} \right)^{-\eta} y_t \tag{6-5}$$

在完全竞争市场下，最终品生产厂商的利润为零，即：

$$p_t y_t = \int_0^1 p_t(i) y_t(i) \mathrm{d}i = \int_0^1 p_t(i) \left(\frac{p_t(i)}{p_t} \right)^{-\eta} y_t \mathrm{d}i = \left(\frac{1}{p_t} \right)^{-\eta} y_t \int_0^1 p_t(i)^{1-\eta} \mathrm{d}i$$

整理可得总的价格水平：

$$p_t = \left(\int_0^1 p_t(i)^{1-\eta} \mathrm{d}i \right)^{\frac{1}{1-\eta}}$$

差异化的中间品生产厂商向家庭购买劳动力来进行生产，劳动力市场为完全竞争，任意一种中间品 i 由中间品生产厂商 i 依照如下的生产技术进行生产：

$$y_t(i) = a_t k_t(i)^{\theta} n_t(i)^{1-\theta} \tag{6-6}$$

其中，a_t 表示外生技术冲击，$k_t(i)$ 和 $n_t(i)$ 分别表示第 i 个厂商使用的物质资本和劳动服务。中间产品生产商通过优化其劳动服务 $n_t(i)$ 和物质资本 $k_t(i)$ 的使用量来最大化未来利润的净现值。借鉴罗滕贝格（Rotemberg，1982）的设定，假设中间品厂商的二次价格调整成本由 $\xi \geqslant 0$ 控制，第 i 个厂商在式（6-5）和式（6-6）的约束下的最优决策为：

$$\max_{n_t(i),\, p_t(i)} E_t \sum_{j=0}^{\infty} M_{t,t+j} \left[\frac{p_{t+j}(i)}{p_{t+j}} y_{t+j}(i) - w_{t+j} n_{t+j}(i) - \frac{\xi}{2} \left(\frac{p_{t+j}(i)}{p_{t+j-1}(i)} \frac{1}{\pi_{ss}} - 1 \right)^2 y_{t+j} \right]$$

假设技术冲击服从一阶自回归过程：

$$\ln\left(\frac{a_{t+1}}{a_{ss}}\right) = \rho_a \ln\left(\frac{a_t}{a_{ss}}\right) + \varepsilon_{t+1}^a \qquad (6-7)$$

其中，ε_t^a 表示水平冲击，即一阶矩冲击，且 $\varepsilon_t^a \sim NID(0,\ \sigma_t^a)$。

（三）政府

在"自动稳定器"政策下，政府不干预经济，只受约束于自身的预算平衡条件和市场上的货币余额。假设政府的收入来源为税收、发行债券，收入的运用包括政府支出、支付到期债券和转移支付，则政府的预算约束为：

$$b_t + m_t + \tau_t = r_t b_{t-1} + g_t + tr_t + \frac{m_{t-1}}{\pi_t} \qquad (6-8)$$

其中，b_t 为发行的债券，τ_t 代表政府征收的一次性总税收，r_t 是实际利率，g_t 为政府支出，tr_t 是实际一次性转移支付。

在支出规则下，税收仅与产出相关，而政府在制定财政支出时不仅要考虑上一期的财政支出水平，还要考虑产出和债务水平的变化，具体形式为：

$$g_{t+1} = \left[\left(\frac{g_t}{g_{ss}}\right)^{\rho_g}\left(\frac{b_{t-1}}{b_{ss}}\right)^{\lambda_{gb}}\left(\frac{y_t}{y_{ss}}\right)^{\gamma_{gy}}\right]\exp(\varepsilon_t^g) \qquad (6-9)$$

其中，ε_t^g 为政府支出的水平冲击，且 $\varepsilon_t^g \sim NID(0,\ \sigma_t^g)$，$g_{ss}$、$b_{ss}$ 和 y_{ss} 分别为各自的稳态值。

在税收规则下，假定政府支出是外生的，且服从一阶自回归过程，税收由产出 y 和政府的债务水平 b 决定，具体表达式为：

$$\tau_t = \tau_{ss}\left[\left(\frac{b_{t-1}}{b_{ss}}\right)^{\lambda_{\tau b}}\left(\frac{y_{t-1}}{y_{ss}}\right)^{\gamma_{\tau y}}\right]\exp(\varepsilon_t^\tau) \qquad (6-10)$$

$$\ln\left(\frac{g_{t+1}}{g_{ss}}\right) = \rho_g \ln\left(\frac{g_t}{g_{ss}}\right) + \varepsilon_{t+1}^g \qquad (6-11)$$

其中，ε_t^τ 为政府税收的水平冲击，且 $\varepsilon_t^\tau \sim NID(0,\ \sigma_t^\tau)$。

（四）中央银行

假设中央银行采用 McCallum 规则，即货币供应量规则，指中央银行侧重于直接调控货币供应量,在我国主要的调节工具包括公开市场操作和准备金率调整两类。本章借鉴马文涛(2011)以及萨金特和苏里科(Sargent and Surico,2011)关于货币政策规则方程的构建思想,构建如下的货币供应量规则方程:

$$u_t = \rho_u u_{t-1} + \rho_\pi \pi_t + \rho_y y_t + \varepsilon_t^u \qquad (6-12)$$

其中,u、π 和 y 分别为名义货币供应量增长率、通货膨胀率和产出缺口的稳态值。ρ_u 为名义货币余额平滑系数,度量了我国货币政策的连贯程度,且 $0 < \rho_u < 1$。ρ_π 和 ρ_y 分别为通货膨胀和产出缺口的反应系数,且均小于 0,表示中央银行逆经济周期而动。ε_t^u 为外生的货币政策冲击,满足 $\varepsilon_t^u \sim N(0, \sigma_t^u)$。李春吉和孟晓宏(2006)认为,类似式(6-12)的反应函数较为符合我国实际。

(五)不确定性冲击

不确定性冲击的来源是不同的,而不同来源的不确定性冲击对宏观经济的影响也是存在差异的。为了便于分析,本章选取技术的二阶矩冲击来代表不确定性冲击。参考安德瑞森(Andreasen,2012)的处理方法,本章引入如下形式的技术不确定性冲击:

$$a_{t+1} = a_{ss} + \sigma_t v_{t+1} \qquad (6-13)$$

$$v_{t+1} = \rho v_t + \varepsilon_{v,t+1} \qquad (6-14)$$

$$\sigma_{t+1} = (1 - \rho_\sigma)\sigma_{ss} + \rho_\sigma \sigma_t + \varepsilon_{\sigma,t+1} \qquad (6-15)$$

其中,a_{ss},$\sigma_{ss} \geq 0$,ρ,$\rho_\sigma \in [0, 1]$,$\varepsilon_{v,t} \sim IID^+(E[\varepsilon_{v,t}], Var[\varepsilon_{v,t}])$。由上述三个式子可知,技术冲击的水平效应和波动效应被独立地区分开来,这使我们能更准确地单独研究不确定性冲击对宏观经济运行的影响效应。

(六)市场出清

要素市场和产品市场结清要求下列条件对所有的 t 都成立:

$$n_t = \int_0^1 n_t(i)\,\mathrm{d}i$$

$$k_t = \int_0^1 k_t(i)\,\mathrm{d}i$$

$$y_t = c_t + k_t + g_t \qquad\qquad (6-16)$$

三、参数校准

参数 γ 为相对风险厌恶系数，参数 v 表示家庭消费所带来的效用占总效用的比重，根据安德瑞森（Andreasen，2012）的研究，这两个参数的校准值分别取为 2.5 和 0.35，这两个值使得消费的跨期替代弹性为 0.66，这一值与大部分国内相关文献的取值接近；β 为主观贴现因子，根据刘斌（2010）的估计，将其设为 0.99；ξ 为投资的二次价格调整成本函数的系数，根据安德瑞森（Andreasen，2012）的研究，取为 260，目前国内使用 DSGE 模型研究经济问题的一般都是基于对数线性化后解方程组，此参数在对数线性化的方程中值为 0.75，与袁申国，陈平，刘兰凤（2011）的估计值较为接近；η 是中间产品的相互替代弹性，参考安德瑞森（Andreasen，2012），取值为 6；θ 为生产函数中资本的产出弹性，大致相当于资本在总产出中的份额，根据袁申国、陈平、刘兰凤（2011）的估计取 $\theta = 0.387$；参考艾尔兰德等（Ireland et al.，1997），将年度资本折旧率 δ 取为 0.1；ρ_a 为技术冲击的一阶自回归系数，取为 0.95。相关的稳态值通过测算 1992~2014 年的历史数据的均值得到（见表 6-1）。

表 6-1　　　　　　　　　　　非政策参数校准值

参数	描述	取值
γ	相对风险厌恶系数	2.5
v	消费在总效用中所占的相对比重	0.35
β	贴现因子	0.99
ξ	二次价格调整成本系数	260
η	中间产品的相互替代弹性	6
θ	资本的产出弹性	0.387
δ	年折旧率	0.1

参数	描述	取值
ρ_a	技术冲击的持久性参数	0.95
n	居民劳动供给的稳态值	1/3
π_{ss}	通货膨胀率的稳态值	1.01
r_{ss}	实际利率的稳态值	1.028
u_{ss}	货币增长率的稳态值	1.01
a_{ss}	技术水平的稳态值	1
g_{ss}/y_{ss}	政府支出占产出的比重	0.17
b_{ss}/y_{ss}	政府债券余额占产出的比重	0.13
τ_{ss}/y_{ss}	税收占产出的比重	0.175

本章中名义收入目标制的数量型货币政策参数校准值参考马文涛（2011），通胀目标制的数量型货币政策参数校准值参考刘斌（2010），校准结果见表 6-2，其中，ρ_u 为货币供应量增长率的持久性参数，ρ_π 为货币供应量增长率对通货膨胀的反应系数，ρ_y 为货币供应量增长率对产出的反应系数。

表 6 – 2　　　　　　　　**数量型货币政策参数校准值**

参数	目标规则	
	名义收入目标制	通胀目标制
ρ_u	0.95	0.95
ρ_π	- 0.5	- 1.12
ρ_y	- 0.5	- 0.3

本章中名义收入目标制的价格型货币政策参数校准值参考马文涛（2011），通胀目标制的价格型货币政策参数校准值参考刘斌（2010），校准结果见表 6-3，其中，ρ_u 为货币供应量增长率的持久性参数，ρ_π 为货币供应量增长率对通货膨胀的反应系数，ρ_y 为货币供应量增长率对产出的反应系数。

表 6 – 3   价格型货币政策参数校准值

参数	目标规则	
	名义收入目标制	通胀目标制
ρ_u	0.95	0.95
ρ_π	0.5	1.12
ρ_y	0.5	0.3

本章中财政政策的参数值中，支出规则的参数校准值参照胡爱华（2012），税收规则的参数校准值参考刘斌（2010），校准结果如表 6 – 4 所示，其中，ρ_g 和 ρ_τ 分别为政府支出和税收的持久性参数，λ_{gb} 和 γ_{gy} 分别为政府支出对债务水平和产出的反应系数，$\lambda_{\tau b}$ 和 $\gamma_{\tau y}$ 分别为政府税收对债务水平和产出的反应系数。

表 6 – 4   财政政策参数校准值

参数	财政规则	
	支出规则	税收规则
ρ_g	0.7879	0.56
ρ_τ	0	0.22
λ_{gb}	– 0.3945	0
$\lambda_{\tau b}$	0	0.22
γ_{gy}	– 1.9995	0
$\gamma_{\tau y}$	0	0.16

四、数值模拟结果与分析

（一）数值模拟结果

本章通过构建的 DSGE 模型，运用脉冲响应分析，比较分析名义收入目标制数量型货币政策和通货膨胀目标制数量型货币政策下，不同的财政政策方式下技术不确定性冲击对宏观经济的影响效应。同时比较分析名义收入目标制价格型货币政策和通货膨胀目标制价格型货币政策下，不同的财政政策方式下技术不确定性冲击对宏观经济的影响效应，继而选出最优财政政策和货币政策搭配。

1. 名义收入目标制数量型货币政策和不同财政政策下，不确定性冲击的脉冲响应

图 6 - 1 反映的是名义收入目标制数量型货币政策和不同财政政策组合

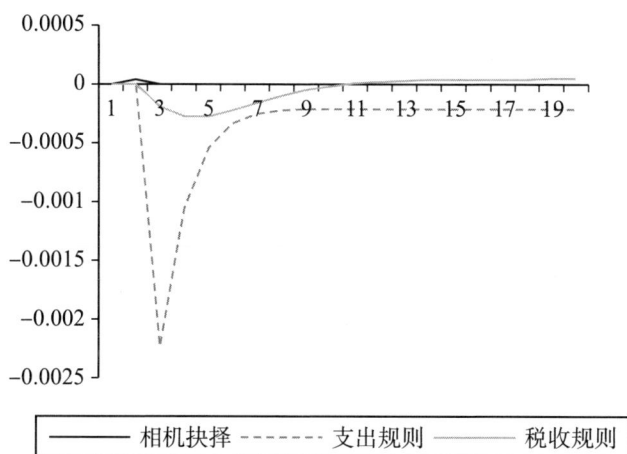

（a）产出

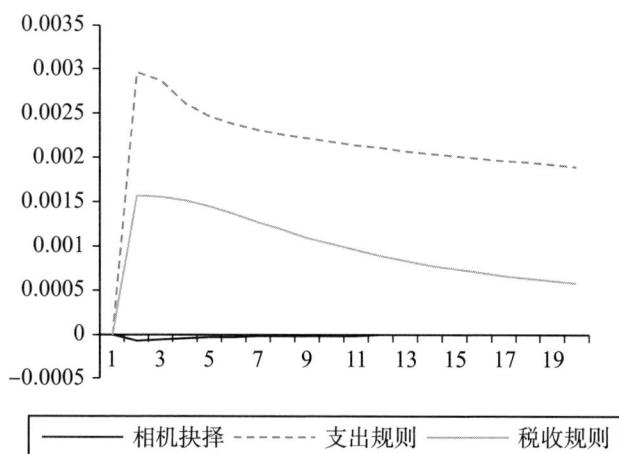

（b）消费

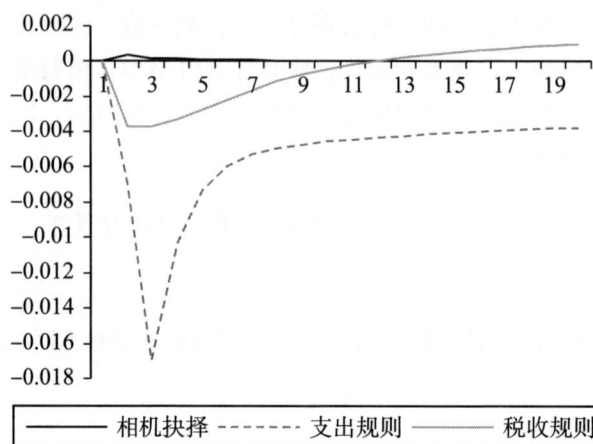

（c）投资

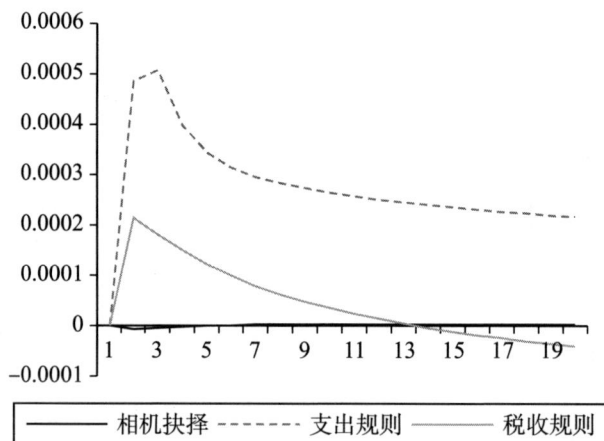

（d）通胀

图 6 - 1　名义收入目标制数量型货币政策下技术不确定性冲击效应

下，技术不确定性冲击的宏观经济效应。当经济面临不确定性冲击时，未来不确定性增加，居民和企业的未来预期受到影响，其对未来的经济形势难以判断，理性的居民和企业出于规避风险的考虑，更多地持观望态度（Born et al.，2011）。在数量型货币政策下，货币面临购买力下降的风险增加，而实际物资以其内在的价值能够保持购买力的稳定，居民持有货币的风险要远远高于持有实际物资的风险，从而选择增加对实物资本的消费，表现为图中消费的正向波动。

在相机抉择的财政政策下，政府通过增加财政支出来增加投资，以刺激经济增长，但这种短期的政策行为不具有持续性，不能从根本上改变居民和企业对未来的悲观预期，因此，从长期来看产出和投资仍受到负向影响，表现为图中投资和产出的先正后负波动。短期内产出的增加引起物价下降，通货膨胀下降；长期内产出呈下降趋势，导致物价上升，通货膨胀上升，表现为图中通胀的先负后正波动。同时，模拟得到投资的下降速度要慢于产出，这主要是因为政府的短期扩张性财政政策会引起利率上升，而利率上升会引起居民消费支出的减少，社会总需求下降。本章模拟得到最终消费下降，社会总需求下降。

在遵循规则的财政政策下，政府不借助外力来干预经济，企业出于规避风险的考虑在短期内减少投资（包括对存货的投资），降低产出规模，表现为图中投资和产出的负向波动。投资和产出规模减小降低了企业对生产要素劳动的需求，必然对劳动需求产生向下的压力。本章的结论与布鲁姆（Bloom，2009）的研究结果类似，布鲁姆认为，较高的不确定性的存在使企业暂时停止其投资和雇佣劳动的计划，表现为投资和劳动需求的降低。产出和投资表现为下降趋势，而居民消费的增加导致社会总需求增加，需求压力对产品的价格有向上的推动作用，导致社会的总体物价水平上升，表现为图中通货膨胀的正向波动。

从不确定性冲击的宏观经济效应数量级上看，支出规则财政政策下不确定性冲击对主要宏观经济变量的影响效应最大，税收规则次之，相机抉择最小。这表明当经济面临突发性事件时，相机抉择的财政政策能够更加有效地熨平不确定性冲击带来的宏观经济波动。从不确定性冲击影响的持续时间来看，相机抉择的财政政策下的不确定性冲击影响的持续时间最短，表明相对于支出规则和税收规则的财政政策而言，相机抉择的财政政策能够更加快速地发挥政策效用。因此，相机抉择的财政政策的调控绩效要优于其他规则的财政政策。

2. 通货膨胀目标制数量型货币政策和不同财政政策下，不确定性冲击的脉冲响应

图 6-2 反映了通货膨胀目标制数量型货币政策和不同财政政策组合下，技术不确定性冲击的宏观经济效应。在货币供应量规则下，不确定性冲击导致消费的短期正向波动，社会总需求增加。

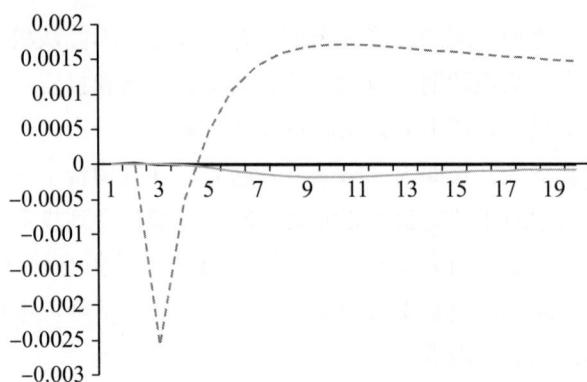

（a）产出

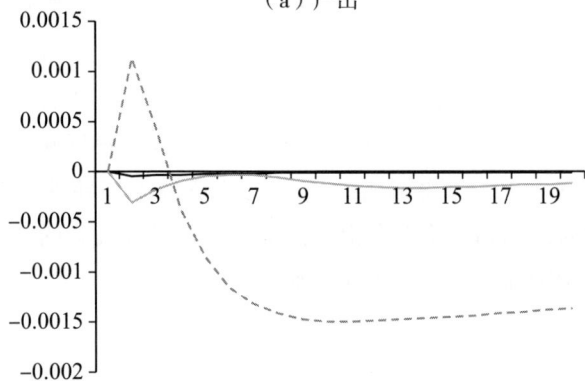

（b）消费

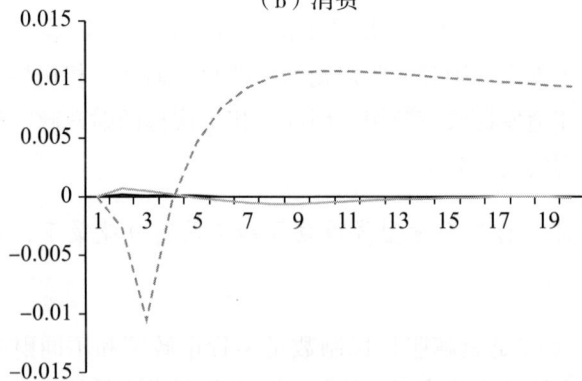

（c）投资

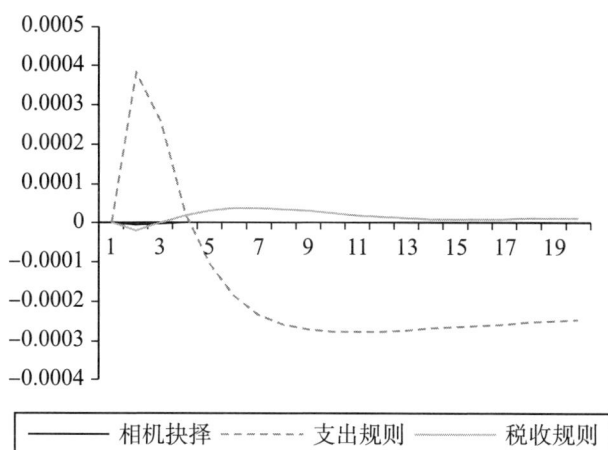

（d）通胀

图 6 – 2　通货膨胀目标制数量型货币政策下技术不确定性冲击效应

在相机抉择的财政政策下，当经济面临不确定性冲击时，政府通过增加财政支出来增加投资，以刺激经济增长，表现为图中产出在短期内的正向波动。短期的扩张性财政政策对居民产生挤出效应，引起消费降低，而货币供应量规则导致消费增加，模拟得到最终消费下降，社会总需求下降。产出增加，而社会总需求下降，这将对产品价格产生下行的压力，最终导致通货膨胀下降，表现为图中通胀的短期负向波动。长期来看，投资上升增加对生产要素的需求，生产要素价格上涨，推动通货膨胀上升，表现为图中通货膨胀随后的正向波动。消费下降，通货膨胀上升，势必导致产出下降，表现为图中产出随后的负向波动。

在支出规则的财政政策下，当经济受到不确定性冲击时，企业出于规避风险的考虑在短期内减少投资（包括对存货的投资），降低产出规模，表现为图中投资和产出短期的负向波动。产出和投资表现为下降趋势，而社会总需求增加，需求压力对产品的价格有向上的推动作用，导致社会的总体物价水平上升，表现为图中通货膨胀的短期正向波动。应该注意，在支出规则的财政政策下，产出的下降会引起政府支出的增加，继而引起投资增加，产出增加。政府支出增加引起利率上升，对居民的消费支出产出挤出效应，消费下降，总需求下降。产出和投资呈上升趋势，而社会总需求下降，这将对产品价格产生下行的压力，总物价下降，通货膨胀下降。

在税收规则的财政政策下，政府支出是外生的，当经济受到不确定性冲击时，政府通过增加财政支出来增加投资，以刺激经济增长，表现为图中产出和投资在短期内的正向波动。短期的扩张性财政政策对居民产生挤出效应，引起消费降低，结合数量型货币政策导致的消费增加，模拟得到最终消费呈下降趋势，社会总需求下降，同时产出增加，这将对产品价格产生下行的压力，最终导致通货膨胀下降，表现为图中通胀的短期负向波动。长期来看，在税收规则下，产出的增加会引起税收的增加，居民可支配收入下降，会进一步减少消费，总需求下降。总需求的大幅下降促使企业减小投资规模，产出下降。消费和投资的双重下降使得产出下降的幅度大于总需求下降的幅度，对产品价格水平有向上的推动作用，通货膨胀上升。

从不确定性冲击效应的数量级上看，支出规则财政政策下不确定性冲击对主要宏观经济变量的影响效应最大，税收规则次之，相机抉择最小。这表明当经济面临突发性事件时，相机抉择的财政政策能够更加有效地烫平不确定性冲击带来的宏观经济波动。从不确定性冲击影响的持续时间来看，相机抉择的财政政策下的不确定性冲击影响的持续时间最短，表明相对于支出规则和税收规则的财政政策而言，相机抉择的财政政策能够更加快速地发挥政策效用。因此，相机抉择的财政政策的调控绩效要优于其他规则的财政政策。

对比名义收入目标制和通货膨胀目标制数量型货币政策下的不确定性冲击宏观经济效应可以发现：通货膨胀目标制下不确定性冲击对产出和投资的效应，在数量级上大于名义收入目标制下的结果，而对消费和通胀的效应小于名义收入目标制下的结果，这一发现正好与这两种货币政策目标规则本身的含义相符合，即通货膨胀目标制适用于稳定通胀，名义收入目标制适用于稳定产出。

3. 名义收入目标制价格型货币政策和不同财政政策下，不确定性冲击的脉冲响应

图 6－3 反映了名义收入目标制价格型货币政策和不同财政政策组合下，不确定性冲击的宏观经济效应。在价格型货币政策下，不确定性冲击导致居民未来收入的不确定性增加，在预防性储蓄动机的作用下，居民将

会减少当期消费，在图中表现为消费的负向波动，同时不确定性的增加还将引起居民"预防性劳动供给"的增加。当期消费的减少使得社会总需求减少，企业为了减少库存将降低产出规模，同时当经济面临不确定性冲击时，未来不确定性增加，企业的未来预期受到影响，其对未来的经济形势难以判断，企业出于规避风险的考虑，更多地持观望态度（Born et al.，2011），因此无论在何种财政政策下，企业都将减少产出，表现为图中产出的负向波动。

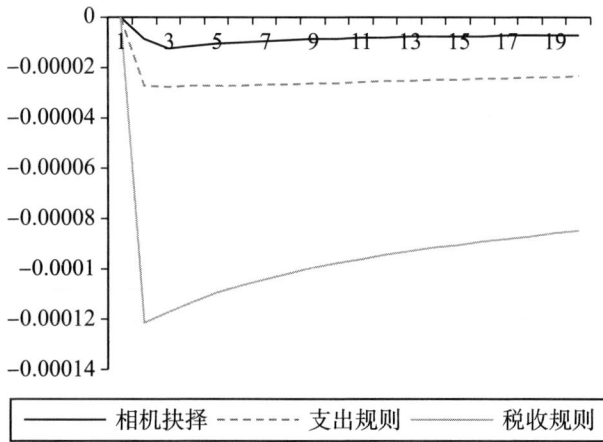

（a）产出

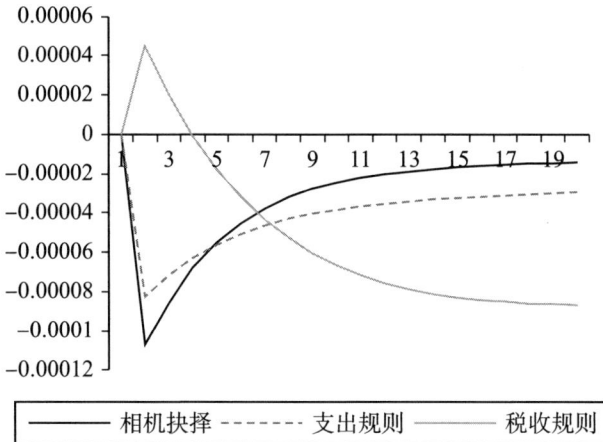

（b）消费

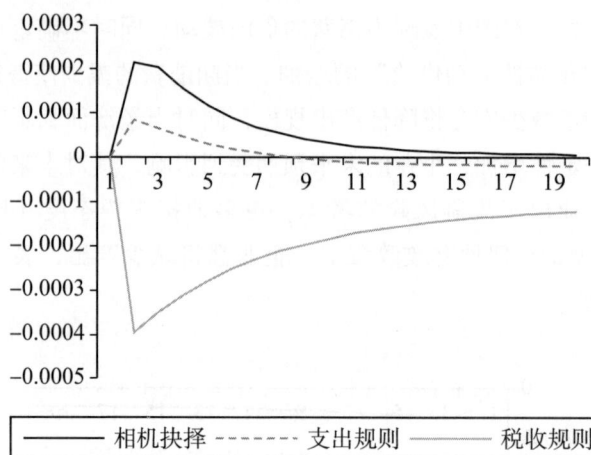

（c）投资

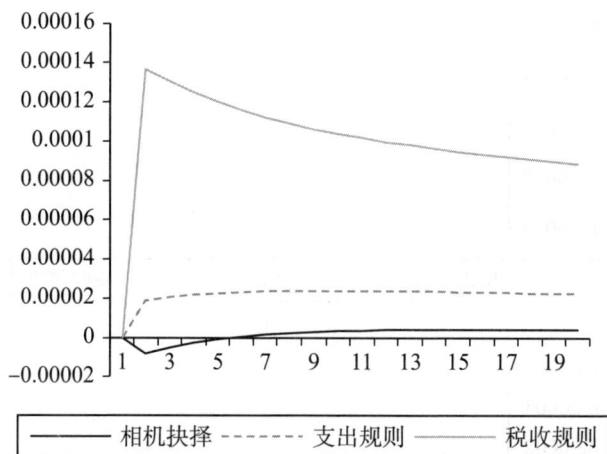

（d）通胀

图6-3　名义收入目标制价格型货币政策下技术不确定性冲击效应

　　泰勒（Taylor，1999）认为，当产出缺口为正（负）和通胀缺口超过（低于）目标值时，应提高（降低）实际利率。因此，在相机抉择和支出规则财政政策下，政府通过增加财政支出来增加投资，同时中央银行将根据产出的下降做出降低实际利率的调整，利率的下降促进企业进行投资，投资增加，在图中表现为投资的正向波动。而在税收规则下，对于企业来说，不确定性的存在使得企业对未来预期下降，税收增加加大了企业负担，企业减少投资，表现为图中投资的负向波动。

在劳动力市场上，不确定性导致劳动供给增加，而企业因社会总需求减少而缩减生产规模，从而加剧了劳动力市场的竞争，劳动供给者为了获得工作愿意降低工资要求，收入水平降低，产品相对而言变得昂贵，反映在宏观经济上表现为通货膨胀增加，表现为图中通货膨胀的正向波动。

相机抉择和支出规则财政政策下，不确定性冲击对主要宏观经济变量的影响效应在趋势上是大体一致的，仅仅在数量级上有所差异。不同的是，在税收规则下，不确定性冲击对投资造成负向影响。从数量级上看，税收规则对产出、投资和通胀的影响最大，而在相机抉择下，对产出、通胀影响最小。因而无法根据对单个宏观经济变量的影响效应来判断哪一种规则组合最优。

4. 通货膨胀目标制价格型货币政策和不同财政政策下，不确定性冲击的脉冲响应

图 6 –4 反映了通货膨胀目标制价格型货币政策和不同财政政策组合下，不确定性冲击的宏观经济效应。在价格型货币政策下，不确定性冲击导致消费及产出的负向波动。

基于泰勒规则，在价格型货币政策下，中央银行将根据产出的下降做出降低实际利率的调整，利率的下降促进企业投资，投资增加，在图中表现为投资的正向波动。然而，投资增加的幅度大于消费下降的幅度，企业产出虽然有所增加，但最终产出呈下降趋势，表现为产出的负向波动。在劳动力市场上，居民"预防性劳动供给"的增加，使得劳动供给增加，而企业也因社会总需求减少而缩减生产规模，从而加剧了劳动力市场的竞争，劳动供给者为了获得工作愿意降低工资要求，收入水平降低，产品相对而言变得昂贵，反映在宏观经济上为通货膨胀增加，表现为图中通货膨胀的正向波动。

从图 6 –4 中可以看出，无论执行哪一种财政政策，不确定性冲击对主要宏观经济变量的影响效应在趋势上是大体一致的，仅仅在数量级上有所差异。在税收规则下，不确定性冲击对消费和投资的影响最大。而在支出规则下，不确定性冲击对二者的影响较小。可能的原因是政府支出规则抵消了部分不确定性冲击对消费和投资的影响。此外，从不确定性冲击影响的持续时间来看，在长期内，三种财政规则下的不确定性冲击影响的持

续时间基本一致，因而无法根据对单个宏观经济变量的影响效应来判断哪一种规则组合最优。

对比名义收入目标制和通货膨胀目标制价格型货币政策下的不确定性冲击脉冲响应可以发现：通货膨胀目标制下不确定性冲击对产出和投资的效应在数量级上大于名义收入目标制下的结果，而对通胀的效应小于名义收入目标制下的结果，这一发现正好与这两种货币政策目标规则本身的含义相符合，即通货膨胀目标制适用于稳定通胀，名义收入目标制适用于稳定产出。

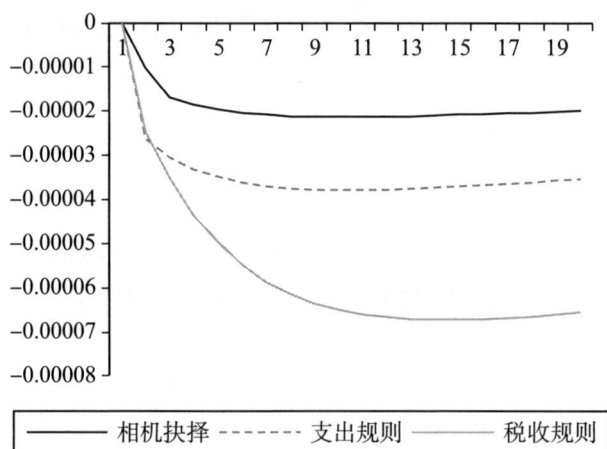

（a）产出

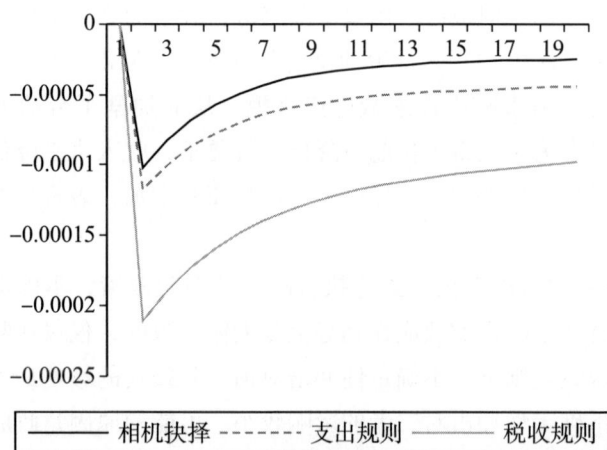

（b）消费

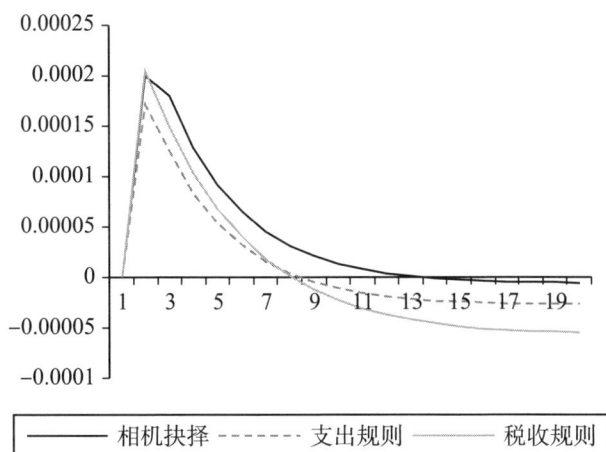

（c）投资

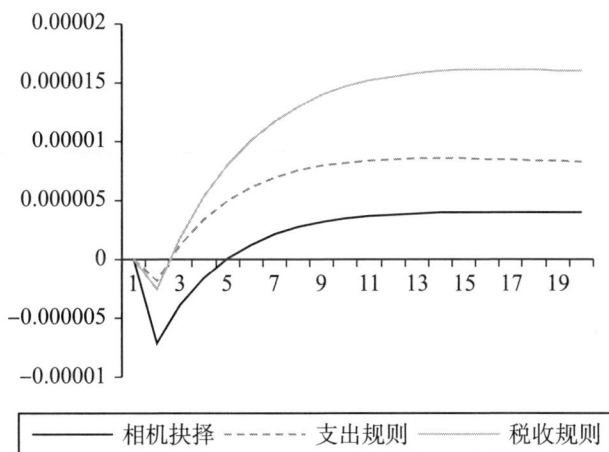

（d）通胀

图 6 - 4　通货膨胀目标制价格型货币政策下技术不确定性冲击效应

（二）福利损失分析

为进一步分析不同货币政策目标规则和财政政策组合下不确定性冲击对宏观经济的影响效应的差异性，本章以社会福利损失为标准进行评价，以代表性家庭的终身效用来衡量福利水平。根据马文涛（2011），福利损失函数具体形式为：

$$L = E_t \sum_{i=1}^{n} \varphi^i (\pi_{t+i}^2 + \lambda y_{t+i}^2)$$

其中，φ 是介于 $0\sim1$ 的折现因子，λ 刻画了中央银行对产出的相对关注程度，n 为时间的范围，多数情况下假定 n 的最大值为 ∞，本章设定的最大值为 20，与前面的脉冲响应时间范围保持一致。假设中央银行与家庭有相同的时间偏好，名义收入目标制下取 $\lambda=2.0$，通货膨胀目标制下取 $\lambda=0.5$，不同货币政策和财政政策的组合下，不确定性冲击引起的社会福利损失计算结果见表 6-5 和表 6-6。

表 6-5　　　数量型货币政策与不同财政政策组合下不确定性冲击的福利损失

	名义收入目标制 数量型货币政策	通货膨胀目标制 数量型货币政策
λ 取值	$\lambda=2.0$	$\lambda=0.5$
相机抉择	4.55E-09	1.23E-09
支出规则	1.53E-05	2.05E-05
税收规则	7.06E-07	1.22E-07

表 6-6　　　价格型货币政策与不同财政政策组合下不确定性冲击的福利损失

	名义收入目标制 价格型货币政策	通货膨胀目标制 价格型货币政策
λ 取值	$\lambda=2.0$	$\lambda=0.5$
相机抉择	3.01E-09	3.63E-09
支出规则	3.16E-08	1.18E-08
税收规则	5.33E-07	3.35E-08

1. 数量型货币政策

从表 6-5 中可以发现，相机抉择和税收规则的财政政策下，采用通货膨胀目标制数量型货币政策的不确定性冲击引起的社会福利损失均小于名义收入目标制下的结果，而支出规则的财政政策下，采用通货膨胀目标制数量型货币政策的不确定性冲击引起的社会福利损失大于名义收入目标制下的结果。无论采用何种货币政策目标规则，相机抉择的财政政策下不确定性冲击引起的社会福利损失均远远小于支出规则和税收规则的财政政策下的结果。因此，从不确定性冲击下的福利损失来看，在数量型货币政策下，通货膨胀目标制的货币政策和相机抉择的财政政策是最优组合。

2. 价格型货币政策

从表6-6中可以发现，支出规则和税收规则的财政政策下，采用通货膨胀目标制价格型货币政策的不确定性冲击引起的社会福利损失均小于名义收入目标制下的结果，而相机抉择的财政政策下，采用通货膨胀目标制价格型货币政策的不确定性冲击引起的社会福利损失大于名义收入目标制下的结果。无论采用何种货币政策目标规则，相机抉择的财政政策下不确定性冲击引起的社会福利损失均远小于支出规则和税收规则的财政政策下的结果。因此，从不确定性冲击下的福利损失来看，在价格型货币政策下，名义收入目标制价格型货币政策和相机抉择的财政政策是最优组合。

对比数量型货币政策和价格型货币政策下的结果，我们发现，无论采用何种政策组合，价格型货币政策下的不确定性冲击对宏观经济的影响效应远小于数量型货币政策下的影响效应。价格型货币政策下的不确定性冲击引起的社会福利损失也远小于数量型货币政策下的福利损失，表明价格型货币政策比数量型货币政策更有效，更适合应对不确定性冲击可能带来的经济波动。

五、研究结论

本章在新凯恩斯DSGE模型中引进了以技术进步的二阶矩冲击代表的不确定性冲击，引入了两种货币政策目标规则：名义收入目标制和通货膨胀目标制，以及三种财政政策方式：相机抉择、支出规则和税收规则，重点分析了在不同财政政策和货币政策组合下，不确定性冲击对各主要宏观经济变量的影响。

本章的主要结论如下：第一，相对于支出规则和税收规则的财政政策而言，相机抉择的财政政策能够更加快速地发挥政策效用。对比名义收入目标制和通货膨胀目标制货币政策下不确定性冲击的宏观经济效应，通货膨胀目标制适用于稳定通胀，名义收入目标制适用于稳定产出。第二，在通货膨胀目标制和收入目标制价格型货币政策下，无法根据对单个宏观经济变量的影响效应来判断与何种财政政策规则组合最优。第三，从社会福利损失角度来看，面对不确定性冲击时，通货膨胀目标制数量型货币政策和相机抉择财政政策是最优组合，名义收入目标制价格型货币政策和相机抉择财政政策是最优组合。第四，无论实行哪一种财政规则，价格型货币政策都比数量型货币政策更有效，更适合应对不确定性冲击可能带来的经济波动。

　　本章的研究结论有助于回答以下问题：为应对不确定性冲击，政府应该采取怎么样的宏观经济政策；政府应对不确定性冲击采取的宏观调控政策将会产生怎么样的宏观经济效应；这些政策是否有效；如何设计最优宏观经济政策等。这些结论对处于转型阶段的中国具有极大的理论价值，对中国政府宏观经济管理更具有很高的政策实践作用。

第七章　参数不确定性的宏观经济效应：基于 DSGE 模型

本章将构建包含资本弹性不确定冲击的动态随机一般均衡模型，比较分析价格弹性和价格黏性的不同价格假设下，资本弹性不确定性冲击的宏观经济效应。通过数值模拟发现：第一，随机波动和马尔科夫机制转移模型测度的资本弹性不确定性冲击，对产出、消费、投资、工作时长都造成负向影响，对通货膨胀造成正向影响。第二，价格弹性假设下的负向影响大于价格黏性下的负向影响，随机波动模型测度的不确定性经济效应大于马尔科夫机制转移模型。第三，随机波动模型可以刻画连续型冲击，冲击效应持续时间较长；马尔科夫机制转移模型可以刻画离散的突发性冲击，表现为"跳跃行为"，冲击效应较短。

一、引言

在动态随机一般均衡模型下，研究不确定性冲击对宏观经济的影响是目前宏观经济学研究的前沿。费尔南德兹—维拉弗德等（Fernández – Villaverde et al.，2007）和贾斯丁尼亚诺等（Justiniano et al.，2008）第一次尝试在 DSGE 模型中分析时变波动因素，结果显示在模型中考虑不确定冲击对于经济波动的解释更加直观。国际上基于 DSGE 模型来探究不确定性冲击对经济的作用已比较成熟。亚历克索普洛斯和科恩（Alexopoulos and Cohen，2009）通过实证探索得出，美国经济体系中的不确定问题可以很好地解释经济的波动问题。在 DSGE 模型中引入不确定性能够更好地解释经济波动。

不确定性包括经济不确定性，政策不确定性，非经济变量不确定性，参数不确定性等多个方面。经济不确定性主要表现为生产率等经济变量的不确定性，布鲁姆（Bloom，2009）构建了包含生产率不确定性冲击的动态随机一般均衡模型。巴苏和邦迪克（Basu and Bundick，2012）构建了包含价格弹性和价格黏性的单部门动态随机一般均衡模型，研究了技术不确定性冲击对宏观经济的影响。塞瓦内（Seoane，2014）建立了存在企业进入—退出的垄断竞争DSGE模型，研究了技术不确定性冲击对新兴经济体的影响。邦恰尼和范罗伊（Bonciani and van Roye，2016）建立了包含程式化银行部门的DSGE模型，研究了在信贷摩擦下，生产率不确定性冲击的宏观经济效应。勒杜克和刘（Leduc and Liu，2016）建立了包含失业摩擦和名义刚性的动态随机一般均衡模型，研究了技术不确定性冲击对宏观经济的影响。巴赫曼和巴耶尔（Bachmann and Bayer，2011）建立了包含固定资本调整成本的异质性企业的DSGE模型，研究了企业股本回报率和销售等微观经济不确定性对宏观经济波动的影响。巴尔克等（Balke et al.，2011）建立了包含代理成本和信贷摩擦的标准新凯恩斯DSGE模型，研究了生产率不确定性冲击对宏观经济的影响。阿雷利亚诺、鲍伊和凯霍（Arellano，Bai and Kehoe，2011）建立包含异质型企业和金融摩擦的DSGE模型，研究生产率不确定性冲击的宏观经济效应。布鲁姆等（Bloom et al.，2012）建立包含异质型企业和调整成本的动态随机一般均衡模型，研究生产率不确定性冲击对宏观经济的影响。塞萨—班奇和科鲁格多（Cesa - Bianchi and Corugedo，2015）在巴尔克等（Balke et al.，2011）的基础上，建立了包含价格黏性、偏好形式和金融摩擦的动态随机一般均衡模型，研究了生产率不确定性冲击的宏观经济效应。安德瑞森（Andreasen，2012）构建了包含风险溢价的动态随机一般均衡模型，研究了技术不确定性冲击对风险溢价的影响。

政策不确定性包括货币政策不确定性和财政政策不确定性。费尔南德兹—维拉弗德等（Fernández - Villaverde et al.，2011）建立了一个小型开放经济的动态随机一般均衡模型，研究了实际利率不确定性冲击对实际宏观经济变量的影响。约翰森（Johannsen，2014）建立了包含内生资本积累和允许名义利率受限的泰勒规则的新凯恩斯DSGE模型，研究了财政政策不确定性冲击的宏观经济效应。穆姆塔兹和扎内蒂（Mumtaz and Zanetti，2013）在动态随机一般均衡模型的框架下研究了货币政策不确定性冲击对宏观经济的影响。达维格和弗尔斯特（Davig and Foerster，

2014）建立了包含税率状态转移方程的动态随机一般均衡模型，研究了到期税收条款产生的不确定性冲击对经济活动的影响效应。伯恩和普费弗（Born and Pfeifer，2014）构建了新凯恩斯动态随机一般均衡模型，研究了货币政策和财政政策联合不确定性冲击对宏观经济的影响。费尔南德兹—维拉弗德等（Fernández‒Villaverde et al.，2015）构建了标准的新凯恩斯DSGE模型，定义增加两个标准差的不同财政工具的波动变化为财政政策不确定性，并研究了财政政策不确定性对宏观经济的影响。

非经济变量不确定性则主要体现在行为人主观预测不确定性和战争、自然灾害、恐怖袭击等灾难性事件的不确定性。本杰明和迈克尔（Benjamin and Michael，2011）构建了包含和不包含名义刚性的DSGE模型，研究了灾难冲击的不确定性指标对宏观经济的影响。安德瑞森（Andreasen，2012）构建了标准新凯恩斯DSGE模型，研究了突发灾难的不确定性对风险溢价的影响。古里奥（Gourio，2012）和古里奥等（Gourio et al.，2013）结合灾难风险与真实经济周期模型，详细探索了在封闭经济与开放经济两种不同经济形式下，灾难风险对美国等发达国家的宏观经济周期所产生的影响。本杰明和帕科（Benjamin and Pakko，2011）构建了包含名义刚性的动态随机一般均衡模型，研究自然灾难的不确定性对货币政策制定的影响。伊索尔和斯泽博维奇（Isoré and Szczerbowicz，2015）在新凯恩动态随机一般均衡模型的框架下，研究了灾难的不确定性冲击对宏观经济的影响。

以上关于不确定性的研究都是基于模型参数确定的情况下。但在实际的经济环境中，信息不完全是一个很重要的特征，信息的不完全也导致研究面临各种的不确定，其中模型参数不确定是一个基本的不确定。在制定政策时，当模型中参数已知的时候，我们可以通过一定的方法得到最优的政策，但是我们通常很难知道参数的准确值，通过贝叶斯估计得到的参数估计值也并非是真实的参数取值，而更多的是参数的分布信息。此时制定的宏观经济政策可能会造成比较大的福利损失。所以考虑模型参数不确定性是很有必要的，但现有研究参数不确定性的文献很少。总量生产函数中的资本产出弹性问题由于直接关系到与之等价的资本收入份额这一生产过程中的初次分配问题而显得格外重要。资本产出的时变性，以及该弹性与投资和产出之间的顺周期性是中国宏观经济的两个重要特征。现有文献着重于发现资本产出弹性的动态上升现象并解释其上升的原因（如白重恩和钱震杰，2009；Change et al.，2015），并未涉及资本产出弹性时变的企业决策机制。埃奇等（Edge et al., 2010）构建了一个简单的 DSGE 模型，研究了参数不确定性对宏观经济变量的影响。刘建丰、许志伟和章上峰等（2017）首次提出，将资本产出弹性视为一个像投资和产出一样的内生变量而不是通常意义上的给定参数，研究认为在面对各种约束和冲击时，企业除了需要做传统的劳动雇佣和投资的实时决策外，同时还需要做生产函数中最优资本产出弹性大小的决策，从而决定收入的多少比例给资本和多少比例给劳动，即动态上决定资本产出弹性是上升还是下降。研究发现，把资本弹性作为一个变量来考虑并构建模型，比传统模型在统计意义上能更好地解释中国的数据。

本章借鉴刘建丰、许志伟和章上峰等（2017）对资本弹性的处理方法，构建了包含价格弹性和价格黏性的 DSGE 模型，并且把随机波动模型和马尔科夫机制转移模型两种宏观经济不确定性的测度方法引入模型中，对比分析不同价格假定、不同测度方法下，参数不确定性对中国宏观经济的影响。

本章其余部分安排如下：第二部分讨论参数不确定性 DSGE 模型设定；第三部分讨论数据处理、参数校准与估计；第四部分是数值模拟结果与分析；最后是本章的研究结论。

二、参数不确定性 DSGE 模型设定

（一）代表性家庭

居民的效用函数考虑消费、休闲，由于 RBC 下货币是中性的，所以就不考虑了，在新凯恩斯模型下再做考虑。

$$U = E_t \sum_{t=0}^{\infty} \beta^t U(c_t, h_t, m_t)$$

其中 $U(c_t, h_t, m_t) = \ln c_t + \varphi \ln(1 - h_t) + \eta \ln m_t$

$$U = E_t \sum_{t=0}^{\infty} \beta^t (\ln c_t + \varphi \ln(1 - h_t) + \eta \ln m_t) \qquad (7-1)$$

$$k_t = i_t + (1 - \delta) k_{t-1} \qquad (7-2)$$

$$c_t + i_t + b_t + m_t = w_t h_t + r_t^k k_{t-1} + \frac{R_{t-1}b_{t-1}}{\pi_t} + \frac{m_{t-1}}{\pi_t} \qquad (7-3)$$

其中，φ 是居民效用函数中消费与休闲时间的替代关系，c_t 是消费，h_t 是劳动时间，k_t 是实际资本存量，i_t 是实际投资，δ 是资本的折旧率，b_t 是政府持有的债券余额，m_t 是实际货币余额，w_t 是实际工资，R_{t-1} 是名义存款利率，r_t^k 是实际资本收益率，π_t 是通货膨胀率。

在资本转移方程（7－2）和预算约束方程（7－3）的约束下，对家庭效用函数（7－1）采用拉格朗日乘数法，分别对 c_t、h_t、k_t、b_t、m_t 求解一阶条件得：

$$\max E_t \sum_{i=0}^{\infty} \beta^t \left\{ \begin{array}{l} \left[\ln c_t + \varphi \ln(1-h_t) + \eta \ln m_t \right] + \lambda_t \\ \left(c_t + k_t - (1-\delta)k_{t-1} + b_t + m_t - w_t h_t - r_t^k k_{t-1} - \dfrac{R_{t-1}b_{t-1}}{\pi_t} - \dfrac{m_{t-1}}{\pi_t} \right) \end{array} \right\}$$

$$\frac{1}{c_t} + \lambda_t = 0 \qquad (7-4)$$

$$\frac{\varphi}{1-h_t} + \lambda_t w_t = 0 \qquad (7-5)$$

$$\lambda_t - \beta E_t \lambda_{t+1} (1-\delta + r_{t+1}^k) = 0 \qquad (7-6)$$

$$\lambda_t - \beta E_t \left(\frac{\lambda_{t+1} R_t}{\pi_{t+1}} \right) = 0 \qquad (7-7)$$

$$\frac{\eta}{m_t} + \lambda_t - \beta E_t \left(\frac{\lambda_{t+1}}{\pi_{t+1}} \right) = 0 \qquad (7-8)$$

合并方程（7－4）、方程（7－5）可得到：

$$\frac{c_t}{1-h_t} = \frac{w_t}{\phi} \qquad (7-9)$$

合并方程（7－4）、方程（7－6）可得：

$$\beta E_t \left[\frac{c_t}{c_{t+1}} (1-\delta + r_{t+1}^k) \right] = 1 \qquad (7-10)$$

合并方程（7－4）、方程（7－7）可得到：

$$\beta E_t \left(\frac{c_t R_t}{c_{t+1}\pi_{t+1}} \right) = 1 \qquad (7-11)$$

合并方程（7－4）、方程（7－8）可得：

$$\frac{\eta}{m_t} = \frac{1}{c_t} - \beta E_t \left(\frac{1}{\pi_{t+1}c_{t+1}} \right) = 0 \qquad (7-12)$$

（二）代表性厂商

1. 价格弹性

此处参考刘建丰等（2017）对资本弹性的处理方法。厂商向代表性家庭聘请劳动力和租借资本来生产产品，生产函数：

$$\delta = 0.0125 \tag{7-13}$$

$$z_t = \rho_z z_{t-1} + \varepsilon_t^z, \ \rho_z < 1, \ \varepsilon_t^z \sim N(0, 1) \tag{7-14}$$

其中，z_t 为企业的生产率水平，企业生产技术为外生变量并服从 AR(1) 过程。

设时间仍然是离散的，代表性厂商进行劳动、资本以及下一期资本产出弹性 α_{t+1} 的最优决策，该决策刻画了厂商对于不同要素密集度的技术选择问题。由于企业需要做下一期资本产出弹性 α_{t+1} 的最优决策，所以与不做资本产出弹性决策的传统模型不同，在此我们需要考虑的是厂商的动态利润最大化，而不是传统模型的静态利润最大化。且在现实生活中，厂商对生产技术的调整必定会产生较大的成本。为此，我们假设企业选择不同的技术需要付出相应的调整成本，该成本为产出的一个内生比例，具体形式为 $f(\alpha_t)y_t$。其中，函数 $f(\alpha_t)$ 为单调递增的严格凸函数，稳态时满足 $f(\alpha)=0$，$f'(\cdot)>0$，$f''(\cdot)>0$。这里的 $f(\alpha)=0$ 表示稳态时由于资本产出弹性不变，因而调整成本为零；$f'(\cdot)>0$ 表示稳态时该弹性的边际调整成本为正；$f''(\cdot)>0$ 确保了厂商利润最大化问题具有内点解。值得注意的是，当 $f''(\cdot)$ 趋近于无穷大时，调整生产技术将变得极其昂贵，厂商将保持资本收入份额为常数，该模型从而退化为标准的 RBC 模型，生产函数也将变为 $y_t = z_t k_{t-1}^\alpha h_t^{1-\alpha}$。

因为厂商进行决策时不仅要最大化当期利润，而且要最大化未来利润，这意味着厂商将对利润的现值进行最大化，贴现率将是实际利率。则代表性厂商的最大化动态利润为：

$$E_0 \sum_{t=0}^{\infty} \left(\frac{1}{1+R_t} \right)^t \left(Y_{Et} - w_t h_t - r_t^k k_{t-1} \right)$$

其中，Y_{Et} 为扣除资本产出弹性调整成本后的有效产出：

$$Y_{E_t} = (1 - f(\alpha_t))y_t \tag{7-15}$$

关于 h_t、k_{t-1}、α_t 对应的一阶条件分别为：

$$w_t = [1 - f(\alpha_t)](1 - \alpha_t)\frac{y_t}{h_t} \tag{7-16}$$

$$r_t^k = [1 - f(\alpha_t)]\alpha_t \frac{y_t}{k_{t-1}} \tag{7-17}$$

$$f'(\alpha_t) = [1 - f(\alpha_t)](\ln k_t - \ln h_t) \tag{7-18}$$

式（7-16）和式（7-17）分别表示厂商做最优资本产出弹性决策时的劳动和资本的需求方程。式（7-18）刻画了资本产出弹性的最优决策。

2. 价格黏性

（1）最终产品生产企业。最终产品是由一个典型厂商在竞争性环境下生产的，该厂商通过对连续的 y_{it} 单位第 i 种名义价格为 P_{it} 的中间产品进行加总来生产最终商品。该厂商的生产函数为 $y_t = \left[\int_0^1 y_{it}^{\frac{\theta-1}{\theta}}\mathrm{d}i\right]^{\frac{\theta}{\theta-1}}$，其中 θ 为不同产品之间的替代弹性。面对市场既定的价格（最终产品价格 P_t 和中间产品价格 P_{it}），最终产品生产企业通过选取中间品投入数量来使得利润最大化，其一阶条件为 $y_t(i) = \left(\frac{P_t(i)}{P_t}\right)^{-\theta} y_t$，即中间产品 i 的需求函数。由于最终品所处的市场是在一个完全竞争的环境下，故企业的价格应满足 $P_t = \left(\int_0^1 P_t(i)^{1-\theta}\mathrm{d}i\right)^{\frac{1}{1-\theta}}$。

（2）中间产品生产商。假设中间投入产品的生产是垄断竞争的，此处参考刘建丰等（2017）的做法，把资本产出弹性内生化。其生产函数为：

$$y_{it} = z_t k_{i,t-1}^{\alpha_t} h_{it}^{1-\alpha_t} \tag{7-19}$$

其中，$k_{i,t-1}$、h_{it} 分别为生产中间产品所需要的资本和劳动力，中性技术冲击 z_t 服从 AR(1) 过程：

$$\ln z_t = \rho_z \ln z_{t-1} + e_{zt}, \quad e_{zt} \sim N(0, 1) \tag{7-20}$$

代表性厂商进行劳动、资本以及下一期资本产出弹性 α_{t+1} 的最优决策，该决策刻画了厂商对于不同要素密集度的技术选择问题。在现实中，厂商对生产技术的调整必定会产生较大的成本。为此，我们假设企业选择不同的技术需要付出相应的调整成本，该成本为产出的一个内生比例，具体形式为 $f(\alpha_t)y_t$。其中，函数 $f(\alpha_t)$ 为单调递增的严格凸函数，稳态时满足 $f(\alpha) = 0$，$f'(\cdot) > 0$，$f''(\cdot) > 0$。这里的 $f(\alpha) = 0$ 表示稳态时由于资本产出弹性不变，因而调整成本为零；$f'(\cdot)>0$ 表示稳态时该弹性的边际调整成本为正；$f''(\cdot)>0$ 确保了厂商利润最大化问题具有内点解。值得注意的是，当 $f''(\cdot)$ 趋近于无穷大时，调整生产技术将变得极其昂贵，厂商将保持资本收入份额为常数，该模型从而退化为标准的 RBC 模型，此时生产函数就变成了 $y_t=z_t k_{t-1}^{\alpha} h_t^{1-\alpha}$。

对于工资率和资本的边际成本假设对全部的中间品生产企业都一样，则单个企业的生产成本最小化：

$$\min_{h_t, k_{t-1}} w_t h_{it} + r_t^k k_{i,t-1} + f(\alpha_t) y_t$$

企业在生产函数约束下最小化实际成本，劳动投入 h_t、资本投入 k_{t-1} 和资本产出弹性 α_t 对应的一阶条件分别为：

$$w_t = \left[mc_t - f(\alpha_t) \right] (1-\alpha_t) \frac{y_t}{h_t} \qquad (7-21)$$

$$r_t^k = \left[mc_t - f(\alpha_t) \right] \alpha_t \frac{y_t}{k_{t-1}} \qquad (7-22)$$

$$f'(\alpha_t) = \left[mc_t - f(\alpha_t) \right] (\ln k_t - \ln h_t) \qquad (7-23)$$

式（7-21）和式（7-22）分别表示厂商做最优资本产出弹性决策时的劳动和资本的需求方程。式（7-23）刻画了资本产出弹性的最优决策。

得到实际边际成本为：

$$mc_t = \frac{w_t h_t}{(1-\alpha)y_t} + f(\alpha_t) = \frac{w_t^{1-\alpha_t} (r_t^k)^{\alpha_t} \alpha_t^{-\alpha_t} (1-\alpha_t)^{\alpha_t-1}}{z_t} + f(\alpha_t) \qquad (7-24)$$

接着我们在模型中考虑价格黏性，假设中间品生产厂商确定价格的方式为卡尔沃（Calvo，1983）的方法，厂商在每一期设定价格时，只有 $1-\rho$ 的厂商能够及时调整价格，其余 ρ 的厂商只能保持价格不变：$P_{it}=P_{i,t-1}$。

能够及时调整产品价格的中间品生产厂商选择价格 P_{it}^* 最大化：

$$E_t \sum_{j=0}^{\infty} \beta^j \rho^j Q_{t+j}' (P_{it}^* y_{i,t+j} - w_t l_{it} - r_t^k k_{i,t-1})$$

其中，Q_t' 为财富的边际效用，$Q_{t+j}' = \frac{c_{t+j}^{-\sigma}}{c_t^{-\sigma}} \frac{P_t}{P_{t+k}}$。

把需求函数和成本函数代入上式，可得中间品生产厂商的产品价格为：

$$P_{it}^* = \frac{\theta}{\theta-1} \frac{E_t \sum_{j=0}^{\infty} (\beta\rho)^j c_{t+k}^{-\sigma} y_{t+j} P_{t+j}^{\theta} mc_{t+j}}{E_t \sum_{j=0}^{\infty} (\beta\rho)^j c_{t+k}^{-\sigma} y_{t+j} P_{t+j}^{\theta-1}}$$

此时遵照加莉和格特勒（Gali and Gertler, 1999）的方法，假设调整价格的企业只有 $1-\varsigma$ 的企业采用前向行为原则，而剩下的企业采用后向预期原则，得到：

$$\hat{\pi}_t = \lambda_f E_t \hat{\pi}_{t+1} + \lambda_b \hat{\pi}_{t-1} + \lambda_{mc} m \hat{c}_t \qquad (7-25)$$

其中，$\lambda_f = \beta \rho \psi^{-1}$，$\lambda_b = \varsigma \psi^{-1}$，$\lambda_{mc} = (1-\varsigma)(1-\rho)(1-\beta\rho)\psi^{-1}$，$\psi = \varsigma + \rho + \varsigma\rho(\beta-1)$。$\hat{\pi}_{t-1}$ 是通胀惯性 $E_t\hat{\pi}_{t+1}$ 是预期通胀，$\hat{\pi}_t$ 是通货膨胀率对于稳态的偏离，$m\hat{c}_t$ 是边际成本偏离均衡值的比例，ς 是后顾性定价比例，ρ 是不能及时调整价格的比例。

（三）中央银行

假设货币当局采用货币供应量规则，令名义货币增长为 $u_t = M_t / M_{t-1}$，假设货币增长率服从 AR（1）过程，即：

$$\ln(\mu_t) = (1-\rho_u)\ln(u) + \rho_u \ln(\mu_{t-1}) + \varepsilon_t^u \qquad (7-26)$$

$$\hat{\mu}_t = \hat{m}_t - \hat{m}_{t-1} + \hat{\pi}_t \qquad (7-27)$$

其中，ε_t^u 为名义货币供给增长冲击，$\varepsilon_t^u \sim N(0, \sigma_u^2)$。

（四）市场出清

在参数不确定的情况下，仍要求市场是出清的，市场处于一般均衡状态。

$$[1-f(\alpha_t)]y_t = c_t + i_t \qquad (7-28)$$

（五）随机波动和马尔科夫机制转移效应

资本弹性的水平冲击表示形式为：

$$\ln(\alpha_t) = \rho_\alpha \ln(\alpha_{t-1}) + \sigma_{\alpha t} \varepsilon_t^\alpha, \quad \varepsilon_t^\alpha \sim N(0, 1) \qquad (7-29)$$

1. 随机波动效应

假定资本弹性冲击具有随机波动性，$\delta_{\alpha t}$ 服从自回归过程，表达形式如下：

$$\delta_{\alpha t} = (1-\rho_{\delta_\alpha})\delta_\alpha + \rho_{\delta_\alpha}\delta_{\alpha t-1} + \eta_\alpha e_{\delta_{\alpha t}}, \quad e_{\delta_{\alpha t}} \sim N(0, 1) \qquad (7-30)$$

其中，δ_α 为资本弹性冲击的平均标准差，η_α 为资本弹性随机波动冲击的无条件标准差，ρ_{δ_α} 为随机波动冲击的持久系数。ε_t^α 和 $e_{\delta_{\alpha t}}$ 分别是资本弹性的水平冲击和资本弹性的波动冲击。SV 方法有两个显著的优点：第一，它可以捕捉到数据的重要特征（Shephard，2008）。第二，它包含两个随机误差项：资本弹性的随机误差项（ε_t^α）和波动冲击的随机误差项（$e_{\delta_{\alpha t}}$），对于单独研究随机波动冲击本身对宏观经济波动的影响具有很大的帮助。

2. 马尔科夫机制转移效应

资本弹性 α_t 包括资本弹性冲击 α_{et} 和一个额外的相关因素突然冲击变量，其中 α_{et} 服从一阶自回归过程。

$$\ln(\alpha_t/\alpha) = \ln(\alpha_{et}/\alpha_e) + \zeta\ln(D_t/D) \tag{7-31}$$

突发灾难冲击变量 D_t 服从马尔科夫机制转移过程，状态 1（D_t^1）是 "正常" 或 "无灾难" 状态，状态 2（D_t^2）定义为 "灾难"。这里假设两个状态服从概率转移矩阵为：

$$\begin{pmatrix} p_{11} & 1-p_{22} \\ 1-p_{11} & p_{22} \end{pmatrix} \tag{7-32}$$

其中，$p_{ij} = prob(D_t = D^j \mid D_{t-1} = D^i)$。对于给定的概率值 p_{ij}，其表示现期处于状态 i，而下一期有 p_{ij} 的概念会转变为状态 j。

三、参数校准与估计

（一）数据处理

本章选择社会消费品零售总额、国内生产总值、固定资产投资额，居民环比消费价格指数增长率作为模型中消费、产出、投资和通货膨胀率的替代变量。选取我国 2000 年第 1 季度到 2017 年第 1 季度的实际数据，数据来自国家统计局网站和同花顺 iFinD 数据库。为了得到实际值，我们用 CPI 定基序列代替 GDP 平减指数来对名义变量进行平减从而得到各变量的实际值。产出数据采用季度国内生产总值数据，用 CPI 季度定基数据将数据调整为以 2000 年第 1 季度为基期的真实数据。消费和投资采用国家统计局公布的月度数据，利用月度 CPI 定基数据调整为以 2000 年 1 月为基期的真实值，然后把同季度的月度数据相加得到消费和投资的季度数据。月度 CPI 环比数据来源于国家统计局，由月度 CPI 环比数据可以得到月度CPI 定基数据，然后再用月度 CPI 环比数据得出季度 CPI 环比数据。

贝叶斯估计中的变量皆为对数线性化后的变量，表示实际值偏离稳态值的百分比。在得到各变量的实际值后，由于数据都是非平稳数据，包含着季节因素和长期趋势，故需要对季节性变量采用 X－12 方法进行季节性调整，以消除季节性波动，得到滤去季节波动后的成分。季节性变量有GDP、消费、投资。之后，还要采用 HP 滤波方法对数据进行处理，得到其波动的部分，作为我们测量方程中的观测变量进行贝叶斯估计。其中季节性调整和 hp 滤波是在 Eviews 8.0 环境下完成的。

（二）参数校准

设定主观贴现因子 $\beta = 0.99$（马勇，2013），根据陈昆亭等（2006），资本折旧率 δ 设定为 0.025，参考金中夏等（2013），对于稳态货币增长速度 Θ 取值为 0.0249，把居民劳动时间 l 设为 1/3；参考本杰明和帕科（Benjamin and Pakko，2011），对灾难风险系数 ς 的取值为 －0.58，本章采用巴罗（Barro，2006）的方法对 1954～2015 年中国年度 GDP 数据进行估计，得到风险概率值为 0.04，因此，本章选取 0.04 作为灾难风险概率的校准值。

（三）贝叶斯估计

为了对参数进行估计，本章选用了我国从 2000 年第 1 季度到 2017 年第 3 季度的四个经济指标数据。其中贝叶斯估计包括 4 个外生冲击参数 $\{\rho_z, \sigma_z, \rho_m, \sigma_m\}$ 和行为参数 $\{\alpha\}$。参数 α 表示的是稳态时的资本产出弹性常数，是本章待估的重点参数之一，设定其先验分布为 ［0，1］ 的均匀分布。对于 4 个外生冲击参数 $\{\rho_z, \sigma_z, \rho_m, \sigma_m\}$，根据安和肖夫海德（An and Schorfheide，2007），假设系数 $\{\rho_z, \rho_m\}$ 均服从均值为 0.5、标准差为 0.1，且取值在 （0，1） 之间的 Beta 分布；假设外生波动冲击的系

数 $\{\sigma_z, \sigma_m\}$ 服从逆伽马分布，其均值取 0.01，方差接近无穷。

图 7 - 1 是各系数的先验分布和后验分布的分布图。根据图 7 - 2 的收敛性检验和表 7 - 1 的估计结果，可以确定基于实际数据的先验分布和后验分布之间的系数差异不显著。因此，可以认为贝叶斯估计是稳健的。

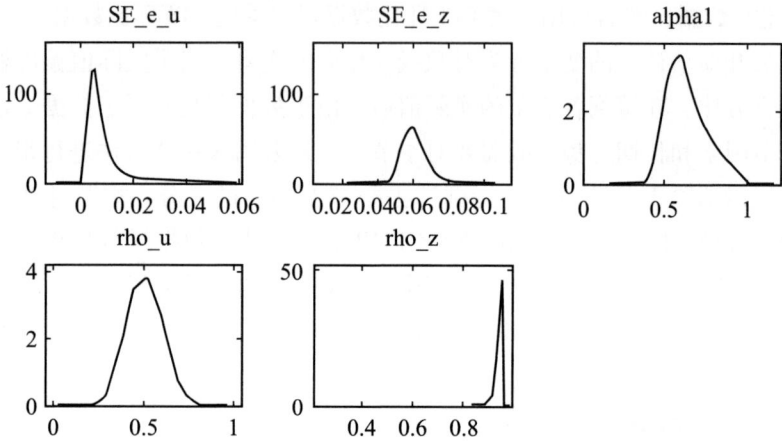

图 7 - 1　待估参数的分布函数图

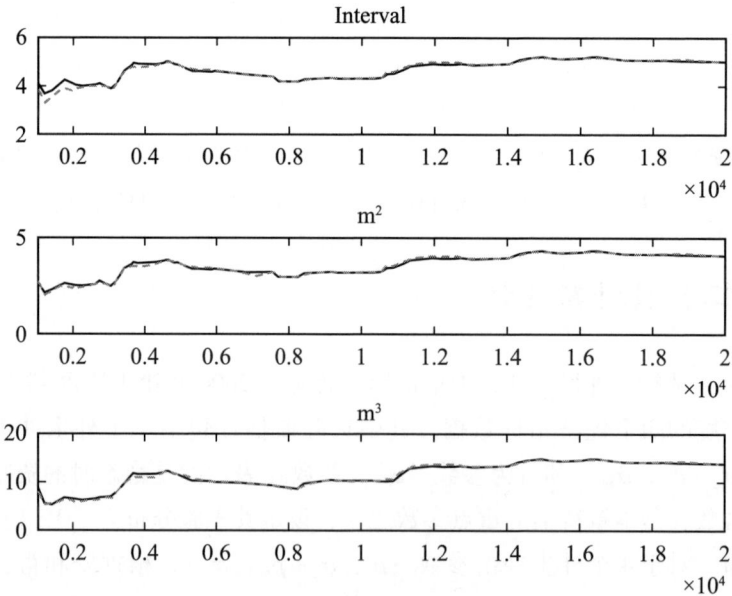

图 7 - 2　收敛性检验图

表 7 - 1   待估参数的估计结果

	先验分布	先验均值	后验均值
α	uniform	0.500	0.6389（0.4413，0.8370）
ρ_u	beta	0.500	0.5040（0.3343，0.6630）
σ_u	invg	0.010	0.9381（0.9173，0.9528）
ρ_z	beta	0.500	0.9381（0.9173，0.9528）
σ_z	invg	0.010	0.0612（0.0500，0.0725）

(四) 资本产出弹性的不确定性的测度

假设资本份额服从 AR(1) 过程,假设水平冲击的方差具有时变性,且方差服从 AR(1) 过程。得到由式 (7 - 33) 和式 (7 - 34) 构成的 SV - AR(1) 模型:

$$\ln(\alpha_t) = \rho_\alpha \ln(\alpha_{t-1}) + \sigma_{\alpha t}\varepsilon_t^\alpha, \quad \varepsilon_t^\alpha \sim N(0, 1) \qquad (7-33)$$

$$\delta_{\alpha t} = (1 - \rho_{\delta_\alpha})\delta_\alpha + \rho_{\delta_\alpha}\delta_{\alpha t-1} + \eta_\alpha e_{\delta_{\alpha t}}, \quad e_{\delta_{\alpha t}} \sim N(0, 1) \qquad (7-34)$$

常等 (Chang et al., 2015) 利用目前相对较优的计量方法 (Higgins and Zha, 2015),基于国家统计局等权威部门的原始数据,构造了能与美国宏观经济数据相比的,经过季节调整的大部分中国宏观经济季度数据。选取 1996 年第 1 季度至 2014 年第 3 季度劳动收入份额数据,然后经过处理得到资本份额数据。

然后用 WinBUGS 对 SV - AR(1) 模型进行贝叶斯参数估计。使用 MCMC 方法对参数估计之前,需要对模型参数进行先验设置,参考经典文献雷娜特·迈耶和余俊 (Renate Meyer and Jun Yu, 2000),设置先验分布为 $(1 + \rho_\alpha)/2 \sim B(20, 1.5)$, $(1 + \rho_{\delta\alpha})/2 \sim B(20, 1.5)$, $1/\delta_\alpha^2 \sim Gamma(25, 0.025)$, $1/\mu_\alpha^2 \sim Gamma(25, 0.025)$。对参数分布进行先验设置后,对需要迭代的初始值进行设置,根据金 (Kim, 1998),令 $\alpha = 0$, $\beta = 0.975$, $\tau^2 = 50$,迭代次数增多,改变参数的初始值,参数最终均会收敛到某一恒定值,对迭代结果没有影响。设置好参数初始值后,考虑到平稳性,通过"燃烧"先舍去一半的抽样值,取后一半的抽样值,模型共运行 80 000 次。参数估计结果如表 7 - 2 所示。

表 7-2 不确定性测度结果

系数	ρ_α	$\rho_{\delta\alpha}$	δ_α	η_α
后验均值	0.9567	0.8862	−9.38	0.1129
0.95 置信区间	[0.898, 0.9944]	[0.6505, 0.9907]	[−9.935, −8.723]	[0.0679, 0.2834]

根据估计结果可以得到资本份额的波动图（见图 7-3）。

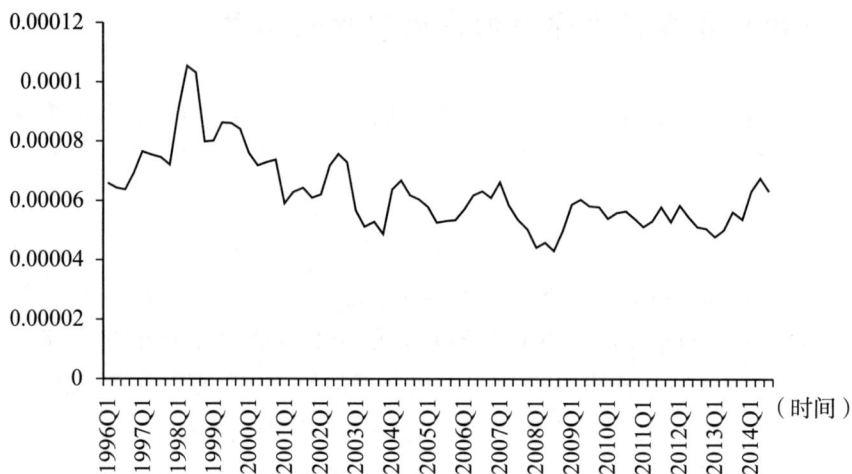

图 7-3 资本份额的波动

四、数值模拟结果与分析

（一）价格弹性下，随机波动冲击的脉冲响应

由图 7-4 可知，一个单位的随机波动冲击会对产出、投资、消费、资本、劳动时间和工资产生负向影响，且对投资的影响最大。当经济体系中不确定冲击发生时，企业的生产成本增加，如果企业能及时调整产品价格，会选择提高价格和降低生产规模，来保持净收入的稳定。且在不确定环境下，由于投资品的非可逆性，投资者会减少投资，因此，价格调整型

企业会减少投资、资本和劳动需求以减少产量，从而对变量产生紧缩作用，表现为投资、资本、劳动需求和产出的负向波动。

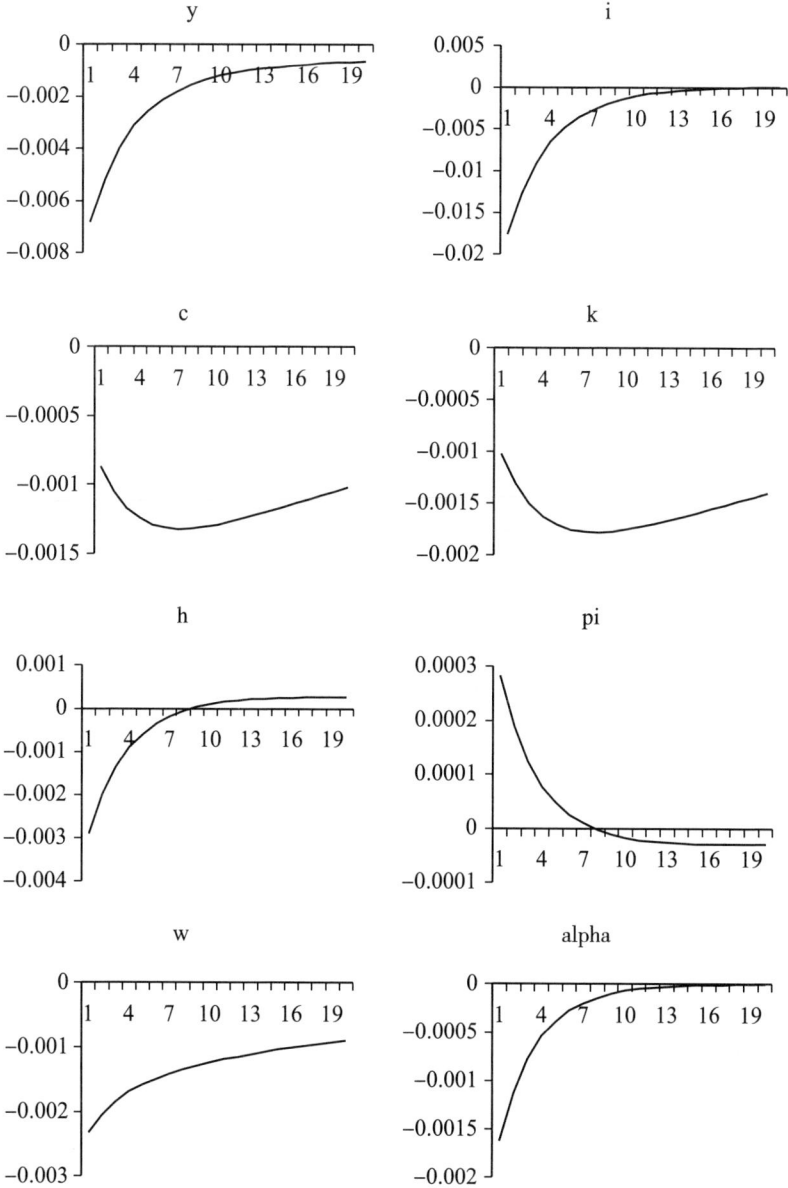

图7-4 SV冲击的脉冲响应

　　家庭出于规避风险的考虑，为维护日常开销，愿意延长工作时长来换取工资的增加，而市场上企业对劳动力的需要在变少，居民为了获得工作会选择降低劳动收入，表现为劳动工资的负向波动。市场上商品价格上涨以及收入减少，且未来不确定性导致居民预防性储蓄增加，使居民的消费减少，表现为消费的负向波动。在价格弹性假设下，厂商可以通过提高产品价格以维持正常利润，因此，商品价格上涨，且由图7-4可知，模拟得到在突发灾难冲击下，产出下降的幅度大于消费下降的幅度，商品市场供不应求，商品价格进一步上涨，表现为通货膨胀的正向波动。不确定性冲击在导致经济停滞的同时还会引发通胀，产生滞胀效应。

（二）价格弹性下，马尔科夫机制转移冲击的脉冲响应

　　图7-5显示了一个单位标准差的资本份额不确定性冲击对产出、投资和消费等的影响。可以看出资本份额不确定性冲击对经济产生了紧缩效

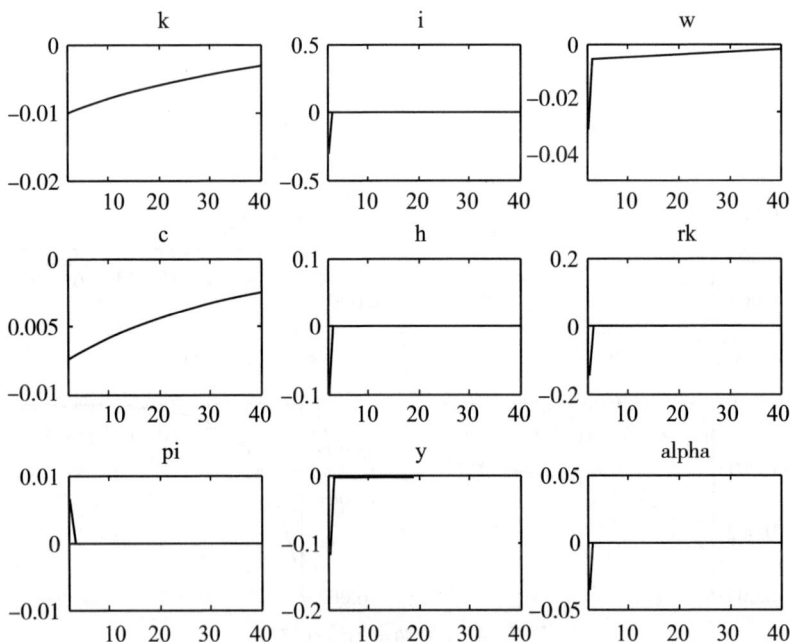

图7-5　马尔科夫机制转移冲击的脉冲响应

应。未来较高不确定性会导致家庭未来预期的改变，使得谨慎程度增大，因而居民会通过延迟当期的消费和减少投资来防范风险，即增加预防性储蓄，减少消费，表现为消费的负向波动。投资过程具有风险规避性和不可逆性，资本份额不确定性冲击引起公司未来预期收益不确定性，导致公司减少投资和劳动力雇用以减少产量；另外不确定性会提升公司等待的期权价值，企业会选择等待直到不确定性褪去，表现为投资、劳动需求、资本存量、资本收益率和产出的负向波动。在价格弹性假设下，厂商可以通过提高产品价格以维持正常利润，因此，商品价格上涨，且由图 7 - 5 可知，模拟得到在不确定性冲击下，产出下降的幅度大于消费下降的幅度，商品市场供不应求，商品价格进一步上涨，表现为通货膨胀的正向波动。这些结论与现有文献一致。从影响程度上看，对投资的影响最大，次之是产出，对消费的影响最小。

（三）价格黏性下，随机波动冲击的脉冲响应

由图 7 - 6 可知，一个单位标准差的不确定性冲击对产出、投资、资本和消费产生负向效应。不确定性冲击增加了人们和企业的未来不确定性，导致人们的预防性储蓄增加，人们的当期消费减少，企业减少投资、资本和劳动需求以减小产出规模，从而表现为投资、资本、产出、劳动需求和消费的负向波动。家庭出于规避风险的考虑，愿意延长工作时长来换取工资的增加，而市场上企业对劳动力的需求减少，居民为了获得工作会选择降低劳动收入，表现为劳动工资的负向波动。在价格黏性下，企业无法提高产品价格来维持利润，但模拟得到在不确定性冲击下，产出下降的幅度大于消费下降的幅度，商品市场供不应求，商品价格上涨，表现为通货膨胀的正向波动。

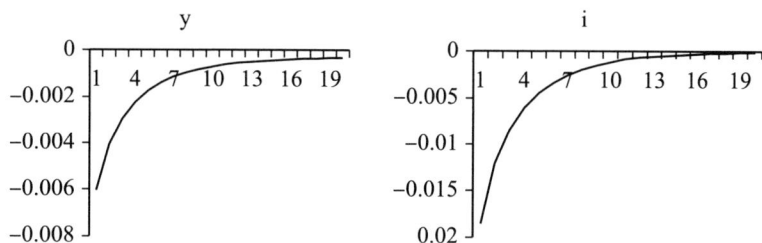

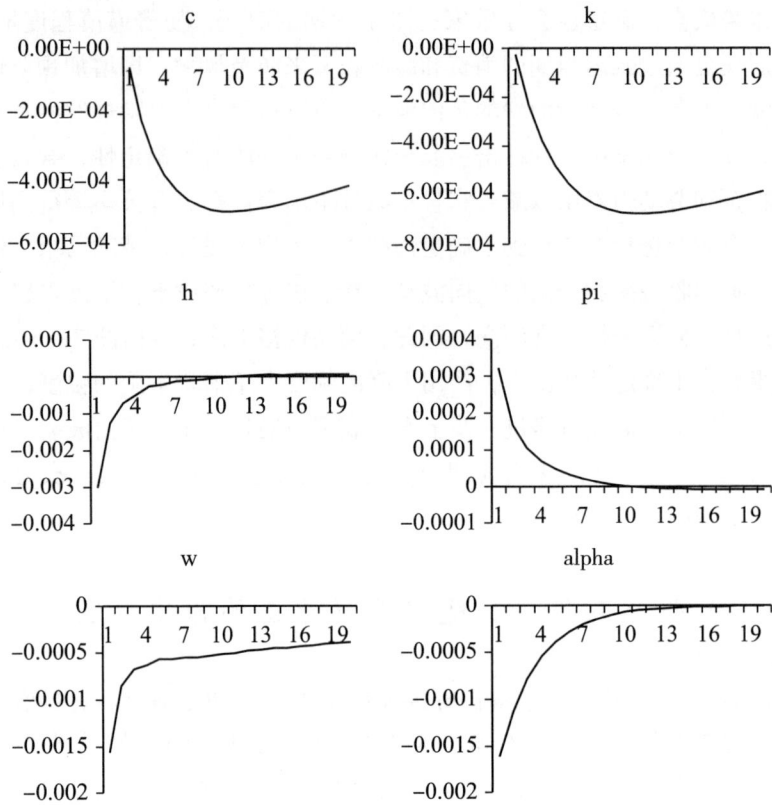

图 7-6 SV 冲击的脉冲响应

（四）价格黏性下，马尔科夫机制转移冲击脉冲响应

图 7-7 显示了一个单位标准差的资本份额不确定性冲击对产出、投资和消费等的影响。马尔科夫机制转移波动冲击的发生增加了人们和企业的未来不确定性，导致人们的预防性储蓄增加，人们当期消费减少，企业减少投资以减小产出规模，从而表现为投资、资本、产出的负向波动。在不确定性冲击下，产出下降的幅度大于消费下降的幅度，商品市场供不应求，商品价格上涨，表现为通货膨胀的正向波动。此时，在劳动力市场，由于劳动供给的增加、社会总需求的减少以及商品价格黏性的原因，企业的实际边际成本相对降低，价格黏性产生的价格加成，导致企业不会大幅度减少对劳动力的需求，从而导致了劳动时间的正向波动。此外，由于价格水平的上升和工资黏性的问题，使名义工资表现为正向波动。这些结果

与袁靖与陈国进等（2015）、本杰明和帕科（Benjamin and Pakko，2011）的研究结果类似，本杰明和帕科认为较高的不确定性的存在使企业产出下降，进而降低投资和劳动需求。

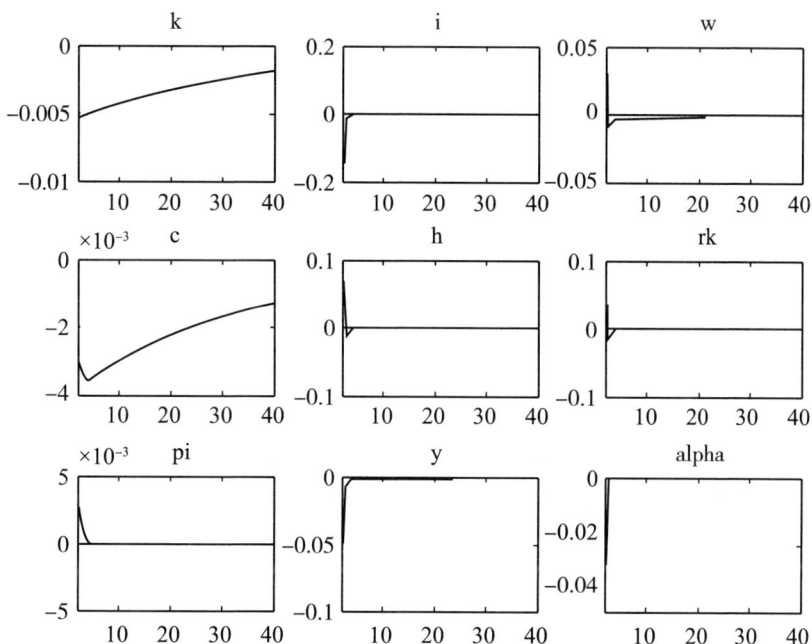

图 7 - 7　马尔科夫机制转移冲击的脉冲响应

对比图 7 - 6 和图 7 - 7 可以发现，两种不确定冲击都对产出、消费和投资等经济变量产生负向影响。但是马尔科夫机制转移波动冲击主要是刻画离散"跳"行为，只能取固定的有限值，故它所产生的影响是一种瞬时影响、离散并且"跳跃"之后很快趋于平稳。而 SV 波动冲击可以刻画连续冲击事件，并且可以取任何值，冲击对各变量产生影响持续时间更久。

（五）随机波动冲击对比分析

由图 7 - 8 可知，无论是价格黏性还是弹性，不确定冲击都对经济产生紧缩效应，且在价格弹性假设下，不确定冲击对变量的影响作用更大些。可能是因为，当不确定冲击发生时，企业的成本增加，在价格弹性假设下，企业可以提高产品的价格以维持正常利润，可以更多地减少投资、劳动需求、产出等；而在价格黏性假设下，企业无法通过提高产品价格获得利润，为了维持利润，企业选择小幅度减小投资、劳动需求、产出等。

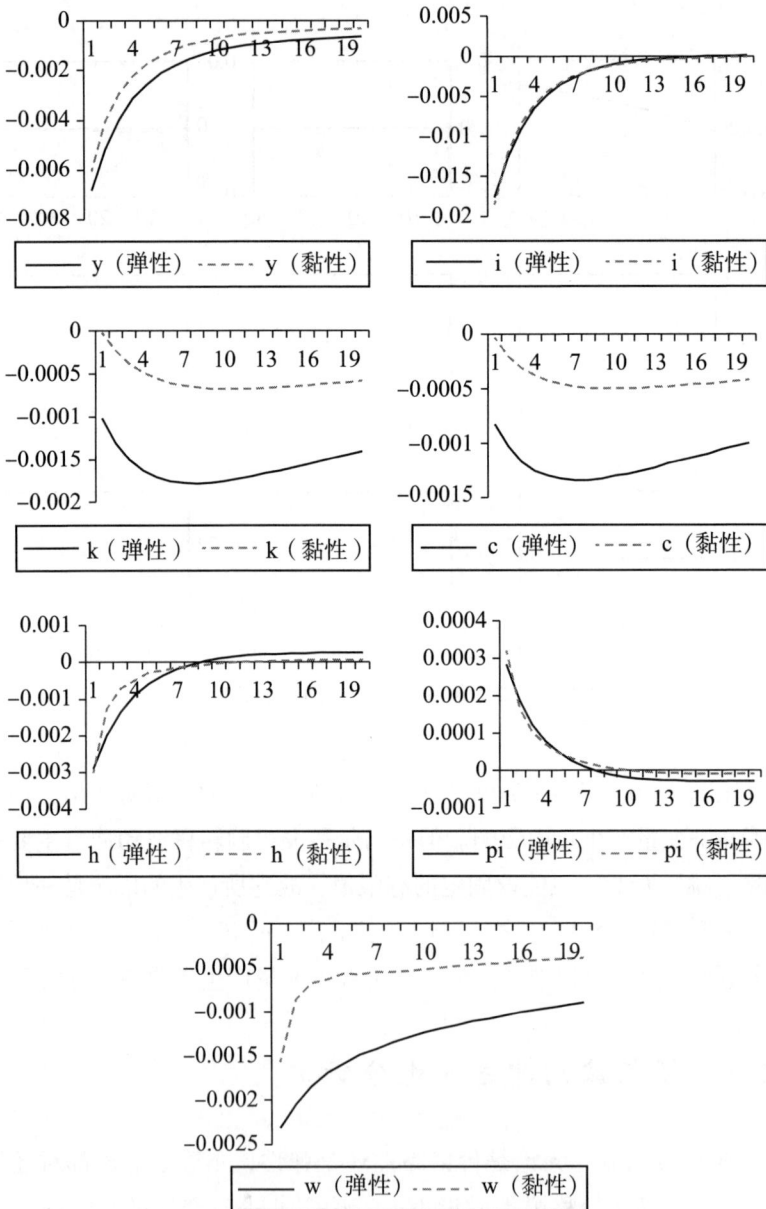

图 7-8　价格弹性与价格黏性下宏观经济变量的对比

五、研究结论

本章基于不确定性冲击视角，借鉴已有的研究成果，利用动态随机一般均衡模型，构建了参数不确定性冲击的分析框架，基于中国经济建模和参数校准，来研究不确定冲击对中国宏观经济运行的影响。本章构建了包含价格弹性和价格黏性的异质性冲击（SV 冲击和马尔科夫机制转移冲击）的 DSGE 模型，并利用贝叶斯方法校准了结构冲击的参数，对比分析了在不同价格和不同测度方法下的脉冲响应图，分析了我国经济体系下的参数不确定性问题。主要结论如下：

第一，在价格弹性假设下，一个单位随机波动冲击会使产出、消费、投资、工作时长负向波动，并且通货膨胀呈正向波动。在价格黏性假设下，一个单位标准差的随机波动冲击也会导致产出、投资、劳动时间和消费发生负向移动，导致通货膨胀呈正向波动。且在价格弹性假设下，不确定冲击对经济变量的影响作用更大些。

第二，无论是价格弹性还是价格黏性，马尔科夫机制转移冲击都会对产出、消费、投资等产生负向波动。

第三，马尔科夫机制转移波动冲击可以刻画离散"跳"行为，但只能取固定的有限值。故它所产生的影响是一种瞬时影响、离散并且"跳跃"之后很快趋于平稳。而随机波动冲击可以刻画连续冲击事件，并且可以取任何值，冲击对各变量产生的影响持续时间更久。

第四，参数不确定冲击对我国宏观经济产生负向效应。对于资本弹性不确定冲击，不管是在价格黏性还是价格弹性下，还是考虑不同的不确定测度方法，不确定性冲击会造成产出和消费在短期内下降。这一结论与现有大部分文献的结论一致。

第三篇　突发性冲击与中国经济波动

第八章　突发灾难冲击的
宏观经济效应

——基于封闭经济 DSGE 模型

本章利用马尔科夫机制转移模型刻画突发灾难冲击，并引入动态随机一般均衡模型中，比较研究了在价格弹性和价格黏性的不同假设下，突发灾难冲击对中国宏观经济的影响效应。数值模拟研究发现：（1）无论价格弹性还是黏性，突发灾难冲击对产出、投资、消费和资本存量都造成负向影响，并且价格弹性下的影响效应大于价格黏性下的影响效应。（2）价格弹性下，突发灾难冲击对劳动时间和名义工资造成负向影响，价格黏性下为正向影响。（3）无论价格弹性还是黏性，突发灾难冲击对名义利率、实际利率和通货膨胀都造成正向影响，并且价格弹性下的影响效应大于价格黏性下的影响效应。本章的研究为正确认识突发灾难冲击对中国宏观经济的影响提供了量化实证结果。

一、引言

一直以来，灾难冲击虽然发生的概率极小，但是一旦发生便会造成严重的损失。突发灾难事件通常包括金融危机、战争、自然灾害和流行疾病。2001 年 "9·11" 恐怖袭击使得美国经济遭受沉重打击，世界经济增长率降低了 1 个百分点，损失达 3 500 亿美元。2003 年 SARS 爆发，全球在此期间经济总损失额达到 590 亿美元，其中中国内地经济总损失额为 179 亿美元，占当年中国 GDP 的 1.3%。2008 年，汶川大地震造成中国直接经济损失超过 8 000 亿元。2013 年 4 月，四川芦山发生地震，导致我国直接经济损失高达 500 亿元。2016 年上半年，中国各类自然灾害导致将近

7 000 万人受灾，直接经济损失高达 890.4 亿元，对我国造成了巨大损失。

研究灾难冲击对宏观经济的影响是当前国际上研究宏观经济的前沿。贝克和布鲁姆（Baker and Bloom，2011）建立了一组衡量自然灾害、恐怖袭击和未预期到的政治冲击等突发事件的指标来考察经济萧条的原因，并统计某灾难事件发生前后报纸中能反映一个国家受到该突发事件影响的相关词汇出现的频率涨幅，将该涨幅作为权重进行加权得到衡量灾难的指标。研究表明，突发灾难冲击对于现实宏观经济的影响确实非常巨大（ECLAC，2003；Auffret，2003；Barro，2006，2009；Hochrainer，2009；Yasuhide，2014；Yabin Wang，2017）。

随着 DSGE 模型的不断发展，DSGE 模型成为研究宏观经济的主流研究框架，为研究灾难冲击对宏观经济的影响打好了基础。布鲁姆（Bloom，2009）在 DSGE 模型的框架下，利用马尔科夫机制转移模型刻画灾难冲击，研究古巴危机、暗杀肯尼迪、石油输出国组织石油价格冲击以及"9·11"恐怖袭击等重大冲击对宏观经济产生的影响。此后，在不同状态下研究宏观经济的方法得到了发展，发现马尔科夫机制转移模型可以更好地刻画经济处于两状态下的动态演化及转换过程。目前马尔科夫机制转移动态随机一般均衡模型的创新性发展，为研究灾难冲击提供了新的思路，也是目前经济学研究的前沿。近年来，一大批学者在布鲁姆的基础上构建了动态随机一般均衡模型，并利用马尔科夫机制转移模型刻画灾难冲击，研究灾难冲击对宏观经济的影响。布鲁姆、弗勒特托等（Bloom and Floetotto et al.，2009）构建了一个在资本和劳动力两方面存在非均质性调整成本的动态随机一般均衡模型，并利用马尔科夫机制转移模型刻画灾难冲击，研究灾难冲击对经济活动的影响。阿雷利亚诺、鲍伊等（Arellano and Bai et al.，2011）在布鲁姆、弗勒特托等（Bloom and Floetotto et al.，2009）的基础上，建立了一个具有异质性企业和金融摩擦的定量一般均衡模型，也利用马尔科夫机制转移模型刻画灾难冲击，研究金融危机时的宏观经济。布鲁姆、弗勒特托等（Bloom and Floetotto et al.，2013）构建了具有异质性企业的动态随机一般均衡模型，利用马尔科夫机制转移模型刻画灾难冲击，研究 2007~2009 年经济大衰退时期灾难冲击对宏观经济的影响以及相应的政策。古里奥（Gourio，2012）构建了一个简单的 DSGE 模型，并使用马尔科夫机制转移模型刻画灾难冲击，研究灾难冲击对风险溢价和宏观经济的影响。本杰明和帕科（Benjamin and Pakko，2011）构建了包含名义刚性的动态随机一般均衡模型，并利用马尔科夫机制转移模型刻画突发灾难冲击，研究适用于灾难冲击的货币政策。娜瑞达（Narita，2011）构建了一个具有异质性企业的 DSGE 模型，利用马尔科夫机制转移模型刻画灾难冲击，研究可能降低金融危机中总产出和就业的经济机制。古里奥（Gourio，2013）将资本结构的权衡理论嵌入一个真实商业周期模型中，并利用马尔科夫机制转移模型刻画经济灾难，研究其对宏观经济以及违约情况的影响，研究表明，灾难发生概率的外生增长会导致投资和就业减少。

近年来，DSGE 模型也成为国内研究宏观经济的主流模型。在此基础上，也有一批学者在 DSGE 模型的框架下研究了灾难冲击对宏观经济的影响。陈彦斌等（2009）首次结合宏微观经济构建了包含突发灾难冲击的 DSGE 模型，将灾难分解成全要素生产率（TFP）灾难和资本灾难，分别探讨了其对居民行为的影响，进而探讨了其对宏观经济产生的影响。陈国进等（2014）借鉴陈彦斌等（2009）的思路，结合宏微观经济，构建了包含突发灾难冲击的真实周期（RBC）模型，通过区分 TFP 灾难、资本灾难与双重灾难三种灾难形式，发现含突发灾难冲击的 RBC 模型能够有效改善不含突发灾难冲击的 RBC 模型对我国宏观经济波动的解释能力。晁江峰等（2015）构建了包含突发灾难冲击预期和政府支出因素的 DSGE 模型，分析了罕见灾难在中国宏观经济中的财政政策效应问题。赵向琴、袁靖、陈国进（2017）通过引入政府生产性支出拓展了包含突发灾难冲击的新凯恩斯 DSGE 模型，分析表明，相对于不含政府生产性支出的突发灾难冲击模型，该模型能够更好地拟合中国宏观经济波动等基本特征。

相较国外而言，国内学者在 DSGE 模型下研究灾难冲击对宏观经济的影响，假设灾难冲击服从一阶自回归过程。利用马尔科夫机制转移模型刻画灾难冲击的文献还比较缺乏。而一阶自回归过程导致冲击序列波动特征被平均化。朱军、马翠（2016）研究表明，将冲击序列的波动特征平均化的方法的模拟结果不如马尔科夫机制转移模型的结果。因此，与国内已有文献不同，本章在动态随机一般均衡模型下，利用马尔科夫机制转移模型刻画灾难冲击，研究灾难冲击对宏观经济的影响。

价格黏性和价格弹性会对宏观经济产生不同的影响，因此，在价格黏性和价格弹性的不同假设下研究宏观经济是宏观经济学研究的一个重要领域。到目前为止，国内学者对于突发灾难冲击的研究往往基于价格弹性的单一假设进行（陈国进，2014，2015；晁江峰等，2015；赵向琴、袁靖、陈国进，2017）。

但是，通过简化劳动力供给曲线和劳动力需求曲线来图形化价格假设不同情况下的差异，可以发现对不同价格假设下突发灾难冲击导致的劳动力需求的动态解释完全不同。图 8 - 1 和图 8 - 2 分别显示了在价格弹性和价格黏性下，突发灾难冲击造成的不确定性影响导致的劳动力需求的动态变化。

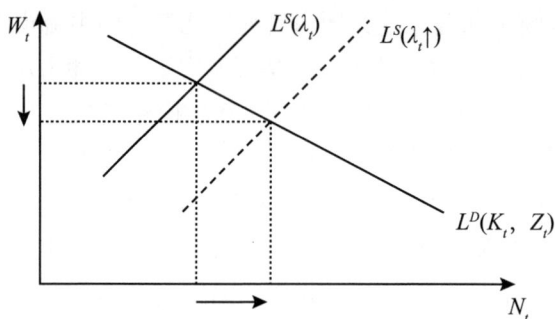

图 8 - 1　价格弹性

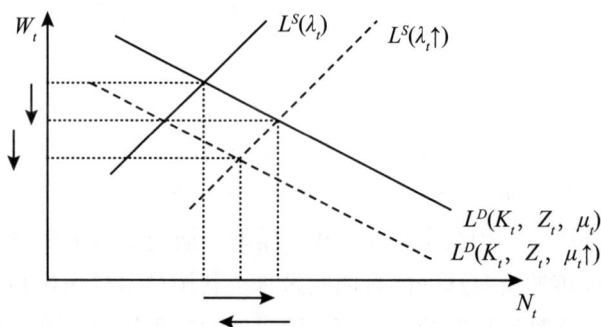

图 8 - 2　价格黏性

突发灾难冲击所产生的未来不确定性的增加，通过影响预期边际效用 λ_t 来影响代表性家庭。预期边际效用的增加导致家庭劳动力供给曲线向外移动。图 8 - 1 显示了在价格弹性均衡中，市场及时的出清状态，会使家庭提供更多劳动力的愿望转化为更高的均衡工作时间和更低的实际工资。

但是，当价格缓慢地向边际成本变化时，相比于价格弹性情况下，家庭增加劳动力供给的同时厂商会产生边际成本的加成，对于给定的实际工资水平，加成的增加会减少厂商的劳动力需求。图 8 - 2 显示了由于劳动力供给曲线向外移动和劳动力需求曲线向内移动，劳动均衡时间可能仍保持上升或反而下降。

正是因为价格弹性和价格黏性下的劳动力需求面对不确定性变化的反应非常不同，因此，本章将在动态随机一般均衡模型中引入价格黏性和价格弹性进行对比分析。

经济全球化不断发展的今天，中国面对的灾难冲击也越加频繁。研究灾难冲击对中国宏观经济的影响，能够更好地应对灾难对中国宏观经济所造成的负面影响，使中国经济能够稳定发展。因此，本章在动态随机一般均衡模型框架下，借鉴本杰明和迈克尔（Benjamin and Michael, 2011）的研究方法，利用两状态马尔科夫机制转移模型刻画灾难冲击，比较分析在价格黏性和价格弹性的不同假设下，灾难冲击对中国宏观经济的影响。

本章其余部分安排如下：第二部分是模型构建；第三部分是参数校准；第四部分是脉冲响应分析；最后是本章的结论与建议。

二、模型构建

本章在实际经济周期模型框架下，基于封闭经济模型引入突发灾难冲击，研究突发灾难冲击对宏观经济波动的影响。模型有三种类型的经济主体：代表性家庭、代表性厂商和中央银行。

（一）代表性家庭

家庭能够生存无穷期，并进行消费和劳动，代表性家庭的预期终生效用函数如下：

$$U = \frac{1}{1-\sigma}c_t^{1-\sigma} - \frac{1}{1+\phi}l_t^{1+\phi} \qquad (8-1)$$

其中，c_t、l_t 分别为代表性家庭在 t 期的实际消费和劳动时间，σ 为消费者的风险回避系数，$1/\sigma$ 为消费的跨期替代弹性，$1/\phi$ 为劳动的供给弹性。

代表性家庭的决策目标是通过确定最优的消费和投资计划，以实现未来各期的贴现效用总和最大化。代表性家庭的规划问题就是在预算约束等条件下最大化其效用的期望现值：

$$U = E_0 \sum_{t=0}^{\infty} \beta^t u(c_t, l_t) = E_0 \sum_{t=0}^{\infty} \beta^t \left[\frac{1}{1-\sigma} c_t^{1-\sigma} - \frac{1}{1+\phi} l_t^{1+\phi} \right] \quad (8-2)$$

$$k_t = i_t + (1-\delta) k_{t-1} \quad (8-3)$$

$$w_t l_t + r_t^k k_{t-1} + \frac{R_{t-1} b_{t-1}}{\pi_t} = c_t + i_t + b_t \quad (8-4)$$

其中，β 表示家庭的主观贴现因子，$\beta \in (0,1)$。E_0 为家庭基于第 0 期的信息预期。k_t、k_{t-1} 分别表示 t、$t-1$ 期的实际资本存量，i_t 为 t 期的实际投资，δ 为折旧率，$\delta \in (0,1)$。w_t 为 t 期的实际工资，r_t^k 为租金收益率，R_{t-1} 为 $t-1$ 期名义存款利率，b_t 为政府发行的债券，π_t 为通货膨胀。资本累积方程（8-3）的含义为本期资本额 k_t 等于本期投资额 i_t 和上期资本折旧后的余额 k_{t-1} 的和。方程（8-4）是居民的生存预算约束条件。

为了得到最优解，本章采用拉格朗日乘数法求解，得拉格朗日乘数：

$$E_t \sum_{t=0}^{\infty} \beta^t \left\{ \left[\frac{1}{1-\sigma} c_t^{1-\sigma} - \frac{1}{1+\phi} l_t^{1+\phi} \right] \right.$$
$$\left. - \lambda_t \left[k_t - (1-\delta) k_{t-1} + c_t + b_t - w_t l_t - r_t^k k_{t-1} - \frac{R_{t-1} b_{t-1}}{\pi_t} \right] \right\} \quad (8-5)$$

分别对消费、劳动、债券和资本存量求一阶导数，结果如下所示：

$$c_t: \ \frac{1}{c_t^{\sigma}} = \lambda_t \quad (8-6)$$

$$l_t: \ l_t^{\phi} = \lambda_t w_t \quad (8-7)$$

$$b_t: \ \beta E_t \lambda_{t+1} \frac{R_t}{\pi_{t+1}} = \lambda_t \quad (8-8)$$

$$k_t: \ \beta E_t \lambda_{t+1} ((1-\delta) + r_{t+1}^k) = \lambda_t \quad (8-9)$$

合并方程（8-6）和方程（8-7），可得到居民当期消费和闲暇替代关系的方程：

$$c_t^{\sigma} l_t^{\phi} = w_t \quad (8-10)$$

合并方程（8-6）和方程（8-8），可得到居民当期消费和未来消费替代关系的欧拉方程式：

$$\beta E_t \left(\frac{c_t^{\sigma}}{c_{t+1}^{\sigma}} \frac{R_t}{\pi_{t+1}} \right) = 1 \quad (8-11)$$

合并方程（8-6）和方程（8-9）得到：

$$\beta E_t \frac{c_t^\sigma}{c_{t+1}^\sigma}\left[(1-\delta)+r_{t+1}^k\right]=1 \qquad (8-12)$$

（二）代表性厂商

1. 价格弹性

代表性厂商通过劳动力市场雇用劳动力，通过资本市场租借资本，并通过柯布—道格拉斯生产函数生产最终产品。

$$y_t = Z_t k_{t-1}^\alpha l_t^{1-\alpha} \qquad (8-13)$$

其中，α 为资本产出弹性，$0<\alpha<1$，$k_{i,t-1}$、l_{it} 分别为生产中间产品所使用的资本和劳动力，Z_t 为技术进步水平。Z_t 包含技术冲击 z_t 和突发灾难冲击变量 D_t，其中 z_t 遵循一阶自回归过程，Z_t 表示函数如下：

$$\ln(Z_t/Z)=\ln(z_t/z)+\varsigma\ln(D_t/D) \qquad (8-14)$$

D_t 为突发灾难冲击变量，本杰明和帕科（Benjamin and Pakko，2011）文中曾详细介绍过此变量。

假定所有中间品厂商面临的工资率和资本边际成本相同，厂商的总实际成本最小化：

$$\min_{l_t,k_{t-1}} w_t l_{it}+r_t^k k_{i,t-1} \qquad (8-15)$$

厂商在生产函数约束下最小化实际成本，消去拉格朗日乘子，得到：

$$w_t=(1-\alpha)\frac{y_t}{l_t} \qquad (8-16)$$

$$r_t^k=\alpha\frac{y_t}{k_{t-1}} \qquad (8-17)$$

2. 价格黏性

在价格黏性假设下，经济中存在两类厂商：最终产品生产厂商和中间产品生产厂商。一般地，最终产品生产厂商处于完全竞争市场，并以规模报酬不变的生产技术生产最终产品；中间产品生产厂商处于垄断竞争市场中。

（1）最终产品生产厂商。最终产品生产厂商使用每个中间产品生产厂

商 $i \in [0, 1]$ 生产的 $y_t(i)$ 单位中间产品生产 y_t 单位的最终产品，中间产品 i 的名义价格为 $p_t(i)$，其生产函数满足 CES（constant elasticity of substitution）形式：

$$y_t = \left[\int_0^1 y_{it}^{\frac{\theta-1}{\theta}} \, di \right]^{\frac{\theta}{\theta-1}} \qquad (8-18)$$

其中，θ 为中间产品的替代弹性。

最终产品生产厂商的目标是追求利润最大化，其函数表示为：

$$\max \; p_t y_t - \int_0^1 p_t(i) y_t(i) \, di \qquad (8-19)$$

对 $y_t(i)$ 求导，得出最优决策的一阶条件：

$$\left(\int_0^1 y_t(i)^{\frac{\eta-1}{\eta}} \, di \right)^{\frac{1}{\eta-1}} = \frac{p_t(i)}{p_t} y_t(i)^{1/\eta} \qquad (8-20)$$

将式（8-18）两端分别取 $1/\theta$ 次幂，代入上式，整理可得出最终产品厂商对第 i 种中间产品的需求函数：

$$y_t(i) = \left(\frac{P_t(i)}{P_t} \right)^{-\theta} y_t \qquad (8-21)$$

上式即为中间产品 i 的需求函数，一阶条件中的 θ 也可以理解为每种中间产品的需求价格弹性，它反映了中间产品市场竞争程度的大小。由于最终产品市场完全竞争，在均衡条件下利润为 0，从而可得到 t 期价格水平满足：

$$P_t = \left(\int_0^1 P_t(i)^{1-\theta} \, di \right)^{\frac{1}{1-\theta}} \qquad (8-22)$$

（2）中间产品生产厂商

假定中间投入产品的生产是垄断竞争的，垄断竞争的中间投入产品生产厂商生产有差别的中间投入产品，任意一种中间产品 i 由中间产品厂商 i 依照如下的生产技术进行生产：

$$y_{it} = Z_t (a_t k_{i,t-1})^{\alpha} l_{it}^{1-\alpha} \qquad (8-23)$$

其中，a 为资本产出弹性，$0 < a < 1$，$k_{i,t-1}$、l_{it} 分别为生产中间产品所使用的资本和劳动力，Z_t 为技术进步水平。Z_t 包含技术冲击 z_t 和突发灾难冲击变量 D_t，其中 z_t 遵循一阶自回归过程，Z_t 表示函数如下：

$$\ln(Z_t/Z) = \ln(z_t/z) + \varsigma \ln(D_t/D) \qquad (8-24)$$

其中，D_t 为突发灾难冲击变量，本杰明和帕科（Benjamin and Pakko，2011）文中曾详细介绍过此变量。

假定所有中间产品厂商面临的工资率和资本边际成本相同，厂商的总实际成本最小化：

$$\min_{l_t,k_{t-1}} w_t l_{it} + r_t^k k_{i,t-1} \tag{8-25}$$

厂商 i 在生产函数约束下最小化实际成本，消去拉格朗日乘子，得到：

$$\frac{l_{it}}{k_{i,t-1}} = \frac{(1-\alpha)r_t^k}{\alpha\omega_t} \tag{8-26}$$

并得到实际边际成本为：

$$mc_t(i) = \frac{\omega_t l_t(i)}{(1-\alpha)y_t(i)} = \frac{\omega_t^{1-\alpha}(r_t^k)^\alpha \alpha^{-\alpha}(1-\alpha)^{\alpha-1}}{z_t} \tag{8-27}$$

从上面的式子可以看出，由于所有的厂商在同一期面对相同的工资、租金和技术，因此所有厂商在同一期的边际成本是相同的。

另外容易得到：

$$r_t^k k_{it-1} = \alpha mc_t y_{it} \tag{8-28}$$

$$\omega_t l_{it} = (1-\alpha)mc_t y_{it} \tag{8-29}$$

以上两个方程为中间产品厂商需要的资本和劳动力。

接下来我们引入新凯恩斯主义的名义价格黏性，假定中间产品企业定价方式为卡尔沃（Calvo，1983）的交错定价形式，在每一期，只有 $1-\rho$ 比例的企业可以最优化价格，其余 ρ 比例的企业保持上一期价格，即 $P_{it} = P_{i,t-1}$。

当中间产品厂商能够制定价格时，它在制定价格时会将价格持续概率考虑在内。能够在第 t 期重新制定价格的中间产品企业 i，选择价格 P_{it}^* 最大化：

$$E_t \sum_{j=0}^{\infty} \beta^j \rho^j Q_{t+j}(P_{it}^* y_{i,t+j} - \omega_t l_{it} - r_t^k k_{i,t-1}) \tag{8-30}$$

其中，Q_t 为财富的边际效用，$Q_{t+j} = \dfrac{c_{t+j}^{-\sigma} P_t}{c_t^{-\sigma} P_{t+k}}$。

将需求函数和成本函数代入，并通过一阶求导得到能够最优化价格的中间企业将价格定位为：

$$P_{it}^* = \frac{\theta}{\theta-1} \frac{E_t \sum_{j=0}^{\infty}(\beta\rho)^j c_{t+k}^{-\sigma} y_{t+j} P_{t+j}^\theta mc_{t+j}}{E_t \sum_{j=0}^{\infty}(\beta\rho)^j c_{t+k}^{-\sigma} y_{t+j} P_{t+j}^\theta} \tag{8-31}$$

由于所有能够确定价格的中间产品厂商有相同的边际成本加成，因此在每个时期，P_{it}^* 对于所有能调整价格的厂商相同。

新凯恩斯菲利普斯曲线为：

$$\hat{\pi}_t = \beta E_t \hat{\pi}_{t+1} + \lambda_{mc} \hat{mc}_t \qquad (8-32)$$

其中，$\lambda_{mc} = (1-\rho)(1-\beta\rho)/\rho$，$\hat{\pi}_t$ 表示通货膨胀率对于稳态的偏离，$\hat{mc}_t$ 分别表示实际边际成本偏离稳态百分比。

（三）中央银行

参考刘斌（2010）、张卫平（2012），本章采用具有利率平滑作用的泰勒规则，如下：

$$R_{t+1} = R_{ss}\left(\frac{R_t}{R_{ss}}\right)^{\rho_R}\left(\frac{\pi_t}{\pi_{ss}}\right)^{(1-\rho_R)\phi_\pi}\left(\frac{y_t}{y_{ss}}\right)^{(1-\rho_R)\phi_y} \qquad (8-33)$$

其中，ρ_R 为利率的持久性参数，$0 < \rho_m < 1$，ϕ_π 为利率对通货膨胀率的反应系数，ϕ_y 为利率对产出增长率的反应系数，通货膨胀 $\pi_t = P_t/P_{t-1}$，R_{ss}、π_{ss}、y_{ss} 分别表示稳态时的利率水平、通货膨胀、产出水平。

（四）突发灾难冲击

因为突发灾难事件是罕见事件，因此本章参考本杰明和帕科（Benjamin and Pakko, 2011），用两状态的马尔科夫机制转移模型刻画突发灾难冲击，并引入动态随机一般均衡模型。突发灾难冲击变量 D_t 有两种状态，状态 1 是"正常"或"无灾难"状态，状态 2 定义为"灾难"状态。这两个状态经过校准的概率转移矩阵为：

$$\begin{pmatrix} p_{11} & 1-p_{22} \\ 1-p_{11} & p_{22} \end{pmatrix} = \begin{pmatrix} 0.98 & 0.98 \\ 0.02 & 0.02 \end{pmatrix} \qquad (8-34)$$

其中，$p_{ij} = prob(D_t = D^j \mid D_{t-1} = D^i)$。无论灾难变量在前期处于"正常"状态还是处于"灾难"状态，灾难在当期均有 2% 的概率发生。

（五）市场出清

模型要求市场是出清的，市场处于一般均衡状态。

$$y_t = c_t + i_t \qquad (8-35)$$

三、参数校准

根据龚六堂和谢丹阳（2004），资本折旧率 δ 的年度值为 0.1，本章设定季度资本折旧率为 0.025。参考马勇（2013），设定家庭的主观贴现因子 $\beta = 0.99$。根据张卫平（2012），消费的跨期替代弹性的倒数、劳动供给对真实工资的弹性的倒数和真实货币需求对利率弹性的倒数分别取值为 1、1 和 3。根据简志宏等（2011），设定技术水平波动的一阶自回归系数为 0.8。张佐敏（2013）采用《中国统计年鉴》数据，经过校准得 $a = 0.476$。黄赜琳（2005）考察了 1978 年以来就业人数和总人数之比的波动变化规律，得到均衡劳动供给校准 $n = 0.542$（见表 8 – 1）。

表 8 – 1   变量参数校准表

参数或相关稳态值	描述	取值
β	居民贴现率	0.99
σ	消费的跨期替代弹性的倒数	1
v	实际货币需求的利率弹性的倒数	3
ϕ	劳动的供给弹性的倒数	1
a	资本产出弹性	0.476
ρ_u	货币供给量增长率的持久性参数	0.8
ρ_π	货币供应量增长率对通货膨胀率的反应系数	– 0.5
ρ_y	货币供应量增长率对产出增长率的反应系数	– 0.5
ρ_R	利率的持久性参数	0.95
ϕ_π	利率对通货膨胀率的反应系数	1.44
ϕ_y	利率对产出增长率的反应系数	0.5
z	技术进步的稳态水平	1
n	均衡劳动供给	0.542
δ	季度资本折旧率	0.025
ρ_Z	技术水平波动的一阶自回归系数	0.8

四、脉冲响应分析

本章建立了实际经济周期模型，利用 Matlab 软件得到了不同价格假设下突发灾难冲击的脉冲响应图，并分析了突发灾难冲击对主要宏观变量的影响。

（一）价格弹性下突发灾难冲击的宏观经济效应

图 8-3 反映的是在价格弹性假设下，突发灾难冲击的宏观经济效应。从图 8-3 中可以看出，一个标准差的突发灾难冲击对经济产生负向影响：产出、投资、资本、消费、劳动时间和名义工资发生负向波动。实际利率、名义利率和通货膨胀呈正向波动。

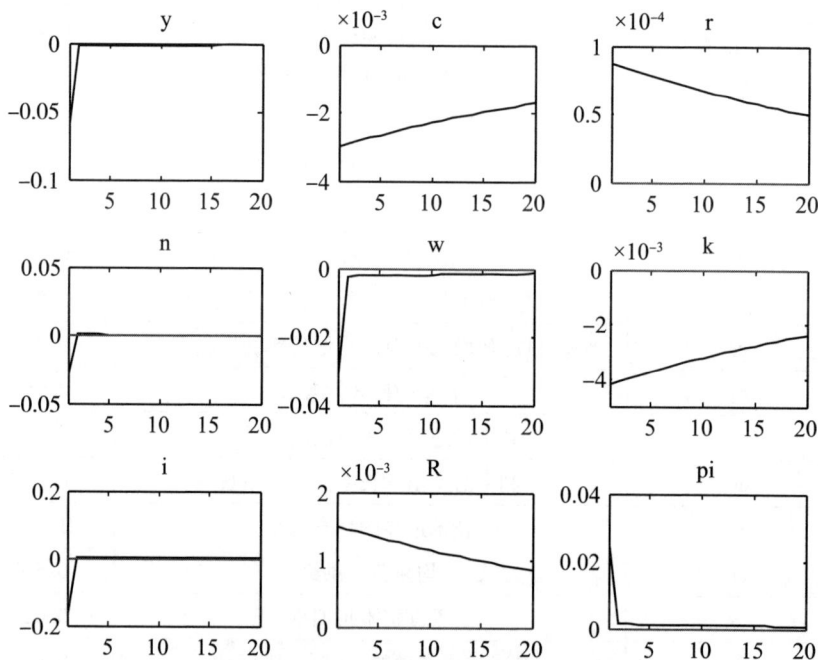

图 8-3　价格弹性下突发灾难冲击的脉冲响应图

这是因为，突发灾难冲击主要通过两个方面影响宏观经济：

首先是突发灾难冲击对全要素生产率的直接影响。突发灾难冲击导致全要素生产率快速下滑，产出大幅度下降，表现为产出的负向波动。厂商的实际生产成本大幅度上升，在价格弹性假设下，厂商可以通过提高产品价格以维持正常利润，因此，商品价格上涨，同时，如图 8-3 所示模拟得到在突发灾难冲击下，产出下降的幅度大于消费下降的幅度，商品市场供不应求，商品价格进一步上涨，表现为通货膨胀的正向波动。

其次是突发灾难冲击增加了人们和企业对未来的不确定性，导致人们的预防性储蓄增加，人们当期消费减少，企业减少投资以减少产出，从而表现为投资、资本、产出、消费的负向波动。

在劳动力市场，因为灾难冲击导致商品价格水平上涨，人们希望获得更多收入，以维持正常生活，因此，人们增加劳动供给。同时，突发灾难冲击发生导致未来不确定性增加，使人们预防性劳动供给增加，劳动供给进一步增加，而企业也因社会总需求减少而缩减生产规模，大幅度减少对劳动的需求，从而加剧了劳动力市场的竞争，表现为名义工资的负向波动和劳动时间的负向波动。

通过泰勒规则，在灾难发生后，货币政策对高通货膨胀率的响应会对名义利率产生上行压力，而对产量下降的响应会对名义利率产生下行压力。在泰勒规则中，通货膨胀率的影响更为显著，因此货币政策做出的响应是名义利率上升。实际资本存量的减少，会导致未来资本租金率的上升，从而引起均衡实际利率上升。

（二）价格黏性下突发灾难冲击的宏观经济效应

图 8-4 反映的是在价格黏性假设下突发灾难冲击的宏观经济效应。由图 8-4 可知，一个标准差的突发灾难冲击导致产出、投资、资本和消费发生负向波动，劳动时间和名义工资呈正向波动，实际利率、名义利率和通货膨胀呈正向波动。

突发灾难冲击主要通过两个方面影响宏观经济：

首先是突发灾难冲击对全要素生产率的直接影响。突发灾难冲击导致全要素生产率快速下滑，产出大幅度下降，表现为产出的负向波动。

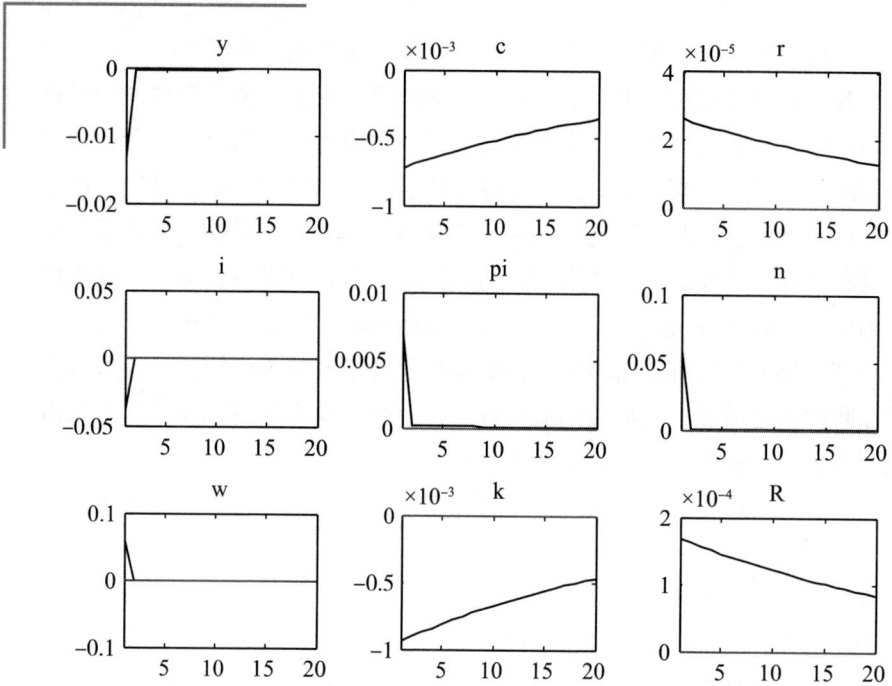

图 8 - 4　价格黏性下突发灾难冲击的脉冲响应图

其次是突发灾难冲击增加了人们和企业的未来不确定性，导致人们的预防性储蓄增加，当期消费减少，企业减少投资以减小产出规模，从而表现为投资、资本、产出的负向波动。

模拟得到在突发灾难冲击下，产出下降的幅度大于消费下降的幅度，商品市场供不应求，商品价格上涨，表现为通货膨胀的正向波动。此时，在劳动力市场，由于劳动供给的增加、社会总需求的减少以及商品价格黏性的原因，企业的实际边际成本相对降低，价格黏性产生的价格加成，导致企业不会大幅度减少对劳动力的需求，从而导致了劳动时间的正向波动。此外，由于价格水平的上升和工资黏性的问题，名义工资表现为正向波动。

通过泰勒规则，在灾难发生后，货币政策对高通货膨胀率的响应会对名义利率产生上行压力，而对产量下降的响应会对名义利率产生下行压力。在泰勒规则中，通货膨胀率的影响更为显著，因此货币政策做出的响应是名义利率上升。实际资本存量的减少，会导致未来资本租金率的上升，从而引起均衡实际利率上升。利率上升，人们会增加储蓄，从而减少消费，表现为消费的负向波动。

（三）不同价格假设下突发灾难冲击的宏观经济效应的对比分析

图8-5反映的是在价格黏性和价格弹性不同假设下，突发灾难冲击的宏观经济效应。由图8-5可知，对于产出、投资、资本和消费而言，无论是价格黏性还是价格弹性假设下，突发灾难冲击都对产出、投资、资本和消费造成负向的影响，并且价格弹性下突发灾难冲击的影响程度大于价格黏性下。

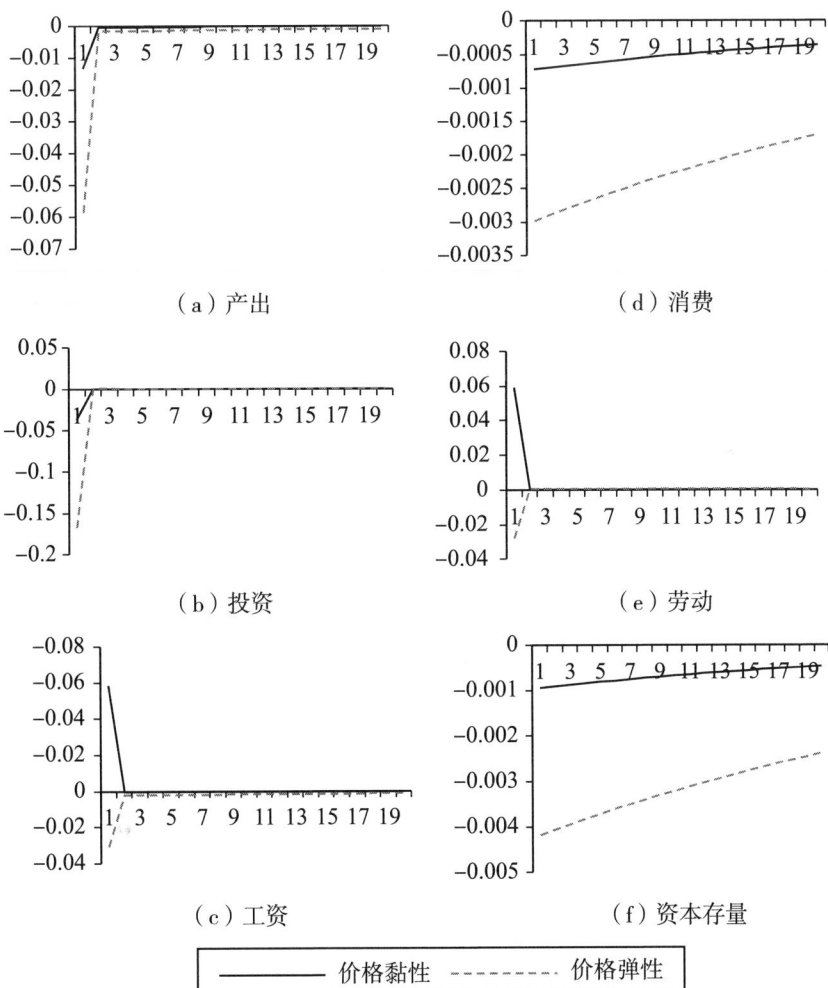

（a）产出

（d）消费

（b）投资

（e）劳动

（c）工资

（f）资本存量

价格黏性 —————— 价格弹性

图8-5　价格黏性和价格弹性下宏观经济变量的对比图

　　就产出而言，由于突发灾难冲击导致全要素生产率下降，产出大幅度下降，厂商实际生产成本增加，表现为产出的负向波动。在价格弹性假设下，厂商可以通过提高商品价格来维持正常的利润，同时，突发灾难冲击导致未来不确定性增加，使厂商减少投资以减少产出，因此，在价格弹性假设下，产出下降幅度较大。但是在价格黏性假设下，商品价格变化缓慢，虽然突发灾难冲击造成生产效率下降，产出大幅度下降，但由于价格加成的原因，劳动时间的正向波动导致产出有一定的增加，因此价格黏性下产出下降幅度较小。

　　就劳动时间和名义工资而言，如图8-6和图8-7所示，价格弹性情况下，突发灾难冲击会使厂商减少投资，从而减少对劳动的需求；另外，突发灾难冲击产生的不确定性会导致劳动供给的增加，从而导致均衡劳动需求大幅度下降。在价格黏性假设下，劳动供给的增加导致厂商的边际商品价格下降，从而产生价格加成，厂商对劳动需求不会有较大的减少。因此，在价格弹性假设下，劳动时间减少，名义工资减少，而在价格黏性假设下，劳动时间增加，名义劳动工资增加。

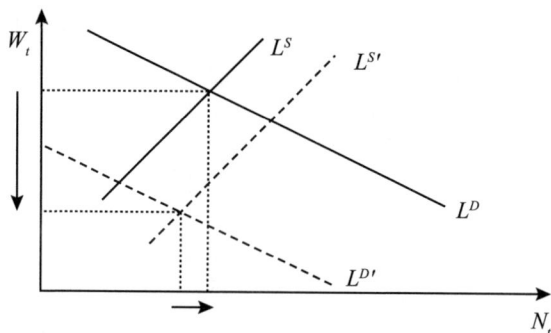

图8-6　价格弹性

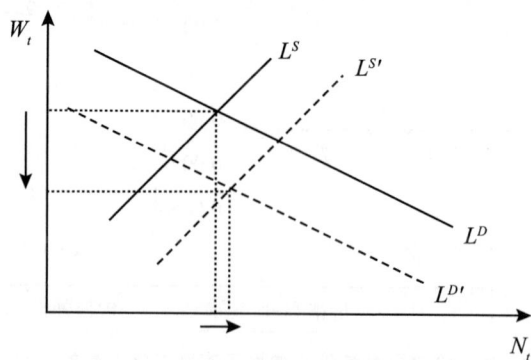

图8-7　价格黏性

就消费而言，可能的原因是，在价格弹性假设下，首先，突发灾难冲击导致劳动需求和工资减少，人们的收入水平下降，消费减少。其次，突发灾难冲击使居民增加预防性储蓄，减少消费。最后，价格水平上升、利率上升，导致居民的储蓄增加，进一步减少消费。因此，在价格弹性假设下，突发灾难冲击导致消费大幅度减少。在价格黏性假设下，突发灾难冲击导致居民增加预防性储蓄，同时利率上升，使居民增加储蓄，从而减少消费，但在价格黏性假设下，由于劳动需求和工资的增加，居民收入增加，因此，消费下降幅度与价格弹性假设下相比较小。

此外，从图 8 - 5 可以看出，无论是价格弹性还是黏性下，马尔科夫机制转移模型都可以较好地刻画突发灾难冲击。由于马尔科夫机制转移模型是离散函数形式，马尔科夫机制转移模型可以刻画离散"跳"行为，但只能取固定的有限值。它所产生的影响是一种瞬时影响、离散并且"跳跃"之后很快趋于平稳。

五、研究结论

本章建立了实际经济周期模型，在封闭经济系统中引入突发灾难冲击，研究突发灾难冲击对中国宏观经济的影响，同时比较分析在价格弹性和价格黏性不同假设下，突发灾难冲击对宏观经济变量的影响效应，通过数值模拟发现：

第一，在价格弹性和价格黏性假设下，一个标准差的突发灾难冲击均造成产出、投资、资本、消费、劳动时间和工资发生负向波动，实际利率、名义利率和通货膨胀发生正向波动。价格弹性下突发灾难冲击的影响大于价格黏性下的影响。

第二，就劳动需求和劳动工资而言，在价格弹性假设下，突发灾难冲击对劳动需求和劳动工资具有负向效应，而在价格黏性假设下，突发灾难冲击对劳动需求和劳动工资具有正向效应。

第三，马尔科夫机制转移模型可以较好地刻画外生突发性冲击。由于马尔科夫机制转移模型是离散函数形式，马尔科夫机制转移模型可以刻画离散"跳"行为，但只能取固定的有限值。它所产生的影响是一种瞬时影响、离散并且"跳跃"之后很快趋于平稳。

　　为提高宏观经济的抵御能力，削弱突发灾难冲击对宏观经济的影响，在不同的价格假设条件下国家可以采取相对应的政策：第一，在产出、投资、消费、资本存量大幅度下降的情况下，为防止出现大量失业和经济活力下降，政府应实行扩张性的财政政策从而增加投资，刺激总需求的增长，阻止经济进一步下滑。例如，加大对容易受灾难冲击影响的行业的监控和补贴，提升其抵御风险的能力，采取适当提高低保标准、发放临时补贴等措施，确保居民生活水平不降低。第二，在价格弹性假设下，由于企业可以提高产品价格维持利润，为了防止企业恶意提高产品价格而导致通货膨胀情况严重，政府可以从严惩处囤积居奇、哄抬物价、制假售假等扰乱市场秩序的行为，稳定市场价格，维护市场秩序。第三，无论是在价格黏性还是价格弹性假设下，突发灾难冲击均导致企业产出大幅度减少，人们消费减少，政府可以建立健全与各种灾害救助需求相对应的资金、物资保障机制，将各种灾害救助资金和救助工作经费纳入财政预算，对一些达到要求的企业和个人进行补贴，减少企业和个人的损失，防止市场上由于商品供不应求而导致严重的通货膨胀情况发生，维持市场的稳定。

第九章 外生突发性冲击对宏观经济运行的影响

——基于引入金融加速器的封闭经济 DSGE 模型

外生突发性事件虽然发生概率很小，但一旦发生会对经济运行造成重大影响。本章将外生突发性冲击引入包含价格黏性和金融加速器的新凯恩斯主义 DSGE 模型，并利用马尔科夫机制转移模型刻画外生突发性冲击，研究外生突发性冲击对中国宏观经济运行的影响。本章利用参数校准法和贝叶斯方法得到模型参数，并通过数值模拟得到以下研究结论：第一，马尔科夫机制转移波动冲击可以刻画离散"跳"行为，这种突发性冲击对各变量的脉冲响应是突发、"跳跃"的。第二，外生突发性冲击对产出、投资、消费、资本、技术和企业净值的影响均是逆向的，但其对通货膨胀、劳动和风险溢价所产生的影响却是正向的。第三，外生突发性冲击降低产出、消费、投资、资本、技术，从而削弱宏观经济风险抵御能力，政府可以采取积极的财政政策和货币政策。

一、引言

一直以来，外生突发性事件虽然发生的概率极小，但是一旦发生便会造成严重的损失。外生突发性事件通常包括金融危机、战争、自然灾害和流行疾病。贝克和布鲁姆（Baker and Bloom，2011）建立了一组衡量自然灾害、恐怖袭击和未预期到的政治冲击等突发事件的指标来考察经济萧条的原因，并统计某灾难事件发生前后报纸中能反映一个国家受到该突发事件影响的相关词汇出现的频率涨幅，将该涨幅作为权重进行加权得到衡量灾难的指标。研究表明，外生突发性冲击对于现实宏观经济的影响确实非常巨大（ECLAC，2003；Auffret，2003；Barro，2006、2009；Noy，2009；Hochrainer，2009；Andreasen，2012；Nakamura，2013；Yabin Wang，2017）。

研究外生突发性冲击对宏观经济的影响是当前国际上宏观经济学研究的前沿。随着研究的不断深入，国外一些学者开始引入伯南克（Bemanke）、格特勒（Gertler）和基尔克里斯（Gilchrist）在 1996 提出的著名的金融加速器（financial accelerator）理论，研究包含金融加速器的 DSGE 模型下，外生突发性冲击的宏观经济效应。洛佩兹等（López et al.，2009）构建了包含金融加速器的小型开放经济动态随机一般均衡模型，研究哥伦比亚 1998~1999 年的经济危机对哥伦比亚经济的影响，解释引发衰退的原因。克里斯坦森和迪卜（Christensen and Dib，2005）构建了一个包含金融加速器和价格黏性的 DSGE 模型，使用美国战后数据，评估金融加速器在战后美国商业周期中的作用，评估信贷市场摩擦在研究突发性冲击时对宏观经济变量影响的重要性。基尔克里斯和奥尔蒂斯等（Gilchrist and Ortiz et al.，2009）构建了包含金融加速器和名义刚性的动态随机一般均衡模型，试图量化金融加速器在过去 30 年的美国商业周期波动中的作用。特夫兹和汤纳等（Tvrz and Tonner et al.，2012）构建了一个包含金融加速器的小型开放经济的 DSGE 模型，研究全球经济危机冲击捷克经济后，金融部门不稳定和欧盟债务危机期间捷克经济中金融加速机制的影响。奥基蒂亚托和哈曼塔等（Oktiyanto and Harmanta et al.，2014）构建了一个包括住户间抵押限制、银行部门和金融加速器在内的小型开放 DSGE 模型，研究经济危机对印度尼西亚经济的影响效应。康和苏赫（Kang and Suh，2017）构建了包含金融加速器的 DSGE 模型，解释经济危机期间和之后的韩国经济，并深入地讨论了全球金融危机期间和之后货币和财政政策的作用。

此外，国外学者也考虑使用马尔科夫机制转移模型刻画外生突发性冲击，此后，马尔科夫机制转移动态随机一般均衡模型的创新性发展，为研究外生突发性冲击提供了新的思路，逐渐成为当前宏观经济学研究的前沿。布鲁姆（Bloom，2009）在 DSGE 模型的框架下，利用马尔科夫机制转移模型刻画灾难冲击，研究了古巴危机、暗杀肯尼迪、石油输出国组织石油价格冲击以及"9·11"恐怖袭击等重大冲击对宏观经济产生的影响。

此后，一大批学者在布鲁姆的基础上，构建 DSGE 模型，利用马尔科夫机制转移模型刻画外生突发性冲击，研究外生突发性冲击对宏观经济的影响（Bloom and Floetotto，2013；Gourio，2012；Benjamin and Pakko，2011；Gourio，2013）。还有一些学者则考虑了具有异质性企业的 DSGE 模型，并利用马尔科夫机制转移模型刻画外生突发性冲击，研究外生突发性冲击的宏观经济效应（Arellano and Bai，2011；Bloom and Floetotto，2012；Narita，2011；等）。

近年来，研究外生突发性冲击对宏观经济的影响也成为国内的前沿。陈彦斌等（2009）首次构建了包含突发灾难冲击的 DSGE 模型，并将灾难冲击分解成全要素生产率（TFP）灾难冲击和资本灾难冲击，分别研究了两种灾难冲击对宏观经济的影响。陈国进等（2014）在陈彦斌（2009）的基础上，将灾难分解为双重灾难、TFP 灾难与资本灾难，研究发现包含外生突发性冲击的模型能更好地解释我国宏观经济波动。还有部分学者考虑了包含政府支出因素和外生突发性冲击的模型，研究发现模型能更好地拟合中国宏观经济波动（晁江峰等，2015；赵向琴、袁靖、陈国进，2017）。以上研究都有助于解释我国宏观经济的波动，但相较国外文献而言，以上文献都没有在模型中考虑金融加速器，并且都假设外生突发性冲击服从一阶自回归过程。而金融加速器理论能很好地解释宏观经济中"小冲击，大波动"问题（Bemanke，Gertler and Gilchrist，1996；Gourio，2013；Christensen and Dib，2005），赵振全、于震（2007）研究表明，运用金融加速器理论有助于合理解释中国宏观经济的波动。同时，假设外生突发性冲击服从一阶自回归过程导致冲击序列波动特征被平均化。马尔科夫机制转移模型可以更好地刻画外生突发性冲击（Fernández – Villaverde，2010）。朱军、马翠（2016）研究表明，将冲击序列的波动特征平均化的方法的模拟结果不如马尔科夫机制转移模型的结果。

与国内已有研究不同，本章利用马尔科夫机制转移模型刻画外生突发性冲击，并将其引入包含价格黏性和金融加速器的新凯恩斯主义动态随机一般均衡模型，模拟研究外生突发性冲击对中国宏观经济运行的影响。

本章其余部分安排如下：第二部分介绍 DSGE 模型构建；第三部分是参数校准和贝叶斯估计；第四部分是数值模拟结果和分析；最后是本章的研究结论。

二、DSGE 模型构建

模型是以艾尔兰德（Ireland, 2003）为基础的 DSGE 模型，与其不同的是本章在此基础上引入伯南克等（Bernanke et al., 1996）所提出的金融加速器机制。因此，本章假设经济具有三种类型的刚性：价格黏性、资本调整成本和金融市场的摩擦。

经济是由代表性家庭、生产部门和货币当局组成的。生产部门由企业、资本生产者和零售商组成。企业和借款人之间的信息不对称就形成了金融摩擦，从而导致企业对资本的需求取决于其本身的财务状况。资本生产者生产新的资本并将其出售给企业。零售商采用卡尔沃（Calvo, 1983）和云（Yun, 1996）的交错定价模式设定名义价格。这种名义刚性又会影响货币当局短期的实际活动。

（一）代表性家庭

假定市场上存在大量无差异家庭，家庭能够生存无穷期，并需要消费、货币、闲暇满足需求。设定代表性家庭的预期终生效用函数如下：

$$U_0 = E_0 \sum_{t=0}^{\infty} \beta^t U\left(c_t, \frac{M_t}{p_t}, h_t\right) \tag{9-1}$$

其中，$\beta \in (0, 1)$ 为贴现因子，c_t、M_t、p_t、h_t 分别表示居民 t 时期的消费需求、期末名义货币余额、价格水平、劳动供给时间。

单期的效用函数如下：

$$U(\cdot) = \frac{\gamma e_t}{(\gamma - 1)} \log\left[c_t^{\frac{\gamma-1}{\gamma}} + b_t^{\frac{1}{\gamma}}\left(\frac{M_t}{P_t}\right)^{\frac{\gamma-1}{\gamma}}\right] + \eta \log(1 - h_t) \tag{9-2}$$

其中，$(1 - h_t)$ 为 t 时期闲暇时间，$\frac{M_t}{P_t}$ 为 t 时期实际货币余额，γ 表示消费与实际货币余额之间的不变替代弹性，η 表示闲暇在效用函数中的权重。我们将 e_t 定义为消费偏好冲击，b_t 定义为货币需求冲击。这两种冲击分别服从下面的一阶自回归过程：

$$\log e_t = \rho_e \log(e_{t-1}) + \varepsilon_{et} \tag{9-3}$$

$$\log b_t = 1 - \rho_b \log(b) + \rho_b \log(b_{t-1}) + \varepsilon_{bt} \qquad (9-4)$$

其中，ρ_e，$\rho_b \in (-1, 1)$ 是自回归系数，b 是常数并且与 ε_{et} 和 ε_{bt} 序列不相关，ε_{et} 和 ε_{bt} 服从均值为 0、标准差分别为 σ_e 和 σ_b 的独立正态分布。

代表性家庭进入 t 期时持有存在金融中介中 D_{t-1} 单位的存款和期末名义货币余额 M_{t-1}，存款 D_t 在 t 期可获利，名义存款利率为 R_t。货币余额 M_t 为现金，不产生利息。在 t 期家庭部门向企业提供劳动力以获得要素收入 $W_t h_t$，W_t 是名义工资。家庭收到转移收入 T_t 和来自零售公司的股利分红 Ω_t。代表性家庭将这些资金进行重新分配，分别为消费 c_t、持有期末货币余额 M_t 和名义存款 D_t。代表性家庭名义预算约束为：

$$P_t c_t + M_t + D_t \leq W_t h_t + R_{t-1} D_{t-1} + M_{t-1} + T_t + \Omega_t \qquad (9-5)$$

代表性家庭选择在自身约束下最优化其经济行为，通过对消费、休闲、期末名义货币余额及名义存款的选择，达到预期效用函数最大化的目的。λ_t 为家庭预算约束条件的拉格朗日乘子，方程（9-6）~方程（9-9）表示家庭效用函数最优化时的动态行为方程：

$$\frac{e_t c_t^{-\frac{1}{\gamma}}}{c_t^{\frac{\gamma-1}{\gamma}} + b_t^{\frac{1}{\gamma}} (m_t)^{\frac{\gamma-1}{\gamma}}} = \lambda_t \qquad (9-6)$$

$$\frac{e_t b_t^{\frac{1}{\gamma}} (m_t)^{-\frac{1}{\gamma}}}{c_t^{\frac{\gamma-1}{\gamma}} + b_t^{\frac{1}{\gamma}} (m_t)^{\frac{\gamma-1}{\gamma}}} = \lambda_t - \beta E_t \left(\frac{\lambda_{t+1}}{\pi_{t+1}} \right) \qquad (9-7)$$

$$\frac{\eta}{1-h_t} = \lambda_t w_t \qquad (9-8)$$

$$\frac{\lambda_t}{R_t} = \beta E_t \left(\frac{\lambda_{t+1}}{\pi_{t+1}} \right) \qquad (9-9)$$

其中，$m_t = \dfrac{M_t}{P_t}$ 为实际货币余额，$w_t = \dfrac{W_t}{P_t}$ 为实际工资，$\pi_{t+1} = \dfrac{P_{t+1}}{P_t}$ 为总通货膨胀率。方程（9-7）是货币需求方程，方程（9-8）是劳动供给方程，方程（9-9）是债券的最优持有量的跨期决策。

（二）企业

企业管理公司并生产、批发商品，在生产过程中借入资金来支持其资本。企业是风险中性且有一个有限的计划期。一个企业预期存活率为 v,

则预期存活期为$\dfrac{1}{(1-v)}$。这种假定确保企业的净值不能够完全为预期资本所得提供资金支持。

在 t 期末，企业以实际价格 q_t 购入资本 k_{t+1}，从而购买资本的成本是 $q_t k_{t+1}$。购买资本的资金一部分来自企业的净值 n_{t+1}，另一部分来自金融中介的借款 $q_t k_{t+1} - n_{t+1}$。金融中介机构从代表性家庭存款中获得资金，同时也面临着资金的机会成本，R_t 表示无风险利率。

企业对资本的需求取决于预期边际收益和 $t+1$ 期预期边际外部融资成本 $E f_{t+1}$，等于外部资金的预期实际利率。因此，企业最优状况的资本需求保证为：

$$E f_{t+1} = E_t \left[\frac{z_{t+1} + (1-\delta) q_{t+1}}{q_t} \right] \qquad (9-10)$$

其中，δ 是资本折旧率，资本的预期边际收益由式（9-10）的右边给出，$(1-\delta) q_{t+1}$ 是 $t+1$ 期所使用的单位资本价值，z_{t+1} 是资本在 $t+1$ 期的边际生产率。

伯南克等（Bernanke et al.，1999）认为代理人问题的存在使外部融资比内部融资成本更高。企业花费很少的资金来观察其产出，导致产生随机的结果。金融中介为了观察产出会承担审计成本。在观察了其项目结果之后，企业决定偿还债务或者违约。如果企业违约，金融中介需审查贷款并弥补项目所产生的结果，减少监督成本。

伯南克等（Bernanke et al.，1999）在获得借款人要求的收益率的条件下，求解了最大化企业报酬的财务合约。伯南克等（Bernanke et al.，1999）展示了——给定与监督贷款人成本、企业的收益分布特征和一个公司预期存活期相关的参数值——他们的合约意味着一个外部融资溢价 $S(\cdot)$，外部融资溢价取决于企业的杠杆率。

因此，边际外部融资成本是外部资金的溢价和实际机会成本的总和，而总实际机会成本等于无风险利率。因此，对资本的需求应当满足下面的最优条件：

$$E f_{t+1} = E_t \left[S(\cdot) \frac{R_t}{\pi_{t+1}} \right] \qquad (9-11)$$

其中，$E_t \left(\dfrac{R_t}{\pi_{t+1}} \right)$ 是预期实际利率，企业的外部融资溢价由下面的方程给出：

$$S_t(\cdot) = S\left(\frac{n_{t+1}}{q_t K_{t+1}} \right) \qquad S'(\cdot) < 0, \ S(1) = 1 \qquad (9-12)$$

外部融资溢价 $S_t(\cdot)$ 取决于在一个项目中借款者的股权（或者借款者的杠杆率）。随着 $\frac{n_{t+1}}{q_t K_{t+1}}$ 下降，为了资助项目，借款者就会在更大程度上依赖无担保的借款（高杠杆）。随着这种误报项目产出的动机的增加，贷款的风险变得更大，并且借款的成本上升。

根据式（9-11）和式（9-12），我们导出外部融资率的对数线性化的方程如下：

$$\hat{f}_{t+1} = \hat{R}_t - \hat{\pi}_{t+1} + \varphi(\hat{q}_t + \hat{K}_{t+1} - \hat{n}_{t+1}) \qquad (9-13)$$

其中，φ 代表与企业杠杆率变化相关的外部融资溢价的弹性。

总的企业净值演化为：

$$n_{t+1} = vV_t + (1-v)g_t \qquad (9-14)$$

其中，V_t 为幸存的企业从前期转移来的净借贷成本，$1-v$ 是新进入经济的企业的份额，g_t 是新进入的企业从前期退出经济的企业那得到的转移资金。V_t 由下式得到：

$$V_t = f_t q_{t-1} k_t - E_{t-1} f_t(q_{t-1} k_t - n_t) \qquad (9-15)$$

其中，f_t 是在 t 期持有资金的事后实际回报，$E_{t-1} f_t = E_{t-1}\left[S(\cdot) \frac{R_{t-1}}{\pi_t} \right]$ 是借款的成本（实际利率由在 $t-1$ 期所签订的贷款合同所规定）。在本期经营所得将会变成下一期的净值。在我们的方程中，借款者按照名义利率与贷款者签订一个债务合同。按照事后实际利率偿还借款。未预期到的通货膨胀的增加（降低）将会降低（增加）偿还债务的成本，因此，将会增加（降低）企业的净值。

为创造产出 y_t，企业使用 k_t 单位的资本和 h_t 单位的劳动，遵从一个规模报酬不变的生产函数：

$$Y_t \leq k_t^{\alpha}(A_t h_t)^{(1-\alpha)} \quad \alpha \in (0, \ 1) \qquad (9-16)$$

其中，技术水平 A_t 包括遵循一阶自回归过程的技术冲击 a_t，以及一个额外的与外生突发性冲击变量相关的成分：

$$\ln(A_t/A) = \ln(a_t/a) + \varsigma \ln(D_t/D) \qquad (9-17)$$

其中，D_t 是"外生突发性冲击"变量，a_t 为所有企业家共有的一个外生过程，被定义为技术冲击。假定其遵循平稳的一阶自回归过程：

$$\log a_t = (1 - \rho_a)\log(a) + \rho_a \log(a_{t-1}) + \varepsilon_{at} \tag{9-18}$$

其中，$\rho_a \in (-1, 1)$ 为自回归系数，$a > 0$ 是一个常数，误差项 ε_{at} 服从均值为零、标准差为 σ_a 的正态分布。企业在完全竞争市场上以等于其名义边际成本的价格出售其产出 y_t。

最优问题的一阶条件为：

$$z_t = \xi_t \alpha \frac{y_t}{K_t} \tag{9-19}$$

$$w_t = \xi_t (1 - \alpha) \frac{y_t}{h_t} \tag{9-20}$$

$$Y_t = k_t^\alpha (A_t h_t)^{(1-\alpha)} \tag{9-21}$$

其中，$\xi_t > 0$ 是生产函数的拉格朗日乘子，并定义为实际边际成本，w_t 是实际工资，z_t 是资本的实际边际生产率。

(三) 资本生产者

资本生产者生产资本产品并在 t 期末出售，要经受投资冲击 x_t。它们用从零售商那里获得的最终产品 x_t 作为投资品来生产有效投资品 $x_t i_t$，结合现存的资本存量来生产新的资本品 k_{t+1}。新的资本品替代了折旧资本并且增加了资本存量。扰动项 x_t 是边际投资效率冲击。因为 i_t 被表达为消费单位，x_t 决定了资本的效率单位，这些资本是为一单位消费所购买的。资本生产者也服从被 $\frac{\chi}{2}\left(\frac{i_t}{k_t} - \delta\right)^2 k_t$ 定义的二次资本调整成本。

方程 (9-22) 为资本生产者最优问题，选择投资 i_t 的数量来最大化其收益：

$$\max_{i_t}\left[q_t i_t x_t - i_t - \frac{\chi}{2}\left(\frac{i_t}{k_t} - \delta\right)^2 k_t\right] \tag{9-22}$$

最优条件为：

$$E_t\left[q_t x_t - 1 - \chi\left(\frac{i_t}{k_t} - \delta\right)\right] = 0 \tag{9-23}$$

资本的数量和价格决定市场上的资本。企业对资本的需求曲线由式 (9-11) 和式 (9-19) 决定，但资本的供给由式 (9-24) 决定：

$$k_{t+1} = i_t x_t + (1 - \delta) k_t \tag{9-24}$$

其中，δ 是资本折旧率，冲击 x_t 服从下面的一阶自回归过程：

$$\log x_t = + \rho_x \log(x_{t-1}) + \varepsilon_{xt} \tag{9-25}$$

其中，$\rho_x \in (-1, 1)$ 是自回归系数，ε_{xt} 服从均值为 0、标准差为 σ_x 的正态分布。

（四）零售商

为将价格黏性引入，本章设置零售商这一经济类别。零售商以等于企业名义边际成本的价格从企业购买批发品，并且没有区分产品的成本。然后它们在垄断竞争的市场上出售这些存在差别的零售品。根据卡尔沃（Calvo，1983）和云（Yun，1996），我们假定收到随机信号的概率为 $(1-\phi)$ 且为常数，只有收到这个信号，零售商才能重新定价，否则每一个零售商都不能重新定价。因此，每一个零售商 j 制定价格 $p_t(j)$，来最大化其在 l 期的预期收益，从而 $l = 1/(1-\phi)$ 是价格保持不变的平均时间。这导致有 ϕ 概率零售商必须收取的费用为在前一时期通过总稳态通货膨胀率 π 所指示的费用。在 t 期，如果零售商 j 收到信号重新优化定价，其选择价格 $p_t(j)$ 最大化利润使其超过在价格保持不变时的利润。零售商的最优化问题是：

$$\max_{p_t(j)} E_0\left[\sum_{l=0}^{\infty} (\beta\phi)^l \lambda_{t+l}\Omega_{t+l}(j)/p_{t+l} \right] \tag{9-26}$$

受需求函数的约束：

$$y_{t+l}(j) = \left(\frac{\hat{p}_t(j)}{p_{t+l}}\right)^{-\theta} y_{t+l} \tag{9-27}$$

零售商名义利润函数为：

$$\Omega_{t+l}(j) = (\pi^l \hat{p}_t(j) - p_{t+l}\xi_{t+l})y_{t+l}(j) \tag{9-28}$$

$p_t(j)$ 的一阶条件是：

$$\hat{p}_t(j) = \frac{\theta}{\theta-1}\frac{E_t\sum_{l=0}^{\infty}(\beta\phi)^l\lambda_{t+l}y_{t+l}(j)\xi_{t+l}}{E_t\sum_{l=0}^{\infty}(\beta\phi)^l\lambda_{t+l}y_{t+l}(j)\pi^l/p_{t+l}} \tag{9-29}$$

总价格为：

$$p_t^{1-\theta} = \phi(\pi p_{t-1})^{1-\theta} + (1-\phi)\hat{p}_t^{1-\theta} \tag{9-30}$$

用方程（9-26）~方程（9-30）推导出下面的新凯恩斯主义菲利普斯曲线：

$$\hat{\pi}_t^F = \beta E_t \hat{\pi}_{t+1}^F + \frac{(1-\beta\phi)(1-\phi)}{\phi}\hat{\xi}_t^F \qquad (9-31)$$

其中，ξ_t 是实际边际成本，且带尖头符号的变量是稳态值的对数离差形式（如 $\hat{\pi}_t = \log\pi_t - \log\pi$）。

（五）货币当局

根据艾尔兰德（Ireland，2003），本章假定中央银行根据通货膨胀、产出和货币的增长率 $\mu_t = \dfrac{M_t}{M_{t-1}}$ 与它们稳态值的偏差调整名义利率，因此，货币政策规则方程为：

$$\frac{R_t}{R} = \left(\frac{\pi_t}{\pi}\right)^{Q_\pi}\left(\frac{y_t}{y}\right)^{Q_y}\left(\frac{\mu_t}{\mu}\right)^{Q_\mu}\exp(\varepsilon_{Rt}) \qquad (9-32)$$

其中，R、π、y、μ 分别为 R_t、π_t、y_t、μ_t 的稳态值，ε_{Rt} 是货币政策冲击，服从均值为零、标准差为 σ_R 的正态分布。新创造的货币转移到代表性家庭的数量为 $T_t = M_t - M_{t-1}$。

本章选择这种货币规则体现了货币政策的灵活性。政策系数 Q_π、Q_y、Q_μ 是由货币当局选择的，在这种情况下，只要 Q_π 和 Q_μ 的和超过1，就存在唯一的均衡。这种改进的泰勒规则嵌入了货币当局只根据通货膨胀和产出偏差来改变利率的标准泰勒规则（即 $Q_\mu = 0$）。另外，约翰森（Johannsen，2014）发现这种货币政策能提高居民储蓄和消费意愿，降低货币需求带来的通胀影响。艾尔兰德（Ireland，2003）也估计了这种政策规则，发现货币增长的系数是正的并且在统计上是显著的。

（六）对称均衡

对称均衡中，所有的企业都是同质的，它们做出相同的决策。在这样的经济情况下，对称均衡包括 $\{y_t,\ c_t,\ m_t,\ i_t,\ h_t,\ k_t,\ n_t\}$ 的分配、一系列的价格和满足家庭、企业、零售商、资本生产者、货币供给规则、偏好的随机过程、货币需求、产出、投资、货币政策冲击的最优条件的状态变量 $\{w_t,\ z_t,\ R_t,\ f_t,\ q_t,\ \lambda_t,\ \xi_t\}$。

在稳态值附近求解均衡系统的对数线性近似值，使用布兰查德和卡恩

（Blanchard and Kahn，1980）的过程，产生一个状态空间方程解的形式：

$$\hat{S}_{t+1} = \Phi_1 \hat{S}_t + \Phi_2 \varepsilon_{t+1} \tag{9-33}$$

$$\hat{d}_t = \Phi_3 \hat{S}_t \tag{9-34}$$

其中，状态变量向量$\hat{S}_t$包括先定和外生变量，$\hat{d}_t$是控制变量向量，向量ε_t包括随机扰动部分。系数矩阵Φ_1、Φ_2、Φ_3包含取决于模型结构参数的要素。因此，状态空间的解即式（9-33）和式（9-34）被用来估计和模拟模型。

（七）外生突发性冲击

外生突发性冲击变量D_t有两种状态，状态1是"正常"或"无冲击"状态，状态2定义为"冲击"。这两个状态根据校准确定概率转移矩阵：

$$\begin{pmatrix} p_{11} & 1-p_{22} \\ 1-p_{11} & p_{22} \end{pmatrix} \tag{9-35}$$

其中，$p_{ij} = prob(D_t = D^j \mid D_{t-1} = D^i)$。

马尔科夫转移过程的对数线性形式如下：

$$\hat{D}_{t+1} = \rho_D \hat{D}_t + \varepsilon_{D_{t+1}} \tag{9-36}$$

通常将稳态定义为外生突发性冲击的无条件期望：

$$\ln(D) = \frac{1-p_{22}}{2-p_{11}-p_{22}}\ln(D^1) + \frac{1-p_{11}}{2-p_{11}-p_{22}}\ln(D^2) \tag{9-37}$$

当D_t处于状态1时，它与稳态的对数离差如下：

$$\hat{D}^1 \equiv \ln(D^1) - \ln(D) = \frac{1-p_{11}}{2-p_{11}-p_{22}}\left[\ln(D^1) - \ln(D^2)\right] \tag{9-38}$$

当D_t处于状态2时，它与稳态的对数离差如下：

$$\hat{D}^2 \equiv \ln(D^2) - \ln(D) = \frac{1-p_{22}}{2-p_{11}-p_{22}}\left[\ln(D^2) - \ln(D^1)\right] \tag{9-39}$$

扰动序列放入模型中的形式为：

$$\varepsilon_{D_t} = \hat{D}_t - E_{t-1}(\hat{D}_t) = \hat{D}_t - (1-p_{11}-p_{22})\hat{D}_{t-1} \tag{9-40}$$

三、参数校准和贝叶斯估计

模型参数可以分为两类：一是反映模型稳态特性的参数；二是反映模

型动态特性的参数。对于第一类参数，通常采用校准的方法确定。对于第二类参数，可以采用估计的方法来确定。本章采用贝叶斯估计方法确定动态参数。贝叶斯估计在充分考虑了参数的先验分布特征后，再根据贝叶斯原理对参数进行事后的估计和修正，从而保证参数的估计更加有效。

（一）参数校准

按照黄赜琳（2005），将季度贴现率 β 校准为 0.9921，效用函数中闲暇的权重 η 校准为 1.3166，消费和实际货币余额的不变替代弹性 γ 校准为 0.065。参照袁申国（2011），将货币需求常数 b 校准为 0.92，资本折旧率 δ 校准为 0.025，稳态时总外部融资成本 S 设为 1.0056，零售商部门测度垄断力量水平的最终产品替代弹性的参数 θ 校准为 6，意味着在稳态有 20% 的价格涨幅。稳态时总通货膨胀率 π 为 1.0079。因国内无法获得企业生存到下一期的概率 v 的修正数据，因此参照伯南克等（Bernanke et al.，1999）取值为 0.9728，稳态时资本与资产净值比率 K/N 的取值设为 2.38，表示杠杆率。巴罗（Barro，2006）曾经对 20 世纪全球灾难进行了研究，得到灾难发生的概率为 0.017，但由于我国社会经济发展的特殊性，国外的估算结果对于我国经济不一定适用。陈彦斌（2009）计算出我国灾难发生的概率值为 0.03，陈国进等（2014）采用巴罗（Barro，2006）的方法估算出我国灾难发生概率的均衡值为 0.05。本章采用巴罗（Barro，2006）的方法对 1954~2015 年中国年度 GDP 数据进行估计，得到风险概率值为 0.04，这一数值恰好等于陈彦斌（2009）和陈国进等（2014）估计结果的平均值。因此，本章选取 0.04 作为灾难风险概率的校准值。

综上所述，对模型部分参数的校准结果进行归纳，结果如表 9-1 所示。

表 9-1　　　　　　　　　　模型部分参数校准

参数	含义	数值
β	季度贴现率	0.9921
η	效用函数中闲暇的权重	1.3166
b	货币需求常数	0.92
δ	资本折旧率	0.025

参数	含义	数值
S	稳态时总外部融资成本	1.0056
θ	最终产品替代弹性	6
π	通货膨胀率	1.0079
v	企业生存率	0.9728
K/N	稳态时资本与资产净值比率	2.38

（二）贝叶斯估计

对于不能直接获得的动态参数，为保证参数的准确性，本章采用贝叶斯估计方法。估计参数的变量分别为产出、消费、投资、实际货币余额、通货膨胀率、进口和出口。样本范围为 2000 年第 1 季度到 2016 年第 4 季度的季度数据，数据来源于国家统计局和 Wind 数据库。为了消除通胀的影响，用实际 GDP 来衡量产出，由季度 GDP 总指数计算得到；消费使用社会消费品零售总额实际值衡量；投资使用固定资产投资额衡量；实际货币余额使用基础货币 M0 除以 CPI 指数衡量；通货膨胀率由环比居民消费价格指数 CPI 表示；环比季度 CPI，是结合环比和同比月度 CPI，计算得到 2000 ~ 2016 年环比月度 CPI，再由环比月度 CPI 连乘得到。采用 X – 12 方法对这些季度数据进行季节性调整以消除季节性因素。对数据采用 H – P 滤波去除趋势，以保证数据的平稳性。本章假设所有冲击的标准误差都服从均值为 1、自由度为 10 的倒 Gamma 分布，自回归参数的先验分布均服从均值为 0.75、标准误差为 0.15 的 Beta 分布（Smets and Wouters，2007；Khan and Tsoukalas，2009）。根据大多数文献，资本在生产函数中的份额参数 α 在 0.2 到 0.8 之间，我们假设其先验分布服从均值为 0.4 的正态分布，消费和实际货币余额的不变替代弹性 γ 的先验均值设为 0.06，消费组合中国内商品所占比重 ω 的先验均值设为 0.8，外部融资溢价弹性 φ 的先验均值设为与伯南克等（Bernanke et al.，1999）所设值相近的 0.06，资本调整成本参数 χ 的均值为 0.5，消费和实际货币余额的不变替代弹性、消费组合中国内商品所占比重、外部融资溢价弹性、资本调整成本参数都服从 Gamma 分布。消费价格定价 Calvo 参数 ϕ 先验分布设为均值为 0.4、标准误差为 0.01 的 Beta 分布。

综上所述，对模型参数的估计值进行归纳，结果如表 9 - 2、表 9 - 3、表 9 - 4、图 9 - 1 所示。由图 9 - 2 收敛性检验结果表明，模型估计结果是稳健的。

表 9 - 2　　　　　　　　　参数的贝叶斯估计结果

参数	先验均值	后验均值	90% 置信区间		先验分布	标准误差
α	0.4	0.3902	0.3744	0.4056	norm	0.01
γ	0.06	0.038	0.0213	0.0531	gamma	0.02
χ	0.5	0.3865	0.1568	0.6033	gamma	0.2
φ	0.06	0.0239	0.0176	0.0298	gamma	0.01
ϕ	0.4	0.6889	0.6651	0.7142	beta	0.05

表 9 - 3　　　　　　　　　冲击的自回归系数

参数	先验均值	后验均值	90% 置信区间		先验分布	标准误差
ρ_e	0.75	0.8672	0.8404	0.8953	beta	0.15
ρ_b	0.75	0.8357	0.7183	0.9534	beta	0.15
ρ_a	0.75	0.8633	0.7678	0.9685	beta	0.15

表 9 - 4　　　　　　　　　冲击的标准差

参数	先验均值	后验均值	90% 置信区间		先验分布	标准误差
σ_e	0.01	0.1396	0.1142	0.1667	invg	0.5
σ_b	0.01	0.0085	0.0024	0.0151	invg	0.5
σ_a	0.01	0.0287	0.0139	0.0445	invg	0.5
σ_r	0.01	0.0163	0.0023	0.0417	invg	0.5

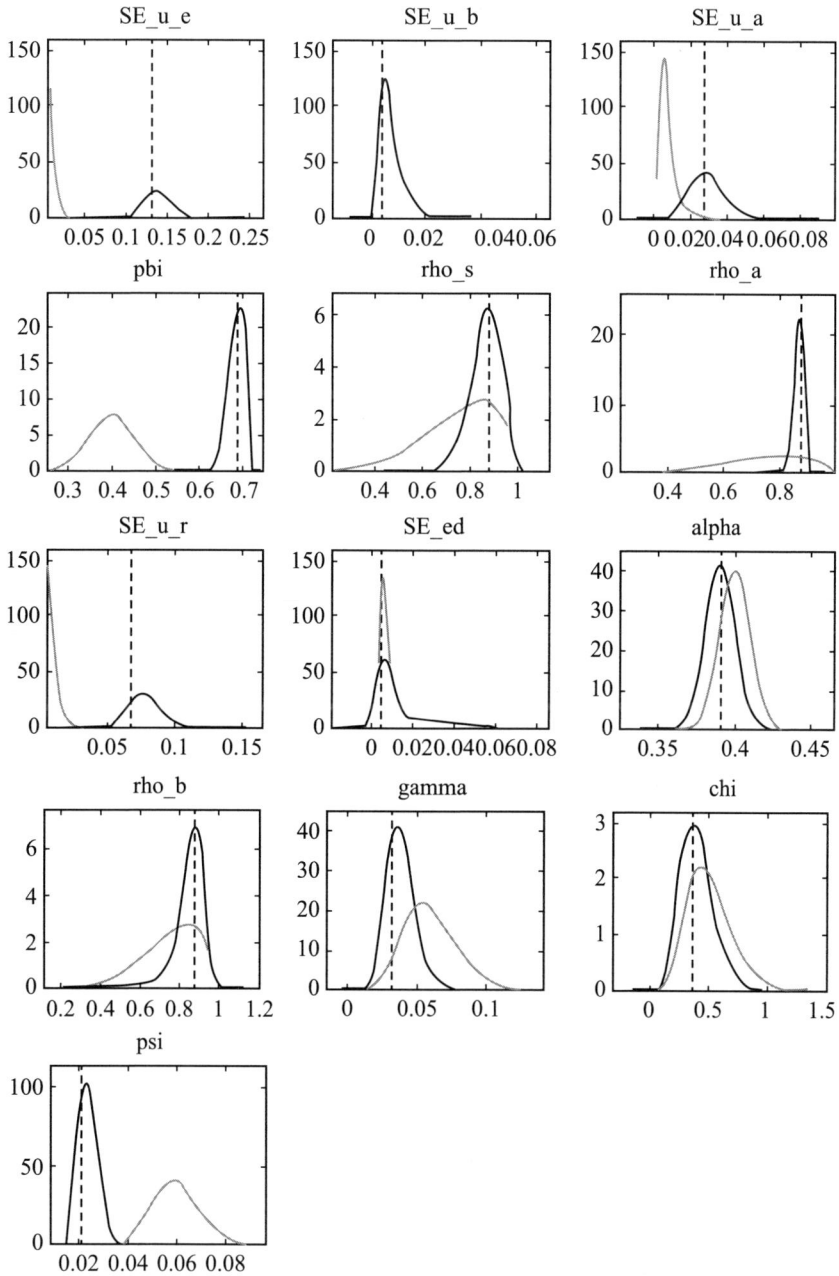

图 9-1　贝叶斯估计结果

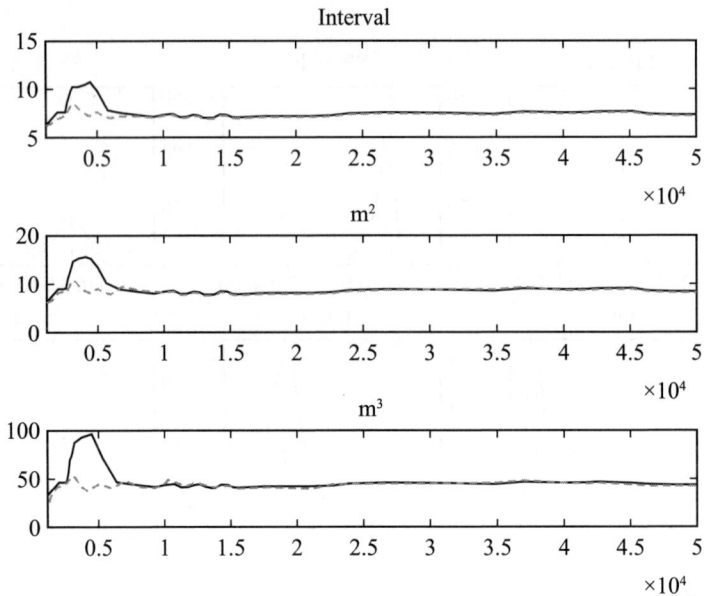

图 9 - 2　收敛性检验

四、数值模拟结果与分析

　　本章通过脉冲响应图，分析了外生突发性冲击对封闭经济中各经济变量的影响。由图 9 - 3 可以看出，各经济变量在外生突发性冲击发生时会产生快速的变化，即为"跳跃"，在此之后很快趋于平稳，这也反映了马尔科夫转移机制模型突发、离散的特点。

　　由图 9 - 3 可以看出，外生突发性冲击对国内经济产生下行的压力。其对产出、投资、消费、资本、技术和企业净值的影响均是负向的，但其对劳动、通货膨胀和风险溢价的影响却是正向的。影响程度由大到小依次为企业净值、技术水平、劳动、通货膨胀、投资、资本、产出、外部溢价。外生突发性冲击导致企业净值、技术水平、投资、资本、产出的下降幅度分别为 5.9%、0.3%、0.05%、0.05%、0.04%，外生突发性冲击对宏观经济的破坏力更多地体现在企业净值上，其次是技术水平和投资。同时，外生突发性冲击导致劳动、通货膨胀和风险溢价上升的幅度分别为 0.3%、0.05%、0.01%。

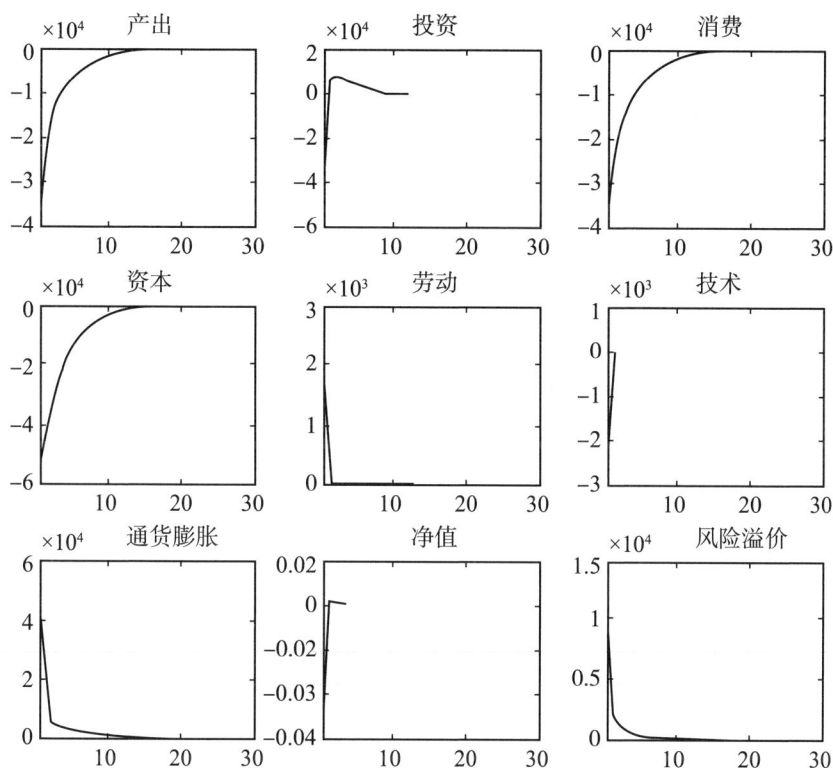

图 9 - 3　外生突发性冲击脉冲响应图

可能的解释是：外生突发性冲击增加了人们的未来不确定性，导致人们的预防性储蓄增加，因此人们减少消费，表现为消费的负向波动。同时，全要素生产率因为外生突发性冲击而快速下滑，导致厂商的实际生产成本大幅度上升，厂商生产成本的上升导致通货膨胀。在价格黏性假设下，厂商的利润空间将被大幅度压缩，公司不能重新优化定价，外生突发性冲击导致产出减少，同时，外生突发性冲击增加了企业的未来不确定性，导致厂商会减少投资和资本存量从而减少产量，因此投资、资本存量和产出表现为负向波动。

对资本存量和投资的负向冲击会促使公司降低产出并提高价格。但在价格黏性假设下，公司不能重新优化定价，为了弥补产出和低资本存量的损失以及外生突发性冲击导致的生产效率的下降，不能调整价格的公司必须增加其劳动力以维持产出水平，结果在黏性价格模型中，就业上升，表现为劳动的正向波动。

产出和投资减少导致企业的资产净值减少，由于企业资产净值是衡量公司经营安全性和发展前景的重要依据，净值越少，贷款的风险越大，外部融资溢价也随之上升。

五、研究结论

本章将马尔科夫机制转移模型刻画的外生突发性冲击引入包含价格黏性和金融加速器的新凯恩斯主义动态随机一般均衡模型，模拟研究外生突发性冲击对中国宏观经济运行的影响。通过数值模拟得到以下几点研究结论：

第一，马尔科夫机制转移波动冲击可以刻画离散"跳"行为，这种突发性冲击对各变量的脉冲响应是突发、"跳跃"的。

第二，外生突发性冲击降低产出、投资、消费、资本、技术和企业净值，但同时会提高劳动、通货膨胀和风险溢价。外生突发性冲击对宏观经济变量的破坏程度由大到小依次为企业净值、技术水平、劳动、通货膨胀、投资、资本、产出、外部溢价。外生突发性冲击通过直接导致技术水平的快速下滑进而对国内其他经济变量产生一系列影响。

第三，外生突发性冲击会在短时间内造成整个宏观经济的衰退，降低产出、消费、投资、资本、技术，削弱宏观经济的风险抵御能力。为提高宏观经济抵御风险的能力，降低外生突发性冲击对宏观经济的影响，国家可以采取积极的财政政策和货币政策，比如加大对技术易受灾难影响的行业的监控和补贴，提升其抵御风险的能力。此外，外生突发性冲击下财政、货币政策的选择，或者考虑包含外生突发性冲击的小型开放 DSGE 模型，都是未来可以进一步开展研究的领域。

第十章 外生突发性冲击对宏观经济运行的影响

——基于小型开放 DSGE 模型的模拟研究

罕见灾难事件虽然概率很小，但一旦发生会对经济运行造成重要影响。本章利用马尔科夫转移矩阵来测度灾难风险，将外生突发性冲击引入包含金融加速器的小型开放经济 DSGE 模型，来模拟研究突发性冲击对中国宏观经济运行的影响。本章利用参数校准法校准模型参数，利用贝叶斯方法估计动态参数，通过数值模拟得到以下研究结论：第一，突发性冲击对产出、消费、投资等宏观经济变量产生负向影响，但同时会提高企业净值和通货膨胀率，从而削弱宏观经济风险抵御能力。第二，在突发性冲击对宏观经济变量的破坏程度方面，投资、技术和产出在同一个较高数量级，其中投资最大，其次是技术和产出，其他宏观经济变量数量级较低。第三，突发性冲击数值模拟结果，可以较好地解释 2008 年国际金融危机对中国宏观经济运行的动态影响。这项研究有助于量化认识金融危机等突发性冲击对中国宏观经济运行的影响及政策应对。

一、引言

金融危机、自然灾害等重大突发事件虽然发生概率很小，但一旦发生便会对宏观经济造成巨大破坏（陈国进等，2014）。罕见性灾难事件往往使产出或者资本存量在短时间内发生非正常的下降（Barro，2005，2006a），甚至造成市场崩溃（Rietz，1988）。巴罗（Barro，2006）考察了灾难风险对股票溢价之谜以及经济周期福利成本的影响。一些学者在巴罗

（Barro，2005，2006a）的基础上运用灾难风险思想，采用不同效用函数形式研究了股票溢价、汇率、经济波动的福利成本等问题，取得了非常显著的成果，研究表明，灾难风险对于现实经济的影响确实非常巨大（Gourio，2008a；Farhi and Gabaix，2008；Martin，2008；Gourio，2009；Gabaix，2009）。

国外学者将灾难思想运用到对资产定价理论中的风险溢价现象的研究，突破了经典的资产定价理论和假设，利用灾难思想成功解释了风险溢价等诸多资产定价和宏观金融难题。里茨（Rietz，1988）认为，资本市场与宏观经济运行在很大程度上受到灾难风险的影响，他首次在 Lucas 经济中引入灾难风险因素，在经济增长的马尔科夫过程中加入灾难状态，并对美国资本市场的股权溢价之谜进行了研究。里茨注意到，除风险偏好外，灾难的规模（即灾难导致的产出损失）和灾难发生的概率都会影响无风险利率和风险溢价的水平，这为后续的研究思路埋下了伏笔。巴罗（Barro，2006）根据 20 世纪世界主要国家多次大经济灾难的数据，获得灾难导致人均实际 GDP 下降幅度的均值为 29%，而且成功地证明了灾难可以很好地解释高风险溢价现象。继里茨（Rietz，1988）和巴罗（Barro，2006）的文章之后，引入灾难解决宏观问题开始成为主流的研究方法。但里茨和巴罗采用固定灾难的模式，即将灾难发生的概率和损失程度定义为外生变量，且为常数，具有一定的局限性。一些学者对这一思路的方法和应用领域进行了扩展：一个方面的改进，是改变灾难发生概率和规模不变的假设，考虑可变灾难（Gabaix，2008，2012），而且引入可变灾难的方式有多种形式，既可以使用可变概率（Gourio，2009，2010；Benjamin and Michael，2011），也可以使用可变规模（Gabaix，2009）；另一个方面的改进，是改变灾难永久性冲击的假设，考虑灾难恢复（Gourio，2008；Gabaix，2012），即灾难概率和规模同时可变。此外，还可以改进模型解决方法，使用累积生成函数代替随机贴现因子或马尔科夫过程（Martin，2008，2012）。

国内学者对突发灾难冲击的研究主要集中于微观领域的应急管理（唐文进、徐晓伟、陶彝，2011；唐文进、宋朝杰、周文，2012）。谭旭东（2009），周小川（2012），刘庆福、周程远、张婉宁（2011）等从宏观上研究了突发灾难冲击的经济效应及其政策应对，但是以定性研究为主，缺少以微观和经济机制为基础的量化研究。陈彦斌等（2009）首次结合宏微观经济构建了包含灾难因素的 DSGE 模型，将灾难分解成全要素生产率（TFP）灾难和资本灾难，分别探讨其对居民行为的影响，进而研究其对宏观经济波动产生的影响。陈国进、晁江锋、武晓利、赵向琴（2014）在真实经济周期（RBC）框架下引入灾难风险因素，借鉴陈彦斌（2009）的思路，结合宏微观经济构建了包含灾难因素的 RBC 模型，通过区分 TFP 灾难、资本灾难与双重灾难三种灾难形式，研究发现含灾难 RBC 模型能够有效改善无灾难 RBC 模型对我国宏观经济波动的解释能力。晁江峰等（2015）则构建了包含灾难性预期和政府支出因素的 DSGE 模型，分析罕见灾难在中国宏观经济中的财政政策效应问题。

不同于已有研究，本章利用马尔科夫转移矩阵来测度灾难风险，定义灾难风险事件对宏观经济运行造成的外生冲击为突发性冲击，并将突发性冲击引入包含金融加速器的小型开放经济 DSGE 模型，来模拟研究突发性冲击对中国宏观经济运行的影响。本章研究的边际贡献主要体现在以下三个方面：第一，与国内已有研究不同，本章借鉴本杰明和迈克尔（Benjamin and Michael，2011）的研究方法，利用两状态马尔科夫转移矩阵来测度罕见灾难冲击，可以很好地模拟经济在非灾难状态与灾难状态之间转换的特点（Benjamin and Michael，2011）。袁靖等（2014）将灾难强度设为一个随机过程，陈国进（2014，2015）和晁江峰等（2015）假设灾难概率服从一阶自回归过程。这些模型设定都将罕见灾难冲击序列的波动特征平均化，波动特征平均化的模拟结果不如马尔科夫转移模型的模拟结果（朱军、马翠，2016）。第二，国内已有研究主要集中于封闭经济，本章引入包含金融加速器的小型开放 DSGE 模型，在我国对外贸易依存度不断提高的情况下，这项研究可以更好地刻画中国经济。第三，本章研究为量化认识国际金融危机等突发性冲击对中国宏观经济运行的影响提供了新的经济建模思路，为政府制定应对政策提供了模拟仿真参考。总的来说，本章研究有助于量化认识金融危机等突发性冲击对中国宏观经济运行的影响及政策应对。

本章其余部分安排如下：第二部分介绍 DSGE 模型构建；第三部分是参数校准和贝叶斯估计；第四部分是数值模拟结果和分析；最后是本章的研究结论。

二、DSGE 模型构建

本章在新凯恩斯模型框架下，利用马尔科夫转移矩阵来测度灾难风险，将外生突发性冲击引入包含金融加速器的小型开放经济 DSGE 模型（Hanna Freystatter，2010）。模型中有四种类型的国内经济主体：家庭、企业、资本生产者和垄断竞争零售商。国外行为是外生的。下面给出本国经济体的行为决策，外国经济体与其类似。

（一）家庭部门

1. 偏好

家庭能够生存无穷期，并进行工作、消费、储蓄、持有实际货币余额和生息资产。代表性家庭的预期终生效用函数如下：

$$U_0 = E_0 \sum_{t=0}^{\infty} \beta^t U\left(c_t, \frac{M_t}{P_t}, h_t\right) \tag{10-1}$$

其中，c_t 为 t 时期消费水平，$\frac{M_t}{P_t}$ 为 t 时期实际货币余额（M_t 为持有的名义货币余额，P_t 为消费价格指数），$(1-h_t)$ 为 t 时期闲暇时间，$\beta \in (0, 1)$ 是贴现因子。

单期的效用函数如下：

$$U(\cdot) = \frac{\gamma e_t}{(\gamma-1)} \log\left[c_t^{\frac{\gamma-1}{\gamma}} + b_t^{\frac{1}{\gamma}}\left(\frac{M_t}{P_t}\right)^{\frac{\gamma-1}{\gamma}}\right] + \eta \log(1-h_t) \tag{10-2}$$

其中，γ 是消费和实际货币余额之间的不变替代弹性，η 为闲暇在效用函数中的权重，两者都为正的结构参数。e_t 为消费者偏好冲击，b_t 为货币需求冲击，这些冲击都服从下面的一阶自回归过程：

$$\log e_t = \rho_e \log(e_{t-1}) + \varepsilon_{et} \tag{10-3}$$

$$\log b_t = 1 - \rho_b \log(b) + \rho_b \log(b_{t-1}) + \varepsilon_{bt} \tag{10-4}$$

其中，ρ_e，$\rho_b \in (-1, 1)$ 是自回归系数，b 是常数并且与 ε_{et} 和 ε_{bt} 序列不相关，ε_{et} 和 ε_{bt} 服从均值为 0、标准差分别为 σ_e 和 σ_b 的独立正态分布。

在开放经济模型中，c_t 是消费品组合。下面的不变替代弹性（CES）函数定义了家庭在国内消费品 c_t^H 和国外消费品 c_t^F 之间的消费偏好：

$$c_t = \left[(\omega)^{\frac{1}{\rho}} (c_t^H)^{\frac{\rho-1}{\rho}} + (1-\omega)^{\frac{1}{\rho}} (c_t^F)^{\frac{\rho-1}{\rho}} \right]^{\frac{\rho}{\rho-1}} \qquad (10-5)$$

其中，c_t^H 为国内消费品，c_t^F 为国外消费品，ω 是消费品组合中国内消费品所占的份额，ρ 是国内和国外消费品的替代弹性。

相对应的消费价格指数 P_t 为：

$$P_t = \left[(\omega) (p_t^H)^{1-\rho} + (1-\omega) (p_t^F)^{\frac{1}{\rho}} \right]^{\frac{1}{1-\rho}} \qquad (10-6)$$

其中，p_t^H、p_t^F 分别为国内消费价格指数和国外进口价格指数。

2. 预算约束

代表性家庭的预算约束如下：

$$c_t = \frac{W_t}{P_t} h_t + \frac{T_t}{P_t} + \frac{\Omega_t}{P_t} - \frac{M_t - M_{t-1}}{P_t} - \frac{B_{t+1} - R_t B_t}{P_t} - \frac{B_{t+1}^* - \Gamma_t R_t^* B_t^*}{P_t}$$

$$(10-7)$$

其中，c_t 为 t 时期实际消费水平，$\frac{W_t}{P_t}$ 为实际工资，h_t 为劳动时间（$\frac{W_t}{P_t} h_t$ 为从工作中获得的实际收入），T_t 是新创造的货币中一次性转移到家庭部门中的数量，Ω_t 代表来自零售商的分红。

家庭可以持有国内债券 B_t 和国外债券 B_t^*，国内和国外名义利率分别为 R_t 和 R_t^*。假设国内外债券都是用本国货币计价的（因此，国外的债券就不用乘以名义汇率）。经济主体在国际资产市场可以借贷的有效总利率是 $\Gamma_t R_t^*$，它取决于国外利率 R_t^* 和国别的借款溢价 Γ_t，Γ_t 是国家净国外负债的增函数：

$$\Gamma_t = \exp\left(-\kappa(b_t^* - \bar{b}^*) \right) \qquad (10-8)$$

其中，$b_t^* \equiv \frac{B_t^*}{P_t}$ 是实际净国外负债，$\bar{b}^*$ 是实际净国外负债的稳态水平，κ 是与净国外负债有关的借款溢价的弹性。

3. 一阶条件

下面的方程是家庭最优问题的最优条件：

$$\frac{e_t c_t^{-\frac{1}{\gamma}}}{c_t^{\frac{\gamma-1}{\gamma}} + b_t^{\frac{1}{\gamma}}\left(\frac{M_t}{P_t}\right)^{\frac{\gamma-1}{\gamma}}} = \lambda_t \qquad (10-9)$$

其中，λ_t 是与预算约束相联系的拉格朗日乘子。

货币需求函数由下面的方程给出：

$$\frac{e_t b_t^{\frac{1}{\gamma}}\left(\frac{M_t}{P_t}\right)^{-\frac{1}{\gamma}}}{c_t^{\frac{\gamma-1}{\gamma}} + b_t^{\frac{1}{\gamma}}\left(\frac{M_t}{P_t}\right)^{\frac{\gamma-1}{\gamma}}} = \lambda_t - \beta E_t\left(\frac{\lambda_{t+1}}{\pi_{t+1}}\right) \qquad (10-10)$$

其中，$\pi_{t+1} = \dfrac{P_{t+1}}{P_t}$。劳动供给由下面的方程给出：

$$\frac{\eta}{1-h_t} = \lambda_t \omega_t \qquad (10-11)$$

债券的最优持有量的跨期决策由下式给出：

$$\frac{\lambda_t}{R_t} = \beta E_t\left(\frac{\lambda_{t+1}}{\pi_{t+1}}\right) \qquad (10-12)$$

国内和国外消费品的最优分配由下式给出：

$$\frac{c_t^H}{c_t^F} = \frac{\omega}{1-\omega}\left(\frac{p_t^H}{p_t^F}\right)^{-\rho} \qquad (10-13)$$

控制国外债券选择的最优条件和（10-12）式都遵从下面的无抛补利率平价（UIP）条件：

$$E_t\left\{\frac{\lambda_{t+1}}{\pi_{t+1}}\left[R_t - \Gamma_t R_t^*\right]\right\} = 0 \qquad (10-14)$$

在小型开放经济中，UIP 条件表明国内的名义利率 R_t 取决于外生的国外利率 R_t^* 和外生的国家借款溢价 Γ_t。

（二）企业部门

企业生产批发商品，然后在竞争市场上以与其名义边际成本相同的价格卖给国内商品零售商。企业选择资本 K 和劳动时间 h 来最小化其成本，要素价格分别为 $\dfrac{W_t}{P_t}$ 和 z_t：

$$\min \frac{W_t}{P_t}h_t + z_t K_t \tag{10-15}$$

假定企业投入产出遵从柯布—道格拉斯（Cobb – Douglas）生产函数：

$$Y_t = K_t^{\alpha}(A_t h_t)^{(1-\alpha)} \tag{10-16}$$

技术进步水平 A_t 包括遵循一阶自回归过程的技术冲击 a_t，以及一个"罕见灾难风险"变量相关的成分 D_t：

$$\ln(A_t/A) = \ln(a_t/a) + \varsigma \ln(D_t/D) \tag{10-17}$$

其中，a_t 为所有企业家共有的一个外生过程，被定义为技术冲击。假定其遵循平稳的一阶自回归过程：

$$\log a_t = (1-\rho_a)\log(a) + \rho_a \log(a_{t-1}) + \varepsilon_{at} \tag{10-18}$$

其中，ρ_a 为自回归系数，$a > 0$ 是一个常数。误差项 ε_{at} 服从均值为零、标准差为 σ_a 的正态分布。

最优问题的一阶条件为：

$$\frac{W_t}{P_t} = \xi_t(1-\alpha)\frac{Y_t}{h_t} \tag{10-19}$$

$$z_t = \xi_t \alpha \frac{Y_t}{K_t} \tag{10-20}$$

$$Y_t = K_t^{\alpha}(A_t h_t)^{(1-\alpha)} \tag{10-21}$$

其中，$\xi_t > 0$ 是与生产函数相对应的拉格朗日乘数，并且表示实际边际成本，z_t 是资本的实际边际生产率，$\frac{W_t}{P_t}$ 是实际工资，α 表示在生产函数中资本的份额。

资本融资分为净值和债务，正如下面的会计恒等式所示：

$$q_t K_{t+1} = \frac{B_{t+1}^f}{P_t} + n_{t+1} \tag{10-22}$$

其中，q_t 是资本的实际价格，购买资本的资金 $q_t K_{t+1}$ 一部分来自 t 期末企业所拥有的资产净值 n_{t+1}，另一部分自来企业发行的名义债券 B_{t+1}^f。

企业对资本的需求取决于资本预期边际收益 $E_t f_{t+1}$ 和预期边际成本。企业的预期边际收益为：

$$E_t f_{t+1} = E_t\left[\frac{z_{t+1} + (1-\delta)q_{t+1}}{q_t}\right] \tag{10-23}$$

BGG 模型所展示的金融摩擦意味着外部融资溢价与企业总财务状况呈

反向变化，企业财务状况通过净值与资本总值的比率$\frac{n_{t+1}}{q_t K_{t+1}}$来衡量：

$$S_t(\cdot) = S\left(\frac{n_{t+1}}{q_t K_{t+1}}\right),\ S'(\cdot) < 0,\ S(1) = 1 \qquad (10-24)$$

企业资金预期边际成本 $E f_{t+1}$ 取决于外部融资溢价 $S(\cdot)$ 和资金实际机会成本。而且，在本章中我们假定外部融资边际成本也取决于一个外生的融资波动 ε_{ft}，将这种冲击定义为贷款供给冲击。

$$E f_{t+1} = E_t\left[S(\cdot)\frac{R_t}{\pi_{t+1}}\varepsilon_{ft} \right] \qquad (10-25)$$

式（10-25）通过函数 $S(\cdot)$ 将借方的财务状况与融资的边际成本联系起来。

假定贷款供给冲击服从下面的对数线性化形式的 $AR(1)$ 过程：

$$\varepsilon_{ft} = \rho_f \varepsilon_{ft-1} + \varepsilon_{fft} \qquad (10-26)$$

其中，ρ_f 是自回归系数向量，ε_{fft} 服从零均值、标准差为 σ_f 的独立正态分布。

式（10-24）、式（10-25）的对数线性化形式是：

$$\hat{f}_{t+1} = \hat{R}_t - \hat{\pi}_{t+1} + \varphi(\hat{q}_t + \hat{K}_{t+1} - \hat{n}_{t+1}) + \varepsilon_{ft} \qquad (10-27)$$

其中，带帽的变量是稳态的对数离差形式 $\hat{x}_t = \log x_t - \log \bar{x}$。

我们将 φ 定义为在净值与资本比率的变化中风险溢价的弹性，是对企业财务健康的衡量。当外部融资溢价弹性 φ 恰好等于 0 时，金融加速器机制不存在，且公司没有外部融资溢价。

上面的方程是第一个金融加速器基本组成部分，描述了净值影响资本成本的路径。金融加速器的第二个关键组成部分是下面描述企业净值 n_{t+1} 演化关系的方程：

将 V_t 定义为企业 t 期的资本价值与借款成本差：

$$V_t = f_t q_{t-1} K_t - E_{t-1} f_t(q_{t-1} K_t - n_t) \qquad (10-28)$$

其中，f_t 是事后资本的实际收益，$E_{t-1} f_t$ 是 $t-1$ 期签订的合同所指的借贷成本。

总的企业净值演化为：

$$E_t n_{t+1} = v_t V_t + (1-v_t) g_t \qquad (10-29)$$

其中，企业是风险中性的。一个企业预期存活率为 v_t（以概率 v_t 存活到下一期），使得其预期存活期为 $1/(1-v_t)$，在每一期被外生地破坏的企业金融财富的部分是（$1-v_t$），新的企业只收到来自退出企业的小部分财富转移 g_t。按照克里斯蒂亚诺等（Christiano et al.，2003）的思路，我们引进了一个对企业存活率的冲击，也是一个金融财富的冲击。在模型的对数线性化形式中，控制企业存活率的参数服从下面的形式：

$$v_t = v + \varepsilon_{vt} \qquad (10-30)$$

其中，ε_{vt} 可以认为是企业折旧率的冲击。存活企业部分受随机波动 ε_{vt} 的影响，假定 ε_{vt} 服从下面所给的对数线性化形式的 $AR(1)$ 过程：

$$\varepsilon_{vt} = \rho_{vt}\varepsilon_{vt-1} + \varepsilon_{vvt} \qquad (10-31)$$

其中，ρ_{vt} 是一个自回归系数向量，ε_{vvt} 服从均值为 0、标准差为 σ_v 的独立正态分布。

（三）资本生产者

总资本存量演变方程为：

$$K_{t+1} = i_t + (1-\delta)K_t \qquad (10-32)$$

其中，δ 是折旧率，投资品 i_t 结合现存的资本品 $(1-\delta)K_t$ 来生产新资本品 K_{t+1}。资本生产者最优化问题就是在受二次资本可调整成本的影响下，选择投资 i_t 的数量来最大化其利润：

$$\max_{i_t}\left[q_t i_t - i_t - \frac{\chi}{2}\left(\frac{i_t}{K_t} - \delta\right)^2 K_t \right] \qquad (10-33)$$

资本的供给通过下面一阶条件来表示：

$$q_t - 1 - \chi\left(\frac{i_t}{K_t} - \delta\right) = 0 \qquad (10-34)$$

我们假设国外对国内可贸易品的需求是：

$$c_t^{H*} = \left[\left(\frac{p_t^H}{P_t^*}\right)^{-\varsigma} y_t^* \right]^{\tau} (c_{t-1}^{H*})^{1-\tau} \qquad (10-35)$$

它是相对价格的减函数，是国外产出 y_t^* 的增函数。我们假定出口部门用生产者的货币来定价。$(c_{t-1}^{H*})^{1-\tau}$ 代表国内产品的国外需求惯性。

国外价格水平 P_t^* 是外生的。国外价格水平 P_t^* 包括美国范围内价格水平和国外价格水平 P_t^U 乘以相对应的名义汇率 s_t。ω^E 和 $1-\omega^E$ 分别为国内和国外交易的份额：

$$P_t^* = (P_t^E)^{\omega^E} (s_t P_t^U)^{(1-\omega^E)} \qquad (10-36)$$

在一个小型开放的经济中，名义汇率是外生的，因为在小型开放经济国家中它是独立于经济条件的。然而，名义汇率的外生变化将会通过国外交易的份额反映在国外价格水平里。

我们假定国外价格水平 P_t^*、国外产出 y_t^* 和国外利率 R_t^* 都是服从下面给定的对数线性化形式的 AR（1）过程：

$$x_t = \rho_x x_{t-1} + \varepsilon_{xt} \qquad (10-37)$$

其中，$x_t = \{P_t^*, y_t^*, R_t^*\}$，$\rho_x$ 是自回归系数向量，ε_{xt} 服从均值为零、标准差为 σ_x 的独立正态分布。

（四）零售商

在小型开放经济模型中有两种类型的零售商：国内商品零售商和国外商品零售商。国内和国外零售商在批发商品上有细微的区别并且都遵循 Calvo 方法交错定价形式。在 Calvo 交错价格定价中，零售商以概率 $(1-\phi)$ 重新优化定价并且选择价格 $p_t^H(j)$ 最大化 l 期的预期实际总利润，其中 $l = \dfrac{1}{(1-\phi)}$ 是价格保持不变时期的平均长度。

国内最终产品价格 p_t^H 如下：

$$p_t^H = \left[\phi(\pi p_{t-1}^H)^{1-\theta} + (1-\phi)(p_t^H(j))^{1-\theta} \right]^{\frac{1}{1-\theta}} \qquad (10-38)$$

国内公司价格设定问题的求解结果是国内通货膨胀和实际边际成本之间关系的菲利普斯曲线：

$$\hat{\pi}_t^H = \beta E_t \hat{\pi}_{t+1}^H + \frac{(1-\beta\phi)(1-\phi)}{\phi} \hat{\xi}_t \qquad (10-39)$$

其中，带帽的变量是稳态值的对数离差形式，$\hat{x}_t = \log x_t - \log \bar{x}$。

国外商品零售商在国际市场价格 P_t^* 下购买国外商品，获得的国外商品的实际边际成本是 $\xi_t^F = \dfrac{P_t^*}{P_t^F}$。

国外商品零售商的定价问题求解结果是进口价格通货膨胀和相对应的实际成本之间关系的菲利普斯曲线：

$$\hat{\pi}_t^F = \beta E_t \hat{\pi}_{t+1}^F + \frac{(1-\beta\phi)(1-\phi)}{\phi} \hat{\xi}_t^F \qquad (10-40)$$

在一个开放经济中，CPI 衡量的通货膨胀是国内和国外商品通货膨胀的组合：

$$\pi_t = (\pi_t^H)^\omega (\pi_t^F)^{1-\omega} \tag{10-41}$$

（五）资源约束

国内可交易品部门的资源约束为：

$$Y_t = c_t^H + c_t^{H*} + i_t \tag{10-42}$$

（六）经常项目

国外净资产在总水平上的演化由下式给出：

$$B_{t+1}^* = P_t^H c_t^{H*} - P_t^* c_t^F + \Gamma_t R_t^* B_t^* \tag{10-43}$$

其中，B_{t+1}^* 是国外净债券水平，$P_t^H c_t^{H*}$ 是从出口中获得的收入，$P_t^* c_t^F$ 是进口的费用（零售商仅仅为进口批发商品支付边际成本并且持有利润），$\Gamma_t R_t^*$ 是国家溢价——可调整总名义利率。

（七）突发性冲击

本杰明和迈克尔（Benjamin and Michael，2011）认为，利用两状态马尔科夫转移矩阵来测度罕见灾难冲击，可以很好地模拟经济在非灾难状态与灾难状态之间转换的特点。朱军、马翠（2016）也认为该模型可以较好地克服波动特征平均化模型设定存在的问题。本章借鉴本杰明和帕科（Benjamin and Pakko，2011）的方法，认为罕见灾难风险变量 D_t 有两种状态，状态 1 是"正常"或"无灾难"状态，状态 2 定义为"灾难"。这两个状态根据校准确定马尔科夫概率转移矩阵：

$$\begin{pmatrix} p_{11} & 1-p_{22} \\ 1-p_{11} & p_{22} \end{pmatrix} = \begin{pmatrix} 0.98 & 0.98 \\ 0.02 & 0.02 \end{pmatrix} \tag{10-44}$$

其中，$p_{ij} = prob(D_t = D^j \mid D_{t-1} = D^i)$。对于给定的概率值 p_{ij}，其表示现期处于状态 i，而下一期有 p_{ij} 的概率会转变为状态 j。

马尔可夫转移过程的对数线性形式如下：

$$\hat{D}_{t+1} = \rho_D \hat{D}_t + \varepsilon_{D_{t+1}} \qquad (10-45)$$

通常将稳态定义为灾难冲击的无条件期望：

$$\ln(D) = \frac{1-p_{22}}{2-p_{11}-p_{22}}\ln(D^1) + \frac{1-p_{11}}{2-p_{11}-p_{22}}\ln(D^2) \qquad (10-46)$$

当 D_t 处于状态 1 时，它与稳态的对数离差如下：

$$\hat{D}^1 \equiv \ln(D^1) - \ln(D) = \frac{1-p_{11}}{2-p_{11}-p_{22}}[\ln(D^1) - \ln(D^2)] \qquad (10-47)$$

当 D_t 处于状态 2 时，它与稳态的对数离差如下：

$$\hat{D}^2 \equiv \ln(D^2) - \ln(D) = \frac{1-p_{22}}{2-p_{11}-p_{22}}[\ln(D^2) - \ln(D^1)] \qquad (10-48)$$

扰动序列放入模型中的形式为：

$$\varepsilon_{D_t} = \hat{D}_t - E_{t-1}(\hat{D}_t) = \hat{D}_t - (1-p_{11}-p_{22})\hat{D}_{t-1} \qquad (10-49)$$

三、参数校准和贝叶斯估计

模型参数可以分为两类：一是反映模型稳态特性的有关参数；二是反映模型动态特性的有关参数。对于第一类参数，通常采用校准的方法确定，对第二类参数，可以采用估计的方法来确定。本章采用贝叶斯估计方法确定动态参数。贝叶斯估计在充分考虑了参数的先验分布特征后，再根据贝叶斯原理对参数进行事后的估计和修正，从而使参数的估计更加有效。

（一）参数校准

根据黄赜琳（2005）的方法将季度贴现率 β 校准为 0.9921。效用函数中闲暇的权重 η 校准为 1.3166。消费和实际货币余额的不变替代弹性 γ 校准为 0.065。参照袁申国（2011）将货币需求常数 b 校准为 0.92。国内和国外产品的消费替代弹性 ρ 设为 1。与净国外负债有关的借款溢价的弹性 κ 设为 0.001。消费组合中国内商品所占比重参数 ω 校正为 0.74。

资本折旧率 δ 校准为 0.025（这里每一期的时间间隔为一季度，如果所取时间间隔为一年，那么 δ 为 0.1）。稳态时总外部融资成本 s 设为 1.0056。在零售商部门测度垄断力量水平的最终产品替代弹性的参数 θ 校准为 6，这意味着在稳态有 20% 的价格涨幅。稳态时总通货膨胀率 π 为 1.0079。根据伯南克等（Bernanke et al.，1999），企业生存到下一期的概率 ν 因国内无法获得相应的修正数据，因此参照外国文献取值为 0.9728，稳态时资本与资产净值比率 K/N 国外文献取值为 1.92，但从可得的统计数据测算得到我国企业负债与资产的比值均在 0.58 附近，所以取值设为 2.38，表示杠杆率。国内和国外的贸易份额 ω^E、$1-\omega^E$ 分别为 0.35 和 0.65。出口需求弹性 ω 校准为 0.791，出口需求中消费惯性所占权重参数 τ 参考格特勒等（Gertler et al.，2003）校准为 0.75。灾难冲击变量的校准反映了灾难对经济影响的大小，参考本杰明和帕科（Benjamin and Pakko，2011）对灾难风险系数 ς 的取值为 -0.58。

巴罗（Barro，2006）曾经对 20 世纪全球灾难的总体特征进行了相关统计，得到灾难发生的概率为 0.017。由于我国社会经济发展的特殊性，国外的估算结果对于我国经济不一定适用。陈彦斌（2009）计算出我国灾难发生的概率值为 0.03。陈国进等（2014）采用巴罗（Barro，2006）的方法估算出灾难发生概率的均衡值为 0.05。本章采用巴罗（Barro，2006）的方法对 1954～2015 年中国年度 GDP 数据进行估计，得到风险概率值为 0.04，这一数值恰好等于陈彦斌（2009）和陈国进等（2014）估计结果的平均值。因此，本章选取 0.04 作为灾难风险概率的校准值。

综上所述，对模型部分参数的校准结果进行归纳，结果如表 10 - 1 所示。

表 10 - 1 模型部分参数校准

参数	含义	数值
β	季度贴现率	0.9921
η	效用函数中闲暇的权重	1.3166
b	货币需求常数	0.92
ρ	国内和国外产品的消费替代弹性	1
κ	借款溢价的弹性	0.001
δ	资本折旧率	0.025
s	稳态时总外部融资成本	1.0056
θ	最终产品替代弹性	6

续表

参数	含义	数值
π	通货膨胀率	1.0079
v	企业生存率	0.9728
K/N	稳态时资本与资产净值比率	2.38
ω^E	国内贸易份额	0.35
$1 - \omega^E$	国外贸易份额	0.65
ς	出口需求弹性	0.791
τ	出口需求中消费惯性所占权重	0.75
p_{22}	灾难风险概率	0.04

(二) 贝叶斯估计

对于不能直接获得的动态参数，为保证参数的准确性，本章采用贝叶斯估计方法。估计参数的变量分别为产出、消费、投资、实际货币余额、通货膨胀率、进口和出口。样本范围为 2000 年第 1 季度到 2016 年第 4 季度的季度数据，数据来源于国家统计局和 Wind 数据库。为了消除通胀的影响，产出由实际 GDP 衡量，由季度 GDP 总指数计算得到；消费用社会消费品零售总额实际值衡量；投资用固定资产投资额衡量；实际货币余额使用基础货币 M0 除以 CPI 指数衡量；通货膨胀率由环比居民消费价格指数 CPI 表示；环比季度 CPI，是结合环比和同比月度 CPI，计算得到 2000 ~ 2016 年环比月度 CPI，再由环比月度 CPI 连乘得到；季度进口额和出口额分别通过月度数据加总计算得到。对这些季度数据采用 X – 12 方法进行季节性调整以消除季节性因素。为保证数据的平稳性，对数据采用 H – P 滤波去除趋势。

传统的估计方法假设参数是确定性变量，而贝叶斯估计方法与其出发点不同，贝叶斯估计假设模型中的参数是随机变量，在对参数进行估计时，通常先给定参数的先验分布，然后根据实际数据修正先验分布，计算参数的事后分布，最后基于事后分布得到我们所关心的统计量。假设参数 θ 是随机变量，其先验概率密度函数为 $P(\theta)$，根据贝叶斯定理，参数 θ 的事后概率密度函数 $P(\theta \mid Y_T^*)$ 为：

$$P(\theta \mid Y_T^*) = \frac{L(\theta \mid Y_T^*) \cdot P(\theta)}{P(Y_T^*)} \qquad (10-50)$$

其中，$L(\theta \mid Y_T^*)$ 是基于样本数据 $Y_T^* = \{y_t^*, \ t = 1, \ 2, \ \cdots, \ T\}$ 得到的似然函数，$P(Y_T^*)$ 是边际概率密度函数，由式（10 – 15）决定：

$$P(Y_T^*) = \int [L(\theta \mid Y_T^*) \cdot P(\theta)] d\theta \qquad (10-51)$$

由于边际概率密度函数不依赖于参数 θ，因而事后概率密度函数 $P(\theta \mid Y_T^*)$ 的核为：

$$P(\theta \mid Y_T^*) \propto L(\theta \mid Y_T^*) \cdot P(\theta) \qquad (10-52)$$

本章假设所有冲击的标准误差都服从均值为 1、自由度为 10 的倒 Gamma 分布，自回归参数的先验分布均服从均值为 0.75、标准误差为 0.15 的 Beta 分布（Smets and Wouters，2007；Khan and Tsoukalas，2009）。根据大多数文献，资本在生产函数中的份额参数 α 在 0.2 到 0.8 之间，我们将其先验均值设为 0.4 的正态分布，消费和实际货币余额的不变替代弹性 γ 的先验均值设为 0.06，消费组合中国内商品所占比重 ω 的先验均值设为 0.8，外部融资溢价弹性 φ 的先验均值设为与伯南克等（Bernanke et al.，1999）所设值相近的 0.06，资本调整成本参数 χ 设为均值为 0.5，消费和实际货币余额的不变替代弹性、消费组合中国内商品所占比重、外部融资溢价弹性、资本调整成本参数都服从 Gamma 分布。参数 ϕ 先验分布设为均值为 0.4、标准误差为 0.01 的 Beta 分布。贝叶斯估计结果如表 10 – 2 和图 10 – 1 所示。收敛性检验表明贝叶斯估计是稳健的（见图 10 – 2）。

表 10 – 2　　　　　　　　　　贝叶斯估计结果

参数	先验均值	后验均值	90% 置信区间		先验分布	标准误差
α	0.4	0.4013	0.3847	0.4160	norm	0.01
ω	0.8	0.7988	0.7682	0.8280	gamma	0.02
γ	0.06	0.0582	0.0273	0.0914	gamma	0.02
χ	0.5	0.8626	0.3464	1.3293	gamma	0.2
φ	0.06	0.0391	0.0296	0.0492	gamma	0.01
ϕ	0.4	0.2112	0.1692	0.2536	beta	0.05
ρ_e	0.75	0.8266	0.7280	0.9534	beta	0.15
ρ_b	0.75	0.7545	0.5174	0.9778	beta	0.15

续表

参数	先验均值	后验均值	90%置信区间		先验分布	标准误差
ρ_f	0.75	0.3554	0.1718	0.5297	beta	0.15
ρ_{P*}	0.75	0.6101	0.4928	0.7429	beta	0.15
ρ_{R*}	0.75	0.6120	0.3990	0.7982	beta	0.15
ρ_{y*}	0.75	0.5382	0.3976	0.6760	beta	0.15
σ_e	0.01	0.0179	0.0142	0.0212	invg	0.5
σ_b	0.01	0.0075	0.0024	0.0123	invg	0.5
σ_a	0.01	0.0129	0.0099	0.0152	invg	0.5
σ_{P*}	0.01	0.0244	0.0204	0.0289	invg	0.5
σ_{R*}	0.01	0.0023	0.0017	0.0029	invg	0.5
σ_f	0.01	0.0026	0.0019	0.0033	invg	0.5
σ_{y*}	0.01	0.0627	0.0528	0.0712	invg	0.5

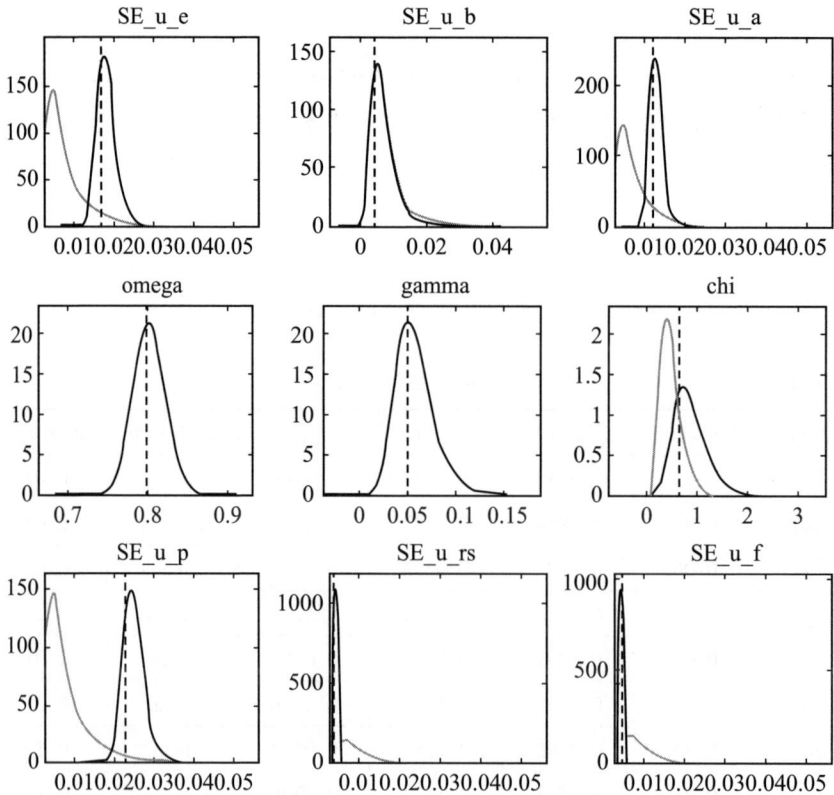

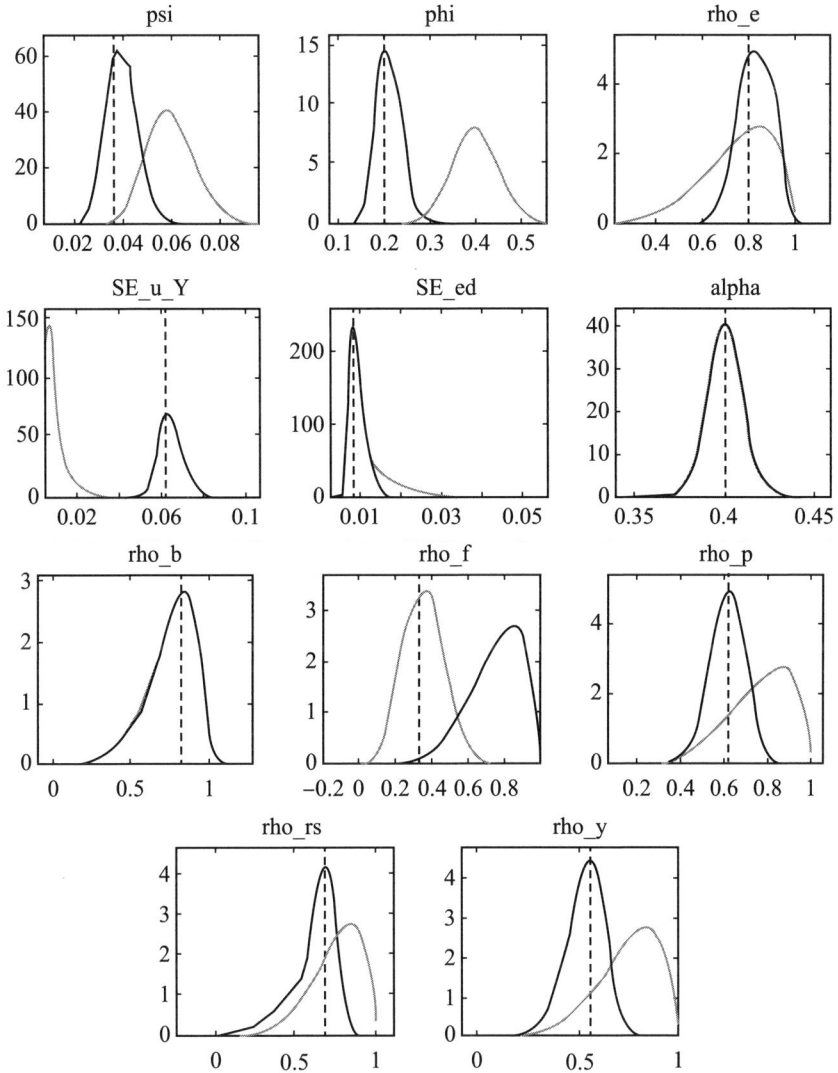

图 10 -1　贝叶斯估计结果

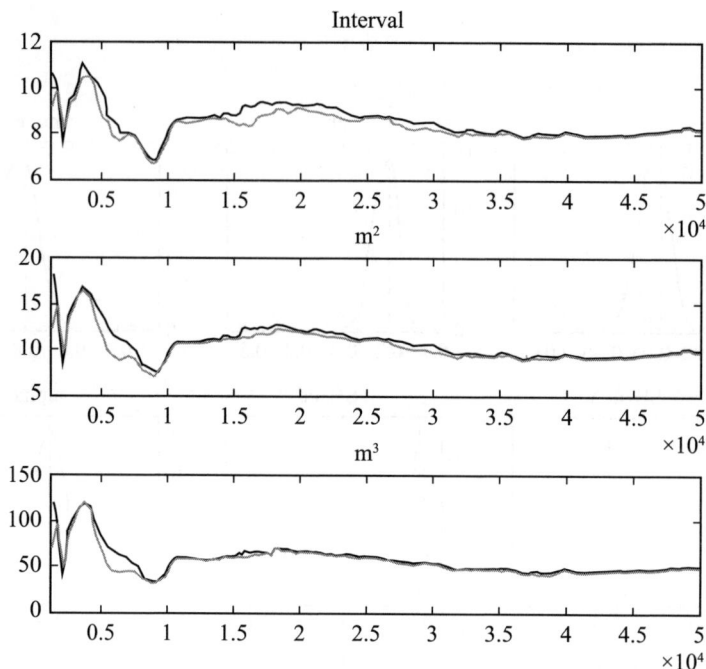

图 10 - 2　收敛性检验

四、数值模拟结果与分析

（一）数值模拟结果

　　本章通过脉冲响应来定量分析突发性冲击对国内和国外各经济变量的动态影响。由图 10 - 3 可以看出，各经济变量在突发性冲击发生时会产生快速的变化，也就是"跳跃"。这也反映了马尔科夫转移机制模型可以较好地刻画外生突发性冲击的突发、离散的数据特征。

　　由 10 - 3 可以看出，1% 突发性冲击对国内宏观经济运行产生下行压力：第一，突发性冲击对产出、消费、投资等宏观经济变量产生负向影响，但同时会提高企业净值和通货膨胀率，从而削弱宏观经济风险抵御能力。第二，在突发性冲击对宏观经济变量的破坏程度方面，投资、技术和产出在同一个较高数量级，其中投资最大，为 0.71%，其次是技术和产出，分别为 0.23%、0.19%；其他宏观经济变量数量级较低。技术水平的快速下滑削弱了继续投资的动力，而投资规模的减少导致就业岗位的不足，从而导致就业下降了 0.07%。

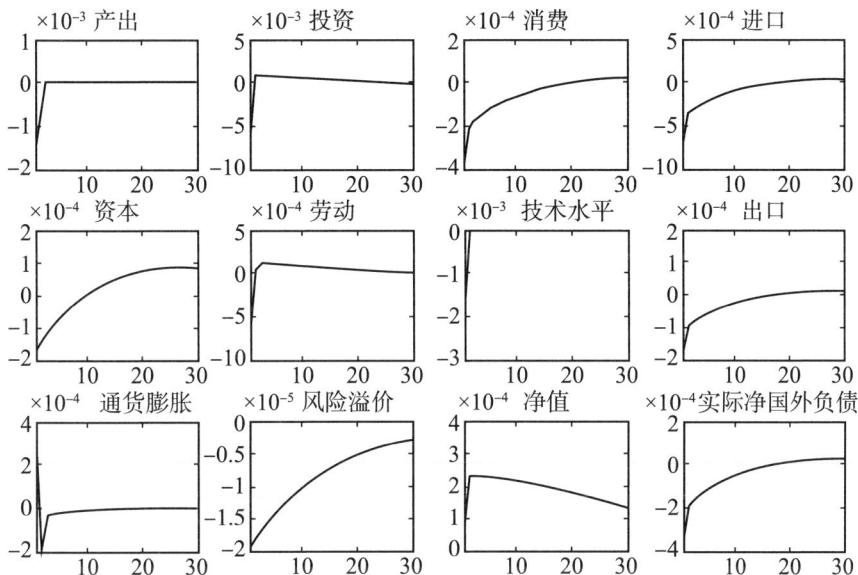

图 10 - 3　突发性冲击对宏观经济运行的影响

突发性冲击对技术水平产生直接影响，使得技术水平下降 0.23%，技术水平的下降导致企业边际生产成本上升，从而导致通货膨胀率上升 0.04%。可能的经济解释是：一方面，根据费雪效应，由于未预期到的通货膨胀的增加减轻了实际债务负担并且增加了净值，企业净值的增加导致外部融资溢价下降 0.002%；另一方面，通胀率的提高使得物价上升减少了总需求并导致消费下降 0.04%，进而总产出水平在短期内下降。产出的下降，削弱了继续投资的动力，而投资规模的减少导致对资本和劳动力的需求不足，消费量由于居民的收入减少而下降。本章研究结果表明主要宏观经济变量的上升和下降方向与陈国进等（2014）结果保持一致。

由图 10 - 3 还可以看出，1% 突发性冲击导致进口、出口和实际净国外负债下降幅度分别为 0.07%、0.02%、0.04%。由于产出是影响我国进出口贸易的主要因素，所以由技术水平下降所导致的产出下降是导致我国进出口下降的根本原因。进口下降的幅度要比出口下降的幅度大，这是因为目前拉动我国经济增长的主要是投资和出口，国内的投资和生产主要是对外出口服务，此时进口很大程度上由出口决定，即"出口拉动进口"，进口既受产出的影响，也受出口的影响。

（二）稳健性分析

通过改变货币需求冲击和消费偏好冲击自回归系数的先验分布，比较改变前后估计参数的差异，来做模型的稳健性分析。由表 10 - 3 可以看出，货币需求冲击和消费偏好冲击自回归系数先验均值发生了变化，但是后验均值并无明显变化，这说明了本章模型参数的稳健性。

表 10 - 3　　　　　　　　　　　　　　稳健性分析

参数	原参数估计		参数修改后参数估计	
	先验分布	后验均值	先验分布	后验均值
ρ_b	Beta (0.75，0.15)	0.8266 [0.7280，0.9534]	Beta (0.85，0.15)	0.8113 [0.6762，0.9991]
ρ_e	Beta (0.75，0.15)	0.7545 [0.5174，0.9778]	Gamma (0.85，0.15)	0.9790 [0.9502，1]

（三）2008 年国际金融危机数值模拟

2007 年美国次贷危机引发的国际金融危机，导致全球金融市场剧烈动荡，严重打击了投资者和消费者的信心，经济数据持续低迷，经济形势急转直下。2008 年国际金融危机对中国宏观经济运行产生了重要的不利影响。图 10 - 4 显示的是 2007 年第 4 季度到 2008 年第 1 季度的经济变量增长率数据，从图中可以看出，我国 GDP、消费、投资、出口和进口增长率分别下降了 14%、0.8%、31%、34%、5%，其中投资和出口下降幅度最大。金融危机后，我国东部沿海中小企业面临需求减少、成本增加、融资困难，出现了"倒闭潮""跑路潮"。

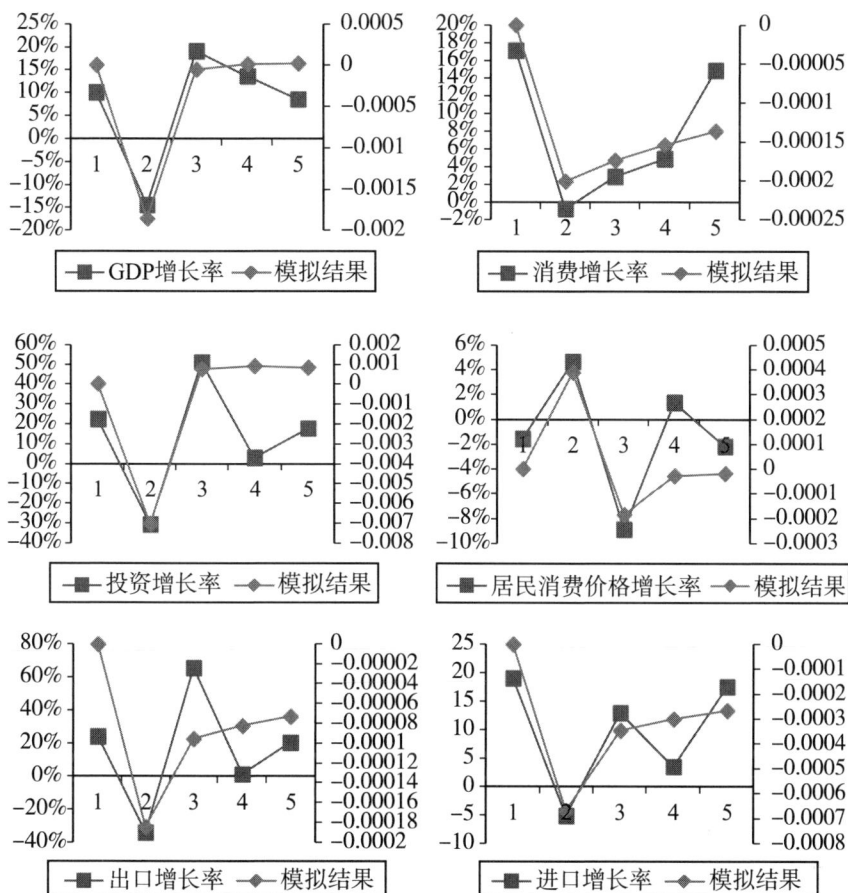

图 10 - 4 2008 年国际金融危机对中国宏观经济影响的实际数据与模拟结果

2008 年国际金融危机对我国宏观经济运行的实际影响，可以作为罕见灾难风险的典型案例。本章以下将对比分析 2008 年国际金融危机对我国宏观经济运行影响的实际数据和突发性冲击对我国宏观经济运行影响的 DSGE 模型模拟结果，结果如图 10 - 4 所示。

从图 10 - 4 中可以看出：第一，实际数据和模拟结果，在对宏观经济运行的方向上是一致的，都表现为对主要宏观经济变量的负向影响和对通货膨胀率的正向影响。第二，实际数据和模拟结果，在对宏观经济变量的影响数量级上是一致的，都表现为对投资和出口的影响最大，对产出的影响次之，对消费的影响最小。第三，实际数据和模拟结果，在对宏观经济变量的动态影响时间规律上也是基本一致的。总的来说，本章构建的包含突发性冲击的 DSGE 模型模拟结果，可以较好地刻画 2008 年国际金融危机对我国宏观经济运行的实际影响，进一步说明了本章研究的稳健性和可靠性。

五、研究结论

本章利用马尔科夫转移矩阵来测度灾难风险，将外生突发性冲击引入包含金融加速器的小型开放经济 DSGE 模型，来模拟研究突发性冲击对中国宏观经济运行的影响效应。通过数值模拟，本章得到以下几点研究结论：第一，马尔科夫机制转移波动冲击可以刻画离散"跳"行为，这种突发性冲击对各变量的脉冲响应是突发、"跳跃"的，突发性冲击降低产出、消费、投资、资本、劳动、技术和国际贸易，但同时会提高企业净值和通货膨胀率，从而削弱宏观经济风险抵御能力。第二，在突发性冲击对宏观经济变量的破坏程度方面，投资、技术和产出在同一个较高数量级，其中投资最大，其次是技术和产出；其他宏观经济变量数量级较低。突发性冲击通过直接导致技术水平的快速下滑进而对国内其他经济变量产生一系列影响，同时也减少了我国进出口贸易。突发性冲击会在短时间内造成整个宏观经济的衰退，削弱了宏观经济的风险抵御能力。第三，突发性冲击数值模拟结果可以较好地模拟 2008 年国际金融危机对中国宏观经济运行的动态影响。

为提高宏观经济抵御风险的能力，削弱突发性冲击对宏观经济运行的影响，可以采取"宽财政"和"紧货币"相结合的原则有效提高宏观经济运行的风险抵御能力：第一，在产出、投资、消费大幅度下降的情况下，为防止出现大量失业和经济活力下降，政府应实行扩张性的财政政策从而增加投资，刺激总需求的增长，阻止经济进一步下滑。例如，加大对技术易受灾难影响的行业的监控和补贴，提升其抵御风险的能力。第二，由脉冲响应分析发现，通货膨胀率在短时间内呈现上升的趋势。持续性通货膨胀，容易导致市场价格机制遭受破坏，资源错误配置。从脉冲响应结果看，通货膨胀的上升要明显小于产出的下降，因此可以采取适度从紧的货币政策来应对通货膨胀的影响。

本章研究的边际贡献主要体现在以下三个方面：第一，本章利用两状态马尔科夫转移矩阵来测度罕见灾难冲击，可以很好地模拟经济在非灾难状态与灾难状态之间转换的特点。第二，本章引入包含金融加速器的小型开放 DSGE 模型，在我国对外贸易依存度不断提高的情况下，这项研究可以更好地刻画中国经济。第三，本章研究为量化国际金融危机等突发性冲击对中国宏观经济运行的影响提供了新的经济建模思路，为政府制定应对政策提供了模拟仿真参考。如何正确认识和量化研究金融危机等突发性冲击对中国宏观经济运行影响及政策应对，是一项非常重要且艰巨的研究课题。希望本章起到抛砖引玉的作用，推进更加深入的科学研究。

第十一章 灾难冲击下财政货币政策选择

本章构建了包含价格黏性的动态随机一般均衡模型，利用马尔科夫机制转移模型刻画灾难冲击，对比分析不同货币政策下灾难冲击对宏观经济的影响，并以福利损失为标准选择最优货币政策。在此基础上，对比分析不同财政政策与最优货币政策组合下，灾难冲击对宏观经济的影响，并以福利损失为标准选择最优财政货币政策组合。通过数值模拟得到以下研究结论：第一，无论是在价格型货币政策还是在数量型货币政策下，一个标准差的灾难冲击都会导致产出、消费、投资和资本存量呈负向波动，通货膨胀、劳动时间和工资呈正向波动。第二，以福利损失为标准，灾难冲击下利率规则优于货币供应量规则。第三，在税收规则下，灾难冲击引起投资呈负向波动，但是在支出规则下，灾难冲击引起投资先呈负向波动后呈正向波动，最后趋向平稳。第四，以福利损失为标准，灾难冲击下税收规则优于支出规则。

一、引言

灾难事件通常包括金融危机、战争、自然灾害和流行疾病，虽然发生概率极小，但是一旦发生便会造成严重的损失（陈国进等，2014）。灾难事件往往使产出或者资本存量在短时间内发生非正常的下降（Barro，2005，2006a），甚至造成市场崩溃（Rietz，1988）。一些学者运用灾难风险思想，采用不同效用函数形式研究了股票溢价、汇率、经济波动的福利成本等问题，取得了非常显著的成果，研究表明灾难风险对于现实经济的影响确实非常巨大（Gourio，2008；Farhi and Gabaix，2008；Martin，

2008；Gourio，2009；Gabaix，2009）。在货币政策和财政政策中，我国主要采用数量型货币政策缓解金融危机带来的消极影响，虽然有效地挽救了经济，但是也带来了诸多问题，如持续通胀、房地产价格上涨。因此研究灾难冲击下财政货币政策的宏观经济效应以及财政货币政策选择，对于中国宏观经济管理具有重大的实践参考意义。

长期以来，如何利用财政货币政策工具应对外部冲击，实现宏观经济健康稳定发展，一直是国际宏观经济研究的重要领域。DSGE 模型的发展，为研究灾难冲击下货币财政政策选择的问题提供了良好的模型基础。国外学者较早开始货币政策工具的研究，拉姆查兰（Ramcharan，2007）通过VAR 模型研究了汇率政策下灾难冲击的影响，发现弹性汇率能减少灾难冲击带来的负面影响。本杰明和帕科（Benjamin and Pakko，2011）采用动态随机一般均衡模型，研究了适用于自然灾难的货币政策，并发现灾难事件发生后，通货膨胀升高，产出降低。国外对政策规则的研究主要集中在货币政策规则，对财政政策规则的研究相对较少，这主要因为实践中财政政策具有较强的任意性和独立性，政府并不愿意放弃其带来的政策灵活性。莫来基和拉达茨（Melecky and Raddatz，2011）基于 VAR 模型，采用1975～2008 年中高收入国家的年度数据研究了政府支出和收入如何响应灾难冲击，进而估计自然灾难对财政的持续性影响。同时也有国外学者开始考虑货币财政政策组合的选择。利斯等（Leith et al.，2013）构建了新凯恩斯动态随机一般均衡模型，比较相机抉择和支出规则下的财政货币政策选择。尼曼（Niemann，2011）也构建了新凯恩斯动态随机一般均衡模型，研究灾难冲击下的货币财政政策的选择。

国内也有一些学者对财政政策或者货币政策选择进行了研究（宋玉华、李泽祥，2007；刘喜和等，2014；王文甫，2010；贾俊雪、郭庆旺，2011）。DSGE 模型也是当前国内宏观经济学研究的主流模型，在此基础上，国内学者开始引入利率规则和货币供应量规则，比较分析不同货币政策规则下的调控绩效（马文涛，2011；胡志鹏，2012；岳超云、牛霖琳，2014；卞志村、胡恒强，2015）。国内学者也在 DSGE 模型的框架下，研究了财政政策选择的问题（朱军，2013；张左敏，2013；胡永刚、郭长林，2013；肖尧、牛永青，2014）。以上国内学者的研究有助于我们研究财政货币政策选择的问题，但并未涉及灾难冲击下政策的选择问题，相较国外而言，国内在灾难冲击下研究财政货币政策选择的问题以及考虑财政货币政策组合问题的文献非常缺乏。晁江锋、赵向琴、武晓利、陈国进（2015）首次构建了包含灾难性预期和政府支出因素的 DSGE 模型，分析了罕见灾难在中国宏观经济中的财政政策效应问题。在此基础上，赵向琴、陈国进（2017）通过进一步引入政府生产性支出拓展了包含灾难冲击的新凯恩斯 DSGE 模型，比较分析了不同财政货币政策组合下灾难冲击的宏观经济效应。

此外，国外学者也考虑了灾难冲击的刻画方法，马尔科夫机制转移模型可以刻画经济处于两状态下的动态演化及转换过程，在此基础上，大量国外学者在 DSGE 框架下，利用马尔科夫机制转移模型刻画灾难冲击，研究灾难冲击对宏观经济的影响（Bloom，2009；Bloom and Floetotto，2013；Gourio，2012；Benjamin and Pakko，2011；Gourio，2013；Arellano and Bai，2011；Narita，2011）。马尔科夫机制转移 DSGE 模型的创新性发展，为在灾难冲击下研究财政货币政策选择提供了新的思路。

在灾难冲击刻画方面，当前国内学者在研究灾难冲击时都假设灾难冲击服从一阶自回归过程（陈彦斌等，2009；陈国进等，2014；晁江峰等，2015；赵向琴、袁靖、陈国进，2017）。但假设灾难冲击服从一阶自回归过程会导致冲击序列波动特征被平均化。研究表明，马尔科夫机制转移模型可以更好地刻画灾难冲击（Fernández – Villaverde，2010）。朱军、马翠（2016）的研究表明，将冲击序列的波动特征平均化的方法的模拟结果不如马尔科夫机制转移模型的结果。

因此，与已有研究不同，本章构建了包含价格黏性的动态随机一般均衡模型，借鉴本杰明和迈克尔（Benjamin and Michael，2011）的研究方法，利用马尔科夫机制转移模型刻画灾难冲击，对比分析在利率规则和货币供应量规则这两种不同货币政策下，灾难冲击对中国宏观经济的影响，并以福利损失为标准选择最优货币政策。在此基础上，对比分析在政府支出规则和税收规则这两种不同财政政策与最优货币政策组合下，灾难冲击对中国宏观经济的影响，并以福利损失为标准选择最优财政货币政策组合。

本章其余部分安排如下：第二部分介绍 DSGE 模型构建；第三部分是参数校准；第四部分是脉冲响应分析及福利损失分析；最后是本章的研究结论。

二、DSGE 模型构建

灾难冲击对宏观经济产生负面影响，为了保持经济稳健发展，需要采取一定的货币政策工具规则降低灾难冲击对经济的影响。本章在新凯恩斯动态随机一般均衡模型下，利用马尔科夫机制转移模型来刻画灾难风险，在模型中引入货币供应量规则和利率规则。模型中有三种类型国内经济主体：代表性家庭、代表性厂商和中央银行。

（一）代表性家庭

代表性家庭的规划问题就是在预算约束等条件下最大化其效用的期望现值：

$$U = E_0 \sum_{t=0}^{\infty} \beta^t u(c_t, l_t) = E_0 \sum_{t=0}^{\infty} \beta^t \left[\frac{1}{1-\sigma} c_t^{1-\sigma} + \frac{1}{1-v} m_t^{1-v} - \frac{1}{1+\phi} l_t^{1+\phi} \right]$$

$$(11-1)$$

$$k_t = i_t + (1-\delta)k_{t-1} \qquad (11-2)$$

$$w_t l_t + r_t^k k_{t-1} + \frac{R_{t-1}b_{t-1}}{\pi_t} + \frac{m_{t-1}}{\pi_t} = c_t + i_t + b_t + m_t \qquad (11-3)$$

$$(1-\tau_t)(w_t l_t + r_t^k k_{t-1}) + \frac{R_{t-1}b_{t-1}}{\pi_t} + \frac{m_{t-1}}{\pi_t} + tr_t = c_t + i_t + b_t + m_t$$

$$(11-4)$$

其中，β 表示家庭的主观贴现因子，$\beta \in (0,1)$，c_t、m_t、l_t 分别为代表性家庭在 t 期的实际消费、实际货币余额和劳动时间，σ 为消费者的风险回避系数，$1/\sigma$ 为消费的跨期替代弹性，$1/v$ 为实际货币需求的利率弹性，$1/\phi$ 为劳动的供应弹性。E_0 为家庭基于第 0 期信息预期，k_t、k_{t-1} 分别表示 t、$t-1$ 期的实际资本存量，i_t 为 t 期的实际投资，δ 为折旧率，$\delta \in (0,1)$。w_t 为 t 期的实际工资，r_t^k 为租金收益率，R_{t-1} 为 $t-1$ 期名义存款利率，b_t 为政府发行的债券，π_t 为通货膨胀。τ_t 为总税率，tr_t 为转移支付。

为了得到最优解，本章采用拉格朗日乘数方法求解：

$$E_t \sum_{t=0}^{\infty} \beta^t \left\{ \left[\frac{1}{1-\sigma} c_t^{1-\sigma} + \frac{1}{1-v} m_t^{1-v} - \frac{1}{1+\phi} l_t^{1+\phi} \right] \right.$$

$$\left. - \lambda_t \left[k_t - (1-\delta) k_{t-1} + c_t + b_t + m_t - w_t l_t - r_t^k k_{t-1} - \frac{R_{t-1} b_{t-1}}{\pi_t} - \frac{m_{t-1}}{\pi_t} \right] \right\}$$

$$(11-5)$$

$$E_t \sum_{t=0}^{\infty} \beta^t \left\{ \left[\frac{1}{1-\sigma} c_t^{1-\sigma} + \frac{1}{1-v} m_t^{1-v} - \frac{1}{1+\phi} l_t^{1+\phi} \right] - \lambda_t \left[k_t - (1-\delta) k_{t-1} + c_t + b_t + m_t \right] \right.$$

$$\left. - \lambda_t \left[-(1-\tau_t) w_t l_t - (1-\tau_t) r_t^k k_{t-1} - \frac{R_{t-1} b_{t-1}}{\pi_t} - \frac{m_{t-1}}{\pi_t} - tr_t \right] \right\}$$

$$(11-6)$$

分别对消费、劳动、债券、实际货币余额和资本存量求一阶导数，结果如下所示：

$$c_t: \frac{1}{c_t^{\sigma}} = \lambda_t \qquad (11-7)$$

$$l_t: l_t^{\phi} = \lambda_t w_t \qquad (11-8)$$

$$l_t: l^{\phi} = \lambda_t w_t (1-\tau_t) \qquad (11-9)$$

$$b_t: \beta E_t \lambda_{t+1} \frac{R_t}{\pi_{t+1}} = \lambda_t \qquad (11-10)$$

$$m_t: \frac{1}{m_t^v} + \beta E_t \frac{\lambda_{t+1}}{\pi_{t+1}} = \lambda_t \qquad (11-11)$$

$$k_t: \beta E_t \lambda_{t+1} ((1-\delta) + r_{t+1}^k) = \lambda_t \qquad (11-12)$$

$$k_t: \beta E_t \lambda_{t+1} ((1-\delta) + r_{t+1}^k (1-\tau_{t+1})) = \lambda_t \qquad (11-13)$$

（二）代表性厂商

1. 最终品生产厂商

最终品生产厂商使用每个中间品生产厂商 $i \in [0, 1]$ 生产的 $y_t(i)$ 单位中间品生产 y_t 单位的最终品，中间品 i 的名义价格为 $p_t(i)$，其生产函数满足 CES 形式：

$$y_t = \left[\int_0^1 y_{it}^{\frac{\theta-1}{\theta}} di \right]^{\frac{\theta}{\theta-1}} \qquad (11-14)$$

其中，θ 为中间产品的替代弹性。

最终品生产厂商的目标是追求利润最大化，其函数表示为：

$$\max p_t y_t - \int_0^1 p_t(i) y_t(i) \mathrm{d}i \qquad (11-15)$$

对 $y_t(i)$ 求导，得出最优决策的一阶条件：

$$\left(\int_0^1 y_t(i)^{\frac{\eta-1}{\eta}} \mathrm{d}i\right)^{\frac{1}{\eta-1}} = \frac{p_t(i)}{p_t} y_t(i)^{1/\eta} \qquad (11-16)$$

最终品厂商对第 i 种中间品的需求函数：

$$y_t(i) = \left(\frac{P_t(i)}{P_t}\right)^{-\theta} y_t \qquad (11-17)$$

t 期价格水平满足：

$$P_t = \left(\int_0^1 P_t(i)^{1-\theta} \mathrm{d}i\right)^{\frac{1}{1-\theta}} \qquad (11-18)$$

2. 中间产品生产厂商

假定中间投入产品的生产是垄断竞争的，垄断竞争的中间投入品生产厂商生产有差别的中间投入品，任意一种中间品 i 由中间品厂商 i 依照如下的生产技术进行生产：

$$y_{it} = Z_t(a_t k_{i,t-1})^{\alpha} l_{it}^{1-\alpha} \qquad (11-19)$$

其中，a 为资本产出弹性，$0 < a < 1$，$k_{i,t-1}$、l_{it} 分别为生产中间产品所使用的资本和劳动力，Z_t 为技术进步水平。Z_t 包含技术冲击 z_t 和突发灾难冲击变量 D_t，其中 z_t 遵循一阶自回归过程，Z_t 表示函数如下：

$$\ln(Z_t/Z) = \ln(z_t/z) + \varsigma \ln(D_t/D) \qquad (11-20)$$

其中，D_t 为突发灾难冲击变量，本杰明和帕科（Benjamin and Pakko，2011）曾详细介绍过此变量。

（三）政府

假设政府的收入来源为税收、发行债券，收入的运用包括政府支出、支付到期债券和转移支付，则政府的预算约束为：

$$b_t + m_t + \tau_t w_t l_t + \tau_t r_t^k k_{t-1} = \frac{R_t b_{t-1}}{\pi_t} + g_t + tr_t + m_{t-1}/\pi_t \qquad (11-21)$$

其中，b_t 为发行的债券，$\tau_t(w_t l_t + r_t^k k_{t-1})$ 代表政府征收的一次性总税收，R_t/π_t 是实际利率，g_t 为政府支出，tr_t 是实际一次性转移支付，m_t 为发行的货币，π_t 为通货膨胀。

在支出规则下，政府在制定财政支出时不仅要考虑上一期的财政支出水平，还要考虑产出和债务水平的变化。此外，税率服从一阶自回归过程，具体形式为：

$$g_{t+1} = \left[\left(\frac{g_t}{g_{ss}} \right)^{\rho_g} \left(\frac{bb_{t-1}}{bb_{ss}} \right)^{\gamma_{gb}} \left(\frac{y_t}{y_{ss}} \right)^{\gamma_{gy}} \right] \exp(\varepsilon_t^g) \qquad (11-22)$$

$$\ln\left(\frac{\tau_t}{\tau_{ss}} \right) = \rho_\tau \ln\left(\frac{\tau_t}{\tau_{ss}} \right) + \varepsilon_{t+1}^\tau \qquad (11-23)$$

其中，$bb_t = \dfrac{R_t b_t}{y_t}$，$\varepsilon_t^g$ 为政府支出的水平冲击，且 $\varepsilon_t^g \sim NID(0, \sigma_t^g)$，$g_{ss}$、$b_{ss}$ 和 y_{ss} 分别为各自的稳态值。

在税收规则下，假定政府支出是外生的，税率盯住产出和政府债务水平，因此税率的具体表达式为：

$$\tau_t = \tau_{ss} \left[\left(\frac{bb_{t-1}}{bb_{ss}} \right)^{\gamma_{\tau b}} \left(\frac{y_{t-1}}{y_{ss}} \right)^{\gamma_{\tau y}} \right] \exp(\varepsilon_t^\tau) \qquad (11-24)$$

$$\ln\left(\frac{g_{t+1}}{g_{ss}} \right) = \rho_g \ln\left(\frac{g_t}{g_{ss}} \right) + \varepsilon_{t+1}^g \qquad (11-25)$$

其中，$bb_t = \dfrac{R_t b_t}{y_t}$，$\varepsilon_t^\tau$ 为政府税率的水平冲击，且 $\varepsilon_t^\tau \sim NID(0, \sigma_t^\tau)$。

（四）中央银行

1. 货币供应量规则

参考刘斌（2010）、马文涛（2011）等相关文献，本章将货币供应增长定义为 $U_t = M_t / M_{t-1}$，并将其转化成实际值：$u_t = m_t \pi_t / m_{t-1}$，其中 U_t、M_t、u_t、m_t、π_t 分别表示名义货币增长、名义货币供应量、实际货币供应增长、实际货币供应量、实际通货膨胀。同时，本章参考马文涛（2011）、胡爱华（2012）中的货币供应量规则，将平滑机制的货币供应量规则定义为：

$$u_t = u_{ss} \left(\frac{u_{t-1}}{u_{ss}} \right)^{\rho_u} \left(\frac{\pi_t}{\pi_{ss}} \right)^{(1-\rho_u)\rho_\pi} \left(\frac{y_t}{y_{ss}} \right)^{(1-\rho_u)\rho_y} \exp(\varepsilon_t^m) \qquad (11-26)$$

其中，$\varepsilon_t^m \sim NID(0, var(\varepsilon_t^m))$，本章定义为数量型货币政策的外生冲

击，ρ_u 为货币供应量增长率的持久性参数，$0 < \rho_u < 1$，ρ_π 为货币供应量增长率对通货膨胀率的反应系数，ρ_y 为货币供应量增长率对产出增长率的反应系数，u_{ss}、π_{ss}、y_{ss} 分别表示稳态时的货币供应增长、通货膨胀、产出水平。

2. 利率规则

国外学者普遍采用价格型的货币政策进行研究，国内学者刘斌（2010）、张卫平（2012）等都在其专著中使用价格型的货币政策，即具有利率平滑作用的泰勒规则。从此类规则中可以发现，中央银行在调整利率时，不仅要考虑通胀率和产出的变化，而且为了避免由利率的大幅度调整而引起的经济波动，还需要考虑利率的平滑作用，这样利率的调整才具有一定的惯性。

参考上述文献，本章将采用价格型的货币政策，即上述作者所谓的具有利率平滑作用的泰勒规则，并将此规则定义为：

$$R_{t+1} = R_{ss}\left(\frac{R_t}{R_{ss}}\right)^{\phi_R}\left(\frac{\pi_t}{\pi_{ss}}\right)^{(1-\phi_R)\phi_\pi}\left(\frac{y_t}{y_{ss}}\right)^{(1-\phi_R)\phi_y}\exp(\varepsilon_t^R) \qquad (11-27)$$

其中，$\varepsilon_t^R \sim NID(0, \text{var}(\varepsilon_t^R))$，$\varepsilon_t^R$ 为价格型货币政策的外生冲击。ϕ_R 为利率的持久性参数，$0 < \phi_R < 1$，ϕ_π 为利率对通货膨胀率的反应系数，ϕ_y 为利率对产出增长率的反应系数，通货膨胀 $\pi_t = P_t/P_{t-1}$，R_{ss}、π_{ss}、y_{ss} 分别表示稳态时的利率水平、通货膨胀、产出水平。

（五）灾难冲击

因为灾难事件是罕见事件，因此本章参考本杰明和帕科（Benjamin and Pakko，2011），把灾难冲击作为两状态的马尔科夫转移过程引入模型。突发灾难冲击变量 D_t 有两种状态，状态 1 是"正常"或"无灾难"状态，状态 2 定义为"灾难"状态。这两个状态经过校准的概率转移矩阵为：

$$\begin{pmatrix} p_{11} & 1-p_{22} \\ 1-p_{11} & p_{22} \end{pmatrix} = \begin{pmatrix} 0.98 & 0.98 \\ 0.02 & 0.02 \end{pmatrix} \qquad (11-28)$$

其中，$p_{ij} = prob(D_t = D^j \mid D_{t-1} = D^i)$。无论灾难变量在前期处于"正常"状态还是处于"灾难"状态，灾难在当期均有 2% 的概率发生。

（六）市场出清

模型要求市场是出清的，市场处于一般均衡状态。

$$y_t = c_t + i_t \qquad\qquad (11-29)$$

$$y_t = c_t + i_t + g_t \qquad\qquad (11-30)$$

三、参数校准

龚六堂和谢丹阳（2004）对资本折旧率 δ 的年度值设为 0.1，本章设定季度资本折旧率为 0.025。参考黄志刚（2009），本章设定家庭的主观贴现因子 $\beta = 0.99$。马文涛（2011）利用年度的资本存量和投资数据计算技术水平，得到技术水平波动的一阶自回归系数为 0.725，本章将技术水平波动的一阶自回归系数设为 0.8。胡爱华（2012）把货币供应量增长率的持久性参数、货币供应量增长率对通货膨胀率的反应系数和货币供应量增长率对产出增长率的反应系数分别取值为 0.8、-0.5、-0.5。根据张卫平（2012），消费的跨期替代弹性的倒数、劳动供给对真实工资的弹性的倒数和真实货币需求对利率弹性的倒数分别取值为 1、1 和 3。简志宏等（2011）设定技术水平波动的一阶自回归系数为 0.8；张佐敏（2013）采用《中国统计年鉴》数据，经过校准得 $a = 0.476$；黄赜琳（2005）考察了 1978 年以来就业人数和总人数之比的波动变化规律，得到均衡劳动供给校准为 $n = 0.542$。参考刘斌（2010），本章将政府购买性支出占总产出的比例 g_{ss}/y_{ss}，以及债券实际余额占总产出的比例 b_{ss}/y_{ss} 分别设为 0.17、0.13。朱军（2014）将政府支出的一阶自回归系数和标准差取值为 0.61 和 0.0376。根据菲利波普洛斯（Philippopoulos，2012）和王玉凤（2015），本章设定税率对实际债务水平比例的反应系数、税率对实际收入的反应系数以及税率的稳态值为 0.2、0.005、0.15，并将政府支出对实际债务水平比例的反应系数和政府支出对实际收入的反应系数分别取值为 -0.2、-0.005。王文甫（2010）令税率自回归系数和标准差分别取值为 0.227 和 0.307（见表 11-1）。

表 11－1 变量参数校准表

参数或相关稳态值	描述	取值
β	居民贴现率	0.99
σ	消费的跨期替代弹性的倒数	1
v	实际货币需求的利率弹性的倒数	3
ϕ	劳动的供给弹性的倒数	1
a	资本产出弹性	0.476
ρ_u	货币供给量增长率的持久性参数	0.8
ρ_π	货币供应量增长率对通货膨胀率的反应系数	－0.5
ρ_y	货币供应量增长率对产出增长率的反应系数	－0.5
ϕ_R	利率的持久性参数	0.95
ϕ_π	利率对通货膨胀率的反应系数	1.44
ϕ_y	利率对产出增长率的反应系数	0.5
z	技术进步的稳态水平	1
n	均衡劳动供给	0.542
ρ_z	技术水平波动的一阶自回归系数	0.8
δ	季度资本折旧率	0.025
g_{ss}/y_{ss}	政府购买性支出占总产出的比例	0.17
b_{ss}/y_{ss}	债券实际余额占总产出的比例	0.13
ρ_g	政府支出的一阶自回归系数	0.61
σ_g^2	政府支出的标准差	0.0376
$\gamma_{\tau b}$	税率对政府赤字比例的反应系数	0.2
$\gamma_{\tau y}$	税率对实际收入的反应系数	0.005
τ_{ss}	税率的稳态值	0.15
γ_{gb}	支出对政府赤字的反应系数	－0.2
$\gamma_{\tau y}$	政府支出对实际收入的反应系数	－0.005
ρ_τ	税率的一阶自回归系数	0.227
σ_τ^2	税率的标准差	0.307

四、货币政策选择

（一）比较分析不同货币政策工具下灾难冲击的脉冲响应

由图 11-1 可知，灾难冲击在数量型货币政策和价格型货币政策下对产出、投资、消费、劳动时间、劳动工资、资本存量以及通货膨胀都有相同的趋势效应。即在这两种货币政策下，灾难冲击引起产出、投资、资本存量和消费呈负向波动，劳动工资、劳动时间和通货膨胀呈正向波动，并且在此两种货币政策下，灾难冲击对劳动时间、劳动工资和通货膨胀造成的影响程度趋于一致，但是灾难冲击对产出、投资、资本存量和消费的影响程度是不同的。

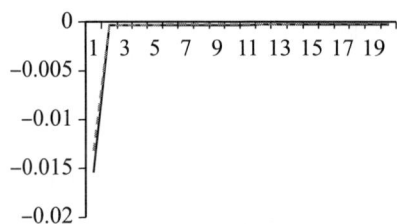

（a）产出

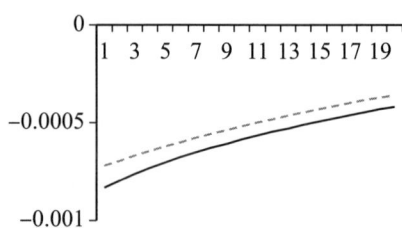

（b）消费

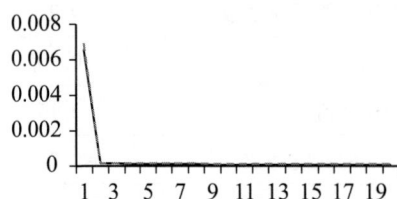

（c）通货膨胀

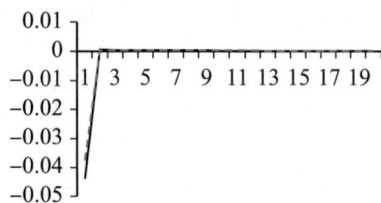

（d）投资

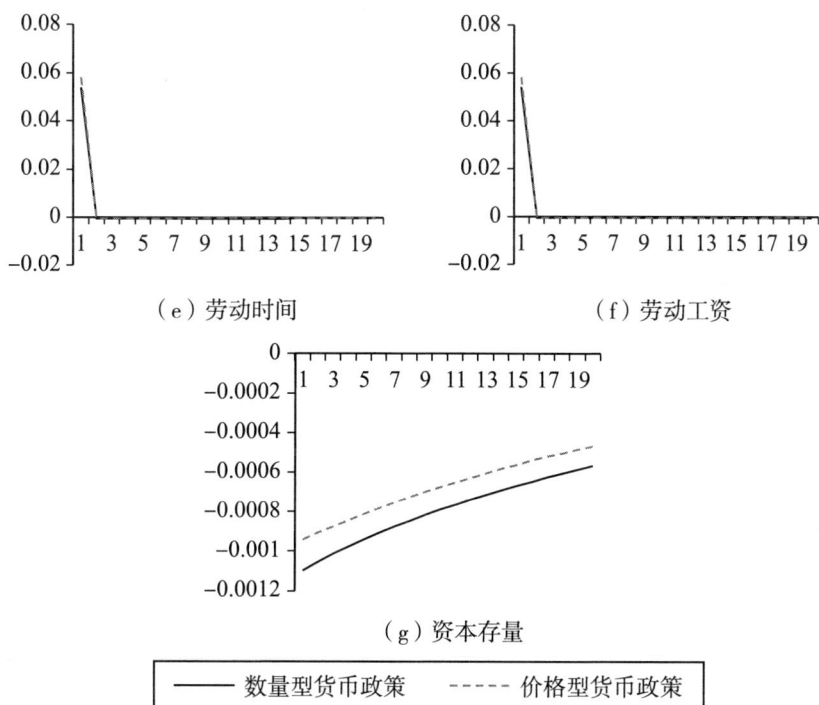

（e）劳动时间　　　　　　　　　（f）劳动工资

（g）资本存量

───── 数量型货币政策　　----- 价格型货币政策

图 11−1　不同货币政策工具下灾难冲击的脉冲响应对比

对于产出和投资而言，在初期，价格型货币政策下灾难冲击对产出和投资的影响效应小于数量型货币政策下的影响效应，两期后两种货币政策下灾难冲击对产出和投资的影响效应趋于一致。在利率规则下，灾难冲击立刻导致名义利率增加，因此居民的储蓄欲望强烈，投资增加，降低了整体投资的下降幅度，引起产出和投资略微下降。但是在货币供给量规则下，灾难冲击立刻导致名义货币供给量增加，引起名义利率下降，因此居民的储蓄欲望减弱，加重了整体投资的下滑程度，引起产出和投资大幅度下降。两期后，灾难冲击对货币供给量和利率的影响减弱，且灾难冲击对产出和投资的直接影响远远超过利率或者货币供给量对它们的影响，因此两期后两种货币政策下灾难冲击对产出、投资的影响趋于一致。

此外，对于资本存量和消费而言，价格型货币政策下灾难冲击对资本存量的影响效应小于数量型货币政策下灾难冲击对资本存量和消费的影响效应。

通过比较价格型货币政策和数量型货币政策下灾难冲击对主要宏观经

济变量的影响，我们发现，当经济系统遭遇灾难冲击时，相较于数量型货币政策，实体经济在价格型货币政策下受到灾难冲击的影响更小。因此，从保持宏观经济的稳定性出发，我们可以得到当灾难冲击发生后，价格型货币政策优于数量型货币政策。

（二）货币政策下的福利损失分析

本章以福利损失为标准，评价货币政策的有效性。根据马文涛（2011），福利损失函数具体形式为：

$$L = E_t \sum_{i=1}^{n} \varphi^i (\pi_{t+i}^2 + \lambda y_{t+i}^2) \qquad (11-31)$$

其中，φ 是介于 $0 \sim 1$ 的折现因子，λ 刻画了中央银行对产出的相对关注程度，n 为时间的范围，多数情况下假定 n 的最大值为 ∞，本章设定的最大值为 20，与前面的脉冲响应时间范围保持一致。假设中央银行与家庭有相同的时间偏好，即 $\varphi = \beta$，本章将 λ 分为 $(0, 1)$、1 和 $(1, \infty)$ 三个区间，并依次选取 $\lambda = 0.5$、$\lambda = 1.0$、$\lambda = 2.0$ 分析在价格型货币政策和数量型货币政策下灾难冲击引起的福利损失，计算结果如表 11-2 所示。

表 11-2　　　　　　　　不同货币政策下灾难冲击造成的福利损失

λ	价格型货币政策	数量型货币政策
0.5	0.0001350	0.0001615
1	0.0002222	0.0002798
2	0.0003967	0.0005166

由表 11-2 可知，无论取何值，价格型货币政策下灾难冲击引发的福利损失都小于数量型货币政策下灾难冲击引发的福利损失，因此以福利损失为标准，在灾难冲击下，价格型货币政策优于数量型货币政策。

基于上述结论，本章构建了包含利率规则和灾难冲击的 DSGE 模型，分别引入政府支出规则和税收规则，比较分析灾难冲击在不同财政规则下的宏观经济效应，探索最优财政规则。

五、财政政策选择

（一）比较分析不同财政规则下灾难冲击的脉冲响应

由图 11 - 2 可知，在利率规则基础上，灾难冲击在政府支出规则和税收规则下均引起产出和消费呈负向波动，政府赤字比例和通货膨胀呈正向波动。然而灾难冲击在不同财政规则下对投资的影响却不相同，具体表现为：在税收规则下，灾难冲击引起投资呈负向波动，但是在支出规则下，灾难冲击引起投资先呈负向波动后呈正向波动，最后趋向平稳。在支出规则下，灾难冲击导致产出减少，继而政府赤字比例增加，产出减少使政府支出呈正向波动，而政府赤字比例增加使政府支出呈负向波动，且影响效应大于产出变化引起的影响效应，因此政府支出减少，社会总需求减少，消费减少。在初期，社会总需求减少，企业投资减少，但是随着灾难冲击的平息，企业为了弥补之前的损失而增加投资，因此投资先呈负向波动，后呈正向波动。另外，产出减少量大于总需求减少量，因此物价上升，从而使通货膨胀率升高。在税收规则下，产出减少使税收呈负向波动，而政府赤字比例增加使税收呈正向波动，且影响效应大于产出变化的影响效应，因此税收增加。相较于政府支出，企业对税收变化更为敏感，导致企业投资一直呈负向波动。此外，税收增加引起生产成本增加，导致物价升高，从而使消费减少、通货膨胀率上升。

在不同财政规则下，灾难冲击仅仅对投资具有不同的趋势效应，对其他宏观变量都具有相同的趋势效应。并且在此两种财政规则下，灾难冲击对通货膨胀造成的影响程度趋于一致，但是灾难冲击对产出、政府赤字比例和消费的影响程度却不相同。

对于产出而言，税收规则下的灾难冲击立刻引起产出的减少量小于支出规则下灾难冲击所引起的减少量。因此在初期，税收规则下的灾难冲击对产出的影响效应小于支出规则下灾难冲击对产出和投资的影响效应，两期后两种财政规则下灾难冲击对产出的影响效应趋于一致。

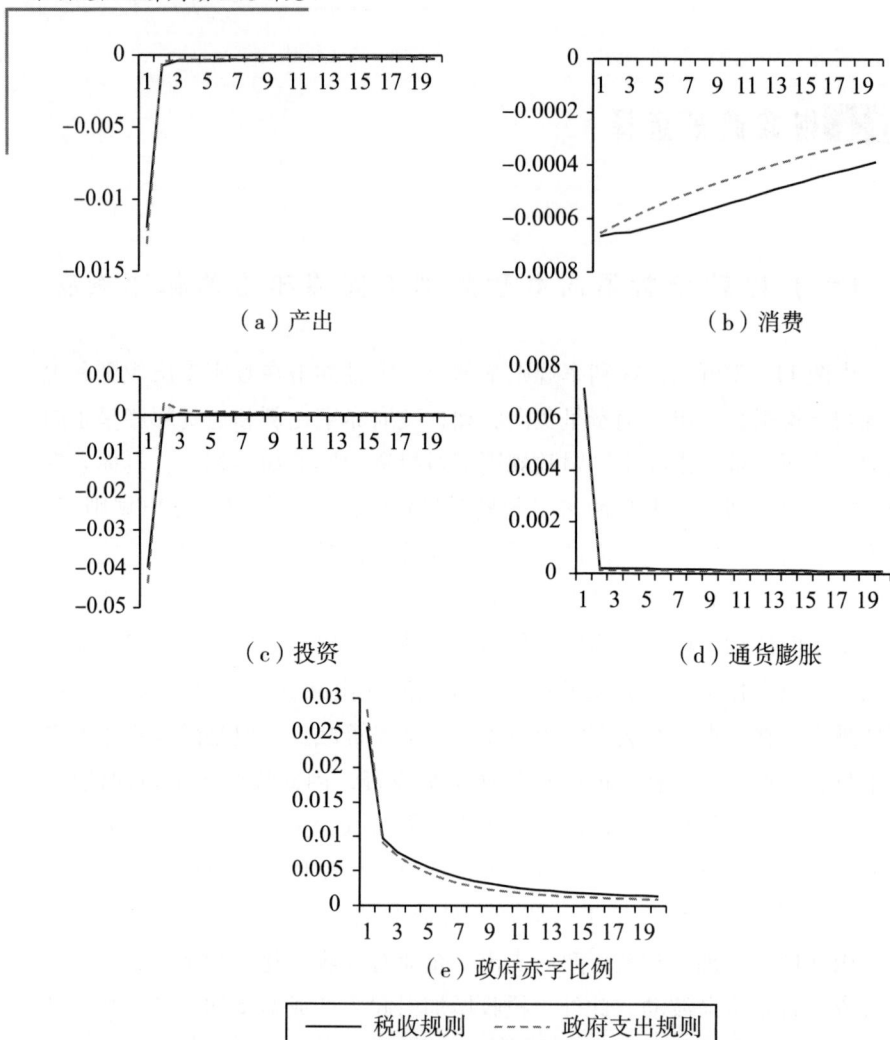

（a）产出

（b）消费

（c）投资

（d）通货膨胀

（e）政府赤字比例

——— 税收规则　　- - - - 政府支出规则

图 11 - 2　不同财政规则下灾难冲击的脉冲响应对比

　　对于投资而言，税收规则下灾难冲击立刻引起投资的减少量小于支出规则下灾难冲击所引起的减少量，之后两种财政规则下灾难冲击对投资的影响效应趋于一致，但是两期后，支出规则下灾难冲击引起投资呈正向波动，税收规则下灾难冲击所引起的投资依然呈负向波动，四期后两种财政规则对投资的影响效应趋于一致。

　　对于消费而言，支出规则下灾难冲击引起消费的减少量小于税收规则下灾难冲击所引起的减少量，即税收规则下的灾难冲击对消费的影响效应大于支出规则下灾难冲击对消费的影响效应。

对于政府赤字比例而言，支出规则下灾难冲击立刻引起政府赤字比例增加量小于税收规则下灾难冲击所引起的增加量，两期后则相反，因此在初期税收规则下灾难冲击对政府赤字比例的影响效应大于支出规则下的影响效应，两期后税收规则下的灾难冲击对政府赤字比例的影响效应小于支出规则下的影响效应。

（二）财政政策下的福利损失分析

本章以福利损失为标准，比较分析在不同财政政策规则下，灾难冲击对宏观经济的影响效应。根据马文涛（2011），福利损失函数具体形式为：

$$L = E_t \sum_{i=1}^{n} \varphi^i (\pi_{t+i}^2 + \lambda y_{t+i}^2) \tag{11-32}$$

其中，φ 是介于 0～1 的折现因子，λ 刻画了中央银行对产出的相对关注程度，n 为时间的范围，多数情况下假定 n 的最大值为 ∞，本章设定的最大值为 20，与前面的脉冲响应时间范围保持一致。假设中央银行与家庭有相同的时间偏好，即 $\varphi = \beta$，本章将 λ 分为（0，1）、1 和（1，∞）三个区间，并依次选取 $\lambda = 0.5$、$\lambda = 1.0$、$\lambda = 2.0$ 分析在税收规则和支出规则下灾难冲击引起的福利损失。

由表 11-3 可知，无论 λ 取何值，灾难冲击在支出规则下引发的福利损失都大于税收规则下的福利损失，因此以福利损失为标准，税收规则优于支出规则。

表 11-3　　　　　　　不同财政规则下灾难冲击的福利损失比较

λ	税收规则	支出规则
0.5	0.0001231	0.0001337
1	0.0001945	0.0002190
2	0.0003373	0.0003898

六、研究结论

本章构建了包含价格黏性的动态随机一般均衡模型，利用马尔科夫机制转移模型刻画灾难冲击，对比分析在利率规则和货币供应量规则不同货币政策下，灾难冲击对宏观经济的影响，并以福利损失为标准选择最优货币政策。在此基础上，对比分析在政府支出规则和税收规则与最优货币政策组合下，灾难冲击对宏观经济的影响，并以福利损失为标准选择最优财政货币政策组合。得到如下主要结论：

第一，无论是在价格型货币政策还是在数量型货币政策下，一个标准差的正向灾难冲击都会导致产出、消费、投资和资本存量呈负向波动，通货膨胀、劳动时间和工资呈正向波动。

第二，在灾难冲击下，利率规则优于货币供给量规则。通过比较不同规则下灾难冲击的脉冲响应图，我们可以发现，当经济系统遭遇灾难冲击时，相较于货币供给量规则，实体经济在利率规则下受到灾难冲击的影响更小。此外，利率规则下灾难冲击引发的福利损失小于货币供给量规则下的福利损失，从而利率规则优于货币供给量规则。

第三，灾难冲击在政府支出规则和税收规则下均引起产出和消费呈负向波动，政府赤字比例和通货膨胀呈正向波动，然而灾难冲击在不同财政规则下对投资的影响却不相同，具体表现为：在税收规则下，灾难冲击引起投资呈负向波动，但是在支出规则下，灾难冲击引起投资先呈负向波动后呈正向波动，最后趋向平稳。

第四，以福利损失为标准，灾难冲击下税收规则优于支出规则，即税收规则下灾难冲击引发的福利损失小于支出规则下的福利损失。

第十二章　能源价格、技术和灾难冲击对 3E 系统的影响

——基于动态随机一般均衡模型

本章基于能源—环境—经济（3E）系统的典型事实，在协整分析和误差修正模型的基础上，构建了动态随机一般均衡模型（DSGE），分析技术冲击、能源价格冲击、突发灾难冲击等外部冲击对 3E 系统的影响效应和传导机制，而且，突发灾难冲击服从两阶段马尔科夫转移过程。结果表明，生产技术进步和能源价格上涨均有利于经济结构转型，不同外生冲击相比较，生产技术进步冲击对经济的影响更大，同时对治理二氧化碳投资额比重影响也更大。此外，本章通过统计方法确定了模型的稳健性。

一、引言

尽管人们对全球气候变化的原因还没有达成共识，但越来越多的气候科学家认为温室气体（GHGs）进入大气层是气候变化的主要原因。因此，中国首次提出到 2030 年二氧化碳排放达到高峰的计划。在 2014 年与美国发布的联合声明中，中国承诺到 2030 年在一次能源消费中将非化石燃料的份额提高到 20%。此前，中国的承诺仅限于碳强度的相对减少。在经济快速发展的过程中兼顾"减少二氧化碳排放"，这对我国提出了严峻的挑战。

作为一个发展中大国，也是二氧化碳排放量最大的国家之一，我国现在面临着减少能源消耗和排放的巨大压力。而且，由于人均收入不高，我国在相当长的一段时间内肯定会把发展经济作为首要任务。这使得我国在减少能源消耗和二氧化碳排放方面面临着更大的挑战。因此，如何协调能

源利用、经济发展、环境保护三者间的关系是今后我国政府、学术界乃至国际社会关注的焦点。

到目前为止，国内外对 2E 系统的研究较多，主要集中在两个方面。一方面，环境—经济系统研究历来受到各国研究者的关注（Song et al.，2016，2017；陈琦、李京梅，2015）。乔治（George，2013）指出，控制污染的政策必须考虑每个地区的具体经济状况和工业、商业部门的结构。蒂恩哈拉（Tienhaara，2014）认为，正在提出的各种绿色资本主义增加了对每种模式进行更有针对性的批评的机会，并能够就发达国家建立可持续经济的备选方案进行更具建设性的辩论。陈诗一（2012）认为，中国低碳转型仍处于不稳定的早期阶段，因此应该实施环境政策来支持中国长期的大转型过程。布林格和卢瑟福（Bhringer and Rutherford，2013）表明，欧盟层面的灵活性规定以及国家层面的勤勉政策实施，可以以低成本实现向低碳经济转型，从而扩大社会支持。博尔达和赖特（Borda and Wright，2016）利用单一部门代表动态随机一般均衡（DSGE）模型研究了灾难冲击的作用。另一方面，学者们也对能源—经济系统进行了全面的研究。能源是人类社会生存和发展的物质基础，在国民经济中具有重要的战略地位。1973 年石油危机和 2005 年石油价格创纪录地上涨，对世界经济产生了显著影响，把能源问题变成了关键的全球性问题，也成为人们关注的焦点。能源价格作为影响经济发展的重要因素，成为能源问题研究的重点。国际油价等能源价格的大幅上涨对世界经济产生了重大影响。汉密尔顿（1983）发现，在一个向量自回归（VAR）框架内，石油价格变动与 1948～1980 年的美国国民生产总值实际增长之间具有强烈的因果关系和负相关性。戴维斯和霍尔蒂万格（Davis and Haltiwanger，2001）讨论了能源价格冲击如何影响劳动力市场。他们研究发现，油价上涨对短期就业影响较大，且主要为负面影响；然而，对于任何油价冲击，长期的就业反应都很小。芬恩（Finn，2000）在完全竞争市场假设的基础上，分析了石油价格冲击如何影响产出和经济活动。结果表明，油价上涨 10%，产量将下降不到 0.5%。阿莉娜和罗兰（Alina and Roland，2008）利用 DSGE 模型研究了美国货币政策、私人吸收、技术和油价冲击对美国经常账户波动的影响，石油价格的紧缩冲击对经常账户有负面影响，并将持续大约三年时间。孙稳存（2007）认为，对菲利普斯曲线的理论分析表明，能源价格冲击对中国的产出波动和通货膨胀都有影响。按照当前的宏观经济政策目标，能源价格冲击不仅会导致通货膨胀上升，而且会导致产出下降。林伯强、姚昕、刘希颖（2010）认为，能源价格上涨的影响具有收缩效应，不仅会影响经济增长，而且会促使产业结构发生变化。范等（Van et al.，2016）根据英国过去300年的数据，确定了能源价格的供给、总需求和剩余冲击，以估计它们对能源价格和GDP变化的影响。基里安（Kilian，2010）利用VAR模型探讨了汽油价格冲击对全球原油市场和美国汽车市场的影响。

随着能源—经济和经济—环境系统研究的深入，我们发现，在没有能源、经济和环境相结合的情况下，很难实现能源、经济和环境协调发展。鉴于能源、经济发展和环境保护的相互影响，一些学者深刻认识到建立能源—经济—环境系统的必要性，进而分析上述三个因素与发展规律之间的内在联系，以追求3E系统效益最大化。因此，研究能源、经济和低碳环境之间关系的模型具有重要的现实意义。

目前对3E系统的研究主要集中在建立3E系统协调发展评估模型，如构建一个评价系统或者对3E系统协调度进行测算。许珊（2012）基于"能源—经济—环境模型"的能源结构合理度分析，从低碳经济发展对能源结构的要求出发，构建了15个测评指标，运用层次分析法对我国能源结构合理度进行了分析。胡宸铭和邹欣妮（2011）基于非期望产出的SBM模型得出了广西各地级市1998～2008年的碳环境效率，对广西经济的可持续发展进行了研究。宋杰鲲（2012）基于VEC模型建立了我国能源—经济—环境（3E）系统的向量误差修正模型，对我国3E系统的长期协整关系和短期动态关系进行了实证分析。吉瓦尔什等（Guivarch et al.，2009）基于CGE模型，对与经济对冲击的反应相关的建模方法以及短期机制和政策行动如何平滑能源价格冲击或气候的负面影响提供了有趣的见解。内梅斯等（Németh et al.，2011）通过使用GEM－E3 CGE模型估算了能源和能源密集型行业的阿明顿弹性。

上述文献为我们提供了正确理解3E系统的重要参考，但也有其局限性。首先，这些文献对理性预期缺乏满意的处理，并且缺乏与一般均衡分析的有效结合，只关注3E系统的动态效应。其次，这些文献缺乏微观基础，只注重应用过程中的经济和环境整体表现，也不能确切地解释外部冲击（技术冲击、价格冲击等冲击）对3E系统的影响机制和传导路径。

自基德兰德和普雷斯科特（Kydland and Prescott，1982）创立实际商业周期理论（RBC）以来，DSGE模型已经成为宏观经济研究的主流方法。典型的 RBC 模型不仅能够捕捉到经济增长的特点，而且在偏好、禀赋和技术假设的前提下，能够对经济进行有效的分析。本章分析了经典假设和规模报酬不变的情况下，技术冲击和能源价格冲击对中国经济、碳环境和能源消耗的影响。

实际上，3E 系统受到各种冲击的影响。鉴于经济发展高度依赖能源，而能源消费对碳排放有直接的影响，因此它既是我国经济发展的推动力，又是我国生态平衡的破坏者。20 世纪 70 年代世界性石油危机及其引发的发达国家的经济滞胀，使得能源价格问题成为宏观经济研究中的重要课题。时至今日，能源安全问题跃升为影响世界政治经济秩序的首要因素，并成为各国政府外交诉求的重点。自 2002 年以来，中国能源需求大幅度上涨带动了能源价格大幅上升。能源价格上升对经济的影响成了许多学者研究的焦点。因此，分析能源价格冲击对 3E 系统的影响有非常重要的现实意义。

因此，我们将环境投资比率引入效用函数和能源价格的生产函数中，构建了 DSGE 模型，然后用这个模型来分析能源价格冲击、技术冲击和灾难冲击对中国 3E 系统的影响。除了分析能源、经济和环境的内在关系及其发展规律之外，我们还研究了技术、能源价格和灾难冲击对中国经济、碳环境和能源消耗的影响。这更有助于全面理解 3E 系统的内在规律。

本章其余部分安排如下：第二部分介绍 3E 系统的典型事实分析；第三部分介绍系统中的动态关系；第四部分构建了 DSGE 模型来分析 3E 系统；第五部分提供参数校准、贝叶斯估计、脉冲响应分析、方差分解、福利损失函数和稳健性测试；最后是本章的研究结论。

二、典型事实分析

（一）数据收集和数据处理

本章数据来源于《中国统计年鉴》中 55 年的数据。由于价格随经济发展而变化，按现价计算的 GDP 不能反映实体经济的变化。因此，本章将 1978 年作为基准年，将 1979 ~ 2014 年现价 GDP 转化为可比价 GDP。表 12 - 1 显示了四种不同能源的碳排放系数。

表 12 – 1   四种不同能源的碳排放系数

项目	煤炭	石油	天然气	水电、核电
F_i（吨/万吨标准煤）	0.7476	0.5825	0.4435	0.0

数据来源：国家发展和改革委员会能源研究所。

（二）总量分析

图 12 – 1 显示，1978 ～ 2014 年，全国能源消费总量、碳排放总量及 GDP 均呈增长趋势。碳排放总量、能源消费总量的变动趋势基本一致，碳排放总量跟能源消费总量的联系在于，碳排放总量是由各能源消费量与各能源的碳排放系数相乘得到的，两者的区别在于，随着各能源消费权重的不同，碳排放量的变化趋势应与能源消费的变化趋势不同，但 1978 ～ 2014 年全国碳排放总量和能源消费总量变动趋势基本一致，由此可以得出结论：能源消费结构变化不大。

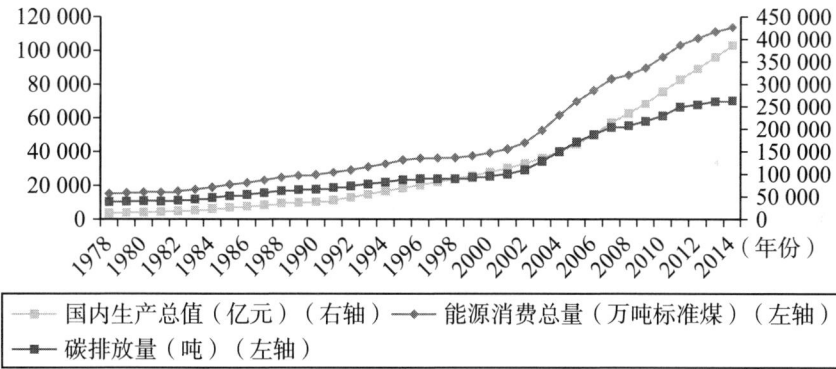

图 12 – 1 碳排放量、能源消费量与可比价 GDP 趋势

（三）强度分析

碳排放强度定义为单位 GDP 碳排放量，能源强度定义为单位 GDP 能耗。1978 ～ 2014 年，我国单位 GDP 能耗总体呈下降趋势，并在 1989 年、2004 年出现小范围波动内的峰值，单位 GDP 碳排放量跟单位 GDP 能耗的变动趋势非常相似。单位 GDP 能耗由 1978 年的 15.66 万吨/亿元下降至 2014 年的 4.13 万吨/亿元，能源强度下降了 74%。单位 GDP 碳排放量由 1978 年

的 10.57 吨/亿元下降至 2014 年的 2.56 吨/亿元,碳排放强度下降了 76%。
综上所述,经济增长的能源驱动作用程度在下降,碳排放强度跟能源强度变动
程度相似,降低碳排放强度对低碳经济发展具有积极作用,如图 12-2 所示。

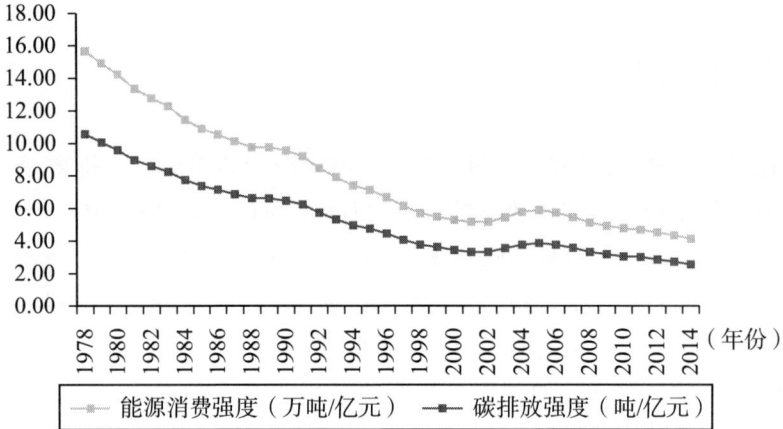

图 12-2　单位 GDP 能耗与单位 GDP 碳排放量

总的来说,碳排放总量和能源消费总量变动趋势基本一致,单位 GDP
碳排放量、单位 GDP 能源消费变动趋势也基本一致。

三、动态分析

(一) 协整测试

为了研究变量之间是否存在长期稳定的关系,本章使用协整检验来考
察决定其长期相互影响的机制。首先检查每个时间序列差异平稳性的可能
顺序,因为协整方程需要使用非平稳变量。其次对 GDP、能源消费量
(EC)、能源生产量(EP)和碳排放(CE)分别进行平稳性检验。通过平
稳性检验,发现在 0.01 的显著水平下 4 项序列均是二阶差分后平稳的。
最后,本章通过残差的单位根检验来分析变量之间的协整。

研究 3E 体系的主要目的是在保证资源环境承载能力的前提下,实现

能源生产和消费的稳定增长，我们从经济学的角度进行分析。

$$GDP_t = -7\ 545.49 - 1.50 \times CE_t + 0.10 \times EP_t + 1.10 \times EC_t$$

表 12 - 2　　　　　　　　　　变量系数显著性检验

变量	常数	碳排放（CE）	能源生产量（EP）	能源消费量（EC）
系数	-7 545.49	-1.50	0.10	1.10
标准差	1 643.8976	0.1172	0.0719	0.0975
t 值	-4.59	-12.80	1.39	11.28
p 值	0.0001	0.0000	0.1728	0.0000

　　VAR 估计值表示测试相应参数的 p 值。因此，通过使用临界点 $p_0 = 0.05$，容易推断变量是否对相应的因变量有显著影响。能耗系数 p 值为 0.1728，高于临界点。因此，可以得出结论：变量（能源生产量）对经济没有显著影响。此外，我们进一步研究了 GDP、能源消耗和碳排放之间的关系，结果如下：

$$GDP_t = -5\ 469.09 - 1.51 \times CE_t + 1.19 \times EC_t \qquad (\ast)$$

　　由表 12 - 3 可知，各系数 p 值都小于 0.05，因此都是显著的。解释变量数量为 2，样本数为 37，即 $K = 2$，$n = 37$，DW_0 的临界点是 1.39 或 1.51，而 DW 的值为 1.587311，高于 $DW_0 = 1.39$ 或 1.51 的临界点，小于 2.49。因此可以得出结论：随机误差是相互独立的。

表 12 - 3　　　　　　　　　　变量系数显著性检验

变量	常数	碳排放（CE）	能源消费量（EC）
系数	-5 469.09	-1.51	1.19
标准差	702.0655	0.1186	0.0742
t 值	-7.79	-12.73	16.03
P 值	0.0000	0.0000	0.0000

　　定义 $\hat{u}_t$ 为方程（$\ast$）的残差序列。根据扩展的 Dickey - Fuller（ADF）检验，$t = -3.3045$，$p = 0.0221$，在 5% 的显著性水平上，即可以确定残差序列是平稳序列，即 $\hat{u} \sim I(0)$。

　　研究证实，1978 ~ 2014 年，GDP、碳排放和能源消费之间存在着协整关系。此外，每增加 1 吨碳排放量可以减少 1. 51 亿元 GDP，而每增加 1 万吨标准煤消费量会使经济增加 1. 19 亿元。

（二）误差修正模型

考虑到均衡关系，均衡点是一个稳定点，其特征在于当经济偏离时，倾向于推动经济恢复到平衡点。本章尝试将这个想法放入上下文中，以表明一类被称为误差校正的模型允许长期运行的变量成分服从均衡约束，而短期运行的成分具有灵活的动态规范。然而，协整意味着 GDP、碳排放和能源消费之间的长期均衡，并且在短期内仍然存在错误。因此，我们建立了一个误差修正模型（error correction model，ECM）来调整短期的不平衡。定义 e_t 为 $\hat{u}_t$，因此 ECM 如下：

$$\Delta^2 GDP_t = 166.68 - 0.13 \times \Delta^2 CE_t + 0.17 \times \Delta^2 EP_t - 0.19 \times e_{t-1}$$

误差修正模型反映了波动的短期影响。由表 12 - 4 可知，各变量系数 p 值都小于 0. 05，因此都是显著的。$\Delta^2 CE_t$ 的系数为 - 0. 13，表明碳排放对 GDP 有负面影响。$\Delta^2 EP_t$ 的系数为 0. 17，意味着能源消耗对 GDP 有正面影响。误差修正系数为 - 0. 19，表明当 GDP 偏离均衡时，GDP 的反应相反。

表 12 - 4　　　　　　　　变量系数显著性检验

变量	常数	$\Delta^2 CE$	$\Delta^2 EP$	e_{t-1}
系数	166. 68	- 0. 13	0. 17	- 0. 19
标准	68. 8760	0. 0494	0. 0417	0. 0543
t 值	2. 42	- 2. 63	4. 08	- 3. 50
P 值	0. 0216	0. 0133	0. 0003	0. 0014

四、DSGE 模型

（一）DSGE 模型

本章构建了一个两单位的 DSGE 模型：代表性家庭和代表性企业。代表性的家庭通过提供劳动和资本获得工资收入，通过向制造商提供资本获得租赁收入。其支出主要包括消费支出、投资支出和能源支出。假设家庭和厂商是同质的，它们的经济决策反映了代表性行为人的决策。

本章考虑一个代表性家庭和企业的经典 DSGE 模型。我国经济中的代表性家庭通过选择消费品的购买 C_t 来最大化其终身效用。劳动力的闲暇时间为 $1 - N_t$，环境投资比例为 a_t，由减少二氧化碳排放的投资占 GDP 的比重表示。可以得到以下效用函数：

$$U = E_t \left\{ \sum_{t=0}^{\infty} \Delta^t \left[\ln C_t + \eta \ln(1 - N_t) + \theta \ln(a_t) \right] \right\} \quad (12-1)$$

其中，η 和 θ 分别表示对休闲和环境的偏好程度。

资本是根据运动规律积累的：

$$K_{t+1} = I_t + (1-\delta) K_t \quad (12-2)$$

其中，δ 为折旧率。

近几十年来，二氧化碳的过量排放一直是全球气候变化的主要原因。气候变化不仅有损个人效用，也阻碍经济健康发展。因此，本章采用包含污染物存量损减影响的生产函数。净生产函数是：

$$Y_t = (1 - a_t) Z_t K_t^\alpha N_t^\beta q_t^\gamma \quad (12-3)$$

其中，α、β 和 γ 分别代表资本、劳动力和能源的份额。在技术水平 Z_t 和环境投资比例 a_t 的情况下，企业利用资本 K_t、劳动力 N_t 以及各种能源 q_t，生产最终产品 Y_t。生产率因素 Z_t 包括典型的技术冲击 z_t、遵循一阶自回归过程以及与突发冲击变量相关的附加成分。

$$\ln(Z_t / Z) = \ln(z_t / z) + \varsigma \ln(D_t / D) \quad (12-4)$$

其中，D_t 是突发灾难冲击变量，本杰明和帕科（Benjamin and Pakko，2011）有详细介绍。

突发灾难冲击变量 D_t 有两种状态：状态 1 是"正常"或"无灾难"状态，而状态 2 被定义为"灾难"。这两个状态经过校准的概率转移矩阵为：

$$\begin{pmatrix} p_{11} & 1 - p_{22} \\ 1 - p_{11} & p_{22} \end{pmatrix} = \begin{pmatrix} 0.98 & 0.98 \\ 0.02 & 0.02 \end{pmatrix}$$

其中，$p_{ij} = prob(D_t = D^j \mid D_{t-1} = D^i)$。根据给定的概率值，无论前一时期灾难变量的状态如何，都可能有 2% 的概率发生灾难。

$$Y_t = C_t + I_t + P_t q_t \quad (12-5)$$

净产出 Y_t 用于消费支出 C_t、投资支出 I_t 以及购买能源支出 $P_t q_t$。

能源价格冲击遵循 AR（1）过程：

$$\ln(P_t) = (1 - \rho_P)\ln(\overline{P}) + \rho_P\ln(P_{t-1}) + \varepsilon_t^P, \quad \varepsilon_t^P \sim N(0, \sigma_P^2) \qquad (12-6)$$

其中，$\overline{P}$ 是能源的稳态价格，ρ_P 是能源价格相邻两期的相关系数。

效用最大化如下：

$$\max: E_t\left\{\sum_{t=0}^{\infty}\Delta^t[\ln C_t + \eta\ln(1 - N_t) + \theta\ln(a_t)]\right\} \qquad (12-7)$$

$$s.t.: \quad Y_t = C_t + I_t + P_t q_t \qquad (12-8)$$

$$Y_t = (1 - a_t)Z_t K_t^\alpha N_t^\beta q_t^\gamma \qquad (12-9)$$

$$K_{t+1} = I_t + (1 - \delta)K_t \qquad (12-10)$$

其中：Δ 表示主观贴现率。在生产函数、资本积累方程和恒等条件的约束下，家庭会选择最优的消费和投资计划来使其终生效用最大化，而厂商选择资本和劳动的数量来实现利润最大化。

为了找到上述最优问题的解，构造拉格朗日函数：

$$E_t\sum_{t=0}^{\infty}\Delta^t\{(\ln C_t + \eta\ln(1 - N_t) + \theta\ln(a_t)) - \lambda_t(C_t + K_{t+1}$$
$$- (1 - \delta)K_t + P_t q_t - (1 - a_t)Z_t K_t^\alpha N_t^\beta q_t^\gamma)\} \qquad (12-11)$$

然后得到一阶条件：

$$C_t: \quad \frac{1}{C_t} - \lambda_t = 0 \qquad (12-12)$$

$$N_t: \quad \frac{-\eta}{1 - N_t} + \lambda_t \beta \frac{Y_t}{N_t} = 0 \qquad (12-13)$$

$$a_t: \quad \frac{\theta}{a_t} - \lambda_t Z_t K_t^\alpha N_t^\beta q_t^\gamma = 0 \qquad (12-14)$$

$$K_{t+1}: \quad -\lambda_t + \Delta E_t \lambda_{t+1}\left[1 - \delta + \alpha\frac{Y_{t+1}}{K_{t+1}}\right] = 0 \qquad (12-15)$$

$$q_t: \quad -P_t + \frac{\gamma Y_t}{q_t} = 0 \qquad (12-16)$$

综合以上方程，我们进一步得到以下等式：

$$\frac{\eta}{1 - N_t} = \beta\frac{Y_t}{N_t C_t} \qquad (12-17)$$

$$\frac{\theta C_t}{a_t} = Z_t K_t^\alpha N_t^\beta q_t^\gamma \qquad (12-18)$$

$$1 = \Delta E_t\frac{C_t}{C_{t+1}}\left(1 - \delta + \alpha\frac{Y_{t+1}}{K_{t+1}}\right) \qquad (12-19)$$

$$P_t = \frac{\gamma Y_t}{q_t} \qquad (12-20)$$

（二）稳态分析

根据偏好、生产技术和生产约束，代表性的家庭效用最大化，厂商利润最大化，市场出清，我们通过以下稳态方程解决随机动态优化问题：

$$\frac{\eta}{1-N} = \beta \frac{Y}{NC} \qquad (12-21)$$

$$\frac{\theta}{a} = K^\alpha N^\beta q^\gamma \qquad (12-22)$$

$$P = \frac{\gamma Y}{q} \qquad (12-23)$$

其中，N、Y、C、R、P、q 分别代表劳动、产出、消费、实际资本收益、能源价格和资源消耗稳态值。方程的约束如下：第一，给出初始股本。第二，$\lim\limits_{i \to \infty} E_t w^i C_{t+i}^{-\eta} K_{t+i+1} = 0$，这意味着在无限期的情况下，贴现的边际效用等于零。第三，稳态时的劳动供给是一个常数。

生产技术进步的一个重要标志是能源效率提高。随着技术、产出、消费和投资的提高，资本存量增加，而就业减少。根据质量守恒定律，能效的提高减少了二氧化碳排放，因此环境投资比率 a_t 降低。

根据等式（12-22），当资本存量和能源消耗保持不变时，能源价格的上涨将导致劳动力减少。在稳态条件下，能源价格影响经济结构的机制如下：随着能源价格的上涨和企业成本的上升，企业会裁掉那些效率低下的员工，导致失业率上升。根据等式（12-21），C/Y 随着劳动力数量的减少而增加。根据等式（12-23），在稳定状态下，K/Y 保持不变。由此可以得出结论：由于总量方程式 $Y = C + I + Pq$ 增加，Pq/Y 将减少。因此，能源价格上涨有助于我国经济结构的转型。

根据等式（12-22），如果资本存量和劳动力保持不变，企业可以选择其他生产要素或提高能源效率；能源价格上涨，会造成对不同类型能源的需求减少。因此，当二氧化碳排放量减少时，环境投资比率 a_t 也会下降。根据等式（12-23）可以得到相同的结论。能源价格上涨将降低能源强度，提高能源效率，减少二氧化碳排放量，降低投资占 GDP 的比重。

（三）对数线性

x 是 x_t 的稳态值。因此，我们将相关方程变换如下：

$$\hat{N}_t = (1 - N)(\hat{y}_t - \hat{c}_t) \tag{12-24}$$

$$\hat{c}_t - \hat{a}_t = Z_t + \alpha \hat{K}_t + \beta \hat{N}_t + \lambda \hat{q}_t \tag{12-25}$$

$$\hat{C}_{t+1} - \hat{C}_t = \Delta \alpha \frac{Y}{K}(\hat{Y}_{t+1} - \hat{K}_{t+1}) \tag{12-26}$$

$$\hat{K}_{t+1} = \delta \hat{I}_t + (1 - \delta)\hat{K}_t \tag{12-27}$$

$$Y\hat{Y}_t = C\hat{C}_t + I\hat{I}_t + Pq(\hat{P}_t + \hat{q}_t) \tag{12-28}$$

$$\hat{Y}_t = \hat{w}_t + \hat{Z}_t + \alpha \hat{K}_t + \beta \hat{N}_t + \gamma \hat{q}_t \tag{12-29}$$

$$\hat{Y}_t - \hat{q}_t = \hat{P}_t \tag{12-30}$$

$$H\hat{H}_t + N\hat{N}_t = 0 \tag{12-31}$$

$$W\hat{W}_t + a\hat{a}_t = 0 \tag{12-32}$$

$$\hat{Z}_t = \hat{z}_t + \varsigma \hat{D}_t \tag{12-33}$$

$$P_t = \rho_P P_{t-1} + \varepsilon_t^p \tag{12-34}$$

五、实证分析

阿米努（Aminu，2017）使用新凯恩斯主义菲利普斯曲线的 DSGE 模型，研究了能源价格冲击的影响。通过对所有固定结构性冲击引起的产出变化进行分解，他发现金融危机时期的产出下降是由于受内需冲击、能源价格冲击和世界需求冲击造成的。

（一）参数校准

本章根据张军（2003）的研究，以 1978 年为基准年，将各项参数值分别设定如下：资本份额 α、劳动份额 β 和能源份额 γ 分别为 0.493、0.349 和 0.158。年度资本折旧率 δ 设为 0.1。$R = 1.081$，$r^k = 1/\beta$，$\Delta = 0.925$。参考郑丽琳（2012）的估计值，设 θ 为 0.0083。据李和扎克斯（Li and Zax，2003），劳动力供给的弹性定为 0.054，$\eta = 20$。根据本杰

明和迈克尔（Benjamin and Michael，2011），比率 D^2/D^1 被设定为 1.004。根据孙宁华（2012），通过计算得到能源价格冲击的一阶自相关系数 $\rho_P = 0.975$。本章采用环境污染投资总和与 GDP 之比来表示环境投资比例（a），得出平均值为 0.0063。环境污染投资包括燃气投资、集中供热投资、园林绿化投资、工业污染源治理投资以及减少二氧化碳投资。

模型中内生变量的校准和估计主要取决于稳态方程，其中 $C/Y = 0.0009184$，$I/Y = 0.8411$，$q/Y = 0.158$，$I/K = 0.1$，$Y/K = 0.3671$，$a/w = 0.00634$。参数的校准如表 12 – 5 所示。

表 12 – 5　　　　　　　　　　　参数校准

参数	α	β	γ	δ	$\dfrac{D^2}{D^1}$	Δ	θ	η	ς
数值	0.493	0.349	0.158	0.1	1.004	0.925	0.0083	20	– 0.58
参数	ρ_P	a	$\dfrac{I}{Y}$	$\dfrac{q}{Y}$	$\dfrac{I}{K}$	$\dfrac{Y}{K}$	$\dfrac{a}{w}$	$\dfrac{C}{Y}$	
数值	0.975	0.0063	0.8411	0.158	0.1	0.3671	0.00634	0.0009184	

（二）贝叶斯估计

本章选取我国 2000 年第 1 季度到 2017 年第 1 季度的实际数据，数据来自国家统计局网站和同花顺 iFinD 数据库。年度数据由月度数据汇总得到，然后进行数据处理。

本章使用前述得到的数据进行贝叶斯估计，对 α、ρ_A、σ_A^2 和 σ_P^2 等参数进行估计。

参数的先验分布在估计的过程中起着非常重要的作用，本章在一些已有文献的基础上选择参数的先验分布。当参数处于 0 到 1 之间时，先验分布可设定为均匀分布和 Beta 分布，而均匀分布可以通过改变 Beta 分布的参数得到，是一种特殊形式，鉴于先验分布的一般性，故选取 Beta 分布为参数的先验分布，根据已有的文献，虽然对 α 的估计结果各不相同，但普遍相差不大，按照隆和谢（Long and Xie，2004），资本份额为 0.493，本章令 α 的先验分布为 bata[0.493，0.005]。对于外生冲击的参数，我们根据安和肖夫海德（An and Schorfheide，2007），假设系数均服从均值为 0.5、标准差为 0.2，且取值在（0，1）之间的 Beta 分布。根据李成、马文涛等（2011），本章令 $\{\sigma_z,\ \sigma_u\}$ 服从均值为 0.01、方差趋向于无穷的 Inverse Gamma 分布。

图 12 - 3 中的灰色曲线为各个系数的先验分布，黑色曲线为后验分布。从图 12 - 4 和表 12 - 6 的收敛性检验中可以看出，先验分布和后验分布之间的差异并不显著。因此，可以认为贝叶斯估计是稳健的。

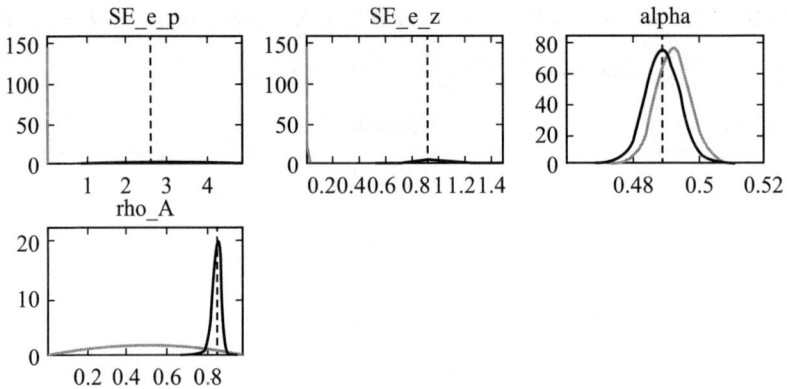

图 12 - 3　参数的先验分布与后验分布函数

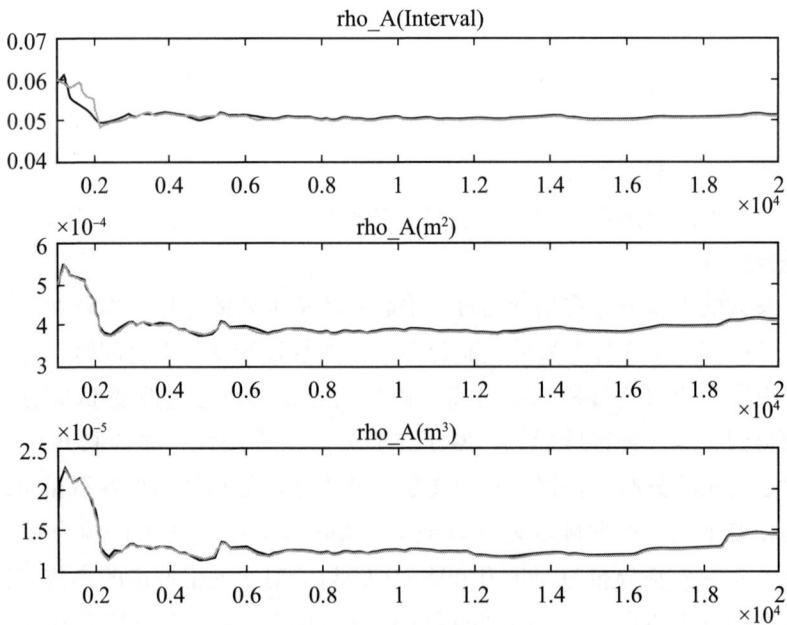

图 12 - 4　收敛性检验

表 12-6		部分参数的贝叶斯估计	
参数	先验分布	后验均值	后验均值置信区间
α	beta[0.493, 0.005]	0.4898	[0.4815, 0.4978]
ρ_A	beta[0.5, 0.2]	0.8409	[0.8101, 0.8737]
σ_A^2	Inv-gamma[0.01, int]	0.9498	[0.8137, 1.0804]
σ_p^2	Inv-gamma[0.01, int]	2.6596	[2.0800, 3.1793]

（三）脉冲响应分析

图 12-5 描述了产出、消费、就业、投资、资本存量、能源消耗和环境投资比率对能源价格冲击的脉冲响应。正向的能源价格冲击，会减少产出、消费、就业、投资、资本存量和能源消耗的波动，但会使环境投资比例上升。其中，能源消费量对能源价格冲击的反应最为迅速，1% 的能源价格冲击，引起能源消费量波动约为 1.2%，而引起产出和投资的波动分别约为 0.2% 和 0.4%，消费和资本存量各自波动约 0.1%。

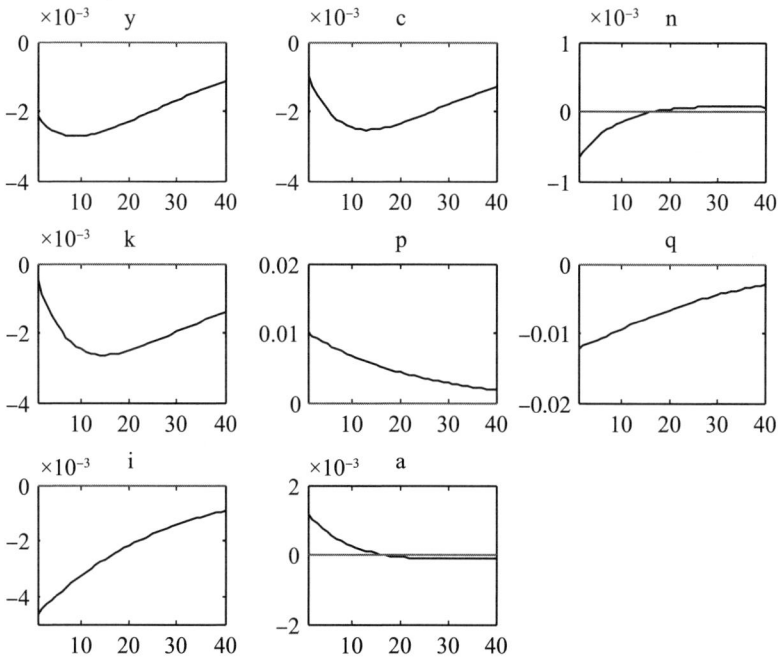

图 12-5　能源价格冲击的脉冲响应

由 $\gamma Y = Pq$，对这种趋势的可能解释是：当前产量保持不变时，能源价格和能源消费量成反比例关系，这意味着提高能源价格将减少能源消耗。生产函数表明，当期能源消费量的下降会引起总产出的下降。因此，能源价格的上升间接地导致了总产出的下降。而消费、投资、资本存量都和总产出存在一定比例的正相关关系，一旦能源价格上涨导致总产出下降，环境投资比例也会不同程度地上升。此外，能源价格上升又间接地降低消费、投资和资本存量。因此，环境投资比例将会增加。从图 12 – 5 中可以看出，随着能源价格上涨，投资下降的幅度高于消费下降的幅度，这可能是因为投资是总需求中最容易变动的部分。能源价格上涨使得居民的生活成本增加，居民更倾向于减少投资。

图 12 – 6 显示了技术冲击的脉冲响应。技术进步增加了产出、资本存量、消费、投资、劳动力需求以及资源使用量的波动，同时降低了环境投资率 a_t 的波动。生产技术进步，企业产出增加，产出的波动大约为 1.5%，投资波动大约为 3.4%。因为产出的增加常伴随着投资的增加。因此，生产技术进步对投资的冲击要大于对 GDP 的冲击，从而投资占 GDP 的比重上升，有利于经济结构转型。

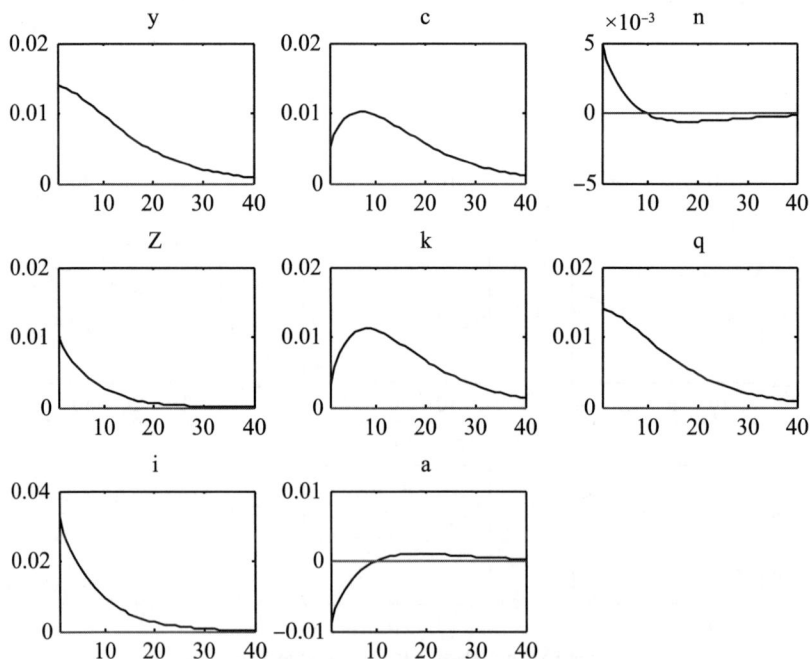

图 12 – 6　技术冲击的脉冲响应

　　生产技术进步尤其影响资本。资本存量的积极波动并不大，但呈上升趋势，说明资本在积累。由于技术进步，企业利润增加，保留资本也增加。随着资金的增加，企业可以加快技术进步和转型升级，进一步增加利润，从而增加资本存量。因此，企业资本存量经过长周期后回归稳定，呈现出特殊的波动趋势。

　　从图 12-6 中可以看出，由于技术进步，环境投资率出现负波动，说明技术进步减少了环境投资率。生产技术进步以降低二氧化碳排放的方式提高了资源利用效率，同时也提高了环境投资比例。

　　基于以上分析，在保持经济发展的前提下，除了提高环境投资率 G_t 之外，提高生产技术也是温室气体减排的可行解决方案。

　　图 12-7 描述了突发灾难冲击的脉冲响应，突发灾难冲击会减少产出、资本存量、消费、投资和就业波动，但增加环境投资比率 a_t。其中，灾难冲击对投资的作用最为显著。一单位的突发灾难冲击引起 2 个单位的负向投资变化，因此，投资的下降速度大于突发灾难冲击的增长速度。但是，消费和资本存量的增长速度要小于灾难冲击的增长速度。

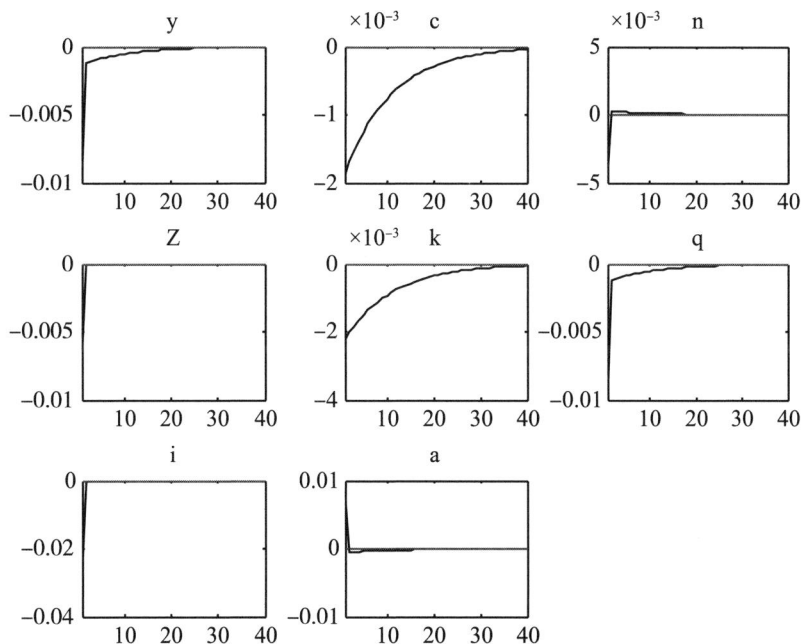

图 12-7　突发灾难冲击的脉冲响应

如图5-7所示，1个百分点的能源价格冲击、技术和灾难冲击，引起产出和消费的波动分别为0.2%和0.1%、1.5%和0.6%、0.5%和0.2%。由此可以得出结论，技术冲击对经济和环境投资率的影响要大于能源价格冲击和灾难冲击的影响。

（四）方差分解

本章考察了三次冲击对各经济变量波动的贡献。由于研究分析了技术、能源价格和灾难三个冲击，我们设置了四个方差分解分析的案例：（1）三种冲击同时发生；（2）技术冲击；（3）能源价格冲击；（4）灾难冲击。

表12-7显示了方差分解的结果，表中数据清楚地表明，技术冲击是各变量波动的主要原因，符合中国的一般经济理论和实际情况。灾难冲击对产出和投资的影响较大，是两个波动的重要原因。虽然灾难冲击对消费和资产的影响要小于产出和投资，但仍然不容忽视。能源价格冲击对消费和资本的影响大于产出和投资的影响，这也符合实际情况。

表12-7 　　　　　　　　　　　　　　方差分解

	所有冲击	技术冲击	能源价格冲击	灾难冲击
y	0.0062073	0.004369 （70.38%）	0.0005143 （8.28%）	0.001324 （21.33%）
c	0.0040997	0.003153 （76.91%）	0.0004438 （10.83%）	0.0005029 （12.26%）
k	0.0045201	0.003391 （75.02%）	0.0005271 （11.66%）	0.000602 （12.32%）
i	0.013072	0.008455 （64.68%）	0.001107 （8.47%）	0.00351 （26.85%）

（五）福利损失

本章以福利损失为标准，用代表家庭的终身效用衡量福利水平。根据伍德福德（Woodford，2003），福利损失函数被设定为：

$$L = E_t \sum_{i=1}^{n} \Delta^i (\pi_{t+i}^2 + \lambda y_{t+i}^2)$$

其中，L 是政策决策部门的损失，Δ 是贴现因子，而且 $\Delta \in [0, 1]$。λ 为中央银行对产出的相对关注程度。n 是时间范围，在大多数情况下，其最大值被假设为 ∞。本章设置的最大值为40，与前文脉冲响应的时间范围一致。假设中央银行与家庭具有同样的时间偏好，即 λ 分别被划分为三个区间，分别为（0，1）、1 和（1，+∞）。根据 λ 的区间，选择0.5、1和2来分别分析技术冲击、能源价格冲击和灾难冲击造成的福利损失。结果如表12 – 8 所示。

表12 – 8 显示，技术冲击对福利损失的影响大于能源价格和灾难冲击对福利损失的影响，能源价格对福利损失的影响是最小的。而且，技术、能源价格和灾难冲击的影响随着 λ 的增加而增加。

表12 – 8　　技术冲击、能源价格冲击和灾难冲击造成的福利损失

λ	冲击		
	技术冲击	能源价格冲击	灾难冲击
0.5	0.022105066	0.00025715	0.020582566
1	0.024289566	0.0005143	0.021244566
2	0.028658566	0.0010286	0.022568566

（六）稳健性检验

对于资本折旧率的校准，尽管上文所提当前国内主流文献选取年度折旧率为0.10（王文甫，2010；吴化斌等，2011；等），但国内还有文献选取年度折旧率为0.05（许志伟和吴化斌，2012；胡永刚和刘方，2007；许志伟等，2011）。此外，王宇等（2014）也曾选取年度折旧率为0.15。因此，本章对此三种不同资本折旧率分别进行贝叶斯估计，以对比各个参数的后验均值，来检验模型是否稳健。

如表12 – 9 所示，各参数在不同折旧率下的后验均值变化不大。以同样的参数值，分析这三种不同折旧率下这些变化对模型变量的影响，然后观察变量的变化幅度。

表 12 - 9 不同折旧率下的参数估计

参数	先验分布	先验均值	后验均值		
			$\delta = 0.05$	$\delta = 0.10$	$\delta = 0.15$
α	Beta	0.493	0.4904	0.4898	0.4895
ρ_A	Beta	0.5	0.8372	0.8409	0.8427
σ_A^2	Inv-gamma	0.01	0.7540	0.9498	1.0708
σ_p^2	Inv-gamma	0.01	2.2574	2.6596	2.8433

表 12 - 10 表明，不同折旧率下各变量的均值和方差变化不大。因此，该模型是稳健的。

表 12 - 10 不同折旧率对变量均值和标准差的影响

变量	折旧率 $\delta = 0.05$		折旧率 $\delta = 0.10$		折旧率 $\delta = 0.15$	
	均值	方差	均值	方差	均值	方差
y	0.1232	0.002305	- 0.251935	0.002484	- 0.547289	0.002612
c	- 0.301713	0.001648	- 0.814554	0.001902	- 1.197413	0.002092
n	- 0.893039	0.000134	- 0.814020	0.000084	- 0.766234	0.000057
z	0.000086	0.00048	0.000086	0.00048	0.000086	0.00048
k	1.447366	0.002005	0.749309	0.002282	0.210233	0.002471
p	0.007938	0.001163	0.007938	0.001163	0.007938	0.001163
q	- 1.729899	0.003746	- 2.105033	0.003993	- 2.400387	0.004165
i	- 1.547194	0.001056	- 1.55284	0.005448	- 1.686664	0.004309
a	- 5.221824	0.000379	- 5.358837	0.000267	- 5.445947	0.000196
xz	0.000181	0.000441	0.000181	0.000441	0.000181	0.000441
d	0.006264	0.000096	0.006264	0.000096	0.006264	0.000096

六、研究结论

本章将环境投入比率引入效用函数，并将能源价格纳入生产函数，从而构建了 DSGE 模型，分析能源价格、技术和灾难冲击对中国 3E 系统的影响。本章还研究了3E系统的典型事实，以及协整和误差修正动态分析。灾难冲击被建模为两状态马尔科夫转换过程。

到目前为止，环境—经济系统和能源—经济系统已得到广泛研究。与现有的3E系统研究相比，本章具有以下两个理论意义。首先，本章创新地构建了3E系统的动态一般均衡模型，并结合了一般均衡分析和微观基础。其次，基于动态一般均衡模型，通过脉冲响应分析和福利损失分析，讨论了能源价格、技术和灾难冲击对中国3E系统的影响。

本章的研究结果如下：

首先，本章注意到总能耗的上升趋势，与总碳排放量变化趋势类似。此外，本章还注意到每单位GDP增长的能源消耗减少。虽然中国近年来在减少能源消耗和碳排放方面取得了成功，但尚未实现脱钩状态。此外，强烈的不确定性仍然存在。本章的研究证实了GDP、碳排放和能源消耗之间存在协整关系。在误差修正模型中，差异反映了短期内波动的影响。误差修正结果发现碳排放对GDP有负面影响，而能源消耗则产生正面影响。

其次，在能源价格冲击下，产出、消费、就业、投资、资本存量和能源消耗下降，而环境投资比例增加。此外，投资对能源价格上涨的反应大于GDP，从而提高了环境投资比率，这被认为有利于经济结构的转型。目前，中国尚未实现能源价格的市场化。由于政府保留了一定的调整价格的权力，因此可以通过提高能源价格，以减少碳排放。然而，二氧化碳排放是一个全球性问题，二氧化碳排放的有效减少需要全球合作。

再次，技术的进步增加了产出、资本存量、消费、投资、劳动力需求和资源使用的波动，同时降低了环境投资比率。生产技术进步对投资的冲击大于对GDP的冲击，导致投资占GDP的比重增加，有利于转变经济结构。因此，考虑到经济的持续发展，除了增加环境投资比率之外，我们发现改进技术也是减少温室气体排放的可行解决方案。由于中国的经济发展仍然具有较高的能源消耗水平，政府应该鼓励企业使用提高能源利用率的新技术。

最后，本章进行了贝叶斯估计，并通过统计方法检验了模型的稳健性。从福利损失的角度来看，技术冲击是最具影响力的因素，而能源价格冲击最小。方差分解的结果与福利损失的结果一致。

本章具有以下实际意义：首先，本章分析了总能耗、碳排放、GDP、能源强度和碳强度，研究了3E系统的一般规律，这不仅有助于协调中国

3E 系统的能源、经济和环境的发展，也反映了能源、经济发展和环境保护之间的相互影响，有助于利益最大化。其次，本章分析了 3E 系统的内在规律，进行了脉冲响应分析以及能源价格、技术和灾难冲击对中国 3E 系统影响的福利损失，这不仅为中国政府协调能源、经济发展、环境三者间的关系提供了有参考价值的政策建议，也为制定相应的能源使用、环境保护和经济发展政策提供了参考。

本章的研究结果为进一步促进经济社会发展、有效改善人类工作和生活环境、实现可持续发展提供了参考。基于本章结果提出的政策建议如下：首先，由于碳排放对经济产生负面影响，我们不仅要建立一个全面而完整的碳市场，还要设定配额，以便自由贸易，增加排放灵活性。例如，可以针对不同的行业设定不同的减排目标，能源密集型产业可以设定 21% 的减排目标，其他经济部门可以设定 10% 的减排目标。如果实际碳排放量超过碳配额，则可对其进行罚款。其次，提高减排补贴，使企业降低减排成本，有利于激发公司节能减排的积极性和主动性。节能减排补贴主要基于奖励、折扣和结算。具体分配将综合考虑能源节约和减排工作的性质、目标、投资成本、效果和能源综合利用等因素。最后，由于能源消耗对经济有积极影响，因此需要促进能源结构的优化。此外，需要根据当地条件开发可再生能源，如岛屿太阳能、海上风能、潮汐能和波浪能。

第四篇　不确定性与中国总量生产函数模型

第十三章　中国劳动收入份额变动：
技术偏向抑或市场扭曲

本章将 CES 生产函数模型估计得到的劳动产出弹性作为技术偏向的代理变量，把劳动收入份额分解成技术偏向和市场扭曲两个因素，并计算它们对劳动收入份额变动的贡献率。实证结果显示，技术偏向并不是中国劳动收入份额下降的原因，反而对劳动收入份额有正向影响，导致中国劳动收入份额下降的原因是技术偏向之外的市场扭曲因素。本章认为，调整劳动收入份额的政策措施要从市场扭曲方面入手，具体政策措施包括减少国有企业行政垄断、加快要素价格市场化改革、平等企业间税费补贴、提高劳动者技能和提高工会保护工人权益的作用等。

一、引言

伴随经济快速增长，中国收入分配不平等问题日益突出。1983 年我国的基尼系数仅为 0.27，1993 年达到国际警戒线 0.4，2008 年达到最高值 0.49，2010 年以后趋于缓和，但仍然超过 0.45，表明收入分配差距很大。社会最终收入分配的基本格局在很大程度上取决于初次分配格局（李稻葵等，2009）。国民收入初次分配包括劳动收入、资本收入和政府税赋三大块。由于资本收入主要由少部分富人拥有，而劳动收入由广大劳动者共同分享，资本收入的分布相对集中，而劳动收入的分布较为分散和平均。因此劳动收入份额与个体间收入不平等相关，它的下降可能会降低以劳动收入为主要收入来源的人群的相对收入，同时提高以资本收入为主要收入来源的人群的相对收入，从而进一步拉大贫富差距，导致收入分配不平等加剧。图 13 – 1 中的国际截面数据显示两者具有非常明显的负相关关系，劳动收入份额较低的国家通常基尼系数较高。

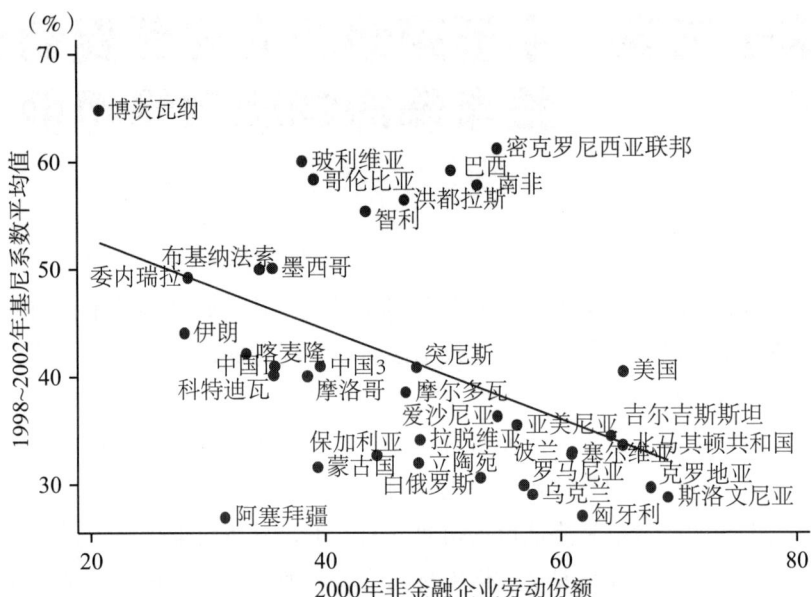

图 13 – 1　基尼系数与劳动收入份额散点图

资料来源：UNdata；World Bank.

近年来，中国初次分配格局发生了显著变化。与"卡尔多事实"所描述的"劳动收入份额在长期中稳定不变"相悖，中国劳动收入份额从 20 世纪 90 年代开始出现较为明显的下降趋势（见图 13 – 2）：1990 年中国劳动收入份额为 54.65%，至 2008 年下降至 39.50%，下降了将近 15 个百分点，最高下降幅度超过 25%。考虑统计口径变动（国家统计局国民经济核算司，2007，2008），借鉴白重恩、钱震杰（2009）的研究成果，本章重新核算 2004 ~ 2008 年的劳动收入份额，发现调整统计口径变化影响后，中国劳动收入份额从 1990 年的 54.65% 下降到 2011 年的 44.94%，下降了将近 10 个百分点，下降幅度仍达到 18%。

中国劳动收入份额是否偏低，是否需要对它的变动进行某些干预？这取决于导致劳动收入份额变化的原因是什么。在完全竞争市场和规模报酬不变条件下，工资率 w 等于劳动边际产出 MP_L，资本回报率 r 等于资本边际产出 MP_K，并且产出在资本和劳动间完全分配的欧拉定理成立

（即 $Y=tK+wL$），那么劳动收入份额 wL/Y 就等于生产技术所决定的劳动产出弹性 $MP_L L/Y$。本章认为，技术偏向是通过改变劳动产出弹性来影响劳动收入份额，而技术偏向之外的其他因素是在劳动产出弹性不变的情况下使劳动收入份额发生改变。后者的变化实际上是使工资率与劳动边际产出产生偏离，本章称之为市场扭曲的因素。技术偏向和市场扭曲哪个才是劳动收入份额变化的原因？这是本章所要回答的问题。对这个问题的不同回答具有截然不同的政策含义。

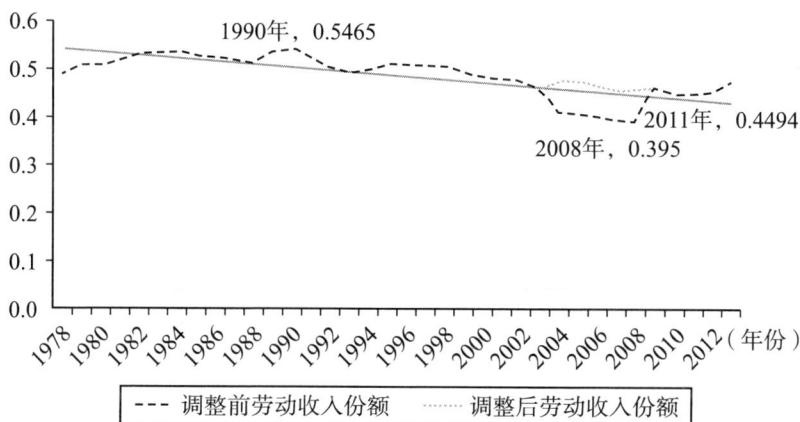

图 13-2　中国 1978~2013 年劳动收入份额

　　已有文献普遍认为，技术偏向是中国劳动收入份额下降的主要或长期原因（如黄先海、徐圣，2009；陈宇峰等，2013）。本章通过分解技术偏向和市场扭曲两种因素，并计算它们对劳动收入份额变动的贡献率，发现技术偏向并不是中国劳动收入份额下降的原因，反而对劳动收入份额有正向影响，导致劳动收入份额下降的原因是技术偏向之外的市场扭曲因素。

　　本章其余部分安排如下：第二部分是相关文献综述；第三部分解析技术偏向、劳动产出弹性、劳动收入份额之间的关系，介绍劳动产出弹性的估计方法，提出劳动收入份额的水平分解公式和波动分解公式；第四部分利用实际数据得到分解结果并做适当解释；第五部分是结论与政策含义。

二、文献综述

凯恩斯（Keynes，1939）曾说要素收入份额"引人注目的稳定"是一个"奇迹般的事实"，卡尔多（Kaldor，1963）更是将这个经济现象作为构建经济理论的起点。虽然有索洛（Solow，1958）和克拉维斯（Kravis，1959）对于劳动收入份额不稳定的质疑，但是劳动收入份额长期中稳定的"卡尔多事实"已经被大部分经济学家所接受，收入分配领域的功能分配视角因此沉寂了很长一段时间。近年来，一些学者针对美国和 OECD 大部分国家的研究发现了劳动收入份额持续下降的现象（Blanchard and Phelps，1997；Gollin，2002；Harrison，2005；Rodríguez and Jayade，2010），要素分配研究才有了现在蓬勃复兴的迹象，琼斯和罗默（Jones and Romer，2009）甚至提出了"新卡尔多事实"，国内外学者也开始探索劳动收入份额变动的规律及其成因。

与本章关系较为密切的研究文献主要有两类：技术偏向说和制度因素说。

技术进步偏向的概念早在 1932 年就由希克斯提出来过，但长期以来并没有与劳动收入份额联系起来，直到最近阿西莫格鲁（Acemoglu）的一系列文章才将技术进步偏向与经济增长、劳动收入份额和工资不平等联系起来。阿西莫格鲁（Acemoglu，2002）研究了资本增强型技术进步在转移路径上发生的可能性和它对劳动收入份额的影响。阿西莫格鲁（Acemoglu，2003）认为技术进步偏向内生于生产企业的选择行为和研发部门的投资导向。尽管阿西莫格鲁对技能偏向性技术进步的内生性做了细致入微的阐述，但对于资本增强型技术进步的内生性没有做太多的说明，格罗维克等（Growiec et al.，2015）沿着这一思路从研发部门的行为选择来内生化资本增强型技术进步。也有一部分文献的作者认为技术进步偏向是外生的，他们认为通用技术的范式革新更多的是随机发生的，通常用泊松分布来刻画新技术到来的概率，对应到现实中这种外生的技术范式革新就是信息通信技术（Aghion et al.，2002；Jovanovic and Rousseau，2005）。西格恩塔勒和斯图基（Siegenthaler and Stucki，2014）认为欧洲其他国家的劳动份额下降而瑞士的劳动份额较为平稳的原因就是欧洲其他国家的企业中使用信息通信技术的工人比例上升得较快。卡拉巴布尼斯和内曼（Karabarbounis and Neiman，2013）用投资品相对于消费品的价格下降来解释 20 世纪 70 年代以来全球普遍出现的劳动收入份额下降现象。他们认为信息技术的快速发展使得资本品相对价格下降，资本租金相应下降，中间品生产商在技术条件不变的情况下调整要素投入比例，在这个过程中劳动份额的变化取决于要素投入比例的调整对于要素价格变化的敏感程度，而这与替代弹性有关。

技术偏向说得到很多国内学者认可。黄先海、徐圣（2009）认为资本偏向型技术进步是制造业劳动收入份额下降的主要原因。白重恩、钱震杰（2010）发现有偏技术进步在 1985～1995 年促使劳动收入份额提高，但 1996 年以来对劳动收入份额变化无明显贡献。王永进、盛丹（2011）指出，由于资本与不同技能劳动的替代程度不同，从而技能偏向型技术进步也会对劳动收入份额产生影响。李坤望、冯冰（2012）提出资本增强型技术进步是我国工业劳动收入份额下降的重要原因。张莉等（2012）也认为到技术进步偏向对劳动收入份额有重要影响。

第二类文献涉及制度和市场结构。文献中关注较多的是产品市场垄断、劳动力市场的劳资谈判能力。布兰查德（Blanchard，2003）研究了产品市场和劳动力市场中政府管制的弱化对租金大小和分配的影响进而对劳动收入份额的影响。他认为产品市场的管制使得产品市场是垄断竞争的，企业存在进入成本，并且企业之间的竞争性有差异，这些决定了租金的大小。劳动力市场的管制会影响工人和企业的谈判能力，从而决定租金的分配。施奈德（Schneider，2011）认为，当市场不完美时会存在超额利润和价格加成，这些多出来的利润如何分配与产品市场和劳动力市场的制度有关，尤其是影响劳资议价能力的制度。

国内学者基于中国现实寻找市场结构和制度方面的原因。白重恩等（2008）认为，工业部门要素分配份额变化的主要原因是产品市场垄断增加和国有部门改制引起劳动力市场环境改变。李稻葵等（2009）认为，初次分配中劳动份额的变化趋势呈现 U 形的基本原因是二元经济转型过程中的摩擦工资因素，影响我国劳动份额的因素还包括产业结构以及劳动者相对谈判能力的变化。罗长远（2011）认为，工业部门的劳动收入占比下降的原因是中国的要素市场改革没有跟上比较优势转换的节奏。汪伟等（2013）认为，融资约束使中小企业被迫进行内源融资，减少了对居民部门的利润分配，从而导致劳动收入份额降低。

从文献中可以看到，技术偏向说和制度因素说在理论上都是逻辑自洽的，但是具体到中国的现实，到底是技术偏向还是市场扭曲导致了劳动收入份额的下降，是一个实证问题，需要实际数据的验证，也是本章所要回答的问题。本章利用 CES 生产函数模型估计劳动产出弹性，将导致劳动收入份额变动的技术偏向因素和市场扭曲因素分解开来，计算各自的贡献率，试图寻找劳动收入份额下降的成因以及对应的政策措施。

三、理论解析及分解公式

(一) 技术偏向与劳动产出弹性

希克斯 (Hicks, 1932) 对技术偏向的定义为：在要素投入比不变的情况下技术进步使得不同要素的边际生产力有不同程度的提高。以资本和劳动两要素为例，中型技术进步在资本劳动比不变对条件下使资本边际产出和劳动边际产出以相同幅度变化（见图 13 - 3）；资本偏向型技术进步在资本劳动比不变对条件下使资本边际产出与劳动边际产出之比提高（见图 13 - 4）；劳动偏向型技术进步在资本劳动比不变对条件下使资本边际产出与劳动边际产出之比下降（见图 13 - 5）。

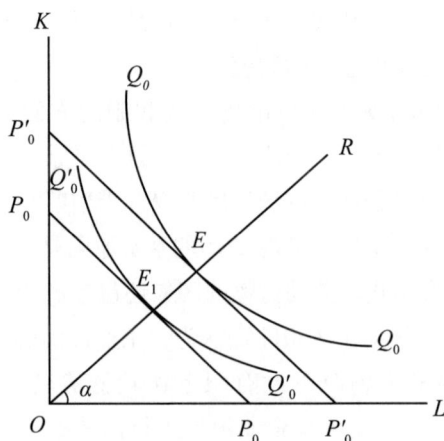

图 13 - 3 中性技术进步

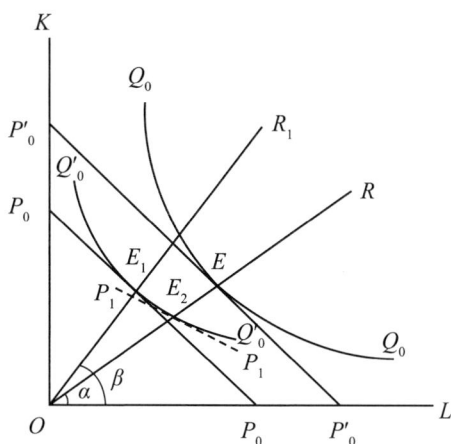

图 13 - 4 资本偏向型技术进步

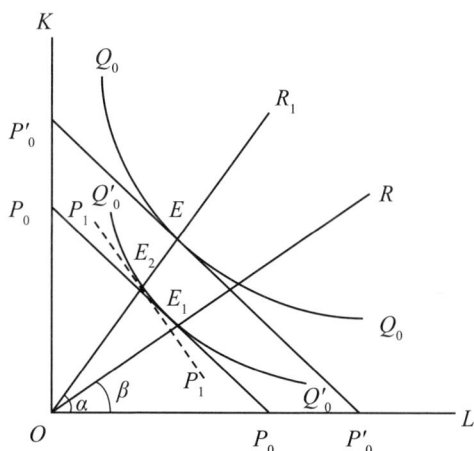

图 13 - 5 劳动偏向型技术进步

由技术偏向定义可知，判断技术偏向的依据就是资本劳动比 K/L 不变前提下要素边际产出之比 $\dfrac{MP_K}{MP_L}$ 的变化。而劳动产出弹性 β 的定义公式为 $\dfrac{\partial Y}{\partial L}\dfrac{L}{Y}=\dfrac{MP_L L}{Y}$，在生产规模报酬不变条件下欧拉定理（$Y=MP_L L+MP_K K$）成立，劳动产出弹性可化为：

$$\beta=\frac{MP_L L}{MP_L L+MP_K K}=1\Big/\left(1+\frac{MP_K K}{MP_L L}\right)=1/(1+bias) \qquad (13-1)$$

为了表达的简便，在式（13－1）中我们将 $MP_K K/MP_L L$ 用 $bias$ 来代替，它的大小表示技术偏向资本的程度。从式（13－1）中可以看到，劳动产出弹性 β 是技术偏向 $bias$ 的函数，两者是一一对应的关系，变化方向相反。资本偏向型技术进步降低劳动产出弹性，而劳动偏向型技术进步提高劳动产出弹性。由于两者的对应关系，在无法直接度量技术偏向的情况下，我们可以间接地采用估计得到的劳动产出弹性的变化来反推技术的偏向性。劳动产出弹性下降，说明技术进步偏向于资本；而劳动产出弹性上升，则说明技术进步偏向于劳动。

技术的偏向性会导致劳动产出弹性的变化，从而导致劳动收入份额的变化。由于技术偏向与劳动产出弹性的对应关系，要考察劳动收入份额的变化是否主要是由技术偏向引起的，可以间接地考察劳动收入份额的变化是否是由劳动产出弹性的变化引起的。

（二）劳动产出弹性的估计方法

劳动产出弹性 β 可从生产函数中估计得到。广泛使用的柯布—道格拉斯（Cobb－Douglas）生产函数 $Y = AK^\alpha L\beta$，其要素间替代弹性恒为 1，是现实中的特例。利用柯布—道格拉斯生产函数估计得到的劳动产出弹性为常数，难以反映劳动产出弹性的变化。本章采用更为一般的 CES 生产函数：

$$Y = A\left[\delta_1 K^{\frac{\sigma-1}{\sigma}} + \delta_2 L^{\frac{\sigma-1}{\sigma}}\right]^{\frac{\sigma-1}{\sigma}} \qquad (13-2)$$

其中，δ_1 和 δ_2 是分配参数，满足 $0 < \delta_1$，$\delta_2 < 1$，并且 $\delta_1 + \delta_2 = 1$。由定义可知，替代弹性 σ 取值为 0 到无穷大。两边取对数，在 $\sigma = 1$ 处泰勒二阶展开，得到如下可供回归估计的线性形式：

$$\ln(Y_t/L_t) = \delta_1 \ln(Y_t/L_t) + \frac{1}{2}\frac{\sigma-1}{\sigma}\delta_1(1-\delta_1)\ln_2(Y_t/L_t)$$

$$+ \sum_{i=1}^{m}\gamma_i Z_{it} + \varepsilon_t \qquad (13-3)$$

其中，Z_i 是用来代理中性技术进步项 $\ln(A_t)$ 的一系列控制变量。根据定义公式，劳动产出弹性可以用估计得到的回归系数和要素投入之比来表示：

$$\beta_t = \frac{\partial\ln(Y_t)}{\partial\ln(L_t)} = (1-\delta_1) - \frac{\sigma-1}{\sigma}\delta_1(1-\delta_1)\ln(K_t/L_t) \qquad (13-4)$$

从式（13－4）可以看出，资本深化（即 K/L 上升）对劳动产出弹性的影响方向取决于要素间替代弹性 σ 大于 1 还是小于 1。当资本和劳动两要素在生产中是互补关系即 $\sigma > 1$ 时，资本深化会提高劳动产出弹性；相反，两要素为替代关系即 $\sigma < 1$ 时，资本深化降低劳动产出弹性。

（三）劳动收入份额的分解公式

由以上分析可知，在完全竞争市场和规模报酬不变条件下，工资率等于劳动边际产出，资本回报率等于资本边际产出，并且产出正好等于资本收入与劳动收入之和，从而劳动收入份额在理论上等于劳动产出弹性。但是现实情况通常是劳动工资率 w 与劳动边际产出 MP_L 存在偏离，从而导致劳动收入份额 ls 与劳动产出弹性 β 存在偏离。

定义市场扭曲度 Dd 为劳动产出弹性与劳动收入份额的差值：

$$Dd_t = \beta_t - ls_t = (MP_{Lt} - w_t) L_t / Y_t \qquad (13-5)$$

市场扭曲度来自工资率对劳动边际产出的偏离。市场扭曲度 Dd 为 0 时，即为完全竞争市场，工资率等于劳动边际产出，劳动收入份额等于劳动产出弹性。$Dd > 0$ 时，市场扭曲度越大说明劳动收入份额低于劳动产出弹性的程度越大，同样，工资率低于劳动边际产出的程度越大。

由式（13-5）可得到水平分解公式如下，即劳动收入份额水平值由劳动产出弹性和负的市场扭曲度两部分相加而成：

$$ls_t = \beta_t + (-Dd_t) \qquad (13-6)$$

从式（13-6）可明显看出，劳动产出弹性越大则劳动收入份额越大，市场扭曲度越大则劳动收入份额越小。

定义市场扭曲率 Dr 为劳动收入产出弹性与劳动收入份额的比值：

$$Dr_t = \frac{\beta_t}{ls_t} = \frac{MP_{Lt}}{w_t} \qquad (13-7)$$

市场扭曲率在数值上也等于劳动边际产出与工资率的比值。市场扭曲率为 1 时，不存在扭曲，劳动收入份额等于劳动产出弹性，工资率等于劳动边际产出。市场扭曲率越大于 1，说明劳动收入份额低于劳动产出弹性的程度越大。对式（13-7）进行简单变换，可得到劳动收入份额等于劳动产出弹性与市场扭曲率之比：

$$ls_t = \beta_t / Dr_t \qquad (13-8)$$

根据式（13-8）可以进一步得到劳动收入份额的波动分解公式：

$$\Delta ls_t = ls_t - ls_{t-1} = \frac{\beta_t}{Dr_t} - \frac{\beta_{t-1}}{Dr_{t-1}} = \left(\frac{\beta_t}{Dr_t} - \frac{\beta_{t-1}}{Dr_t}\right) + \left(\frac{\beta_{t-1}}{Dr_t} - \frac{\beta_{t-1}}{Dr_{t-1}}\right)$$

$$= (\beta_t - \beta_{t-1})\frac{1}{Dr_t} + \left(\frac{1}{Dr_t} - \frac{1}{Dr_{t-1}}\right)\beta_{t-1} = \underbrace{\left(\frac{1}{Dr_t}\right)\Delta\beta_t}_{\text{技术偏向效应}} + \underbrace{\beta_{t-1}\Delta\frac{1}{Dr_t}}_{\text{市场扭曲效应}} \quad (13-9)$$

式（13-9）表明，劳动收入份额波动由技术偏向效应和市场扭曲效应两部分构成，即市场扭曲不变时劳动产出弹性变动所引起的劳动收入份额变动，以及劳动产出弹性不变时市场扭曲变动所引起的劳动收入份额变动，两者相加即为总的劳动收入份额变动。根据波动分解公式可以得到技

术偏向效应和市场扭曲效应的贡献率，分别为 $\dfrac{\frac{1}{Dr_t}\Delta\beta_t}{\Delta ls_t}$ 和 $\dfrac{\frac{1}{Dr_t}\Delta\beta_{t-1}}{\Delta ls_t}$。

劳动收入份额的水平分解公式能够反映劳动收入份额水平值的两部分构成之间的相对重要性及其变化，波动分解公式能体现劳动收入份额波动来源的相对重要性。

四、数据和分解结果

（一）数据说明

本章 1978~2013 年统计数据说明如下：（1）国内生产总值 Y（单位：亿元）：采用以 1952 年为基期的实际国内生产总值表示。（2）资本存量 K（单位：亿元）：1952 年为基期资本存量为 807 亿元，经济折旧率 9.6%，法定残值率 4%，资本投入量以年初固定资本存量和年末固定资本存量的简单算术平均表示。（3）劳动力投入 L（单位：万人）：用年初就业人员数和年底就业人员数的平均值表示。（4）技术水平由常数项 Z_1、市场化程度 Z_2（以非国有经济产值在工业总产值中的比重）和经济结构 Z_3（第三产业劳动力投入占比）的线性组合表示。以上数据来自《中国国内生产总值核算历史资料》《新中国五十五年统计资料汇编》和历年《中国统计年鉴》，1978~2007 年市场化程度数据来自王小鲁等（2009），2008 年以后的数据根据历年《中国工业统计年鉴》整理得到。

（二）水平分解结果

图 13 -6 给出了水平分解结果。劳动产出弹性的估计值与劳动收入份额水平值较为接近。1978～2013 年劳动收入份额的均值为 49.87%，劳动产出弹性均值为 53.44%，市场扭曲度均值仅为 3.56%。这说明由生产技术的性质和要素投入比例所决定的劳动产出弹性的确是劳动收入份额水平值的主要构成部分，市场扭曲度是次要构成部分。

1992 年之前劳动收入份额与劳动产出弹性估计值两者基本吻合，甚至劳动收入份额在某些年份略高于劳动产出弹性，相应地市场扭曲度为 0 或略小于 0，这可能与计划经济下的工资决定有关。在 1992 年之后劳动收入份额有下降趋势，而劳动产出弹性估计值呈缓慢平稳上升的趋势，两者之间的差异越来越大（见图 13 -6）。若将差异归因于市场扭曲，则可得出市场扭曲虽然是构成劳动收入份额水平值的次要部分，但它的重要性在不断提高。市场扭曲使得劳动收入份额低于劳动产出弹性，并且市场扭曲度越来越高使得两者的差异越来越大。从图 13 -6 中已经可以明显看到，技术偏向对应的劳动产出弹性并不是导致劳动收入份额下降的原因，因为它本身在上升，导致劳动收入份额下降的原因是技术偏向之外的市场扭曲因素。

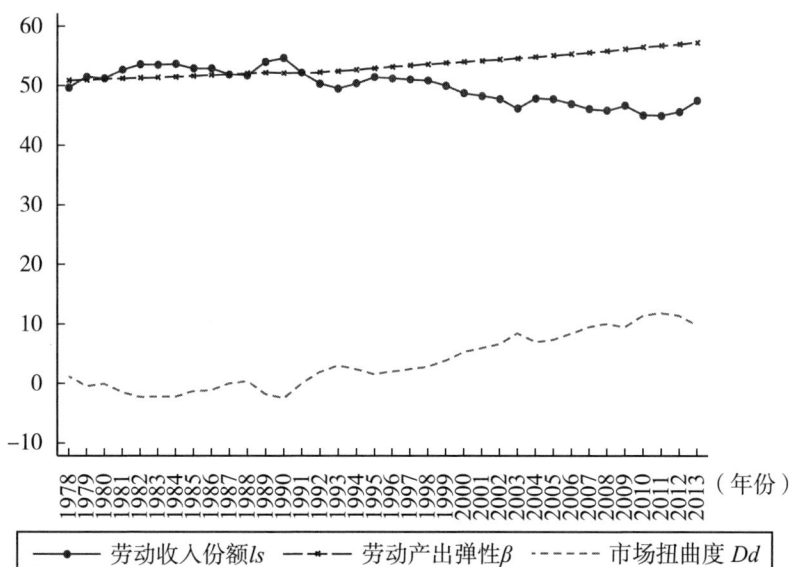

图 13 -6　劳动收入份额水平分解结果

（三）波动分解结果

图 13 - 7 给出了波动分解结果。本章将劳动收入份额变化分解为技术偏向效应和市场扭曲效应。从图 13 - 7 中可以明显看到，劳动收入份额变动与市场扭曲效应变动轨迹相当吻合，同升同降。仔细观察可以发现，市场扭曲效应在大部分时段比劳动收入份额变动略小一点。而形成鲜明对比的是，技术偏向效应与劳动收入份额变动几乎没有关系，并且在大部分年份为正。计算可得劳动收入份额变动与市场扭曲效应两列数据的相关系数为 0.9981，而劳动收入份额变动与技术偏向效应的相关系数仅为 0.0478。以上观察可以初步得出劳动收入份额波动的主要来源是市场扭曲而非技术偏向，市场扭曲对劳动收入份额产生负向作用，而技术偏向产生正向作用。

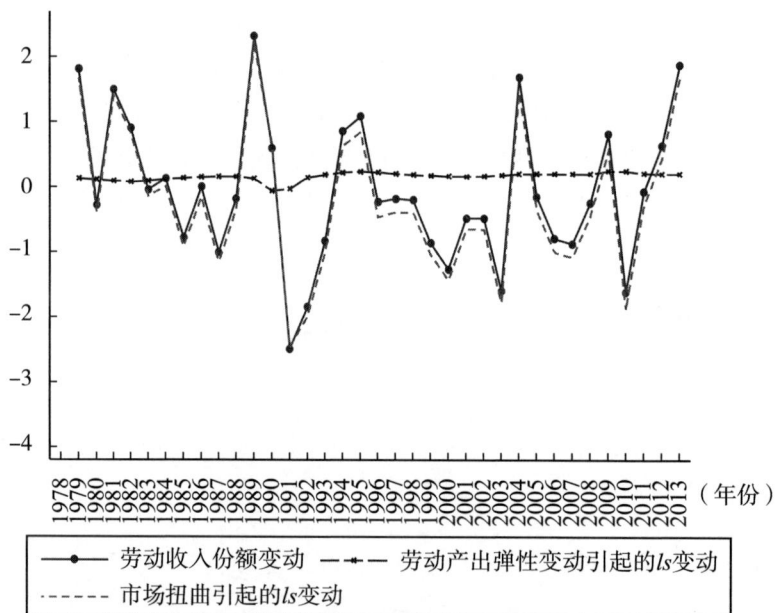

图 13 - 7 劳动收入份额波动分解结果

本章同时计算了技术偏向和市场扭曲对于劳动收入份额下降的贡献率。各年的差异很大，不过在多数年份技术偏向的贡献率为负，而市场扭曲的贡献率大于 100%。同时全部年份的均值和中位数也呈现同样的特征，技术偏向效应贡献率的均值为 – 35.99%，市场扭曲效应贡献率的均值为 135.99%。这进一步验证了技术偏向对于劳动收入份额的正向影响，以及市场扭曲的负向影响。由于市场扭曲的负向影响远远超过了技术偏向的正向影响，所以劳动收入份额在生产技术偏向劳动的情况下仍然趋于下降。

（四）市场扭曲可能包含的因素

上述劳动收入份额的水平分解和波动分解，实际上是将技术偏向作为较为具体和确定的解释因素，而将技术偏向无法解释的剩余部分归结于市场扭曲。本章分解结果显示，虽然对于劳动收入份额的构成，技术偏向是主体部分，但对于劳动收入份额的变动，市场扭曲才是主要原因。那么就需要追问作为一个"剩余"的市场扭曲包含哪些具体因素。市场扭曲的因素是使得劳动收入份额偏离劳动产出弹性，同时也是使得工资率偏离劳动边际产出的因素。本章以下借鉴布兰查德（Blanchard, 2003）的研究思路，放松劳动收入份额等于劳动产出弹性的市场完全竞争假设，从产品市场和要素市场的不完全竞争中寻找原因。

不同企业在产品市场上由于产品创新或行政垄断等原因而拥有不同的市场势力（market power），从而拥有不同的产品定价能力。没有市场势力的企业是价格接受者，没有定价能力，只能获得零利润；而拥有产品定价能力的企业可以凭借价格加成定价而获得超额利润。获得零利润的企业按照要素边际产出来支付资金成本和劳动成本，形成资本和劳动的市场价格，其分配结果为劳动收入份额等于劳动产出弹性。那么获得超额利润的企业首先按市场价格支付资金成本和劳动工资，然后将超额利润在资本收入和劳动收入之间进行分配。因此此时的分配结果与超额利润的大小和分配有关。国有企业行政垄断范围的扩大和垄断程度的加深，民营企业行业集中度的提高，会提高总的超额利润和企业间超额利润的不平等。如果超额利润的大部分归于资本收入，这也是现实中通常的情况，那么产品市场竞争程度越低，超额利润越大，劳动收入份额就会越低。

提高产品价格可以带来超额利润，降低生产成本同样可以获得超额利润。由于我国要素市场的市场化程度远不如产品市场，在资本、土地等要素市场，不同企业由于企业所有权性质、产业政策导向、政企关系等原因而面临不同的融资成本、土地价格、关键生产资源的价格、税费和补贴。

凭借较低的生产成本，企业可以获得超额利润，同样，如果超额利润的大部分归于资本收入，那么生产要素市场竞争程度越低，超额利润越大，劳动收入份额也会越低。

产品市场的非竞争性和资本、土地等要素市场的非竞争性都会带来超额利润，而超额利润的分配由劳动力市场上的劳资谈判能力来决定。劳资谈判能力的高低与劳动力的供求状况、企业所有制性质、劳动力技能水平、谈判组织形式和谈判策略等因素有关。第一，从工资水平角度看，可以认为国有企业的劳资谈判能力较高而民营企业的谈判能力较低；国有企业占比的降低会使得总的劳资谈判能力降低。第二，劳动力供给越充裕劳动谈判能力越低。随着多年来农村人口不断向城市流动，人口红利已逐渐消退。作为人口大国，我国的劳动力供给仍然充裕，但充裕程度已有所下降。所以近年来劳动力供求状况的变化应是对劳动谈判能力有所提高的。劳动力的技能水平无疑能够提高谈判能力，但是劳动力技能提高谈判能力的程度与超额利润的来源有关，如果超额利润的来源是创新，劳动者对于超额利润的分配会有较大的谈判能力，如果超额利润的来源是行政垄断，资本、土地或其他资源的优惠价格，以及税收优惠和补贴，劳动者技能提高谈判能力的程度则有限。此外，工会的组织架构和工资协商的具体形式也会影响到劳资谈判能力，近年来工会和工资集体协商的进步应对劳动谈判能力有所促进。

综合分析，导致劳动收入份额下降的几种最有可能的超额利润变化和劳资谈判能力变化的组合是：（1）超额利润提高，劳资谈判能力下降；（2）超额利润提高，劳资谈判能力不变且较低；（3）超额利润提高，劳资谈判能力有所提高但仍不足以提高劳动收入份额；（4）超额利润不变，劳资谈判能力下降。

五、结论与政策含义

本章利用 CES 生产函数模型和投入产出数据估计得到劳动产出弹性，作为技术偏向的代理变量，并构造劳动收入份额的水平分解公式和波动分解公式，将劳动收入份额分解成技术进步偏向和市场扭曲两个因素，来分析技术偏向和市场扭曲各自对中国劳动收入份额水平值和变动的影响。实证结果表明，虽然技术偏向是中国劳动收入份额水平值的主要构成部分，但劳动收入份额的下降并不是由技术偏向所导致的，市场扭曲才是中国劳动收入份额变动的主要来源。

根据研究结论可以得到一些延伸的政策含义：

第一，技术偏向应顺其自然。技术进步偏向的变化反映了深层的经济结构变迁，其表现形式为城乡结构的转变、产业结构的调整以及机器设备的更新换代。这一系列的变化使得与生产函数相关的劳动产出弹性也发生了变化。所以由技术进步偏向引起的劳动收入份额变动与整个经济结构相联系。为了提高劳动收入份额而简单地提出发展劳动偏向型技术进步的政策建议是有失偏颇的，为了提高 GDP 而鼓励资本偏向型技术进步同样也是不可取的。技术进步方向内生于一个经济体的资源禀赋、要素价格和发展阶段。在没有市场扭曲的情况下，企业根据要素价格和利润最大化目标自主选择的技术进步方向与整个经济系统具有较好的兼容性，能够协调经济增长目标和要素分配目标。因此政府不应压抑企业技术进步方向，也不应拔苗助长。然而，新技术的发明、创造，包括引进、模仿都具有正外部性，企业的个体收益小于社会收益，所以企业的创新激励可能不足。因此，政府可以甚至应该对技术进步方向以及产业结构调整做一些超前的引导，从微观个体的激励角度出发来改变企业的创新激励，具体的措施如合理的专利保护制度等。

第二，需要采取政策措施来降低市场扭曲。分解结果显示劳动收入份额下降主要是由市场扭曲导致的，市场扭曲使得劳动收入份额偏离劳动产出弹性，工资偏离劳动边际产出。对于市场扭曲因素导致的劳动收入份额变动，我们可以采取更加积极的干预措施。政府需要一系列减少市场扭曲的政策措施，来提高劳动收入份额，使之更接近于劳动产出弹性，对应的政策措施包括：第一，减少国有企业的行政垄断，开放行业准入。由政策产生的准入门槛会产生行政性的垄断，被准入的企业免于市场的竞争从而能够轻而易举获得超额利润，这部分多出来的利润通常最终变成了资本收入。所以减少行政垄断能够降低这部分因市场保护而得来的超额利润，从而提高劳动收入份额。第二，要素价格市场化。不同企业在融资成本、土地租金、关键生产资源成本价格上差异较大，生产成本的差异直接导致了超额利润的差异，提高了总的超额利润。因此要素价格的市场化，可以减小企业在要素市场上差异，提高劳动收入份额。第三，税费补贴一视同仁。与要素市场的逻辑相同，税费构成企业的一项成本，而补贴则是额外的收益，税费或补贴在企业间的不平等会导致总的超额利润提高。第四，鼓励劳动力流动，为劳动者提高，技能水平提供有利条件。劳动者技能越高，谈判能力也越强，企业因创新而得到的超额利润通常大部分归于劳动收入。第五，提高工会在保护工人权益方面的作用，探索工资协商的有效组织形式。

第三，对收入分配不平等和不公平也有所启示。阿特金森（Atkinson，2009）曾指出研究要素份额的三个理由，其中第三个理由是要素份额可以让我们看到不同收入来源的公平性从而关注社会正义问题。从本章的分解公式和分解结果中可以发现，技术偏向导致劳动收入份额变化是通过改变劳动产出弹性，而市场扭曲导致劳动收入份额变化是使得劳动收入份额偏离劳动产出弹性，同时也导致工资率偏离劳动边际产出。从自由主义的正义理论来看，劳动产出弹性是全体劳动者"应得"的那一部分产出，工资率是单个劳动者"应得"的劳动收入。所以技术偏向对劳动收入份额的影响，不管是提高还是降低，都没有不公平的因素。而市场扭曲对劳动收入份额的负向影响，既带来了收入的不平等，又包含着不公平的因素。古语虽有言"不患寡而患不均"，但是"不患寡，患不均，更患不公"似乎更符合当下中国的现实（阳义南、章上峰，2016）。因此从价值判断角度来看，针对这两个不同原因所导致的劳动收入份额变动也应当采取不同的政策措施。

第十四章 理论劳动收入份额测度及分解

——基于时变弹性生产函数模型

劳动收入份额是理解国民收入分配格局的关键。本章基于时变弹性生产函数模型估计得到理论劳动收入份额，并将实际劳动收入份额分解为理论劳动收入份额和市场扭曲两个因素。定义劳动收入份额实际值和理论值的差值为市场扭曲。实证研究发现，理论劳动收入份额显示出与实际劳动收入份额一致的趋势，是劳动收入份额长期趋势的决定因素；市场扭曲显示出与实际劳动收入份额一致的波动，是劳动收入份额短期波动的主要原因；实际劳动工资偏离劳动边际产出，是市场价格扭曲的根本体现。本章的研究为正确理解中国劳动收入份额时变性提供了新的参考。

一、引言

改革开放以来中国经济成就了经济增长和体制转型的双奇迹，一方面中国人均 GDP 快速增长，人民生活水平有很大提升，另一方面中国基本完成了向市场经济的平稳转型，没有出现剧烈的经济政治波动。然而伴随着中国经济快速发展，收入分配格局也发生了巨大变化，根据国家统计局公布的数据，中国基尼系数从 1983 年的 0.27 快速上升到 2008 年的 0.49。李稻葵等（2009）认为社会收入分配格局在很大程度上取决于初次分配格局；李扬和殷剑峰（2007）、白重恩和钱震杰（2009）、陈宇峰等（2013）也认为初次分配中劳动收入份额下降将导致收入分配不平等加剧。与收入分配格局相对应，中国初次分配中的劳动收入份额从 1990 年的 0.5465，快速下降到 2008 年的 0.3950。因此，劳动收入份额是理解国民收入分配格局的关键。

关于劳动收入份额变动的原因，国际学术研究文献大致可分为三类：技术进步偏向、制度和市场结构、全球化和国际贸易。一些学者从内生技术进步偏向的视角来研究劳动收入份额（Acemoglu，2002；Acemoglu，2003；Growiec et al.，2015）；另一些学者从外生技术进步偏向的视角来研究劳动收入份额（Aghion et al.，2002；Jovanovic and Rousseau，2005；Siegenthaler and Stucki，2015）。布兰查德和贾瓦齐（Blanchard and Giavazzi，2001）、卡恰托雷和菲奥里（Cacciatore and Fiori，2015）研究了制度和市场结构对于劳动收入份额的影响，包括管制的弱化、市场不完美时的超额利润和价格加成的分配等。哈里森（Harrison，2002）、马雷克和迪克瑞斯（Maarek and Decreuse，2011）研究了全球化和国际贸易对于劳动收入份额的影响，前者认为全球化会导致劳动收入份额下降，后者认为开放并不能构成劳动收入份额下降的主要原因。扬和劳森（Young and Lawson，2014）研究发现，国家经济自由指数与劳动份额正相关。

然而，由于中国的制度环境与发达国家存在较大的差异，在发达国家对于劳动收入份额变动起主要作用的因素在中国也许并不是主要的，所以从中国现实出发来研究非常重要。中国劳动收入份额下降的成因已经成为近年来的研究热点，很多文献试图给出可能的经济解释。黄先海和徐圣（2009）、白重恩和钱震杰（2010）、李坤望和冯冰（2012）、张莉等（2012）和其他学者从技术进步偏向视角来研究劳动收入份额变化，认为资本偏向型技术进步导致劳动收入份额下降，劳动偏向型技术进步促使劳动收入份额提高。王诚（2005）、姜磊（2008）、白重恩等（2008）、翁杰和周礼（2010）、罗长远和陈琳（2012）、张杰等（2012）和其他学者从市场结构和制度等方面寻找中国劳动收入份额下降的现实原因。罗长远和张军（2009）、龚刚和杨光（2010）、邵敏和黄玖立（2010）、魏下海等（2013）、汪伟等（2013）和其他学者关注了产业结构、二元经济结构、国际贸易和外资、政治关系与改制、融资约束等因素对劳动收入份额的影响，提出的政策建议也涵盖了各个方面。

已有研究通过计量方法证实了技术进步偏向、国企改制、产品市场垄断、劳资谈判能力等因素对中国劳动收入份额的显著影响，为正确理解我国劳动收入份额时变性提供了有益的参考。但是已有文献都只关注了影响中国劳动收入份额的一个因素或几个因素，没有指出技术进步偏向与其他因素对于劳动收入份额的影响是两种性质截然不同的影响，也没有指出各种因素中哪一种是引起劳动收入份额变动最重要的因素，更没有从理论和实证框架上构建一个体系，来理解中国的劳动收入份额时变性。

为了解释中国劳动收入份额变化的原因，国内一些研究尝试从结构分解的视角进行探讨。肖红叶和郝枫（2009）、罗长远和张军（2009）从结构、内部和协方差三个效应的角度，对中国三次产业的劳动收入份额变动趋势做了分解，发现结构效应是主要原因。肖文和周明海（2010）将总体劳动收入份额变动分解为行业内劳动收入份额变动与行业权重变动，认为内部效应是中国劳动收入份额变动的主要原因。周明海（2014）从就业、报酬和产值三类变动效应角度对中国劳动收入份额变动做了分解，发现报酬和产值效应相向变动所得的净效应决定了中国总体劳动收入份额变动。

以上关于劳动收入份额的分解方法，主要是基于产业和部门的分解视角。黄先海和徐圣（2009）将无法被资本深化解释的部分归结为技术进步偏向，指出劳动节约型技术进步是劳动收入份额下降最主要的原因。但是该文对技术进步偏向的估计是间接估计，这一估计方法可能存在一定的误差。陈宇峰等（2013）基于 CES 生产函数模型构建了一个包含技术进步偏向和垄断利润率的决策模型，从经济机制上分析技术进步偏向和垄断利润率对中国劳动收入份额的长期影响和短期变动。章上峰和陆雪琴（2016）进一步基于 CES 生产函数模型进行了量化测度。以上文献为本章研究提供了重要参考。

与已有研究不同，本章基于时变弹性生产函数模型来测度理论劳动收入份额，将实际劳动收入份额分解成理论劳动收入份额和市场扭曲两个因素，从长期和短期变化成因的角度来分析中国劳动收入份额，从而为正确理解中国劳动收入份额时变性提供了新的参考。本章其余部分的安排如下：第二部分介绍理论劳动收入份额测度模型及其分解；第三部分是数据说明和测度结果分析；第四部分是研究结论与展望。

二、理论劳动收入份额测度及分解

（一）理论劳动收入份额测度模型

理论劳动收入份额表示完全竞争和规模报酬不变假设前提下，劳动投入应得的收入份额，需要构建合适的生产函数模型来测度理论劳动收入份额。在实际应用中，正如张车伟和赵文（2015）所指出的，经济学家经常的做法是利用柯布—道格拉斯（Cobb - Douglas）生产函数模型来估计资本产出弹性和劳动力产出弹性，用估计的产出弹性替代要素分配份额，这符合"卡尔多事实"关于收入份额保持不变的经典理论。

柯布—道格拉斯生产函数模型应用最为广泛，其模型结构简单，经济意义明显，而且容易估计。假定规模报酬不变，而且只有两种生产要素 K 和 L，则柯布—道格拉斯生产函数为：

$$Y_t = A_t K_t^\alpha L_t^\beta \quad (\alpha + \beta = 1) \tag{14-1}$$

对式（14-1）两边取自然对数，假定技术水平由一组控制变量 Z 表示，得到计量经济模型：

$$\ln Y_t = \sum_{i=1}^m \gamma_i Z_{it} + \alpha \ln K_t + \beta \ln L_t + \varepsilon_t \quad (\alpha + \beta = 1) \tag{14-2}$$

式（14-2）对 $\ln K_t$ 求导，α 代表第 t 期资本的产出弹性；对 $\ln L_t$ 求导，β 代表第 t 期劳动的产出弹性：

$$\alpha = \frac{\partial \ln Y_t}{\partial \ln K_t} = \frac{\partial Y_t}{\partial K_t} \cdot \frac{K_t}{Y_t} = \frac{\partial Y_t / \partial K_t \cdot K_t}{Y_t}$$

$$\beta = \frac{\partial \ln Y_t}{\partial \ln L_t} = \frac{\partial Y_t}{\partial L_t} \cdot \frac{L_t}{Y_t} = \frac{\partial Y_t / \partial L_t \cdot L_t}{Y_t} \tag{14-3}$$

在完全竞争市场中，资本根据边际产出 MPK 获得报酬 r，劳动力根据边际产出 MPL 获得报酬 w：

$$r_t = MPK_t = \partial Y_t / \partial K_t$$

$$w_t = MPL_t = \partial Y_t / \partial L_t \tag{14-4}$$

因此，在不变规模报酬和完全竞争市场假设条件下，理论资本收入份额在数值上等于资本产出弹性 α，理论劳动收入份额在数值上等于劳动产出弹性 β。

$$\frac{r_t \cdot K_t}{Y_t} = \frac{MPK_t \cdot K_t}{Y_t} = \frac{\partial Y_t / \partial K_t \cdot K_t}{Y_t} = \alpha$$

$$\frac{w_t \cdot L_t}{Y_t} = \frac{MPL_t \cdot L_t}{Y_t} = \frac{\partial Y_t / \partial L_t \cdot L_t}{Y_t} = \beta \tag{14-5}$$

劳动产出弹性 β 是固定参数，代表了经济增长稳态时的理论劳动收入份额。但是章上峰和许冰（2015）指出，中国劳动收入份额呈现时变性的非稳态增长特征，不符合稳态增长特征。劳动产出弹性 β 仅仅反映了整个研究时期的平均收入份额，不能刻画中国劳动收入份额的时变性。因此，需要构建适合中国国情的时变弹性生产函数模型，来测度中国的时变理论劳动收入份额。

　　模型是对现实的模拟，假设向现实的逼近，导致了模型的不断发展。以替代弹性为线索，经济学家在柯布—道格拉斯生产函数基础上发展了CES生产函数和超越对数生产函数。利用CES生产函数和超越对数生产函数，可以估计得到各个时期资本和劳动力的时变产出弹性，用以表示时变理论劳动收入份额。但是，正如章上峰和许冰（2015）所指出的，不论是CES生产函数模型，还是超越对数生产函数模型，其估计得到的劳动产出弹性都隐含着非常严格的假设条件，即利用资本和劳动的对数线性函数来表示。这个假设不甚合理，因而可能出现理论劳动收入份额对于实际劳动收入份额吻合性差、拟合效果不好的情况。

　　章上峰和许冰（2009）提出了具有明确数学表达式、符合经济学意义的时变弹性生产函数模型，该模型拓展了不变参数的柯布—道格拉斯生产函数为变参数形式。时变弹性生产函数模型如下：

$$\ln Y_t = \sum_{i=1}^{m} \gamma_i Z_i + \alpha(t)\ln K_t + \beta(t)\ln L_t + \varepsilon_t,$$
$$\alpha(t) + \beta(t) = 1 \qquad (14-6)$$

$\alpha(t)$ 和 $\beta(t)$ 分别代表时变资本和劳动产出弹性：

$$\frac{\partial Y_t}{\partial K_t} \cdot \frac{K_t}{Y_t} = \frac{\partial \ln Y_t}{\partial \ln K_t} = \frac{\partial \ln Y_t}{\partial \ln K_t} = \alpha(t)$$
$$\frac{\partial Y_t}{\partial L_t} \cdot \frac{L_t}{Y_t} = \frac{\partial \ln Y_t}{\partial \ln L_t} = \frac{\partial \ln Y_t}{\partial \ln L_t} = \beta(t) \qquad (14-7)$$

　　容易证明，利用时变弹性生产函数模型估计得到的时变劳动产出弹性 $\beta(t)$，在数值上等于理论劳动收入份额。时变弹性生产函数模型函数设定形式简单、经济意义明显，改进了柯布—道格拉斯生产函数模型，同时又符合经济建模的"KISS"原则。章上峰和许冰（2010）研究发现，时变弹性生产函数具有可行性、准确性和稳定性等优点，是一种可选择的新方法。为此，本章采用时变弹性生产函数模型来测度中国的时变理论劳动收入份额。

(二) 劳动收入份额分解公式

理论劳动收入份额测度是在完全竞争框架下展开的，没有考虑市场垄断等不完全竞争因素。现实经济中，除了理论劳动收入份额之外，实际劳动收入份额还会受到企业垄断利润、劳动力市场讨价还价能力等许多因素的影响，本章利用市场扭曲来综合代表不完全竞争因素。因此，实际劳动收入份额变化可以看成是理论劳动收入份额变化和市场扭曲变化这两个因素共同作用的结果。

在完全竞争假设下，劳动者根据边际产出获得理论劳动工资，记为 W_t；劳动者的实际劳动工资由 W_{1t} 表示。根据收入份额法，实际劳动收入份额 β_{1t} 和理论劳动收入份额 β_t 分别为：

$$\beta_{1t} = W_{1t}L_t/Y_t$$
$$\beta_t = W_tL_t/Y_t \tag{14-8}$$

定义市场扭曲（distortion）为实际劳动收入份额和理论劳动收入份额的差值：

$$D_t = \beta_{1t} - \beta_t = (W_{1t} - W_t)L_t/Y_t \tag{14-9}$$

市场扭曲 D_t 越接近于 0，实际劳动收入份额越接近理论劳动收入份额，越接近完全竞争经济。

根据式（14-8）和式（14-9），容易推导得到实际劳动收入份额的水平分解公式如下：

$$\beta_{1t} = \beta_t + (\beta_{1t} - \beta_t) = \beta_t + D_t \tag{14-10}$$

水平分解公式（14-10）表明，实际劳动收入份额在数值上等于理论劳动收入份额与市场扭曲之和。水平分解公式的经济意义在于：它反映了实际劳动收入份额长期运行水平的决定因素。

对水平分解公式（14-10）取差分，可以进一步得到实际劳动收入份额的波动分解公式：

$$\Delta\beta_{1t} = \Delta\beta_t + \Delta D_t \tag{14-11}$$

波动分解公式（14-11）表明，实际劳动收入份额波动取决于理论劳动收入份额波动 $\Delta\beta_t$ 和市场扭曲波动 ΔD_t 两个因素共同作用的结果。波动分解公式的经济意义在于：它反映了实际劳动收入份额短期波动的主要原因。

通过推导公式（14-8），容易得到实际劳动工资 W_{1t} 和理论劳动工资 W_t 的表达式：

$$W_{1t} = \beta_{1t} Y_t / L_t$$
$$W_t = \beta_t Y_t / L_t \qquad\qquad (14-12)$$

定义劳动价格扭曲 PD 为实际劳动工资和理论劳动工资的差值：

$$PD_t = W_{1t} - W_t = (\beta_{1t} - \beta_t) Y_t / L_t = D_t Y_t / L_t \qquad (14-13)$$

根据式（14-12）和式（14-13），实际劳动工资可以表示为理论劳动工资与劳动价格扭曲之和：

$$W_{1t} = W_t + PD_t \qquad\qquad (14-14)$$

价格分解公式（14-14）表明，实际劳动收入在数值上等于理论劳动收入与劳动价格扭曲之和。劳动价格扭曲反映了劳动工资收入的价格扭曲。劳动价格扭曲越接近于 0，实际工资越接近于理论份额，越接近完全竞争经济；劳动价格扭曲偏离 0，说明实际劳动工资偏离理论所得。

需要指出的是，技术进步偏向和市场扭曲是不同性质的因素，前者会使得生产函数发生变化，而后者不会。技术进步偏向变化导致刻画经济生产方式的生产函数发生了改变，即理论劳动收入份额发生了变化。市场扭曲因素，包含垄断、改制、融资环境等非技术因素，不改变生产函数，它们将使得实际劳动收入份额偏离理论劳动收入份额。

三、数据说明和测度结果

（一）数据说明

本章基于 1978～2013 年统计数据进行实证研究，具体数据说明如下：（1）国内生产总值 Y：以 1952 年为基期，采用实际国内生产总值（单位：亿元）。（2）资本存量 K：基期 1952 年的资本存量为 807 亿元，取经济折旧率 9.6%，法定残值率 4%，以年初和年末固定资本存量的平均值表示资本投入量（单位：亿元）。（3）劳动力投入 L：用年初和年底就业人员数的平均值表示（单位：万人）。（4）技术水平由常数项 Z_1、市场化程度 Z_2 和经济结构 Z_3 的线性组合表示，市场化程度以非国有经济在工业总产值中的比重表示，经济结构以第三产业劳动力投入占比表示。市场化程度数据采纳了王小鲁等（2009）的测算结果和方法。（5）劳动收入份额由初次分配中的劳动者报酬占比表示，利用省份数据加总得到。以上数据来自历年《中国统计年鉴》《中国工业统计年鉴》《新中国五十五年统计资料汇编》和《中国国内生产总值核算历史资料》。

需要指出的是，由于统计口径变动，2004 年和 2009 年中国劳动收入份额有一个突然下滑和突然上升的变化。国家统计局国民经济核算司（2007，2008）的研究结果表明，2004 年统计口径变动有两个原因：一是个体经营户收入，由劳动收入改为营业盈余；二是将国有农场和集体农场的营业盈余改为劳动收入。白重恩和钱震杰（2009）推测统计口径调整使得劳动收入份额降低了 6.3 个百分点。本章借助这个研究成果，重新核算 2004~2008 年的劳动收入份额，得到中国 1978~2013 年的历年实际劳动收入份额 $\beta_1(t)$。

（二）实证结果与分析

在规模报酬不变假设下，可以对方程（14-6）进行化简，利用范和黄（Fan and Huang，2005）提出的 Profile 方法，利用局部线性估计方法，可以得到时变资本弹性 $\alpha(t)$ 的估计值，再根据 $\alpha(t) + \beta(t) = 1$ 可以得到时变劳动弹性 $\beta(t)$ 的估计值。根据前文，本章采用时变弹性生产函数模型来测度中国的时变理论劳动收入份额。市场扭曲 D_t 为劳动收入份额理论值与实际值的差值，容易计算得到历年的市场扭曲数值。为了更加直观地刻画数据变化规律，图 14-1 给出了其趋势。

从图 14-1 可以看出，利用时变弹性生产函数模型估计时变劳动弹性，以此表示的理论劳动收入份额，总体趋势与实际劳动收入份额基本一致。根据时变弹性生产函数模型估计结果，理论劳动收入份额随时间变化呈现出非线性变化特征。根据理论劳动收入份额的变化规律，1978~2013 年这段时期可以粗略地划分为三个阶段：

第一阶段为改革开放初期（1978~1995 年），我国优先发展劳动密集型乡镇企业，理论劳动收入份额从 1978 年的 0.4526 逐步上升至 1995 年的 0.4997，上升了 0.0471，上升幅度达到 10.39%，说明在这段时期发生的技术进步偏向劳动。

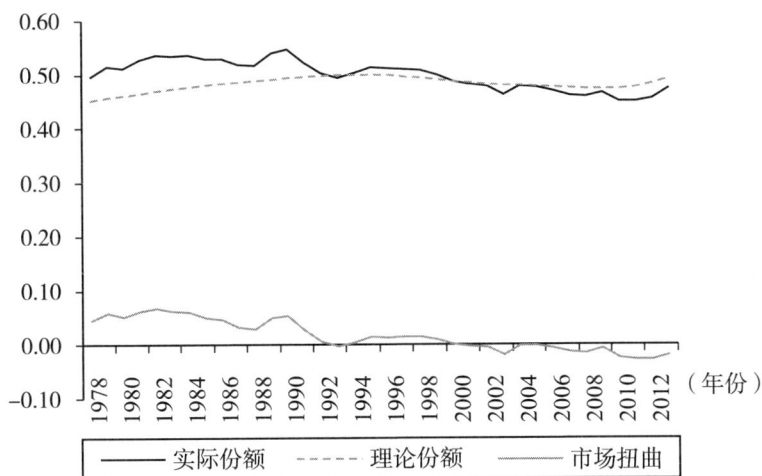

图 14 -1　水平分解结果

第二阶段为市场经济深化改革时期（1995～2009 年），工业化快速发展，资本投资和积累加速，理论劳动收入份额从 1995 年的 0.4997 逐步下降至 2009 年的 0.4725，下降了 0.0271，下降幅度达到 5.43%，说明在这段时期的技术进步偏向资本。

第三阶段为国际金融危机爆发后（2009 年后），我国深化经济结构调整，宏观经济进入"中高速增长"新常态，理论劳动收入份额从 2009 年的 0.4725 逐步上升至 2013 年的 0.4929，上升了 0.0204，上升幅度达到 4.32%，说明在这段时期的技术进步偏向劳动。

市场扭曲是劳动收入份额理论值和实际值的偏离。图 14 -1 同时给出了 1978～2013 年中国市场扭曲的测度结果。在 1978～2013 年这段时期内，市场扭曲主要可以分为两个阶段：

第一阶段为 1978～2000 年，实际劳动收入份额大于理论劳动收入份额，市场扭曲度为正。1992 年以前劳动收入份额实际值与理论值偏差较大，市场扭曲度远大于 0。1992 年之前，中国经济体制以计划经济为主，因此这段时期的市场扭曲度，可以看成是计划经济体制下的劳动收入份额实际值与市场经济体制下劳动收入份额理论值两者的偏差。在 1994～2000 年这段时期，中国实际劳动收入份额持续下降，理论劳动收入份额下降更为快速，而市场扭曲度为正，这个分解结果说明，这段时期实际劳动收入份额下降，根本原因就在于资本偏向性技术进步导致理论劳动收入份额下降。

第二阶段为 2001～2013 年，实际劳动收入份额小于理论劳动收入份额，市场扭曲度为负。2001～2009 年，实际劳动收入份额下降，理论劳动收入份额也下降，市场扭曲度为负，说明这段时期实际劳动收入份额下降是资本偏向性技术进步和市场扭曲共同作用的结果。国际金融危机后，2009～2013 年，中国技术进步是劳动偏向性的，理论收入份额逐步上升，市场扭曲度为负；2009～2011 年，中国实际劳动收入份额保持下降，说明这段时期市场扭曲的负向影响大于技术进步偏向的正向影响；2011～2013 年，中国实际劳动收入份额开始上升，市场扭曲趋于缓和，说明这段时期技术进步偏向的正向影响大于市场扭曲的负向影响。

实际劳动收入份额和理论劳动收入份额相关系数为 0.91，在数值上较为接近，趋势上基本一致，而与市场扭曲度的相关系数仅为 0.14，在数值和趋势上都不一致。因此，理论劳动收入份额是中国劳动收入份额长期运行水平的决定因素。

波动分解公式进一步反映了实际劳动收入份额短期波动的主要原因，图 14-2 给出了分解结果。从图 14-2 中可以看出，1978～2013 年这段时期可以粗略地划分为三个阶段：第一阶段为 1978～1995 年，理论劳动收入份额波动值为正，劳动偏向性技术进步，市场扭曲波动小于实际劳动收入份额波动，差距在数值上不断缩小，两者的变化趋势基本一致；第二阶段为 1995～2009 年，理论劳动收入份额波动值为负，资本偏向性技术进步，市场扭曲波动大于实际劳动收入份额波动，差距在数值上基本稳定，两者的变化趋势基本一致；第三阶段为 2009 年以后，理论劳动收入份额波动值为正，劳动偏向性技术进步，市场扭曲波动小于实际劳动收入份额波动，差距在数值上不断扩大，两者的变化趋势基本一致。总体来看，市场扭曲显示出与实际劳动收入份额一致的波动，两者相关系数为 0.91，数值上较为接近，趋势基本一致，而理论劳动收入份额与实际劳动收入份额的相关系数仅为 0.16，数值和趋势上都不一致。这个结果说明市场扭曲是中国劳动收入短期波动的主要原因。

劳动价格扭曲反映了实际劳动收入对理论劳动收入（劳动边际产出）的偏离，图 14-3 给出了测度结果。由图 14-3 可知，实际劳动工资偏离劳动边际产出，是市场价格扭曲的根本体现，劳动价格扭曲可以较好地刻画 1978～2013 年中国劳动力市场扭曲状况：1978～2000 年，劳动价格扭曲大于 0，实际劳动所得大于理论所得，从而导致实际劳动收入份额大于理论劳动收入份额，表现为市场扭曲度为正；2001～2013 年，劳动价格扭曲小于 0，实际劳动所得小于理论所得，从而导致实际劳动收入份额小于理论劳动收入份额，表现为市场扭曲度为负。

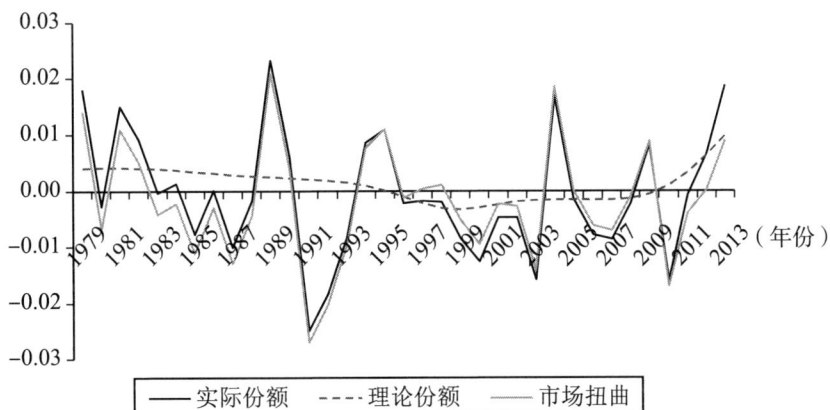

图 14-2　波动分解结果

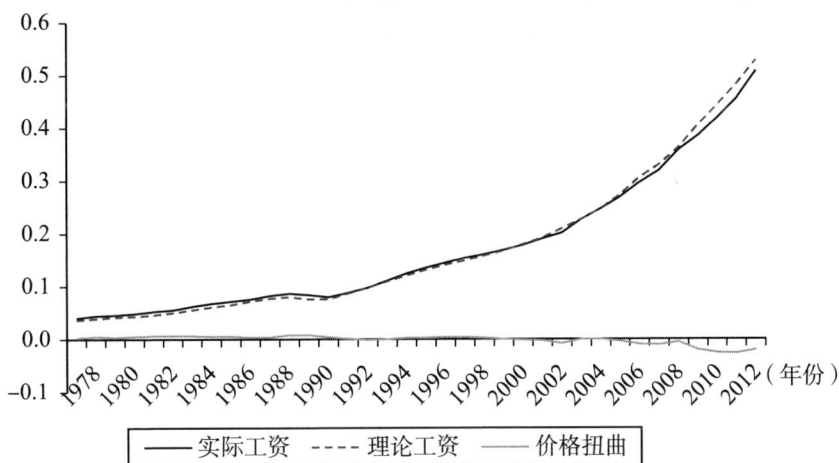

图 14-3　价格分解结果

四、结语与展望

不同于已有研究，本章基于时变弹性生产函数模型估计得到理论劳动收入份额，并将实际劳动收入份额分解为理论劳动收入份额和市场扭曲两个因素。将劳动收入份额理论值和实际值的差值定义为市场扭曲。实证研究发现，理论劳动收入份额显示出与实际劳动收入份额一致的趋势，是中国劳动收入份额长期趋势的决定因素；市场扭曲显示出与实际劳动收入份额一致的波动，是中国劳动收入份额短期波动的主要原因；实际劳动工资偏离劳动边际产出，是市场价格扭曲的根本体现。理论劳动收入份额由技术进步偏向决定，因此改善中国初次收入分配格局，可以从引导技术进步方向和矫正价格扭曲两个方面着手。

　　研究结果还解释了国际金融危机后中国劳动收入份额的变化趋势及成因：2009~2013年，中国技术进步是劳动偏向性的，理论收入份额逐步上升，市场扭曲度为负；2009~2011年，中国实际劳动收入份额保持下降，说明这段时期市场扭曲的负向影响大于技术进步偏向的正向影响；2011~2013年中国实际劳动收入份额开始上升，市场扭曲趋于缓和，说明这段时期技术进步偏向的正向影响大于市场扭曲的负向影响。

　　本章对于要素收入分配的公平性研究也有启发意义。阿特金森（Atkinson，2009）指出，要素份额可以看出不同收入来源的公平性。阳义南和章上峰（2016）提出的"不患寡，患不均，更患不公"似乎更符合当下中国现实。本章基于时变弹性生产函数模型测度理论劳动收入份额，通过与实际劳动收入份额进行比较，也可以为判断劳动收入公平性提供一种可参考的新思路。从规范角度的价值判断来看，理论劳动收入份额是劳动者"应得"的劳动收入份额，可以看成是自由市场的竞争结果，因此代表了效率最高、社会福利最大化的分配方式。市场扭曲使得实际劳动工资偏离了劳动边际产出。正是由于市场扭曲的存在，为当前中国的供给侧结构性改革提供了一个可能的理论解释。

　　当然，本章的研究还只是探索性的，期望本章能起到抛砖引玉的作用，推进更有价值的学术研究。下一步，从政策制度和经济现象上深入研究市场扭曲导致劳动收入份额变化的机制和测度将是一个重要方向，主要包括以下几个方面：

　　第一，中国企业的超额利润有多少？为什么会产生超额利润？在完全竞争市场中，劳动者得到劳动边际产出，资本所有者得到资本边际产出，劳动所得和资本所得之和等于企业总收入。但是在具有垄断势力的市场中，两者之和小于企业总收入，还有一部分是由于垄断势力而产生的利润。这部分利润如何分配取决于劳资之间的议价能力，所以这块蛋糕从哪里来、有多大是需要搞清楚的问题。

第二，二元经济转型、劳动力市场中的制度以及政府行为如何影响劳资之间的议价能力从而影响超额利润的分配。中国典型的城乡二元结构和快速城镇化过程与刘易斯笔下的无限供给劳动力市场非常相似，中国的城镇工资是否会如刘易斯所说的那样长期低于其边际生产力，是否会由于劳动供给过多而导致较低的议价能力，这些都是极具现实意义的实证问题。虽然中国工会的作用受到很大质疑，不过工会对于劳动收入份额的影响还没有一致的结论。政府对劳动力和企业的不同态度显然会影响劳资之间的议价能力，关键在于找到其中的机理。

第三，从经济周期角度看中国劳动收入份额波动。经济景气阶段，中国劳动收入份额下降，而 2008 年金融危机发生以后劳动收入份额开始上升。这是由于工人付出劳动取得固定工资，没有不确定性；而企业家收入与整个市场环境有关，存在较大的不确定性，利润就是对企业家承担不确定性的补偿。所以很自然，工资具有刚性，不管经济是否景气，工资波动都较小，而资本收益则随着经济周期的起落而波动较大。

第十五章 中国总量生产函数模型选择

——基于要素替代弹性与产出弹性视角的研究

总量生产函数是经济增长和宏观政策的研究基础，不同生产函数模型设定可能导致不同的研究结论。本章从生产函数模型中要素替代弹性和产出弹性的隐含假设出发，系统研究了中国总量生产函数模型选择。研究发现：中国要素替代弹性的区间为 $[0.80, 1.5]$，且呈现向 1 收敛的趋势；时变弹性生产函数模型拓展柯布—道格拉斯生产函数为变参数形式，可以较好地刻画中国劳动收入份额变化；柯布—道格拉斯生产函数、标准化 CES 生产函数和时变弹性生产函数模型的生产率核算结果趋于一致。本章的研究为中国总量生产函数模型选择提供了理论参考和实证支持。

一、引言

政府根据经济增长状况，制定长期经济发展战略或者短期宏观经济政策。生产函数模型具有简洁的数学形式，可以为正确认识一个国家或者地区的经济增长状况提供重要参考依据，因而受到政府和经济学者的高度关注。但是，不同学者出于不同的研究目的，或者由于对经验生产函数的不同偏好，经常采用不同的生产函数模型来分析我国的经济增长状况。显然，不同的生产函数模型设定往往可能导致不同的研究结论。例如，对我国改革开放后全要素生产率的测算，我国经济学者的研究结果在 10.13% 至 48% 之间，可以说迥然不同。又如，在《经济研究》2002 年某期上同时刊登了两篇关于中国区域经济发展差异成因的研究论文，一篇研究显示中国区域经济发展的差异大约有 90% 是由外商投资分布的区域差异引起的，而另一篇研究则表明不到 20% 。这种偏离意味着研究过程中可能存在较大的二次统计误差，这就引起了关于总体回归模型设定和生产函数变量选择的讨论。

在完全竞争和不变规模报酬假设前提下，经济学家经常的做法是，利用生产函数模型估计得到的要素产出弹性，来替代要素分配份额，用于生产率测算等应用。柯布—道格拉斯生产函数成功地刻画了新古典经济增长特征，并且因模型结构简单、经济意义明显且容易估计而受到广泛应用。但是本书认为，选择什么样的总量生产函数模型，也就选择了该生产函数模型所对应的隐含假设。以不变规模报酬柯布—道格拉斯生产函数为例：

$$Y_t = A_t K_t^\alpha L_t^\beta, \quad \alpha + \beta = 1 \tag{15-1}$$

容易推导得到，柯布—道格拉斯生产函数模型的要素替代弹性为 1，且资本和劳动力的产出弹性为固定参数 α 和 β。因此选择利用柯布—道格拉斯生产函数模型刻画中国宏观经济增长，也就同时隐含着中国要素替代弹性为 1 和要素分配份额保持不变的假设条件。

这些假设是否合理？这个问题非常重要，关系到对于中国经济增长、收入分配和宏观经济政策的总体认识。然而，尽管国内学术界已经积累了大量文献，但多数只关注了特定总量生产函数模型，对于总量生产函数模型的选择依据则没有引起足够重视，尤其是缺乏对总量生产函数模型隐含假设的研究。这可能也是导致不同学者对于同一经济现象研究得出不同结论的重要原因。

不同于生产函数变量选择的研究，本章从模型隐含假设出发，结合要素替代弹性和要素产出弹性两个方面，系统研究了中国总量生产函数模型选择，试图为中国总量生产函数模型选择提供理论参考和实证支持。本章的学术贡献主要体现以下几个方面：第一，在研究视角上，本章系统研究了总量生产函数模型所隐含的假设条件，并提出要素替代弹性和要素产出弹性两个方面结合来选择总量生产函数模型的新思路。这项研究结合了经济理论导向和经济现实导向，可以看成是对李子奈对于总体回归模型设定的"唯一性"和"一般性"标准在总量生产函数模型领域的有益尝试。第二，在研究方法上，本章应用了统计推断法这一新技术，依据数学推导得到中国要素替代弹性的一个区间和历年时间序列数据，避免了估计过程中出现的各种误差，为中国总量生产函数模型的合理选择提供了实证参考。第三，在研究结果上，本章系统研究了总量生产函数模型的要素产出弹性假设，并与实际要素分配份额进行吻合性分析，在此基础上比较分析全要素生产率核算结果，为中国总量生产函数模型的准确选择提供了实证参考。

本章其余部分的安排如下：第二部分介绍要素替代弹性测度结果，分析参数估计法的优缺点，给出统计推断法的数学推导过程；第三部分为实证研究，从要素替代弹性、要素产出弹性和全要素生产率视角系统研究总量生产函数模型选择；第四部分是本章的研究结论。

二、要素替代弹性测度

要素替代弹性是生产函数模型设定中至关重要的隐含假设。在生产函数模型发展过程中，要素替代弹性是一个十分重要的概念，广泛应用在经济增长、收入分配和宏观经济政策等研究领域。要素替代弹性是与研究对象、样本区间甚至样本点联系在一起的，主要用于描述要素之间替代能力的大小。根据希克斯的定义，要素替代弹性常用 σ 表示，用来表示两种要素的比例变化率与边际替代率的变化率的相对变化：

$$\sigma = \frac{\mathrm{d}(K/L)}{K/L} \Big/ \frac{\mathrm{d}(MP_L/MP_K)}{MP_L/MP_K} \qquad (15-2)$$

要素替代弹性 σ 一般情况下大于 0，表示生产要素之间具有替代性。σ 越小说明生产要素之间替代能力越小，σ 越大说明生产要素之间替代能力越大，$\sigma = 0$，表明要素之间不可替代，$\sigma = \infty$，则要素之间具有无限替代性。模型总是建立在一定的假设基础上，没有假设，就没有模型。要素替代弹性假设是生产函数模型的一个基本假设，早期生产函数模型是以替代弹性假设为线索发展起来的。例如，柯布—道格拉斯生产函数模型假设要素替代弹性都为 1，CES 生产函数模型假设要素替代弹性 σ 为模型中大于 0 的估计参数，超越对数生产函数模型对于要素替代弹性假设更具一般性。

在对我国经济增长状况进行的研究中，柯布—道格拉斯生产函数模型应用最为广泛，而且得到了计量回归和统计推断的支持。然而，柯布—道格拉斯生产函数模型隐含着要素替代弹性为 1 的假设条件。近年来，国内学者对于中国要素替代弹性的估计结果存在较大差异，有明显小于 1 的，接近于 1 的，还有大于 1 的，结果呈现多样性。对于中国工业部门要素替代弹性估计结果也呈现出多样性。此外，陈晓玲和连玉君（2012）对中国省际要素替代弹性进行估计时，发现要素替代弹性均值为 0.83，其中东部发达地区要素替代弹性在 1.13～2.28 之间，估计值普遍大于 1，而其余省份要素替代弹性估计值则小于 1。雷钦礼（2012，2013）的研究表明，样本数据选择也会对要素替代弹性估计结果产生影响。

要素替代弹性对经济增长研究和生产函数模型选择非常重要，生产函数的替代弹性特征是否与现实相符，是其能否合理用于经济分析的重要前提。通过对研究文献的系统梳理，本章发现不同的要素替代弹性估计结果和估计方法，主要根源于不同的生产函数模型选择：估计结果明显小于 1 的，大都选择了单方程 CES 生产函数模型；估计结果接近于 1 的，多数选择了标准化 CES 生产函数模型；估计结果等于 1 的，则选择了柯布—道格拉斯生产函数；估计结果大于 1 的，主要选择了超越对数生产函数模型。

超越对数生产函数模型存在过多解释变量，不仅严重消耗自由度，还会导致严重的共线性问题。CES 生产函数对于分析总量经济具有一般适用性，在替代弹性估计中是个很好的选择。为此，本章构建了一般性 CES 生产函数框架，系统研究要素替代弹性的参数估计法和统计推断法，为总量生产函数模型选择提供参考。

（一）参数估计法

本章构建规模报酬不变下的一般性 CES 生产函数模型如下：

$$Y_t = \left[\alpha (B_t K_t)^{\frac{\varepsilon-1}{\varepsilon}} + (1-\alpha)(A_t L_t)^{\frac{\varepsilon-1}{\varepsilon}} \right]^{\frac{\varepsilon}{\varepsilon-1}} \tag{15-3}$$

其中，Y_t 为总产出，K_t 为资本投入，L_t 为劳动投入。α、ε 为参数，其中 $\varepsilon [0, \infty)$，ε 即为替代弹性。

对式（15-3）取对数，在 $\varepsilon = 1$ 处进行二阶泰勒级数展开，可得：

$$\log(Y_t) = \alpha\log(B_t) + (1-\alpha)\log(A_t) + \alpha\log(K_t) + (1-\alpha)\log(L_t)$$

$$+ \frac{1}{2}\frac{\varepsilon-1}{\varepsilon}\alpha(1-\alpha)\left[\log\left(\frac{B_t K_t}{A_t L_t}\right) \right]^2 \tag{15-4}$$

在索洛中性技术进步、哈罗德中性技术进步和希克斯中性技术进步假设下，分别对应 $A_t = 1$、$B_t = 1$、$A_t = B_t = C_t$，化简后容易得到估计值。

科朗姆等（Klump et al.，2008）认为单方程估计会存在系统误差，他们提出用标准化供给面系统法分别估计美国 1953～1988 年和欧元区 1970～2005 年的总替代弹性。标准化供给面系统法是将标准化的 CES 生产函数、资本和劳动需求的一阶条件作为一个系统进行估计的方法，国内一些学者也采用该方法估计中国要素替代弹性。

假设 CES 生产函数中 B_t 和 A_t 呈指数型增长：

$$B_t = B_0 e^{\gamma_K(t-t_0)}$$
$$A_t = A_0 e^{\gamma_L(t-t_0)} \tag{15-5}$$

其中，γ_K 和 γ_L 表示的是技术增长参数，B_0、A_0 和 t_0 为初始值。利用柯门塔（Kmenta）近似法，设基准点满足条件 $r_0 K_0 / w_0 L_0 = \alpha(1-\alpha)$，$r_0$ 为要素价格，w_0 为劳动价格，K_0 为资本初始值，L_0 为劳动初始值，Y_0 为总产出初始值，结合式（15-5）可得到标准化的 CES 生产函数：

$$Y_t = Y_0 \Big[\alpha \Big(\frac{K_t}{K_0} e^{\gamma_K(t-t_0)} \Big)^{\frac{\varepsilon-1}{\varepsilon}} + (1-\alpha) \Big(\frac{L_t}{L_0} e^{\gamma_L(t-t_0)} \Big)^{\frac{\varepsilon-1}{\varepsilon}} \Big]^{\frac{\varepsilon}{\varepsilon-1}} \tag{15-6}$$

其中，$Y_0 = \xi \bar{Y}$，$K_0 = \bar{K}$，$L_0 = \bar{L}$，$t_0 = \bar{t}$，$\bar{Y}$、$\bar{K}$ 和 $\bar{L}$ 为样本几何平均数，$\bar{t}$ 为样本时期算术平均数，ξ 为规模因子，期望值为 1。由标准化 CES 生产函数（15-6）可得到：

$$F_K = \alpha \Big(\frac{Y_t}{K_t} \Big)^{\frac{1}{\varepsilon}} \Big[\frac{\xi \bar{Y}}{\bar{K}} e^{\gamma_K(1-\bar{t})} \Big]^{\frac{\varepsilon-1}{\varepsilon}}$$

$$F_L = (1-\alpha) \Big(\frac{Y_t}{L_t} \Big)^{\frac{1}{\varepsilon}} \Big[\frac{\xi \bar{Y}}{\bar{L}} e^{\gamma_L(1-\bar{t})} \Big]^{\frac{\varepsilon-1}{\varepsilon}} \tag{15-7}$$

对式（15-6）两边同时取对数，并在 $\varepsilon=1$ 处二阶泰勒展开，化简得：

$$\log \Big(\frac{Y_t/\bar{Y}}{L_t/\bar{L}} \Big) = \log(\xi) + \alpha \log \Big(\frac{K_t/\bar{K}}{L_t/\bar{L}} \Big) + \frac{1}{2} \frac{\varepsilon-1}{\varepsilon} \alpha(1-\alpha) \Big[\log \Big(\frac{K_t/\bar{K}}{L_t/\bar{L}} \Big) \Big]^2$$

$$+ \big[\alpha \gamma_K + (1-\alpha) \gamma_L \big](t-\bar{t}) + \frac{1}{2} \frac{\varepsilon-1}{\varepsilon} \alpha(1-\alpha)(\gamma_K - \gamma_L)^2 (t-\bar{t})^2$$

$$\tag{15-8}$$

在非完全竞争时，厂商要想获得最大利润，则要有下列等式成立：

$$F_K = (1+\varphi) \cdot r_t; \quad F_L = (1+\varphi) \cdot w_t \tag{15-9}$$

其中，φ 为价格加成，这里假设劳动和资本两种要素的谈判能力相同，因此两式中的 φ 相同。式（15-9）变形得到：

$$\frac{r_t \cdot K_t}{Y_t} = \frac{1}{(1+\varphi)} \cdot F_K \cdot \frac{K_t}{Y_t}; \quad \frac{w_t \cdot L_t}{Y_t} = \frac{1}{(1+\varphi)} \cdot F_L \cdot \frac{L_t}{Y_t} \tag{15-10}$$

两边取对数有：

$$\log\left(\frac{r_t \cdot K_t}{Y_t}\right) = \log\left(\frac{1}{(1+\varphi)} \cdot F_K \cdot \frac{K_t}{Y_t}\right)$$

$$\log\left(\frac{w_t \cdot L_t}{Y_t}\right) = \log\left(\frac{1}{(1+\varphi)} \cdot F_L \cdot \frac{L_t}{Y_t}\right) \tag{15-11}$$

将式（15-11）代入式（15-7），分别可以得到：

$$\log\left(\frac{r_t \cdot K_t}{Y_t}\right) = \frac{\varepsilon-1}{\varepsilon}\log(\xi) + \log\left(\frac{\alpha}{(1+\varphi)}\right) - \frac{\varepsilon-1}{\varepsilon}\log\left(\frac{Y_t/\bar{Y}}{K_t/\bar{K}}\right) + \frac{\varepsilon-1}{\varepsilon}\gamma_K(t-\bar{t})$$
$$\tag{15-12}$$

$$\log\left(\frac{w_t \cdot L_t}{Y_t}\right) = \frac{\varepsilon-1}{\varepsilon}\log(\xi) + \log\left(\frac{1-\alpha}{(1+\varphi)}\right) - \frac{\varepsilon-1}{\varepsilon}\log\left(\frac{Y_t/\bar{Y}}{L_t/\bar{L}}\right) + \frac{\varepsilon-1}{\varepsilon}\gamma_L(t-\bar{t})$$
$$\tag{15-13}$$

标准化供给面系统由联立方程组（15-8）、（15-12）、（15-13）组成，利用广义矩估计（GMM）方法可以估计得到替代弹性 ε 的估计值。

（二）统计推断法

以上参数估计方法给出的仅仅是研究时期替代弹性的一个平均估计值。统计推断法通过逐年推断得到历年要素替代弹性值，给出了要素替代弹性的区间，既避免了参数估计时可能造成的偏差，又提供了详尽的时间系列数据，可以进行经济长短期分析，还可以为单方程估计法和标准化供给面系统法估计结果的准确性提供参考依据。

在索洛中性技术进步下 $A_t=1$，利用 CES 生产函数模型（15-3）推导得到资本份额与资本产出比之间的函数关系：

$$S_K = \frac{MP_K \cdot K}{Y} = \frac{\frac{\partial Y}{\partial K} \cdot K}{Y} = \alpha B^{\frac{\varepsilon-1}{\varepsilon}}\left(\frac{K}{Y}\right)^{\frac{\varepsilon-1}{\varepsilon}} \tag{15-14}$$

其中，S_K 为资本份额，记 $k=K/Y$，表示资本产出比，对式（15-14）取对数得：

$$\log(S_K) = \log(\alpha) + \frac{\varepsilon-1}{\varepsilon}\log(B) + \frac{\varepsilon-1}{\varepsilon}\log(k) \tag{15-15}$$

由高斯—马尔科夫定理对于参数的一致性描述可知，$(\varepsilon-1)/\varepsilon$ 的估计值与真实值之间有如下的关系式成立[①]：

$$\frac{\hat{\varepsilon}-1}{\hat{\varepsilon}} = \frac{\varepsilon-1}{\varepsilon}\Big[1 + \frac{E[\log(B)\cdot\log(k)]}{\mathrm{var}[\log(k)]}\Big]$$

由上式可知替代弹性的估计值与真实值之间的关系，可得到替代弹性估计值的一个大致范围，即 $\hat{\varepsilon}>\varepsilon$ 或 $\hat{\varepsilon}<\varepsilon$。但是用最小二乘法估计得到的结果是最佳线性无偏估计，可以得到这样的关系式，即 $E[\log(B)\cdot\log(k)]\approx -\mathrm{var}[\log(k)]$。因此利用资本份额和资本产出比之间的关系，通过数学推导得到了替代弹性的一个范围。

记 $\log(\hat{S}_K)\equiv\log(S_K)-\log(k)$，式（15 – 15）变为：

$$\log(\hat{S}_K) = \log(\alpha) + \frac{\varepsilon-1}{\varepsilon}\log(B) - \frac{1}{\varepsilon}\log(k) \qquad (15-16)$$

两边同时取方差，简化得：

$$\mathrm{var}[\log(\hat{S}_K)] = \frac{1}{\varepsilon}\mathrm{var}[\log(k)] + \Big(\frac{\varepsilon-1}{\varepsilon}\Big)^2\mathrm{var}[\log(B)] \qquad (15-17)$$

等式中利用了 $E[\log(B)\times\log(k)]\approx -\mathrm{var}[\log(k)]$。记 ρ 为 $\log(B)$ 和 $\log(k)$ 的相关性，且 $\rho\in[-1,0]$，即：

$$\rho\equiv\frac{E[\log(B)\times\log(k)]}{\sqrt{\mathrm{var}[\log(B)]}\sqrt{\mathrm{var}[\log(k)]}} = -\sqrt{\frac{\mathrm{var}[\log(k)]}{\mathrm{var}[\log(B)]}}$$

通过上式可以得到 $\mathrm{var}[\log(B)]$ 的表示方式，将其代入式（15 – 17）中得到：

$$\mathrm{var}[\log(\hat{S}_K)] = \frac{1}{\varepsilon}\mathrm{var}[\log(k)] + \Big(\frac{\varepsilon-1}{\varepsilon\rho}\Big)^2\mathrm{var}[\log(k)] \qquad (15-18)$$

令 $a = \dfrac{\mathrm{var}[\log(k)]}{\mathrm{var}[\log(\hat{S}_K)]}$，对式（15 – 18）做方程变形，利用统计推断法可以得到替代弹性 ε 的解：

$$\varepsilon = \frac{(2-\rho^2)\dfrac{a}{a-\rho^2}\pm\sqrt{\Big((2-\rho^2)\dfrac{a}{a-\rho^2}\Big)^2 - 4\dfrac{a}{a-\rho^2}}}{2} \qquad (15-19)$$

替代弹性 ε 的推断值有上限和下限，进而得到区间 $[\varepsilon_{\mathrm{Min}},\ \varepsilon_{\mathrm{Max}}]$。

利用统计推断法可以得到哈罗德中性技术进步 $B_t=1$ 假设下替代弹性

---

① 这里将 $(\varepsilon-1)/\varepsilon\log(B)$ 看作随机扰动项，考虑 $(\hat{\varepsilon}-1)/\hat{\varepsilon}$ 的一致性，具体证明过程在本书中不再列出，读者若有需要可与作者联系。

ε 的值。基于 CES 生产函数模型（15-3），推导得到资本份额与资本产出比之间的函数关系为：

$$S_K = \frac{MP_K \cdot K}{Y} = \frac{\frac{\partial Y}{\partial K} \cdot K}{Y} = \alpha \left(\frac{K}{Y}\right)^{\frac{\varepsilon-1}{\varepsilon}} \qquad (15-20)$$

对式（15-20）取对数，化简得：

$$\log(S_K) = \log(\alpha) + \frac{\varepsilon-1}{\varepsilon}\log(k) \qquad (15-21)$$

当 $\varepsilon=1$ 时，资本份额可以简单地表示为 α 的值。但是，当 $\varepsilon>1$ 时，可以得到资本份额和资本产出比之间的正相关关系，而当 $\varepsilon<1$ 时则得到二者间的一个负相关关系。记 $\log(\hat{S}_K) \equiv \log(S_K) - \log(k)$，对式（15-21）取方差：

$$\mathrm{var}[\log(\hat{S}_K)] = \frac{1}{\varepsilon^2}\mathrm{var}[\log(k)] \qquad (15-22)$$

因为 $\mathrm{var}[\log(k)]$ 和 $\mathrm{var}[\log(\hat{S}_K)]$ 都可由已知数据得到，因此替代弹性 ε 可以表示为：

$$\varepsilon = \sqrt{\frac{\mathrm{var}[\log(k)]}{\mathrm{var}[\log(\hat{S}_K)]}} \qquad (15-23)$$

希克斯中性技术进步 $A_t = B_t = C_t$ 假设下，替代弹性的解等于索洛中性技术进步。

三、中国总量生产函数模型选择

（一）数据说明

本章的实证研究对象是改革开放以来（1978～2013 年）中国宏观经济数据[①]。我国没有进行过大规模的资产普查，因此没有可用的官方资本存量数据。国内学者的基本做法是在永续盘存法的框架下对资本存量进行

[①]　由于改革开放前后经济体制发生了很大变化，一般国内学者都是采用 1978 年改革开放以后的数据进行实证研究，本章也采取了这种惯例。

估计。用永续盘存法估计资本存量，需要确定基期和基期资本存量数值。基期选择越早，基期资本存量估计偏差造成的影响就越小。本章采纳张军（2003）研究成果，估计得到 1952 年基期资本存量值，经济折旧率取 9.6%，法定残值率取 4%，利用永续盘存法计算得到 1978～2013 年固定资本存量，以年初和年末资本存量的简单算术平均值作为资本投入量。利用 GDP 指数计算得到基期为 1978 年的 1978～2013 年实际国内生产总值数据。劳动力投入取年初（上年年底）和年底就业人员数的平均值。劳动收入份额由劳动者报酬初次分配占比表示，资本收入份额 = 1 - 劳动收入份额。

2005 年之前全国及省份数据来自《中国国内生产总值核算历史资料：1952～1996》和《中国国内生产总值核算历史资料：1952～2004》；2005～2013 年全国及省份数据来自历年《中国统计年鉴》以及各省区市统计年鉴，其中，海南、西藏和重庆由于数据不齐没有包括在内。

（二）要素替代弹性

利用 1978～2013 年全国时间序列数据，对单方程估计法进行非线性最小二乘估计，在 0.01 显著性水平下，得到参数 α 值为 0.77，替代弹性 ε 值为 0.52，明显小于 1，资本和劳动力是互补关系。

考虑到单方程 CES 生产函数模型可能存在的系统性误差，进一步采用标准化供给面系统法估计中国的替代弹性。标准化供给面系统法是联立方程组，本章利用广义矩估计（GMM）方法对该系统进行估计。参数估计在 0.01 水平上显著，结果表明规模因子为 1.015639，与期望值 1 非常接近；资本增强型技术进步平均速率 γ_K 和劳动增强型技术进步平均速率 γ_L 的估计值分别为 -0.084377 和 0.148850，中国技术进步是资本偏向和劳动节约的，且资本生产效率是递减的，劳动力生产效率是递增的。标准化供给面系统估计得到参数 α 值为 0.51，替代弹性 ε 值 0.93，小于 1 但非常接近于 1。

单方程估计法和标准化系统估计法给出了 1978～2013 年中国替代弹性的一个平均估计值。不同的是，统计推断法利用面板数据，通过逐年推断给出了各个年份中国要素替代弹性的区间。

根据资本份额和资本产出比的函数关系式（15 – 14）可知，技术进步参数 B 与资本产出比 k 是负相关的。图 15 – 1 进一步列出了 B、k 散点图，由图 15 – 1 可知，B、k 之间弱相关，没有显著的线性关系。为了避免参数估计可能存在的误差，本章不是给定具体值，而是分别选取 ρ 为 – 0.1、– 0.3 和 – 0.5 三种情形，代入式（15 – 19）和式（15 – 23）中，推断得到索洛（希克斯）技术进步下要素替代弹性的上限和下限（见图 15 – 2），以及基于哈罗德技术进步下的要素替代弹性（见图 15 – 3）。

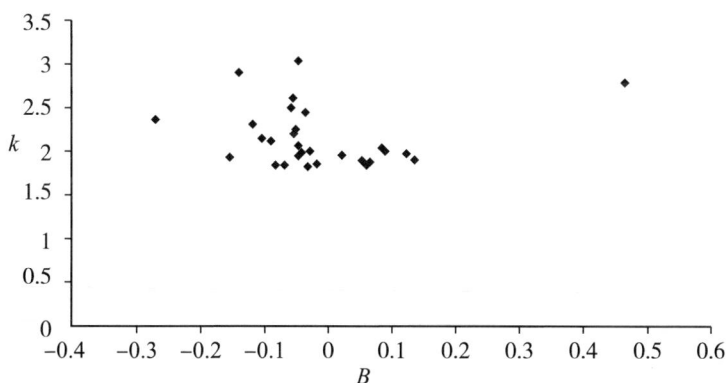

图 15 – 1　B 与 k 相关图

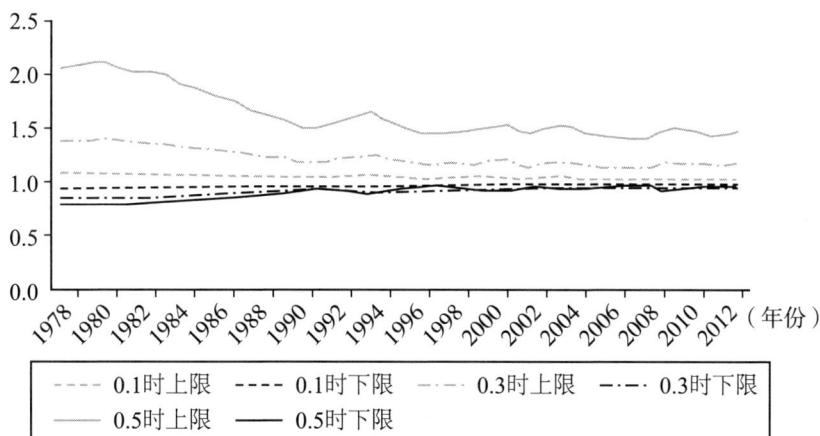

图 15 – 2　基于统计推断法得到的索洛（希克斯）技术进步下的要素替代弹性

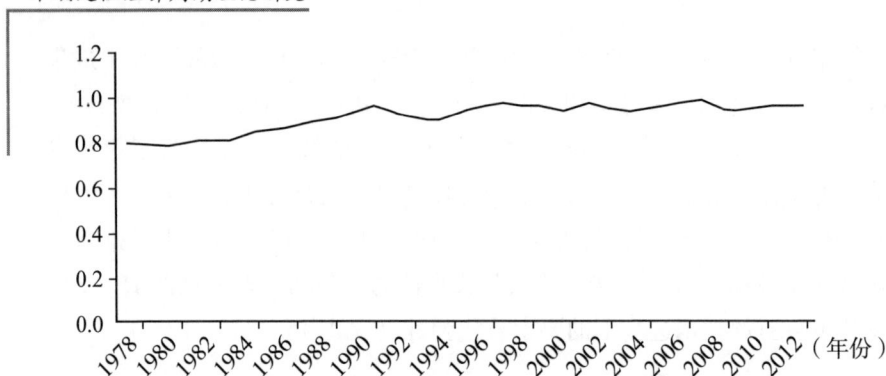

图 15 – 3　基于统计推断法得到的哈罗德技术进步下的要素替代弹性

图 15 – 2 显示了基于统计推断法得到的索洛（希克斯）技术进步下的要素替代弹性变化趋势。从图 15 – 2 中可以看出：相关系数 ρ 越接近 0，上下限极差越小，相关系数越接近于 – 0.5，上下限极差越大；上下限极差在 1978 ~ 1992 年期间较大且呈现不断缩小趋势，1992 ~ 2013 年极差较小且稳定在 0.80 ~ 1.5。总体上，中国要素替代弹性呈现向 1 收敛的趋势。图 15 – 3 显示了基于统计推断法得到的哈罗德技术进步下的要素替代弹性变化趋势。从图 15 – 3 可以看出，中国要素替代弹性在 0.8 ~ 1 之间，呈现上升并向 1 收敛的趋势。

根据统计推断法得到的结果，不论是索洛技术进步假设还是哈罗德技术进步假设，中国替代弹性的区间都为［0.80 ~ 1.5］，接近于 1 且呈现向 1 收敛的趋势。统计推断法可以为总量生产函数模型提供参考依据。利用单方程估计法得到中国要素替代弹性在 0.50 附近，没有落在统计推断法的上下限区域内。标准化供给面系统法得到的替代弹性值是 0.93，柯布—道格拉斯生产函数模型隐含着要素替代弹性为 1 的假设条件，都落在统计推断法的上下限区域内。考虑到单方程模型可能存在的系统性误差，可以认为利用柯布—道格拉斯生产函数模型和标准化 CES 生产函数模型来刻画中国总量生产函数模型更为合理。

（三）要素产出弹性与全要素生产率

不同生产函数模型设定可能导致不同的研究结论。选择单方程 CES 生产函数模型得到要素替代弹性的估计结果小于 1，标准化 CES 生产函数模型接近于 1，柯布—道格拉斯生产函数等于 1。统计推断法测度得到中国替代弹性区间为 $[0.80，1.5]$，接近于 1 且呈现向 1 收敛的趋势，从而支持了用柯布—道格拉斯生产函数模型和标准化 CES 生产函数模型来刻画中国总量生产函数模型的合理性。进一步地，如何判断不同总量生产函数模型的估计结果更为合理可靠？本章结合不同生产函数模型的要素产出弹性估计结果和全要素生产率核算结果，为总量生产函数模型选择提供了新的参考依据。

在完全竞争和不变规模报酬假设前提下，经济学家经常的做法是，利用生产函数模型估计得到的要素产出弹性，来替代要素分配份额，用于生产率测算等应用。因此，不同总量生产函数模型选择可能就意味着不同的要素产出弹性估计结果和全要素生产率核算结果。

单方程 CES 生产函数模型隐含着要素产出弹性时变的假设，即要素产出弹性可以表示为资本和劳动力的对数线性函数[①]，如资本产出弹性可以表示为：

$$\alpha_K = \alpha + \frac{\varepsilon - 1}{\varepsilon} \alpha (1 - \alpha) \ln\left(\frac{K_t}{L_t}\right) \qquad (15 - 24)$$

标准化 CES 生产函数模型也隐含着要素产出弹性时变的假设，资本产出弹性可以表示为：

$$\alpha_K = \alpha + \frac{\varepsilon - 1}{\varepsilon} \alpha (1 - \alpha) \ln\left(\frac{K_t / \overline{K}}{L_t / \overline{L}}\right) \qquad (15 - 25)$$

利用柯布—道格拉斯生产函数模型，估计得到产出弹性为固定参数 α 和 β。章上峰、许冰（2009）拓展了柯布—道格拉斯生产函数为变参数形式，提出了时变弹性生产函数模型：

$$Y_t = A_t K_t^{\alpha(t)} L_t^{\beta(t)}, \quad \alpha(t) + \beta(t) = 1 \qquad (15 - 26)$$

时变弹性生产函数模型虽然放宽了对于要素产出弹性的先验约束条件，但是也同时隐含着要素替代弹性为 1 的假设条件[②]。

根据规模报酬不变假设，容易得到由单方程和标准化 CES 生产函数模型估得到的时变劳动产出弹性。对于时变弹性生产函数模型[③]，选取高斯核函数，根据 Silverman 法选取窗框，采用 Profile 估计方法得到时变资

---

①　限于篇幅本章没有给出具体证明过程，如果读者需要可与作者联系。
②　容易证明，时变弹性生产函数模型的要素替代弹性等于 1。
③　时变弹性生产函数模型的技术水平部分由常数项、市场化程度和就业结构的线性组合表示。

297

本弹性 $\alpha(t)$ 估计值，再根据 $\alpha(t)+\beta(t)=1$ 得到利用时变弹性生产函数模型估计得到的时变劳动弹性 $\beta(t)$。生产函数模型关于产出弹性的假设是否合理，需要通过要素产出弹性与实际要素分配份额的吻合情况来加以判断。在规模报酬不变假设下，资本产出弹性与劳动产出弹性之和等于1，因此只需要对比生产函数模型估计得到的劳动产出弹性与劳动收入份额的一致性。中国劳动收入份额由初次分配中的劳动者报酬占比表示，利用省份数据加总得到。需要说明的是，由于统计口径变动，2004 年和 2009 年中国劳动收入份额有一个突然下滑和突然上升的变化。国家统计局国民经济核算司研究结果表明，2004 年统计口径变动有两个原因：一是个体经营户收入，由劳动收入改为营业盈余；二是将国有农场和集体农场的营业盈余改为劳动收入。白重恩和钱震杰（2010）推测统计口径调整使得劳动收入份额降低了 6.3 个百分点。本章借助这个研究成果，得到了中国 1978 ~ 2013 年的历年劳动收入份额（见图 15 - 4）。

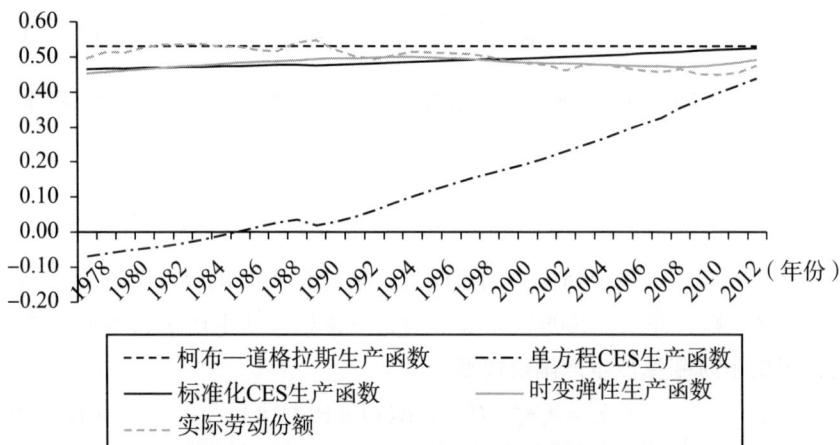

图 15 - 4　时变劳动产出弹性与劳动收入份额

根据估计结果可知，利用柯布—道格拉斯生产函数、标准化 CES 生产函数和时变弹性生产函数模型得到的时变劳动产出弹性平均值分别为 0.53、0.49 和 0.48，与中国 1978 ~ 2013 年劳动收入份额平均值 0.50 较为接近，整体统计拟合程度较高。利用单方程 CES 生产函数模型得到的时变劳动产出弹性平均值仅为 0.14，整体统计拟合程度较低，也不能较好地刻画中国实际劳动份额变化。

从图 15 - 4 中还可以看出，中国劳动收入份额呈现不断变化的趋势，利用柯布—道格拉斯生产函数模型估计得到的产出弹性是固定参数，不能有效刻画中国劳动收入份额的时变性，因此需要进一步分析比较标准化 CES 生产函数模型和时变弹性生产函数模型。标准化 CES 生产函数模型估计得到的时变劳动产出弹性与劳动收入份额变化趋势并不一致，特别是 1995 年以来中国劳动收入份额是不断下降的，但是标准 CES 生产函数模型估计得到的劳动产出弹性却呈现上升趋势，这与事实不符。这可能是由于标准 CES 生产函数模型假定了劳动力产出弹性是对数劳均资本的线性函数的原因。时变弹性生产函数模型拓展柯布—道格拉斯生产函数为变参数形式，隐含着要素替代弹性为 1 的假设条件。从图 15 - 4 中可以看出，利用时变弹性生产函数模型估计得到的时变劳动产出弹性，较好地刻画了 1992 年以来劳动收入份额的动态变化趋势，而且准确性高，稳定性强。

高伟（2009）提出，在运用总量生产函数模型时，要重视总量生产函数本身的经济意义。本章以下进一步从全要素生产率核算的视角，来研究总量生产函数模型的可靠性。利用索洛余值法，不同总量生产函数模型可以估计得到不同的要素产出弹性，从而得到不同的全要素生产率核算结果（如图 15 - 5 所示）。根据核算结果图 15 - 5 可知，利用柯布—道格拉斯生产函数、标准化 CES 生产函数和时变弹性生产函数模型得到的全要素生产率贡献率平均值分别为 27.32%、33.18% 和 22.71%，核算结果较为接近，而且变化趋势具有一致性，这也符合我国全要素生产率贡献率在 10.13% ~ 48% 之间的研究结论。利用单方程 CES 生产函数模型得到全要素生产率贡献率平均值仅为 - 3.40%，存在较大偏差。

综上所述，统计推断法测度得到中国替代弹性（区间）为 [0.80，1.5]，接近于 1 且呈现向 1 收敛的趋势，从而支持了用柯布—道格拉斯生产函数模型、标准化 CES 生产函数模型和时变弹性生产函数模型来刻画中国总量生产函数模型的合理性。时变劳动产出弹性估计结果和全要素生产率核算结果进一步支持了柯布—道格拉斯生产函数、标准化 CES 生产函数和时变弹性生产函数模型作为中国总量生产函数模型的合理性。其中，时变弹性生产函数模型较好地刻画了 1992 年以来劳动收入份额的动态变化趋势，而且准确性高，稳定性强。

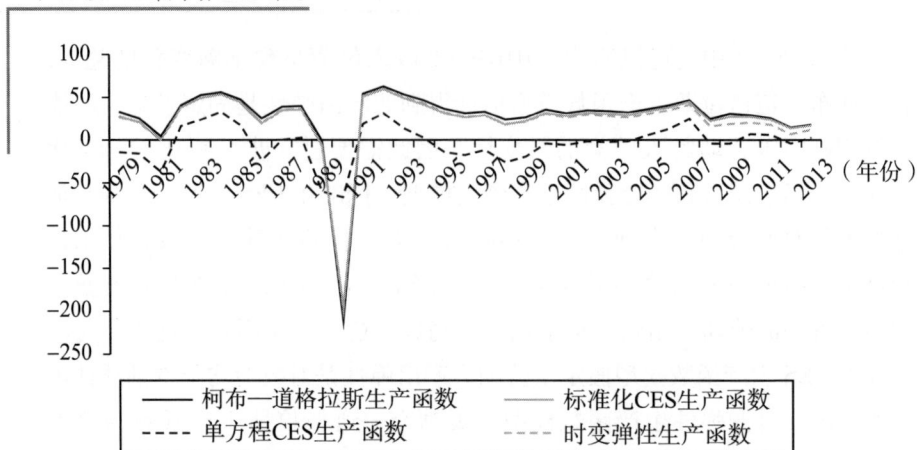

图 15 – 5　总量生产函数模型与全要素生产率

　　根据格兰德维尔（O. D. L. Grandville，1989）假说，在固定投入产出比条件下，具有较高替代弹性的国家会有更高的经济增长率，该假说得到了研究支持。本章研究结果认为中国要素替代弹性在［0.8，1.5］之间，进一步支持了德拉格兰德维尔假说在中国的适用性。即中国的高要素替代弹性，正好也对应着中国改革开放以来的高经济增长率。

四、 研究结论

　　生产函数的要素弹性特征是否与现实相符，是其能否合理用于经济分析的重要前提。本章从模型隐含假设出发，结合要素替代弹性和要素产出弹性两个方面，系统研究了中国总量生产函数模型选择，试图为中国总量生产函数模型选择提供理论参考和实证支持。

　　本章研究得到以下几点结论：第一，本章利用 1978～2013 年各省区市面板数据，通过逐年统计推断，给出了各个年份中国要素替代弹性的区间为［0.80，1.5］，呈现向 1 收敛的趋势；统计推断法避免了参数估计时可能造成的偏差，提供了详尽的时间系列数据，还可以进行经济长短期分析。第二，从要素替代弹性角度看，统计推断结果支持了柯布—道格拉斯生产函数模型和标准化系统估计方法的合理性。CES 生产函数模型的标准化供给面系统法得到的替代弹性值为 0.93，柯布—道格拉斯生产函数模型的替代弹性为1，都符合统计推断法的上下限。第三，从要素产出弹性和全要素生产率角度看，本章研究结果支持了柯布—道格拉斯生产函数、标准化CES生产函数和时变弹性生产函数模型作为中国总量生产函数模型的合理性。其中，时变弹性生产函数模型拓展柯布—道格拉斯生产函数为变参数形式，隐含要素替代弹性为1的假设条件，可以较好地刻画中国劳动收入份额的动态变化趋势。

本章的学术贡献主要在于：第一，在研究视角上，本章提出了从总量生产函数模型所隐含的假设条件出发，结合要素替代弹性和要素产出弹性来选择总量生产函数模型的新思路。第二，在研究方法上，国内也有一些学者使用了统计推断法，例如白重恩等（2008）利用推断法对资本—劳动替代弹性进行最小二乘估计。与白重恩等估计方法不同，本章应用了统计推断法这一新技术，依据数学推导给出中国要素替代弹性的区间，避免了估计过程中出现的各种误差，还提供了详尽的历年时间系列数据，为中国总量生产函数模型的合理选择提供了参考。第三，在研究结论上，本章系统研究了总量生产函数模型的要素产出弹性假设，并对不同生产函数模型的要素产出弹性估计结果与实际要素分配份额进行吻合性分析，在此基础上比较分析全要素生产率核算结果，为中国总量生产函数模型的准确选择提供了实证参考。

本章研究结合了经济理论导向和经济现实导向，可以看成是对李子奈（2018）对于总体回归模型设定的"唯一性"和"一般性"标准在总量生产函数模型领域的一次尝试。正确设定总量生产数模型，对于解释中国经济增长、制定宏观经济政策都是很有意义的研究课题。期望本章能起到抛砖引玉的作用，推进更加深入的研究。

结束语 研究结论

　　不确定性对宏观经济运行产生重大影响。然而，不论是实际经济周期理论，还是新凯恩斯主义经济周期理论，都仅仅考虑了外生冲击的水平效应，而没有考虑不确定性冲击的波动效应。即已有研究都假定了具有相同波动率的同质性冲击，而忽略了具有时变波动率的异质性冲击。近年来，利用时变波动率模型来刻画不确定性的异质性冲击，把不确定性冲击引入DSGE 模型进行理论和实证研究，已逐渐成为国际宏观经济学的研究前沿。

　　本书参考和借鉴了国内外最新相关研究成果，将不确定性冲击和宏观经济政策纳入统一的分析框架，建立拓展的动态随机一般均衡模型，基于微观基础探索不确定性冲击对宏观经济运行的影响效应，利用数值模拟方法，模拟研究不确定性冲击下的最优财政货币政策选择，在此基础上提供对策建议。本书还进一步研究了不确定性下的总量生产函数模型选择。

　　本书研究主要得到以下几个方面的结论：

　　第一，包含时变波动率的 DSGE 模型选择，金融危机等连续型不确定性冲击，适合采用随机波动模型；自然灾难等突发性冲击，适合采用马尔科夫机制转移模型。

　　第二，实证研究表明，不确定性冲击的水平效应与波动效应截然不同：水平冲击是直接影响，正向效应，力度较大；波动冲击则为间接影响，负向效应，力度较小。且波动冲击在导致经济停滞的同时，还会引起通货膨胀，产生"滞涨"效应。

　　第三，不确定性冲击下，价格型货币政策比数量型货币政策更有效，且积极型价格型货币政策更具优势。不确定性冲击下，相机抉择的财政政策要优于其他规则；通货膨胀目标制适用于稳定通胀，名义收入目标制适用于稳定产出。从福利损失看，数量型货币政策下，通货膨胀目标制的货币政策和相机抉择的财政政策是最优组合；价格型货币政策下，名义收入目标制的货币政策和相机抉择的财政政策是最优组合。

第四，随机波动和马尔科夫机制转移模型测度的资本弹性不确定性冲击，对产出、消费、投资、工作时长都造成负向影响，对通货膨胀产生正向影响；价格弹性假定下的负向影响大于价格黏性，随机波动模型测度的不确定性经济效应大于马尔科夫机制转移模型测度的不确定性经济效应。

第五，价格黏性和弹性假设下，突发性对产出、投资、消费和资本存量都造成负向影响，对名义利率、实际利率和通货膨胀都造成正向影响，并且价格弹性下的影响效应大于价格黏性下的影响效应；不同之处在于，价格弹性下突发性冲击对劳动时间和劳动工资表现为负向效应，价格黏性下表现为正向效应。

第六，包含金融加速器的封闭经济下，外生突发性冲击对产出、投资、消费、资本、技术和企业净值的影响均是逆向的，但其对通货膨胀、劳动和风险溢价所产生的影响却是正向的。突发性冲击通过对产出、消费、投资、资本、技术产生负向影响，从而削弱宏观经济风险抵御能力。

第七，包含金融加速器的小型开放经济下，突发性冲击对产出、消费、投资等宏观经济变量产生负向影响，其中投资的影响最大，其次是技术和产出，其他宏观经济变量数量级较低；但同时会提高企业净值和通货膨胀率，从而削弱宏观经济风险抵御能力。突发性冲击数值模拟结果可以较好地显示出 2008 年国际金融危机对中国宏观经济运行的动态影响。

第八，灾难冲击下，利率规则优于货币供给量规则。以社会福利损失为标准，灾难冲击下税收规则优于支出规则；在技术冲击下，支出规则优于税收规则。

第九，生产技术进步有利于经济结构转型，相对突发灾难冲击与能源价格冲击，技术进步冲击对经济影响更大，对治理二氧化碳投资额比重影响也更大。

第十，不确定性条件下，时变弹性生产函数模型拓展柯布—道格拉斯生产函数为变参数形式，隐含要素替代弹性为 1 的假设条件，可以较好地刻画中国劳动收入份额的动态变化趋势。时变弹性生产函数模型是不确定性下中国总量生产函数模型可选择的新方法。

关于不确定性的研究仍然是一个未完成的任务，期望本书的研究能起到抛砖引玉的作用，推进更加深入的研究。

参考文献

[1] 白重恩，钱震杰，武康平. 中国工业部门要素分配份额决定因素研究 [J]. 经济研究，2008，43 (8)：16 - 28.

[2] 白重恩，钱震杰. 国民收入的要素分配：统计数据背后的故事 [J]. 经济研究，2009 (3)：27 - 41.

[3] 白重恩，钱震杰. 谁在挤占居民的收入——中国国民收入分配格局分析 [J]. 中国社会科学，2009 (5)：99 - 115.

[4] 白重恩，钱震杰. 劳动收入份额的决定因素——来自中国省际面板数据的证据 [J]. 世界经济，2010 (12)：3 - 27.

[5] 卞志村，胡恒强. 中国货币政策工具的选择：数量型还是价格型？——基于 DSGE 模型的分析 [J]. 国际金融研究，2015 (6)：12 - 20.

[6] 陈国进，晁江锋，武晓利等. 罕见灾难风险和中国宏观经济波动 [J]. 经济研究，2014，49 (8)：54 - 66.

[7] 陈国进，晁江锋，赵向琴. 灾难风险，习惯形成和含高阶矩的资产定价模型 [J]. 管理科学学报，2015，18 (4).

[8] 陈国进，许秀，赵向琴. 罕见灾难风险和股市收益——基于我国个股横截面尾部风险的实证分析 [J]. 系统工程理论与实践，2015，35 (9)：2186 - 2199.

[9] 陈晓玲，连玉君. 资本—劳动替代弹性与地区经济增长——德拉格兰德维尔假说的检验 [J]. 经济学季刊，2012，12 (1).

[10] 陈晓玲，徐舒，连玉君. 要素替代弹性、有偏技术进步对我国工业能源强度的影响 [J]. 数量经济技术经济研究，2015 (3).

[11] 陈昆亭，龚六堂. 粘滞价格模型以及对中国经济的数值模拟——对基本 RBC 模型的改进 [J]. 数量经济技术经济研究，2006 (8)：106 - 117.

[12] 陈宇峰，贵斌威，陈启清. 技术偏向与中国劳动收入份额的再考察 [J]. 经济研究，2013，48 (6)：113 - 126.

［13］陈琦，李京梅．我国海洋经济增长与海洋环境压力的脱钩关系研究［J］．海洋环境科学，2015，34（6）：827－833．

［14］陈诗一．中国各地区低碳经济转型进程评估［J］．经济研究，2012（8）：32－44．

［15］陈太明．不确定性，通货膨胀与产出增长［J］．经济理论与经济管理，2007，12：23－27．

［16］陈彦斌，霍震，陈军．灾难风险与中国城镇居民财产分布［J］．经济研究，2009，11：144－158．

［17］曹吉云．我国总量生产函数与技术进步贡献率［J］．数量经济技术经济研究，2007，11．

［18］戴天仕，徐现祥．中国的技术进步方向［J］．世界经济，2010（11）．

［19］丁志帆．罕见灾难事件的福利减损效应研究［J］．经济数学，2016（1）．

［20］方福前，王晴．动态随机一般均衡模型：文献研究与未来展望［J］．经济理论与经济管理，2012（11）：32－48．

［21］耿强，章雳．中国宏观经济波动中的外部冲击效应研究——基于金融加速器理论的动态一般均衡数值模拟分析［J］．经济评论，2010（5）：112－120．

［22］龚六堂，谢丹阳．我国省份之间的要素流动和边际生产率的差异分析［J］．经济研究，2004（1）．

［23］龚刚，杨光．从功能性收入看中国收入分配的不平等［J］．中国社会科学，2010（2）：54－68．

［24］高伟．总量生产函数、经济增长与增长核算方法——中国增长核算研究的一个综述［J］．经济理论与经济管理，2009（3）．

［25］国家统计局国民经济核算司．中国经济普查年度国内生产总值核算方法［M］．北京：中国统计出版社，2007：3－92．

［26］国家统计局国民经济核算司．中国非经济普查年度国内生产总值核算方法［M］．北京：中国统计出版社，2008：1－85．

［27］郭长林．被遗忘的总供给：财政政策扩张一定会导致通货膨胀吗？［J］．经济研究，2016（2）：30－41．

［28］郭玉清．资本积累、技术变迁与总量生产函数——基于中国

1980～2005 年经验数据的分析 [J]. 南开经济研究, 2006 (3).

[29] 侯乃堃, 齐中英. 石油价格波动不确定性测度及其对经济波动的影响研究 [J]. 财贸经济, 2011 (2): 125 - 131.

[30] 郝枫, 盛卫燕. 中国要素替代弹性估计 [J]. 统计研究, 2014, 07.

[31] 胡爱华. 基于新凯恩斯 DSGE 模型的我国财政政策效应分析 [D]. 华中科技大学, 2012.

[32] 胡宸铭, 邹欣妮. 广西能源消耗、二氧化碳排放与经济可持续发展——基于非期望产出的松弛测度模型的分析 [J]. 生态经济: 学术版, 2011 (1): 75 - 78.

[33] 胡小文, 章上峰. 利率市场化对中国财政政策效应的影响——基于动态随机一般均衡的研究 [J]. 贵州财经大学学报, 2015, 33 (3): 21 - 30.

[34] 胡永刚, 郭长林. 财政政策规则, 预期与居民消费——基于经济波动的视角 [J]. 经济研究, 2013 (3): 96 - 107.

[35] 胡永宏、焦莉莉. 国际油价不确定性与中国经济增长——基于 GARCH - in - Mean SVAR 模型的实证研究 [J], 统计与信息论坛, 2013 (10): 63 - 69.

[36] 胡志鹏. 中国货币政策的价格型调控条件是否成熟?——基于动态随机一般均衡模型的理论与实证分析 [J]. 经济研究, 2012 (6): 60 - 72.

[37] 黄赜琳. 中国经济周期特征与财政政策效应 [J]. 经济研究, 2005 (6): 27 - 39.

[38] 黄勇峰, 任若恩, 刘晓生. 中国制造业资本存量永续盘存法估计 [J]. 经济学季刊, 2002 (2).

[39] 黄先海, 徐圣. 中国劳动收入比重下降成因分析——基于劳动节约型技术进步的视角 [J]. 经济研究, 2009, 44 (7): 34 - 44.

[40] 晁江锋, 赵向琴, 武晓利, 陈国进. 罕见灾难冲击与财政政策效应研究——基于中国经济的实证检验 [J]. 当代财经, 2015 (362).

[41] 贾俊雪, 郭庆旺. 财政规则, 经济增长与政府债务规模 [J]. 世界经济, 2011 (1): 73 - 92.

[42] 简志宏, 李霜, 鲁娟. 货币供应机制与财政支出的乘数效应——基于 DSGE 的分析 [J]. 中国管理科学, 2011, 19 (2): 30 - 39.

［43］简志宏，朱柏松，刘静一. 动态随机一般均衡下货币供应和财政政策的联动机制研究［C］//中山大学全国金融学博士生论坛，2012.

［44］姜磊. 我国劳动分配比例的变动趋势与影响因素：基于中国省级面板数据的分析［J］. 当代经济科学，2008，30（4）：7－12.

［45］金中夏，洪浩，李宏瑾. 利率市场化对货币政策有效性和经济结构调整的影响［J］. 经济研究，2013（4）：69－82.

［46］罗长远. 比较优势、要素流动性与劳动收入占比：对工业部门的一个数值模拟［J］. 世界经济文汇，2011（5）：35－49.

［47］罗长远，张军. 经济发展中的劳动收入占比：基于中国产业数据的实证研究［J］. 中国社会科学，2009（4）：65－79.

［48］雷钦礼. 技术进步偏向、资本效率与劳动收入份额变化［J］. 经济与管理研究，2012（12）.

［49］雷钦礼. 偏向性技术进步的测算与分析［J］. 统计研究，2013，30（4）.

［50］李成，马文涛，王彬. 我国金融市场间溢出效应研究——基于四元 VAR—GARCH（1，1）-BEKK 模型的分析［J］. 数量经济技术经济研究，2010（6）：3－19.

［51］李成，马文涛，王彬. 通货膨胀预期，货币政策工具选择与宏观经济稳定［J］. 经济学季刊，2010，10（1）：51－82.

［52］李稻葵，刘霖林，王红领. GDP 中劳动份额演变的 U 型规律［J］. 经济研究，2009，44（1）：70－82.

［53］李扬，殷剑峰. 中国高储蓄率问题探究——1992～2003 年中国资金流量表的分析［J］. 经济研究，2007，42（6）：206－228.

［54］李春吉，孟晓宏. 中国经济波动——基于新凯恩斯主义垄断竞争模型的分析［J］. 经济研究，2006（10）：72－82.

［55］李坤望，冯冰. 对外贸易与劳动收入占比：基于省际工业面板数据的研究［J］. 国际贸易问题，2012（1）：26－37.

［56］李子奈. 计量经济学应用研究的总体回归模型设定［J］. 经济研究，2008（8）.

［57］李雪松，王秀丽. 工资粘性、经济波动与货币政策模拟——基于 DSGE 模型的分析［J］. 数量经济技术经济研究，2011（11）：22－33.

［58］梁洪波，刘远亮. 我国商业银行信贷风险与宏观经济不确定性

关系实证研究 [J]. 金融理论与实践, 2012 (3): 81-84.

[59] 林伯强, 姚昕, 刘希颖. 节能和碳排放约束下的中国能源结构战略调整 [J]. 中国社会科学, 2010 (1): 58-71.

[60] 刘斌. 动态随机一般均衡模型及其应用 [M]. 中国金融出版社, 2010.

[61] 刘斌. 我国 DSGE 模型的开发及在货币政策分析中的应用 [J]. 金融研究, 2008 (10): 1-21.

[62] 刘建丰, 许志伟, 章上峰, 潘英丽. 劳动供给变化如何影响我国宏观经济波动? 基于企业内生要素份额的动态视角 [J]. 经济研究工作论文, 2017 (5).

[63] 刘金全, 潘方卉. 不确定性、通货膨胀与实际产出之间的关联研究——基于 VAR-GARCH 模型的实证检验 [J]. 吉林大学社会科学学报, 2012 (3): 15.

[64] 刘静一. 模型参数与外生冲击的不确定及其宏观经济效应 [D]. 华中科技大学, 2014.

[65] 刘庆福, 周程远, 张婉宁. 地震灾难对中国股票市场的冲击效应 [J]. 财经问题研究, 2011 (329).

[66] 刘喜和, 李良健, 高明宽. 不确定条件下我国货币政策工具规则稳健性比较研究 [J]. 国际金融研究, 2014 (7): 7-17.

[67] 罗楚亮. 经济转轨、不确定性与城镇居民消费行为 [J]. 经济研究, 2004 (4): 100-106.

[68] 陆菁, 刘毅群. 要素替代弹性、资本扩张与中国工业行业要素报酬份额变动 [J]. 世界经济, 2016, 39 (3).

[69] 陆雪琴, 章上峰. 技术进步偏向定义及其测度 [J]. 数量经济技术经济研究, 2013 (8).

[70] 马文涛, 魏福成. 基于新凯恩斯动态随机一般均衡模型的季度产出缺口测度 [J]. 管理世界, 2011 (5): 39-65.

[71] 马文涛. 货币政策的数量型工具与价格型工具的调控绩效比较——来自动态随机一般均衡模型的证据 [J]. 数量经济技术经济研究, 2011 (10): 92-110.

[72] 马文涛. 通货膨胀不确定性及其对宏观经济的影响 [J]. 中南财经政法大学学报, 2010, 2: 002.

[73] 马勇. 植入金融因素的 DSGE 模型与宏观审慎货币政策规则 [J]. 世界经济, 2013 (7): 68 - 92.

[74] 梅冬州, 龚六堂. 新兴市场经济国家的汇率制度选择 [J]. 经济研究, 2011 (11): 73 - 88.

[75] 钱雪亚. 中国区域经济差异源于 FDI? ——析二次统计误差的形成 [J]. 统计研究, 2007, 24 (3).

[76] 申朴, 刘康兵. 中国城镇居民消费行为过度敏感性的经验分析: 兼论不确定性、流动性约束与利率 [J]. 世界经济, 2003, 26 (1): 61 - 66.

[77] 沈悦, 李善桑, 马续涛. VAR 宏观计量经济模型的演变与最新发展——基于 2011 年诺贝尔经济学奖得主 Sims 研究成果的拓展脉络 [J]. 数量经济技术经济研究, 2012 (10): 150 - 160.

[78] 宋杰鲲, 贾江涛. 我国能源—经济—环境系统动态协整关系研究——基于 VEC 模型的计量分析 [J]. 工业技术经济, 2012, 31 (8): 46 - 52.

[79] 宋玉华, 李泽祥. 麦克勒姆规则有效性在中国的实证研究 [J]. 金融研究, 2007 (05A): 49 - 61.

[80] 宋铮. 中国居民储蓄行为研究 [J]. 金融研究, 1999, 6 (3): 46 - 50.

[81] 邵敏, 黄玖立. 外资与我国劳动收入份额——基于工业行业的经验研究 [J]. 经济学 (季刊), 2010, 9 (4): 1189 - 1210.

[82] 苏梽芳. 中国通货膨胀预期不确定性: 结构型抑或冲击型? [J]. 数量经济技术经济研究, 2010 (12): 80 - 90.

[83] 孙宁华, 江学迪. 能源价格与中国宏观经济: 动态模型与校准分析 [J]. 南开经济研究, 2012 (2): 20 - 32.

[84] 孙稳存. 能源冲击对中国宏观经济的影响 [J]. 经济理论与经济管理, 2007 (2): 31 - 36.

[85] 谭旭东. 两次金融危机下中国宏观调控比较分析及其启示 [J]. 经济学动态, 2009 (5).

[86] 唐文进, 宋朝杰, 周文. 突发冲击对中国各产业的经济影响——基于 IMPLAN 系统的分析 [J]. 经济与管理研究, 2012 (4): 50 - 57.

[87] 唐文进, 廖荣荣, 刘静. 突发公共事件经济影响研究述评 [J]. 经济学动态, 2009 (4): 112 - 116.

[88] 唐文进，谢海林，徐晓伟. 冲击经济的突发冲击研究述评 [J]. 经济学动态，2012 (3)：147－152.

[89] 唐文进，徐晓伟，陶彝. 基于细化社会核算矩阵的突发公共事件产业影响分析 [J]. 财贸研究，2011 (3).

[90] 王小鲁，樊纲，刘鹏. 中国经济增长方式转换和增长可持续性 [J]. 经济研究，2009，44 (1)：4－16.

[91] 王健宇：收入不确定性的测算方法研究 [J]. 统计研究，2010 (9)：58－64.

[92] 王文甫. 价格粘性，流动性约束与中国财政政策的宏观效应——动态新凯恩斯主义视角 [J]. 管理世界，2010 (9)：11－25.

[93] 王永进，盛丹. 要素积累、偏向型技术进步与劳动收入占比 [J]. 世界经济文汇，2011 (4)：33－50.

[94] 王义中，宋敏宏. 宏观经济不确定性、资金需求与公司投资 [J]，经济研究，2014 (2)：4－17.

[95] 王艺明，蔡昌达. 财政稳固的非凯恩斯效应及其传导渠道研究 [J]. 经济学家，2013 (3)：12－23.

[96] 王宇，郭新强，干春晖. 关于金融集聚与国际金融中心建设的理论研究——基于动态随机一般均衡系统和消息冲击的视角 [J]. 经济学：季刊，2014 (4)：331－350.

[97] 王诚. 劳动力供求"拐点"与中国二元经济转型 [J]. 中国人口科学，2005，25 (6)：2－10.

[98] 王玉凤，张淑芹. 财政政策冲击对社会福利及宏观经济的动态影响——基于新凯恩斯 DSGE 模型的分析 [J]. 中央财经大学学报，2015 (4)：11－19.

[99] 翁杰，周礼. 中国工业部门劳动收入份额的变动研究：1997～2008 年 [J]. 中国人口科学，2010，30 (4)：50－55.

[100] 魏下海，董志强，黄玖立. 工会是否改善劳动收入份额？——理论分析与来自中国民营企业的经验证据 [J]. 中国社会科学，2013 (8)：16－28.

[101] 汪伟，郭新强，艾春荣. 融资约束、劳动收入份额下降与中国低消费 [J]. 经济研究，2013，48 (11)：100－113.

[102] 魏巍贤，高中元，彭翔宇. 能源冲击与中国经济波动——基于

动态随机一般均衡模型的分析 [J]. 金融研究, 2012 (1): 51 - 64.

[103] 魏后凯. 外商直接投资对中国区域经济增长的影响 [J]. 经济研究, 2002 (4).

[104] 武剑. 外商直接投资的区域分布及其经济增长效应 [J]. 经济研究, 2002 (4).

[105] 吴化斌, 许志伟, 胡永刚等. 消息冲击下的财政政策及其宏观影响 [J]. 管理世界, 2011, No. 216 (9): 26 - 39.

[106] 夏斌, 廖强. 货币供应量已不宜作为当前我国货币政策的中介目标 [J]. 经济研究, 2001 (8): 33 - 43.

[107] 肖尧, 牛永青. 财政政策 DSGE 模型中国化构建及其应用 [J]. 统计研究, 2014 (4): 51 - 56.

[108] 许珊, 范德成, 王韶华, 等. 基于"能源—经济—环境模型"的能源结构合理度分析 [J]. 经济经纬, 2012, 1 (4): 131 - 135.

[109] 肖红叶, 郝枫. 中国收入初次分配结构及其国际比较 [J]. 财贸经济, 2009 (2): 13 - 21.

[110] 肖文, 周明海. 劳动收入份额变动的结构因素——收入法 GDP 和资金流量表的比较分析 [J]. 当代经济科学, 2010 (3): 69 - 76.

[111] 许志伟, 林仁文. 我国总量生产函数的贝叶斯估计——基于动态随机一般均衡的视角 [J]. 世界经济文汇, 2011 (2): 87 - 102.

[112] 许志伟, 吴化斌. 企业组织资本对中国宏观经济波动的影响 [J]. 管理世界, 2012 (3): 23 - 33.

[113] 许冰. 外商直接投资对区域经济的产出效应——基于路径收敛设计的研究 [J]. 经济研究, 2010 (2).

[114] 徐瑛, 陈秀山, 刘凤良. 中国技术进步贡献率的度量与分解 [J]. 经济研究, 2006, 8.

[115] 余建华. 重大突发事件研究综述 [J]. 科学·经济·社会, 2012 (4): 156 - 159.

[116] 于立宏, 贺媛. 能源替代弹性与中国经济结构调整 [J]. 中国工业经济, 2013 (4).

[117] 姚毓春, 袁礼, 王林辉. 中国工业部门要素收入分配格局——基于技术进步偏向性视角的分析 [J]. 中国工业经济, 2014 (8).

[118] 袁靖, 陈国进. 罕见灾难、不确定性冲击和国债风险溢价——

基于非线性 DSGE 模型 [J]. 统计与信息论坛, 2015, v.30; No.176 (5): 50-56.

[119] 袁靖, 陈国进. 灾难风险与中国股市波动性之谜 [J]. 上海经济研究, 2014 (4).

[120] 袁申国, 陈平, 刘兰凤. 汇率制度、金融加速器和经济波动 [J]. 经济研究, 2011 (1): 57-70.

[121] 袁申国, 刘兰凤. 住房价格、住房投资、消费与货币政策——基于金融加速器效应的 DSGE 模型研究 [J]. 金融经济学研究, 2011, 26 (3): 3-15.

[122] 阳义南, 章上峰. 收入不公平感、社会保险与中国国民幸福 [J]. 金融研究, 2016 (8): 36-51.

[123] 岳超云, 牛霖琳. 中国货币政策规则的估计与比较 [J]. 数量经济技术经济研究, 2014 (3): 119-133.

[124] 钟世川. 要素替代弹性、技术进步偏向与我国工业行业经济增长 [J]. 当代经济科学, 2014, 36 (1).

[125] 张军, 章元. 对中国资本存量 K 的再估计 [J]. 经济研究, 2003 (7): 35-43.

[126] 张军, 吴桂英, 张吉鹏. 中国省际物质资本存量估算: 1952~2000 [J]. 经济研究, 2004 (10).

[127] 张天顶. 通货膨胀, 通货膨胀不确定性与中国实际产出增长 [J]. 南方经济, 2013, 31: 14-31.

[128] 张卫平. 货币政策理论: 基于动态一般均衡方法 [M]. 北京大学出版社, 2012.

[129] 张莉, 李捷, 徐现祥. 国际贸易、偏向型技术进步与要素收入分配 [J]. 经济学 (季刊), 2012, 11 (2): 409-428.

[130] 张佐敏. 财政规则与政策效果——基于 DSGE 分析 [J]. 经济研究, 2013 (1): 41-53.

[131] 张杰, 卜茂亮, 陈志远. 中国制造业部门劳动报酬比重的下降及其动因分析 [J]. 中国工业经济, 2012 (5): 57-69.

[132] 张车伟, 赵文. 中国劳动报酬份额问题——基于雇员经济与自雇经济的测算与分析 [J]. 中国社会科学, 2015 (12): 90-112.

[133] 章上峰, 李荣丽, 王玉颖. 中国宏观经济不确定性的统计测度

研究 [J]. 统计与信息论坛, 2015, 177 (6): 14 – 19.

[134] 章上峰, 许冰. 中国经济非稳态增长典型事实及解析 [J]. 数量经济技术经济研究, 2015, 32 (3): 94 – 110.

[135] 章上峰, 许冰. 时变弹性生产函数与全要素生产率 [J]. 经济学 (季刊), 2009, 8 (2): 551 – 568.

[136] 章上峰, 许冰. 初次分配中劳动报酬比重测算方法研究 [J]. 统计研究, 2010, 27 (8): 74 – 78.

[137] 章上峰, 陆雪琴. 中国劳动收入份额变动: 技术偏向抑或市场扭曲 [J]. 经济学家, 2016 (9): 15 – 24.

[138] 章上峰. 理论劳动收入份额测度及分解——基于时变弹性生产函数模型 [J]. 商业经济与管理, 2016 (12): 83 – 90.

[139] 章上峰, 程灿. 不确定性经济周期理论研究综述 [J]. 浙江工商大学学报, 2017 (5).

[140] 章上峰, 董君, 许冰. 中国总量生产函数模型选择——基于要素替代弹性与产出弹性视角的研究 [J]. 经济理论与经济管理, 2017 (4).

[141] 赵留彦, 王一鸣, 蔡婧. 中国通胀水平与通胀不确定性: 马尔科夫域变分析 [J]. 经济研究, 2005 (8).

[142] 郑妍妍. 脉冲响应函数理论及其在宏观经济中的应用 [D]. 南开大学, 2010.

[143] 周建、龚玉婷. 小样本高维宏观经济统计数据 VAR 诊断模型及其估计方法性质比较研究 [J]. 21 世纪数量经济学, 2012.

[144] 周小川. 金融危机中关于救助问题的争论 [J]. 金融研究, 2012 (9).

[145] 周明海. 中国劳动收入份额变动分解和机理研究 [J]. 劳动经济研究, 2014, 2 (3): 77 – 99.

[146] 赵志耘, 刘晓路, 吕冰洋. 中国要素产出弹性估计 [J]. 经济理论与经济管理, 2006 (6).

[147] 赵志耘, 杨朝峰. 中国全要素生产率的测算与解释: 1979 ~ 2009 年 [J]. 财经问题研究, 2011 (9).

[148] 郑照宁, 刘德顺. 考虑资本—能源—劳动投入的中国超越对数生产函数 [J]. 系统工程理论与实践, 2004, 24 (5).

[149] 朱富强. 从物质到社会: 经济学研究对象的三阶段演变及其内

在逻辑 [J]. 浙江工商大学学报, 2016 (1): 79 – 102.

[150] 朱军, 马翠. 基于区制转移模型的宏观经济政策研究动态 [J]. 经济学动态, 2016 (5): 113 – 120.

[151] 朱军. 开放经济中的财政政策规则——基于中国宏观经济数据的 DSGE 模型 [J]. 财经研究, 2013, 39 (3): 135 – 144.

[152] 朱军. 我国财政政策和货币政策规则选择与搭配研究 [J]. 广东财经大学学报, 2014, 29 (4): 4 – 13.

[153] Acemoglu D. Directed Technical Change [J]. Review of Economic Studies, 2002, 69 (4): 781 – 809.

[154] Acemoglu D. Patterns of Skill Premia [J]. Review of Economic Studies, 2003, 70 (2): 199 – 230.

[155] Alina B. and Roland S, "What drives U. S. current account fluctuation?", No. ECB Working Paper PP. 959, 2008.

[156] Aminu, N, 2017. Evaluation of a DSGE model of energy in the United Kingdom using stationary data. Comput. Econ. 10. 1007/s10614 – 017 – 9657 – 9.

[157] An, S, Schorfheide, F, 2006. Bayesian analysis of DSGE Models. Working Papers, 26 (2 – 4), 113 – 172.

[158] Andreasen M M. On the effects of rare disasters and uncertainty shocks for risk premia in non-linear DSGE models [J]. Review of Economic Dynamics, 2012, 15 (3): 295 – 316.

[159] Annicchiarico B, Giammarioli N. Fiscal Rules and Sustainability of Public Finances in an Endogenous Growth Model [J]. Social Science Electronic Publishing, 2004, 117 (518): 544 – 566.

[160] Arellano C, Bai Y, Kehoe P. Financial Frictions and Fluctuations in Volatility [J]. Social Science Electronic Publishing, 2012.

[161] Arellano C, Bai Y, Kehoe P. Financial markets and fluctuations in uncertainty [J/OL] Federal reserve bank of minneapolis working paper, 2011. [2011 – 1 – 15] http: //www. nber. org/ ~ confer/2011/EFGf11/ arellano. pdf [2015 – 8 – 20].

[162] Auffret P. High consumption volatility: The impact of natural disasters? [J]. World Bank Policy Research Working Paper, 2003 (2962).

[163] Aghion P, Howitt P, Violante G L. General Purpose Technology and Wage Inequality [J]. Journal of Economic Growth, 2002, 7 (4): 315 – 345.

[164] Atkinson A B. Factor shares: The Principal Problem of Political Economy? [J]. Oxford Review of Economic Policy, 2009, 25 (1): 3 – 16.

[165] Aysun U, Lee S. Can time-varying risk premiums explain the excess returns in the interest rate parity condition? [J]. Emerging Markets Review, 2014, 18 (1): 78 – 100.

[166] Bachmann R, Elstner S, Sims E R. Uncertainty and economic activity: evidence from business survey data [J]. American Economic Journal: Macroeconomics, 2013, 5 (2): 217 – 249.

[167] Bachmann, R, and Bayer, C, 2011. Uncertainty business cycles-really? (No. w16862). National Bureau of Economic Research.

[168] Blanchard O G F. Macroeconomic Effects of Regulation and Deregulation in Goods and Labor Markets [J]. Quarterly Journal of Economics, 2003, 118 (3): 879 – 907.

[169] Bachmann, R. , and Moscarini, G, 2011. Business cycles and endogenous uncertainty. manuscript, Yale University, July.

[170] Baker S R, Bloom N, Davis S J. Measuring economic policy uncertainty [J]. The Quarterly Journal of Economics, 2016, 131 (4): 1593 – 1636.

[171] Baker S, Bloom N. Does uncertainty drive business cycles? Using disasters as natural experiments [J/OL] NBER working paper, 2011, 19475.

[172] Balcilar M, Gupta R, Jooste C. South Africa's economic response to monetary policy uncertainty [J]. Journal of Economic Studies, 2017, 44 (2).

[173] Balke N S, Martinezgarcia E, Zeng Z. Credit uncertainty cycle [J/OL] 2011. [2011 – 12 – 31] http: //www. aeaweb. org/conference/2012/retrieve. php? pdfid = 523 [2015 – 8 – 9].

[174] Barilan A, Strange W C. Investment lags [J]. The American Economic Review, 1996, 86 (3): 610 – 622.

[175] Barro R J. Rare disasters and asset markets in the twentieth century [J]. The Quarterly Journal of Economics, 2006: 823 – 866.

[176] Barro R J. Rare disasters, asset prices, and welfare costs [J]. The American Economic Review, 2009, 99 (1): 243 – 264.

[177] Barro R. J. , 2005, "Rare Events and the Equity Premiun", NBER Working Paper 11310.

[178] Barro R. J. , 2006a, On the Welfare Costs of Consumption Uncertainty NBER Working Paper 12763.

[179] Basu S, Bundick B. Uncertainty shocks in a model of effective demand [J/OL] Nber working paper, 2012. [2012 – 9 – 15] http: //www. nber. org/confer/2011/MEf11/Basu_Bundick. pdf [2014 – 3 – 5].

[180] Benjamin D. Keen and Michael R. Pakko. Monetary Policy and Natural Disasters in a DSGE Model [J]. Southern Economic Journal, 2011, 77 (4): 973 – 990.

[181] Benson C, Clay E J. Understanding the economic and financial impacts of natural disasters [M]. World Bank Publications, 2004.

[182] Bernanke B S. Irreversibility, uncertainty, and cyclical investment [J]. The Quarterly Journal of Economics, 1983, 98 (1): 85 – 106.

[183] Bernanke B, Gertler M, Gilchrist S. The Financial Accelerator and the Flight to Quality [J]. NBER Working Papers, 1996, 78 (1): 1 – 15.

[184] Bernanke B, Gertler M. Agency costs, net worth, and business fluctuations [J]. The American Economic Review, 1989, 79 (1): 14 – 31.

[185] Blanchard O J, Giavazzi F. Improving the SGP Through a Proper Accounting of Public Investment [J]. CEPR Discussion Papers, 2004.

[186] Blanchard O J, Phelps E S. The Medium Run [J]. Brookings Papers on Economic Activity, 1997, 28 (2): 89 – 158.

[187] Blanchard O J, Kahn C M. The Solution of Linear Difference Models under Rational Expectations [J]. Econometrica, 1980, 48 (5): 1305 – 1311.

[188] Bloom N, Floetotto M, Jaimovich N, et al. Really uncertain business cycles [J]. Working papers, 2014, 41 (4): 8.

[189] Bloom N. Fluctuations in uncertainty [J]. The Journal of Economic Perspectives, 2014, 28 (2): 153 – 175.

[190] Bloom N. The impact of uncertainty shocks [J]. Econometrica, 2009, 77 (3): 623 – 685.

[191] Bloom, N, 2013. Fluctuations in Uncertainty (No. w19714). National Bureau of Economic Research.

[192] Bloom, N, Floetotto, M, Jaimovich, N, Saporta - Eksten, I, and Terry, S. J, 2012. Really uncertain business cycles (No. w18245). National Bureau of Economic Research.

[193] Bloom, N, Bond S, Van Reenen J. Uncertainty and Investment Dynamics [J]. Review of Economic Studies, 2007, 74: 391 - 415.

[194] Böhringer C, Rutherford T F. Transition towards a low carbon economy: A computable general equilibrium analysis for Poland [J]. Energy Policy, 2013, 55: 16 - 26.

[195] Bonciani D, van Roye B. Uncertainty shocks, banking frictions and economic activity [J]. Journal of Economic Dynamics and Control, 2016, 73 (12): 200 - 219.

[196] Borda, P, Wright, A, 2016. Macroeconomic Fluctuations under Natural Disaster Shocks in Central America and the Caribbean. 10. 2139/ssrn. 2761034.

[197] Born B, Pfeifer J. Policy risk and the business cycle [J]. Journal of Monetary Economics, 2014, 68 (1): 68 - 85.

[198] Brede, M. (2013), "Disaster risk in a New Keynesian model", SFB 649 Discussion Paper No, 2013 - 020.

[199] Burdekin R C K, Siklos P L. What has driven Chinese monetary policy since 1990? Investigating the People's bank's policy rule [J]. Journal of International Money & Finance, 2008, 27 (5): 847 - 859.

[200] Cacciatore M, Fiori G. The Macroeconomic Effects of Goods and Labor Marlet Deregulation [J]. Review of Economic Dynamics, 2015, 20: 1 - 24.

[201] Calvo G A. Staggered prices in a utility-maximizing framework [J]. Journal of Monetary Economics, 1983, 12 (3): 383 - 398.

[202] Canzoneri M B, Dellas H. Real interest rates and central bank operating procedures [J]. Journal of Monetary Economics, 1998, 42 (3): 471 - 494.

[203] Carrière - Swallow, Y. , & Céspedes, L. F. The impact of uncertainty shocks in emerging economies [J]. Journal of International Economics, 2013, 90 (2): 316 - 325.

[204] Carvalho F A, Castro M R. Macroprudential policy transmission

and interaction with fiscal and monetary policy in an emerging economy: a DSGE model for Brazil [J]. Working Papers, 2016: 1 -45.

[205] Cesa - Bianchi A, Corugedo E F. Uncertainty in a model with credit frictions [J/OL] 2015. [2015 - 2 - 13] http: //www. dynare. org/DynareConference2015/papers/C. Bianchi_F. Corugedo. pdf [2016 - 8 - 12].

[206] Chang C, K. Chen, D. Waggoner, and T. Zha. "Trends and Cycles in China's Macroeconomy", The NBER Macroeconomics Annual 2015, University of Chicago Press.

[207] Christiano, L, Motto, R, and Rostagno, M, 2014, "Risk shocks", American Economic Review, 104 (1): 27 -65.

[208] Clarida, R, J. Gali, M. Gertler. Monetary Policy Rules and Macroeconomic Stability: Evidence and Some Theory [J]. Quarterly Journal of Economics, 2000, 115: 147 -180.

[209] Cohen J, Alexopoulos M. Uncertain times, uncertain measures [J/OL] 2009. [2009 - 2 - 11] http: // www. economicdynamics. org/meetpapers/2009/paper_1211. pdf [2014 -7 -6].

[210] Courio, F. Disasters Risk and Business Cycles [J]. American Economic Review, 2012, (102): 1734 -1766.

[211] Davig T, Foerster A T. Uncertainty and Fiscal Cliffs [J]. SSRN Electronic Journal, 2014, 10 (3): 53 -60.

[212] Davis, S J, Haltiwanger, J. Sectoral job creation and destruction responses to oil price changes [J]. Journal of Monetary Economics, 2001, 48 (3): 465 -512.

[213] Eclac. Handbook for Estimating the Socio-economic and Environmental Effects of Disasters [R]. United Nations Economic Commission for Latin America and the Caribbean, 2003.

[214] Edge R M, Laubach T, Williams J C. Welfare-maximizing monetary policy under parameter uncertainty [J]. Journal of Applied Econometrics, 2010, 25 (1): 129 -143.

[215] Farhi E, Gabaix X. Rare disasters and exchange rates [R]. National Bureau of Economic Research, 2008.

[216] Fan J, Huang T. Profile Likelihood Inferences on Semiparametric

Varying – Coefficient Partially Linear Models [J]. Bernoulli, 2005, 11 (6): 1031 – 1057.

[217] Fernández – Villaverde J, Guerrón – Quintana P, Kuester K, et al. Fiscal volatility shocks and economic activity [J]. The American Economic Review, 2015, 105 (11): 3352 – 3384.

[218] Fernández – Villaverde J, Guerrón – Quintana P, Rubio – Ramírez J F. Estimating dynamic equilibrium models with stochastic volatility [J]. Journal of Econometrics, 2015, 185 (1): 216 – 229.

[219] Fernández – Villaverde J, Rubio – Ramírez J F. Macroeconomics and Volatility: Data, Models, and Estimation [J]. Social Science Electronic Publishing, 2010.

[220] Fernández – Villaverde J, Rubio – Ramírez J. Estimating macroeconomic models: Alikelihood approach [J]. Review of Economic Studies, 2007, 74: 1059 – 1087.

[221] Fernández – Villaverde, J., Guerrón – Quintana, P. A., Rubio – Ramírez, J, and Uribe, M. "Risk matters: The real effects of volatility shocks", The American Economic Review, 2011, 101 (6): 2530 – 61.

[222] Finn, M. Perfect competition and the effects of energy price increases on economic activity [J]. Journal of Money, Credit and Banking, 2000, 32 (3): 400 – 416.

[223] Francis N, Ramey V A. Is the technology-driven real business cycle hypothesis dead? Shocks and aggregate fluctuations revisited [J]. Journal of Monetary Economics, 2005, 52 (8): 1379 – 1399.

[224] Gabaix X. Variable rare disasters: An exactly solved framework for ten puzzles in macro-finance [R]. National Bureau of Economic Research, 2008.

[225] Gabaix, X. Variable Rare Disasters: A Tractable Theory of Ten Puzzle in Macro – Finance [J]., The American Economic Review, 2008 (98): 64 – 67.

[226] Galí J, Gertler M. Inflation dynamics: A structural econometric analysis [J]. Journal of Monetary Economics, 1999, 44 (2): 195 – 222.

[227] Gali J, Monacell T. Monetary Policy and Exchange Rate Volatility in a Small Open Economy [J]. Review of Economic Studies, 2005, 72 (3):

707 – 734.

[228] Gali J. Technology, employment, and the business cycle: do technology shocks explain aggregate fluctuations [J]. American Economic Review, 1999, 89 (1): 249 – 271.

[229] George McCandless. The ABCs of RBCs: An Introduction to Dynamic Macroeconomic Models [M]. President and Fellows of Harvard College 2008.

[230] Gilchrist, S, Sim, J, & Zakrajsek, E, 2010 (September). Uncertainty, financial frictions, and investment dynamics. In 2010 Meeting Papers (Vol. 1285).

[231] Giorgio G D, Nistico S. Fiscal Deficits, Current Account Dynamics and Monetary Policy [J]. Working Papers, 2009.

[232] Gollin D. Getting Income Shares Right [J]. Journal of Political Economy, 2002, 110 (2): 458 – 475.

[233] Gourio F. Credit risk and disaster risk [J]. American Economic Journal: Macroeconomics, 2013, 5 (3): 1 – 34.

[234] Gourio F. Disaster risk and business cycles [J]. The American Economic Review, 2012, 102 (6): 2734 – 2766.

[235] Gourio F. Disasters and Recoveries [J]. American Economic Review, 2008, 98 (2): 68 – 73.

[236] Gourio F. Disasters Risk and Business Cycles [J]. Social Science Electronic Publishing, 2009, volume 102 (6): 2734 – 2766 (33).

[237] Gourio F. Macroeconomic Implications of Time – Varying Risk Premia [J]. Working Paper, 2012.

[238] Gourio, F, M. Siemer and V. Adrien. International Risk Cycles [J]. Journal of Internatdonal Economics, 2013 (89): 471 – 484.

[239] Gourio, F. , 2008b, "Time-series Predictability in the Disaster Model" Financial Research Letters. Vol. 5. No. 4, pp. 191 – 203.

[240] Guivarch, C, Hallegatte, S, Crassous, R. , 2009. The resilience of the Indian economy to rising oil prices as a validation test for a global energy-environment-economy CGE model. Energy Policy, 2009, 37 (11): 4259 – 4266.

[241] Growiec J, Mcadam P, Muck J. Endogenous Labor Share Cycles: Theory and Evidence [C]//2015 Meeting Papers. Society for Economic Dynamics, 2015.

[242] Harvey A C, Shephard N. Estimation of an Asymmetric Stochastic Volatility Model for Asset Returns [J]. Journal of Business Statistics, 1996, 14 (4): 429 – 434.

[243] Hamilton, J. D. , 1983. Oil and the Macroeconomy since World War II. J. Political Econ. 91 (2): 228 – 248.

[244] Hicks J R S. The Theory of Wages [M]. London: Macmillan; 1932.

[245] Hanna Freystatter, 2010, "Financial Market Disturbances as Sources of Business Cycle Fluctuations in Finand" Bank of Finland Research Discussion Papers.

[246] Higgns, P and T. Zha, 2015, "China's macroeconomic time series: methods and implications", Unpublished Manuscript, Federal Reserve Bank of Atlanta.

[247] Hochrainer S. Assessing the macroeconomic impacts of natural disasters: are there any? [J]. World Bank Policy Research Working Paper Series, 2009.

[248] Harrison A E. Has globalization eroded labor's share? Some cross-country evidence [J]. MPRA Paper, 2005.

[249] Irmen A. , R. Klump. Factor Substitution, Income Distribution and Growth in a Generalized Neoclassical Model [J]. German Economic Review, 2009, 10 (4).

[250] Ireland P N. Endogenous Money or Sticky Prices? [J]. Journal of Monetary Economics, 2003, 50 (8): 1623 – 1648.

[251] Isoré M, Szczerbowicz U. Disaster risk and preference shifts in a New Keynesian model [J]. Journal of Economic Dynamics and Control, 2017 (79): 97 – 125.

[252] Jones C, Romer P M. The New Kaldor Facts: Ideas, Institutions, Population, And Human Capital [J]. Working paper, 2009.

[253] Johannsen B K. When are the effects of fiscal policy uncertainty large? [J]. Board of Governors of the FRS, mimeo, 2013.

[254] Judd K L, Guu S M. Asymptotic methods for aggregate growth models [J]. Journal of Economic Dynamics and Control, 1997, 21 (6): 1025 - 1042.

[255] Jovanovic B, ROUSSEAU P L. Chapter 18 General Purpose Technologies [J]. Handbook of Economic Growth, 2005, 1 (05): 1181 - 1224.

[256] Jurado, K., Ludvigson, S. C., and Ng, S. (2015), "Measuring uncertainty", American Economic Review 105 (3): 1177 - 1216.

[257] Justiniano A, Primiceri G E. Time Varying Volatility of Macroeconomic Fluctuations [J]. American Economic Review, 2008, 98: 604 - 641.

[258] Kaldor N. Capital Accumulation and Economic Growth [J]. The International Economics Association, 1963, 1 (1): 585 - 602.

[259] Keynes J M. The general theory of employment, money and interest [J]. Economic Record, 1936, 12 (1): 28 - 36.

[260] Keynes J M. Relative Movements in Real Wages and Output [J]. Economic Journal, 1939, 49 (1): 34 - 51.

[261] Kilian, L. Explaining fluctuations in gasoline prices: A joint model of the global crude oil market and the U. S. retail gasoline market [J]. Energy Journal, 2010, 31 (2): 87 - 112.

[262] Kim J, Kim S H, Levin A. Patience, persistence, and welfare costs of incomplete markets in open economies [J]. Journal of International Economics, 2003, 61 (2): 385 - 396.

[263] King R G, Wolman A L. Inflation targeting in a St. Louis model of the 21st century [J]. Federal Reserve Bank of St Louis Review, 1996, 78 (5): 83 - 107.

[264] Knight F H. Risk, uncertainty and profit [J]. Social science electronic publishing, 1921 (4): 682 - 690.

[265] Kravis I B. Relative Income Shares in Fact and Theory [J]. American Economic Review, 1959, 49 (5): 917 - 949.

[266] Kydland F E, Prescott E C. Time to Build and Aggregate Fluctuations [J]. Econometrica, 1982, 50 (6): 1345 - 1370.

[267] Karabarbounis L, Neiman B. The Global Decline of the Labor Share [J]. Quarterly Journal of Economics, 2013, 129 (1): 61 - 103.

［268］Leduc S, Liu Z. Uncertainty Shocks are Aggregate Demand Shocks［J］. Journal of Monetary Economics, 2016, 82: 20 – 35.

［269］Leduc, S, and Liu, Z, 2012, "Uncertainty shocks are aggregate demand shocks", Federal Reserve Bank of San Francisco Working Paper 10.

［270］Leeper E M. Equilibria under 'active' and 'passive' monetary and fiscal policies［J］. Journal of monetary Economics, 1991, 27 (1): 129 – 147.

［271］Leland H E. Saving and uncertainty: the precautionary demand for saving［J］. The Quarterly Journal of Economics, 1968, 82 (3): 465 – 473.

［272］López, Prada M, Rodríguez J D, et al. Evidence for a Financial Accelerator in a Small Open Economy, and Implications for Monetary Policy ［J］. Ensayos Sobre Politica Economica, 2009, 60 (1): 12 – 45.

［273］Martin Evans and Paul Wachtel. Inflation Regimes and the Sources of Inflation Uncertainty［J］. Journal of Money, Credit and Banking, 1993, 25 (3): 475 – 511.

［274］Martin I W R. Consumption-based asset pricing with higher cumulants［J］. The Review of Economic Studies, 2013, 80 (2): 745 – 773.

［275］Martin, I W R., 2008, "Disters and the Welfare Cost of Uncertainty", American Economic Review, Vol. 98, NO. 2, pp. 74 – 78.

［276］Maarek P, Decreuse B. FDI and the labor share in developing countries: A theory and some evidence［C］//Verein für Socialpolitik, Research Committee Development Economics, 2011.

［277］Martin, I. The Lucas Orchard［J］. Econometrica, 2013 (81): 55 – 111.

［278］Mccallum B T. Monetarist rules in the light of recent experience ［J］. NBER Working Paper, 1984.

［279］Melecky M, Raddatz C E. How do governments respond after catastrophes? Natural-disaster shocks and the fiscal stance［J］. Natural – Disaster Shocks and the Fiscal Stance (February 1, 2011). World Bank Policy Research Working Paper Series, Vol, 2011.

［280］Muntaz H, Zanetti F. The impact of the volatility of monetary policy shocks［J］. Journal of Money, Credit and Banking, 2013, 45 (4): 535 – 558.

［281］Nakamura E, Steinsson J, Barro R, et al. Crises and recoveries in an empirical model of consumption disasters [J]. American Economic Journal: Macroeconomics, 2013, 5 (3): 35 – 74.

[282] Narita F. Essays in macroeconomics and financial economics. [J/OL] Dissertations & Theses – Gradworks, 2011. [2011 – 6 – 15] http: //conservancy. umn. edu/bitstream/11299/112716/1/Narita_umn_0130E_12042. pdf [2015 – 6 – 3].

[283] Németh, G, Szabó, L, Ciscar, J C. Estimation of Armington elasticities in a CGE economy-energy-environment model for Europe. Economic Modelling, 2011, 28 (4): 1993 – 1999.

[284] Nguyen A. Financial frictions and the volatility of monetary policy in a DSGE model [J]. Working Papers, 2015.

[285] Niemann S, Pichler P. Optimal fiscal and monetary policies in the face of rare disasters [J]. European Economic Review, 2011, 55 (1): 75 – 92.

[286] Noy I. The macroeconomic consequences of disasters [J]. Journal of Development economics, 2009, 88 (2): 221 – 231.

[287] Orlik A, and Veldkamp L. Understanding uncertainty shocks and the role of black swans [R]. National Bureau of Economic Research, 2014.

[288] O. D. L. Grandville. In Quest of the Slutsky Diamond [J]. American Economic Review, 1989, 79 (3).

[289] Philippopoulos A, Varthalitis P, Vassilatos V. On the optimal mix of fiscal and monetary policy actions [R]. Working Paper, 2012.

[290] Piergallini A. Equilibrium determinacy under monetary and fiscal policies in an overlapping generations model [J]. Economic Notes, 2005, 34 (3): 313 – 330.

[291] Pindyck R S. Adjustment costs, uncertainty, and the behavior of the firm [J]. The American Economic Review, 1982, 72 (3): 415 – 427.

[292] Popescu A, Smets F R. Uncertainty, risk-taking, and the business cycle in Germany [J]. CESifo Economic Studies, 2010, 56 (4): 596 – 626.

[293] R. Klump, O D L. Grandville. Economic Growth and the Elasticity of Substitution: Two Theorems and Some Suggestions [J]. American Economic Review, 2000, 90 (1).

[294] Ramcharan R. Does the exchange rate regime matter for real shocks? Evidence from windstorms and earthquakes [J]. Journal of International Economics, 2007, 73 (1): 31 –47.

[295] Ratto M, Roeger W, Veld J I. Quest Ⅲ: An estimated open-economy DSGE model of the euro area with fiscal and monetary policy [J]. Economic Modelling, 2009, 26 (1): 222 –233.

[296] Renate Meyer, Jun Yu. BUGS for a Bayesian analysis of stochastic volatility models [J]. Econometrics Journal, 2003, 3: 198 –215.

[297] Rietz A. The Equity Risk Premium: A Solution [J]. Journnl of Monetary Ecouomics, 1988 (22): 117 –131.

[298] Rotemberg J J. Money and the terms of trade [J]. Journal of International Economics, 1982, 19 (1): 141 –160.

[299] Rotemberg J J. Sticky Prices in the United States [J]. Journal of Political Economy, 1982, 90 (6): 1187 –1211.

[300] Rodríguez F R, Jayadev A. The Declining Labor Share of Income [J]. Human Development Research Papers, 2010, 3 (2): 1 –18.

[301] Siegenthaler M, Stucki T. Dividing the Pie: Firm – Level Determinants of the Labor Share [J]. Industrial & Labor Relations Review, 2015, 68 (5): 294 –7.

[302] Rudebusch G D, Swanson E T. The Bond Premium in a DSGE Model with Long – Run Real and Nominal Risks [J]. Social Science Electronic Publishing, 2012, 4 (1): 105 –143.

[303] R. Klump, O. D. L. Grandville. Economic Growth and the Elasticity of Substitution: Two Theorems and Some Suggestions [J]. American Economic Review, 2000, 90 (1).

[304] R. Klump, P. Mcadam, A. Willman. Factor Substitution and Factor – Augmenting Technical Progress in the United States: a Normalized Supply-side System Approach [J]. The Review of Economics and Statistics, 2007, 89 (1).

[305] R. Klump, P. Mcadam, A. Willman. Unwrapping Some Euro Area Growth Puzzles: Factor Substitution, Productivity and Unemployment [J]. Journal of Macroeconomics, 2008, 30 (2).

[306] Salyer K D. Macroeconomic priorities and crash states [J]. Eco-

nomics Letters, 2007, 94 (1): 64 – 70.

［307］S. Aiyar, C. J. Dalgaard. Accounting for Productivity: Is it OK to Assume that the World is Cobb – Douglas? ［J］. Journal of Macroeconomics, 2009, 31 (2).

［308］S. Bentolila, G. Saint – Paul. Explaining Movements in the Labor Share ［J］. The BE Journal of Macroeconomics, 2003, 3 (1).

［309］Sargent T J, Surico P. Two Illustrations of the Quantity Theory of Money: Breakdowns and Revivals ［J］. American Economic Review, 2011, 101 (1): 109 – 128.

［310］Schabert A, Von Thadden L. Distortionary taxation, debt, and the price level ［J］. Journal of Money, Credit and Banking, 2009, 41 (1): 159 – 188.

［311］Schmitt – Grohé S, Uribe M. Solving dynamic general equilibrium models using a second-order approximation to the policy function ［J］. Journal of Economic Dynamics & Control, 2004, 28 (4): 755 – 775.

［312］Schwark, F. Energy price shocks and medium-term business cycles ［J］. Journal of Monetary Economics, 2014, 64 (2): 112 – 121.

［313］Siegenthaler M, Stucki T. Dividing the Pie: The Determinants of Labor's Share of Income on the Firm Level ［J］. KOF Working Papers, 2014.

［314］Segal, G, Shaliastovich, I, and Yaron, A. (2013). Good and Bad Uncertainty: Macroeconomic and Financial Market Implications. Wharton mimeo. segment_5/2011_segment_5_papers/bloom. pdf ［2014 – 6 – 20］.

［315］Seoane H. Understanding volatility shocks in real models ［J/OL］ 2014. ［2014 – 5 – 16］ http: //pages. stern. nyu. edu/ ~ dbackus/BFZ/Literature/Seoane_volatility_14. pdf ［2015 – 12 – 20］.

［316］Shephard N. Stochastic volatility ［M］. The New Palgrave Dictionary of Economics, Palgrave MacMillan, 2008.

［317］Sinha A. Monetary policy uncertainty and investor expectations ［J］. Journal of Macroeconomics, 2016, 47: 188 – 199.

［318］Schneider D. The Labor Share: A Review of Theory and Evidence ［J］. SFB 649 Discussion Paper, 2011.

［319］Song M, Peng J, Wang J, Dong, L. Better resource management: An improved resource and environmental efficiency evaluation approach that considers undesirable outputs [J]. Resources Conservation & Recycling, 2016.

[320] Song M, Peng J, Wang J, Zhao J. Environmental efficiency and economic growth of China: A Ray slack-based model analysis [J]. European Journal of Operational Research, 2017.

[321] Stock J H, Watson M W. New indexes of coincident and leading economic indicators [J]. NBER Macroeconomics Annual, 1989, 4 (4): 351 – 394.

[322] Sungbae An, Frank Schorfheide. Bayesian Analysis of DSGE Models—Rejoinder [J]. Econometric Reviews, 2007, 26 (2 – 4): 211 – 219.

[323] Swanson E T. Risk Aversion and the Labor Margin in Dynamic Equilibrium Models [J]. American Economic Review, 2012, 102 (4): 1663 – 91.

[324] Solow R M. A Skeptical Note on the Constancy of Relative Shares [J]. American Economic Review, 1958, 48 (4): 618 – 631.

[325] Taylor J B. A historical analysis of monetary policy rules [M]. University of Chicago Press, 1999: 319 – 348.

[326] Tienhaara, K. Varieties of green capitalism: economy and environment in the wake of the global financial crisis [J]. Environmental Politics, 2014, 23 (2): 187 – 204.

[327] T. Palivos, G. Karagiannis. The Elasticity of Substitution as an Engine of Growth [J]. Macroeconomic Dynamics, 2010, 14 (5).

[328] Van Binsbergen J H, Fernandez – Villaverde J, Koijen R, et al. The Term Structure of Interest Rates in a DSGE Model with Recursive Preferences [C]//Penn Institute for Economic Research, Department of Economics, University of Pennsylvania, 2010: 634 – 648.

[329] Van, D V, Dirk, J, Fouquet, R., 2016. Historical energy price shocks and their changing effects on the economy [J]. Energy Economics, 2016 (62): 204 – 216.

[330] Verona F, Martins M M F, Drumond I. (Un) Anticipated Monetary Policy in a DSGE Model with a Shadow Banking System [J]. IMF Working Paper, 2012, 9 (3): 73 – 117.

[331] Walsh C E. Monetary Theory and Policy [M]. MIT press, 2010.

[332] Woodford M. Fiscal requirements for price stability [R]. National Bureau of Economic Research, 2001.

[333] Young A T, Lawson R A. Capitalism and Labor Shares: A Cross – Country Panel Study [J]. European Journal of Political Economy, 2014 (33): 20 –36.

[334] Zhang S, Hu T, Li J, et al. The effects of energy price, technology, and disaster shocks on China's Energy – Environment – Economy system [J]. Journal of Cleaner Production, 2019, 207: 204 –213.